21世纪经济管理新形态教材·工商管理系列

数字人力资源管理

王　瀛　赵洱崇 ◎ 编著

清华大学出版社
北京

内 容 简 介

数字技术正在对人力资源管理模式、人力资源管理者和被管理者产生广泛影响。本书作为数字人力资源管理领域的首批教材之一，力争打造理论上"技术＋人力资源管理"双螺旋、层次上"宏观＋中观＋微观"三层次的多维知识体系，帮助读者迅速掌握有关数字人力资源管理的全方位内容。同时，教材注重理论的权威与前沿性，知识的实践与应用性，以及使用的便捷与科技性。全书共9章，包含：数字人力资源管理概论，人力资源管理的数字化转型，数字人才治理，数字赋能的招聘和甄选、培训、绩效管理、激励管理和工作设计，以及道德、职业生涯和产业视角下的数字人力资源管理话题。

本书适用对象广泛，可用于本科生、研究生的专业核心课和通识课，同时也可供初入职场的新人以及管理者阅读参考。

图书在版编目（CIP）数据

数字人力资源管理/王瀛，赵洱崇编著. —北京：清华大学出版社，2023.10（2025.3重印）
21 世纪经济管理新形态教材. 工商管理系列
ISBN 978-7-302-64751-5

Ⅰ.①数… Ⅱ.①王… ②赵… Ⅲ.①数字技术－应用－人力资源管理－高等学校－教材 Ⅳ.①F243-39

中国国家版本馆 CIP 数据核字(2023)第 185267 号

责任编辑：左玉冰
封面设计：汉风唐韵
责任校对：王荣静
责任印制：宋 林
出版发行：清华大学出版社
    网　　　址：https://www.tup.com.cn，https://www.wqxuetang.com
    地　　　址：北京清华大学学研大厦 A 座　　　　邮　　编：100084
    社 总 机：010-83470000　　　　邮　　购：010-62786544
    投稿与读者服务：010-62776969，c-service@tup.tsinghua.edu.cn
    质 量 反 馈：010-62772015，zhiliang@tup.tsinghua.edu.cn
    课 件 下 载：https://www.tup.com.cn，010-83470332
印 装 者：涿州市般润文化传播有限公司
经　　销：全国新华书店
开　　本：185mm×260mm　　　　印　张：19　　　　字　数：381 千字
版　　次：2023 年 11 月第 1 版　　　　印　次：2025 年 3 月第 2 次印刷
定　　价：59.00 元

产品编号：095294-01

前　言

    2022 年 2 月的《求是》杂志发表了习近平总书记的重要文章《不断做强做优做大我国数字经济》。党的二十大报告中多次提到数字经济、数字中国等。2023 年，中共中央、国务院印发《数字中国建设整体布局规划》。数字经济的发展离不开对数字人才的管理和对数字技术的应用。在将数字技术应用于人力资源管理时，一方面提升了人力资源管理的效能，另一方面也带来了有关伦理问题的讨论。数字人力资源管理的优势究竟体现在何处？企业在纳入数字人力资源管理时会遇到哪些阻碍？人力资源管理者该如何最大化发挥数字人力资源管理的效能？学术界和企业界围绕上述关键问题展开多年探索。

    目前，国内外几乎没有数字人力资源管理课程和教材。但是随着数字技术的快速发展，数字技术对人力资源管理模式、人力资源管理者和被管理者的影响逐渐萌芽，并且得到了人力资源管理实践者与学者的广泛关注。近几年，各类国际顶级商学院虽然尚无数字人力资源管理课程，但是对于人力资源分析和人力资源管理数字化转型的探索已经开始，《哈佛商业评论》、人力资源管理协会（SHRM）、美国管理学会年会等顶级商科实践刊物与协会和会议也对远程办公等数字时代人力资源管理场景展开讨论和报道。比如，数字算法大大提高了人力资源管理的效率（Cheng & Hackett，2021），但是也增加了员工非标准化的办公场景（Schroeder，Bricka & Whitaker，2021）。传统的人力资源管理或许仍然适用，但是新的现象与理论也值得关注。比如，零工劳动者（gig worker）的激励、认同与职业发展（Spreitzer，Cameron & Garrett，2017），算法控制对绩效管理的影响（Kellogg，Valentine & Christin，2019），游戏化对培训的作用（Kuper，Klein & Volckner，2019）等。人力资源管理与每一名劳动者、每一家企业的生存和发展都息息相关，而数字化带来的人力资源管理新变化值得每一位职场人和在校生关注（Kim，Wang & Boon，2021）。这些充分反映了开设数字人力资源管理课程和出版数字人力资源管理教材的急迫性与重要性。

    立足打造国内第一本系统介绍数字人力资源管理理论和反映实践现状的一流教材的目标，本书全方位梳理技术与人力资源管理结合的发展脉络与现状，并基于人与技术互动的原理，结合技术的工具观、代理观、集成观与人力资源管理的核心模块等，为在校生和职场人士提供了解与掌握数字人力资源管理的权威窗口。本书以主编发表在管理学顶级期刊 Human Resource Management 上的文章中的理论框架为基础，结合技术、人、环境等多种因素，梳理数字人力资源管理概念与理论，探索人力资源管理数字化转型的条件，探讨数字人才的治理，分析数字赋能的招聘、培训、薪酬、绩效和工作设计，并就数字化带来的伦理话题、个体发展与产业机遇等进行描绘。

　　本书注重技术与人力资源管理的结合以及宏观、中观和微观多层次知识的结合，帮助学生迅速搭建有关数字人力资源管理的知识体系。同时，本书注重理论的权威性与前沿性，知识的实践性与应用性，也注重使用的便捷性与科技性。其中，权威性与前沿性体现在教材均建构在经典理论和前沿文献基础之上，实践性与应用性体现在每章包含的管理者语录以及 10～15 个企业案例中，便捷性与科技性体现在依托数字平台等技术呈现的扫码测验等。总体上，本书力争通过客观、全面呈现数字人力资源管理研究前沿和实践案例，塑造学生正确的数字人力资源管理应用观念，为我国数字经济健康发展作出积极贡献。同时，结合教材与延展的视频和材料，以及依托每章情境导入模块设计的课堂辩论、方案起草、数据分析、小组讨论、采访调研、机理构建、知识图谱、课堂图绘、情境扮演等授课环节，在完成知识传授的同时培养学生的实践能力。

　　本书适用对象广泛，主要适用于在校本科生、研究生的专业课，也适用于工科生的通识课，同时还适用于初入职场的新人以及管理者，为希望从业于数字人力资源管理岗位的本科生和研究生奠定知识基础、提供实践参考，为期望开展数字人力资源管理研究的在校生铺就思路与脉络，为思考引入或正在采用数字人力资源管理的实践者呈现相关实践的理论与现状，提升企业数字人力资源管理的实效，同时也为高等院校经济管理类专业的教师及专家开设相关课程和培训提供有力支撑。结合本书，主编已在北京理工大学开设了同名课程。

　　在本书编写过程中，有多位研究生参与，在此一并致谢：赵洁（第 1 章），康围、任少仪（第 2 章），谢盛（第 3 章），康围、任少仪、叶阳天（第 4 章），康围（第 5 章），王宇飞（第 6 章），王宇飞、任少仪（第 7 章），谢盛、任少仪、杨启中（第 8 章），康围（第 9 章）。同时，本书获批北京理工大学"十四五"规划教材，特此感谢北京理工大学教务部、研究生院和管理与经济学院等有关部门领导和同事对于本书出版的支持和帮助。感谢清华大学出版社的左玉冰编辑对于书稿出版的大力支持。感谢编者家人在本书编写过程中给予的无私支持。本书还得到国家自然科学基金项目（71902144）、教育部产学合作协同育人项目（202101211002）、北京理工大学重点教育教学改革项目（2022CGJG004）和青年教师学术启动计划（XSQD-202113001）以及学院未来管理学习研究中心的支持，在此一并致谢。由于时间和水平所限，本书难免存在不足和疏漏，敬请广大读者和专家批评指正。

王　瀛　赵洱崇

2023 年春　于北京理工大学主楼

目 录

第 1 章

数字人力资源管理概论

【知识图谱】

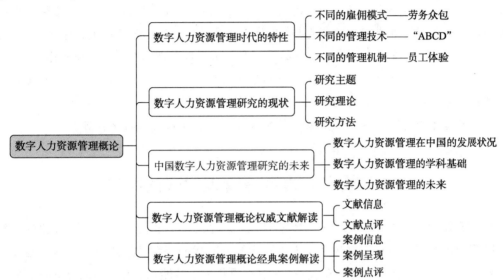

【思考题】

1. 人力资源管理进入数字时代后，相比之前有哪些不同？

2. 数字人力资源管理领域的研究现状如何？

3. 数字人力资源管理的实践和研究前景如何？目前我国颁布了哪些政策来支持？数字人力资源管理可以结合哪些学科来展开研究？

4. 有哪些优秀的人力资源管理数字化转型案例值得我们学习？是他们的哪些优秀做法使他们成功实现人力资源数字化变革的？

5. 相比国外，我国的企业和公共部门想要实现人力资源管理数字化转型具备哪些本土化优势？

6. 随着人力资源管理进入数字化时代，我们需要做好哪些知识、技能和心理上的准备？

【管理者语录】

对于人力资源来说，如何打造敏捷组织，让组织更加灵活，自下而上地培养企业的数字化创新魔方和创新能力，是非常重要的。

——韦玮（麦肯锡）

人力资源数字化让每个员工都被赋能。

——陈果（波士顿咨询）

企业人力资源数字化转型已经进入深水区，正处于数智化升级的关键阶段，"人才数字经济"将成升级过程的核心新引擎。

——李国兴（Moka）

【情境导入】

公司刚刚结束上一轮商业周期，正在考虑在下一轮商业周期开启前调整人力资源管理战略。小李身为公司的人力资源管理经理，在全面衡量本公司的发展路径，又对数字人力资源管理在我国的政策支持、各行业的转型实践状况等情况进行深入了解后，打算向上级提案，将数字化纳入公司的下一步人力资源管理转型战略。如果你是小李，你打算如何向上级展示人力资源管理进入数字时代后与之前在雇佣模式、管理技术和管理机制方面的不同？如何论述人力资源管理职能被数字技术替代或补充的可能性？又该如何基于现有的学术研究来展示数字人力资源管理在我国的发展前景？

1.1 数字人力资源管理时代的特性

本节分别从人力资源管理进入数字时代后产生的不同雇佣模式、不同管理技术和不同管理机制三个方面来阐述数字人力资源管理时代的特性。具体而言，其一是数字技术催生了零工经济下的劳务众包模式；其二是将人工智能（artificial intelligence，AI）、大数据（big data）等技术应用于人力资源管理工作诞生了新的管理技术；其三是数字化与员工体验（employee experience）相融合形成了不同的管理机制。

1.1.1 不同的雇佣模式——劳务众包

人力资源管理正在经历一段快速变革的时期。由于数字和社交技术的进化，工作的内核也在不断演进，从而促使工作更加颗粒化、模块化和去功能化。理解数字和移动技术如何改变我们的组织和工作变得愈加重要。技术变革催生了零工经济（gig economy），使不论是简单的还是复杂的工作都变得碎片化，从而实现外包，如零工工作（gig work）、平台工作（platform work）、数字工作（digital/digitized work）、众包工作（crowd/crowdsourced work）和电子自由职业（E-lancing）等。这些外包的工作安排相应也配合促进了内部平台的发展，从而影响组织内部传统员工的工作态度和绩效。

1. 劳务众包的发展现状及优缺点

劳务众包是零工经济下的一种新型劳务派遣用工形式。它指的是一个公司或机构把过去由员工执行的工作任务,以自由自愿的形式外包给非特定的(而且通常是大型的)大众网络的做法。对于组织来说,劳务众包可以使其将不擅长的或由他人完成比自己完成效率更高的业务通过互联网平台外包给虚拟人群,从而达到降低劳动成本、提升任务灵活性和人力投入便捷性的目的;而对于接包劳动者来说,众包模式的远程性可以让他们根据自己的需要来调整工作空间,管理传统工作场所互动的主要规章制度在在线众包环境中也逐渐消失,这样不仅让他们在时间、空间和组织边界等方面都具有较强的灵活性,还减少了他们的入职障碍,并增加了更多人群的工作机会。

近年来,劳动力市场中涌现大量自由流动的劳动力,对以众包模式为代表的灵活用工形式产生了强烈的社会需求,并使之成为一种更为普遍的社会现象。与此同时,由于移动互联网的蓬勃发展,劳务众包在各个领域不断深入,通过信息技术支持的众包平台获取全球知识来解决组织问题已经成为流行方法,并涌现亚马逊土耳其机器人(Amazons Mechanical Turk,MTurk)、oDesk 和猪八戒网等众包平台。从 2022 年年初开始,国内多家互联网大厂也相继推出了众包平台,如字节跳动的"竹节"、美团的"满天星"、京东的"京客服"等。组织越来越多地使用这些具有低成本效益和低风险的众包平台来组建外包团队解决全球问题,为组织问题找到创新的解决方案。使用众包团队的主要原因包括获得高度专业化的解决问题的技能集和提高品牌知名度。

组织通过这种以人群为基础的雇佣形式来补充劳动力,虽然能够给劳动者和组织带来各种各样的好处,但也存在一定程度的风险。对于组织来说,劳务众包旨在通过权力的下放来寻求员工的高工作质量,但矛盾的是,它也同时削弱了对于工作绩效至关重要的工作行为规范和管理制度的效果。对于劳动者来说,由于劳动力的分散化,管理中的沟通和协调变得困难,员工的谈判权利被削弱,收入、工时、职业安全、福利等得不到应有的保障,相关的人力资源管理措施亟待完善。

2. 众包模式下人力资源管理与传统模式的不同

随着零工经济的兴起,越来越多的劳动者开始在众包模式下寻找工作机会。众包模式依赖于算法(algorithm)完成传统的人力资源管理任务,由此产生的工作安排模糊了自由职业和传统工作之间的界限,改变了劳动者与组织之间传统的雇佣关系,为劳动者的工作提供了高度的灵活性和更大的自主权。同时,由于该模式产生了新形式的监督和控制机制,因此也改变了劳动者看待和参与人力资源管理实践的方式,并将权力平衡从劳动者的手中转移。

1)员工与组织关系的转变

以数字平台为支撑的众包模式改变了传统的雇佣关系。组织不承认众包劳动者是它的雇员,但却仍然对其进行选拔、培训、评估、薪酬管理、工作设计和劳动力规划等一系列人力资源管理实践活动。在这种矛盾的工作安排中,劳动者不是员工,但仍然由平台通过算法进行管理，这对于建立在明确规范的员工关系之上的人力资源管理研究来讲是崭新的议题。

2）人力资源管理实践的不同

在数字平台上，培训的实施方式与传统组织不同，数字工作平台上的培训主要是由工人群体创造并相互提供。例如，员工可以通过数字平台改善彼此的自我表现，帮助彼此发现有利可图的利基市场，指导经验不足的员工，并为彼此提供支持和鼓励。在传统组织中，培训和发展实践由人力资源管理专家设计，并由直线经理实施。在众包模式下，培训外包给员工，员工代替了人力资源管理者，在人力资源管理工作的塑造和实施中发挥核心的作用。人力资源管理实践在员工之间创建并实施，而不用得到上级或直线经理的支持，员工不再是人力资源管理的被动接受者，而是积极地参与创建和实施人力资源管理实践，培训的目的也不仅注重培养员工完成任务的能力，还注重"平台素养"，即如何留在平台上，并获得有利的工作。

除此之外，众包平台上的员工还面临由算法和人工组成的双重选拔机制，只有持续不断地通过算法和客户选拔，员工才能成功地参与平台任务。在传统组织中，这两个选拔过程是按顺序安排的，通常会先根据员工的个人简历进行初筛，然后再根据他们的工作表现进行评估。在众包平台中，这两种机制则是同时发生的，在使用算法管理时，数字工作平台安装了一种永久的、潜在的选择机制，补充了客户暂时的选择，并推动员工实现以算法和客户为中心的目标。在传统组织中，人力资源管理专家可能会设计能力倾向测试等入职选拔机制，而非完全交由直线经理，以减少员工与亲近的经理建立互惠关系。相比之下，平台将算法管理作为一个额外的、无形的管理主体，在客户-工作者关系的背景下发挥作用。员工不仅面临双重选择机制，还面临平台和客户之间的隐性联盟。如 Upwork 等平台让客户端提供反馈，这些反馈对工人来说是不可见的，但对算法来说是可见的。这为平台提供了关于工人的"秘密数据"，而客户可以秘密地惩罚工人。

3）混合型人力资源管理理念

传统的人力资源管理哲学遵循基于控制或者承诺的二元方法论，但线上众包模式不符合这种二元区分。一方面，员工不得不围绕培训和发展"众创"人力资源管理实践。另一方面，由于平台采用算法管理，通过客户端进行控制和管理，员工也受到越来越多的监视和控制。因此，平台结合了这两种理念的元素，既希望员工能够自主，致力于自身的培训和发展，设计自己的工作，同时又以类似泰勒主义的方式对员工进行算法控制。

【案例启示】

　　霖珑云科专注平台企业灵活用工，用科技赋能灵活就业，助力企业合规降本增效。霖珑云科提出设计灵活用工解决方案应分四步走：首先进行业务梳理，即确认灵工与平台合作模式、灵工以何类从业身份、是否属于强管理模式、是否属于禁入人群、是否属于禁入行业；其次进行问题诊断，如税务合规压力、企业成本压力、用工风险挑战、信息管理复杂等；再次进行合规结算，如临时税务登记、委托代征等方面；最后进行风险把控，如优化用工成本、提升管理人效、匹配用工需求、确保合法合规等。霖珑云科搭建了灵活用工 SaaS 系统——乐接活，助力平台企业灵活用工发展。

该系统囊括了多项功能：电子签约，具有法律效应备案电子签约功能，完成自由职业者的商务合作协议，保障双方权益；任务管理，通过系统向签约的自由职业者发放任务，并定期上传服务的具体内容与成果；银企直联，支持向银行卡、支付宝、微信进行服务费用结算，可跨行、跨地区、万笔秒发，可自主把控发放时效及查看发放状态；报税开票，根据实际任务完成清单和银行结算的数量，平台统一为自由职业者提供完税服务。该系统具有合规保障、全程在线、政府支持、开放生态、高效注册、落地保障等核心优势，提高组织效能，降低管理成本。

资料来源：霖珑云科.灵活用工解决方案[EB/OL]. (2023-10-16). https://www.linlongyun. com/ProductsAndServices/S/FlexibleEmployment.

3. 劳务众包的影响因素和改善措施

任何基于互联网平台的众包项目的成功都取决于至少两个关键的激励因素：第一个是员工的参与。众包依赖于整合大量参与者的自愿贡献，近90%的众包项目因未能在有限的时间内吸引到足够参与者而导致失败。因此，快速吸引到所需代理"临界数量"的能力以及达到完成所需的时间对于众包项目的完成至关重要。第二个是代理任务的执行质量。众包代理通常没有经过专业培训，对工作没有直接的责任，这提升了表现不稳定和低质量的可能性。事实上，研究表明，由于更高的性能可变性，与众包项目相关的质量保证成本明显高于其他方法。由于这些因素，制定有效的激励策略来促进众包任务的参与和质量的提升成为众包平台与利用其服务的公司的关键挑战。

1）接包方广泛参与激励措施

佛瑞德·戴维斯（Fred Davis）基于理性行为理论提出了技术接受模型，该模型可以衡量用户对信息技术的接纳水平。感知有用性（perceived usefulness，PU）和感知易用性（perceived ease of use，PEU）是该模型中的两个核心变量，其中感知有用性被定义为用户预期感觉使用该信息技术可以为其带来收益，感知易用性被定义为用户预期使用该信息技术的难易程度，它们共同影响用户对信息技术的态度、意向和实际采纳情况。任务技术匹配模型则由代尔·古德休（Dale Goodhue）和罗纳德·汤普森（Ronald Thompson）提出，在信息技术领域中可被用于解释工作任务和信息技术之间的匹配度，描述技术和任务之间存在的逻辑关系，反映任务与技术对用户行为所产生的影响。

完善众包平台的系统功能，提高任务技术匹配度和感知易用性。研究表明，任务技术匹配度和感知易用性对接包方参与意愿有显著的正向影响。过于困难或过于简单的任务都会让接包方失去参与众包活动的热情。因此，众包平台应当根据接包方的自身条件为他们提供合适的任务，应将困难较大和时间跨度大的任务进行拆分、组合、调整任务难度，以适应更多的接包方。众包平台的系统功能需要不断完善以方便参与者使用，如系统操作简单易懂、系统可根据接包方的位置为其推荐最合适的任务等。

构建问题管理机制，保障接包方利益，提升接包方的信任，降低感知风险。研究表明，信任通过感知有用性和感知易用性间接对参与意愿产生正向影响，而感知风险对参与意愿有显著的负向影响。接包方参与众包活动需要通过众包平台承接任务并完成任务以获取收益，这个过程充满不确定性，即感知风险。比如，是否可以顺利获得任务、是否可以保证货物和人身安全、是否能按时获取报酬、是否会泄露个人信息等，这些风险在很大程度上抑制了接包方的参与意愿。因此，众包平台应建立安全、可靠的系统流程，设置合理、公平的规程，保护参与者的隐私信息和权益，这些都是取得参与者信任的关键。例如，众包活动过程中难免会出现如地址信息错误、包裹丢失或争议纠纷等问题，众包平台需要有一套专门处理问题的流程以保证能够及时、便捷、妥善地处置问题，确保众包任务参与者的利益不受损，让参与者无后顾之忧。

增加奖励类型，提高参与者的感知有用性。研究表明，感知有用性对接包方参与意愿有显著的正向影响。金钱奖励是激励接包方参与众包活动的重要手段，但社会大众参与众包活动不仅仅是为了金钱等物质奖励，还为了满足高层次的需要。所以，为了吸引更多社会大众参与众包活动，众包企业需要制定多种奖励模式以满足不同类型的参与者。在为众包活动中表现优异者提供附加奖励的同时，还可以为参与者提供方便沟通和交流的平台，使参与者产生一种归属感，营造一种良好的氛围，让参与者之间互相学习、共同进步，提升众包服务水平。

2）接包方工作执行质量改善措施

关于代理任务的执行质量方面，组织则可以考虑从任务设计、劳动者特征和人力资源管理三个角度激励众包劳动者的敬业程度，进而提高代理任务的执行质量。毋庸置疑，众包劳动者的工作任务本身会影响到其工作投入的程度。工作特征理论（Job Characteristics Theory）也指出工作的优化设计是提升员工工作动机和绩效的最有效的途径之一。先前对众包团队的研究发现，奖励结构、项目持续时间和项目复杂性等任务设计特征会影响团队绩效。众包团队与传统的组织团队不同，他们不仅具有地理空间的分散性，而且通常会为了奖励而相互竞争。这些奖励可以是有形的，比如金钱，也可以是无形的，比如网络声誉。这些独有的特征可以作为我们在设计众包团队的奖励机制中的关键任务设计特征来使用。除此之外，任务的自主性、多样性和反馈都会给众包劳动者的敬业程度带来积极影响。因此，如果组织能够建立合理、有效的奖励机制来激励众包劳动者，将对其未来参与组织的众包劳务的投入程度具有积极的影响。从劳动者的特征考虑，众包劳动者的期望、动机和意义感都会影响其在众包劳动中的投入程度。众包劳动者在接受一个任务时会对工作的要求、时长和难度等有所预期。当预期与实际情况不匹配时就会影响劳动者的投入程度。因此，对任务提供较为清晰、准确的描述有助于达到劳动者的预期，并提高其工作投入程度。同时，外部奖励可以通过外部动机激发众包劳动者的工作投入程度，只要这些外部奖励达到了众包劳动者的预期即可。

除此之外，组织也需在选拔、培训、留任等方面作出设计，以激励众包劳动者的工作投入程度。从选拔的角度看，有效的程序能够保证劳动者能力与任务进行匹配。然而，基于众包劳务组织与劳动者双方的匿名性，选拔的有效性受到限制。当前的众包平台对于在平台上获取劳务机会的劳动者几乎没有设置任何门槛。这样做虽然有一定的益处，但是同时也为组织带来劳动者技能较低、任务完成质量较差的风险，劳动者也较难从所做的任务中获取足够的工作动机与满意度。因此，众包劳务的选拔程序可以从提高进入的难度和提升劳动者与组织的匹配等方面作出相应调整。例如，组织可以考虑增加适度的技能测验或工作测试，从而可以提高特定任务的匹配度，也能够为选择未来任务的潜在劳动者提供参考资料，还可以在获取劳动者的简历之外收集其个人陈述，以保证组织与劳动者的价值观匹配。从培训角度看，基于多数众包劳务的一次性特征，众包劳务场景下的培训还亟待开发：当前众包平台的任务多为一次性的，因而对劳动者缺少监督和指导。这样不仅会使组织感到对劳动者缺少控制，无法作出有效激励，也意味着劳动者由于劳动得不到组织的反馈和指导，缺少对结果的控制。为了做好众包劳务的培训，需要重新设计众包平台发布的任务，以提高众包劳动者参与培训的必要性，同时也需要对相关培训的设计和执行进行战略调整。因而，组织不一定要一味地在众包平台上发布一次性或低认知能力需求的任务，也可以适当发布需要更丰富能力的任务，从而增加培训的价值。比如，一个市场营销组织在扩展进入未知的领域时可以寻找相应的专业人员，并就组织所用的软件等进行培训，从而增强该劳动者完成该任务的信心。另外，如果培训可以帮助劳动者获得及时的反馈和与人交流的机会，也会增强其对工作任务的控制感，从而提升培训的效果。最后，如果组织能够在众包平台留住绩效更好的劳动者、淘汰敬业度较低的劳动者，也有益于组织的长期发展。比如，组织可以设计职业阶梯，即为最有能力和最可信的劳动者提供更高级的任务，从而促使众包平台的劳动者意识到其可以在众包平台获得技能与责任的提升。组织还可以用更高的单次任务薪酬奖励在该组织完成多次任务的劳动者，或提供特殊的奖金支付给帮助组织做好需要较快完成的任务的劳动者。

【案例启示】

以平台化为特征的新的数字经济形式正在改变全球政治、经济和文化景观，尤其是全球社会的生产方式、劳动结构以及资本积累和增殖方式。2005 年 11 月，全球最大的网络电子商务公司亚马逊推出了亚马逊土耳其机器人，旨在搭建一个新型的、标准化的众包平台，即亚马逊通过互联网向全球劳动力众包计算机程序难以完成而人类擅长的任务，如数据标注。它涉及对大量文本、图像、语音、视频等数据的归类、整理、纠错和批注，极大地拓展了下一代互联网公司存储、分类和提供的在线数据领域。不仅如此，人工智能的发展离不开对大数据进行挖掘，不断完善其算法和模型，而这些都建立在反复学习不同场景和不同角度的过程中由人工标注完成的数据基础之上。从这个意义上来说，数据标注工作构成了当前人工智能蓬勃发展背后的"元劳动"。

资料来源：姚建华.在线众包平台的运作机制和劳动控制研究——以亚马逊土耳其机器人为例[J].新闻大学，2020(7)：17-32，121-122.

1.1.2 不同的管理技术——"ABCD"

在如今的数字经济时代，数字化不断赋能组织，在人力资源管理领域催生大量创新的实践，数字技术在企业人力资源管理中扮演着越来越重要的作用。人工智能（A）、区块链（blockchain，B）、云计算（cloud computing，C）、大数据（D）等技术为传统人力资源管理带来了颠覆性的变革，越来越多地为传统人力资源管理模式提供数字化的替代方案，从而改变了组织结构和工作性质。这些智能技术的引入彻底改变了传统的人力资源功能，降低了人力资源管理的成本，在为人力资源管理提供不断增长的优势和潜力的同时，也使其不得不开始面临一些包括特定工作淘汰在内的艰巨挑战。

1. 人工智能

人力资源管理原本被视为较少采用数据决策的企业部门。随着大数据和人工智能算法技术的发展，人力资源管理也越来越多地依托数据进行招聘、薪酬、员工投入、离职等方面的分析和决策。总体上，在人力资源管理工作中使用的人工智能算法被视为一组具有启发性的计算机系统，能够通过录入变量、信息或其他分析资源估计一个理论模型，从而对人力资源管理中的筛选、选拔、培训、保留等管理模块作出即时的推荐。

为合适的工作分配合适的人是人力资源规划的主要挑战，人力资源报告与分析则是人力资源规划的前期准备工作。人力资源管理部门和人工智能部门正在使用神经网络来进行协作，双方基于该网络允许数据转换并用于改进的功能来对从云端提取的大数据进行数据分析。人力资源专业人士和管理人员将人工智能作为决策协助工具,以此来作出更广泛的战略规划。为此,第一步工作是进行数据挖掘和信息查找,然后将这些数据与现有的内部数据和外部数据相关联,在对关联的细节进行总结后,可以用于了解当前的情况,以及对即将到来的管理决策进行预测、评估和修改。

【案例启示】

在像 IBM(国际商业机器公司)这样的大型企业中,要有效划分招聘工作的优先级,必须仔细选拔求职者。IBM 需要更有效地帮助招聘人员确定空缺职位的最佳候选人,还要优先处理最重要的招聘职位。为此,IBM 开发了 IBM Watson Recruitment(IWR)解决方案。该解决方案采用人工智能技术,根据就业市场信息及招聘求职者的过往经验预测填补空缺职位所需的时间,确定最有可能胜任职位的候选人。

人工智能可以划分求职者优先级并进行适合性排名,从而帮助招聘人员省出更多时间,专注于实现核心招聘目标:建立并培育和求职者的关系。人工智能可根据职位招聘信息确定需要的技能,对照求职者简历中描述的技能生成匹配分数。另外,该解决方案还能根据简历中的个人经历数据(例如,是否领导过团队)生成预测分数,然后利用这些分数预测未来工作绩效。更重要的是,IWR 还会监控招聘决策,确保整个流程不存在任何偏颇。总而言之,在招聘流程中部署人工智能不仅可以更迅速、更准确地完成招聘工作,还能营造更出色的求职者和招聘人员体验。

资料来源:GUENOLE N, FEINZIG S. 人工智能在人力资源管理领域的应用案例——入门之洞察与技巧[EB/OL]. https://www.ibm.com/downloads/cas/ODNVVNQ5.

人工智能主要通过确定未来员工需求和作出有效的招聘决策来协助人力资源规划。由人工智能支持的招聘和选拔在吸引与选择最具才华的工作人才库方面发挥至关重要的作用,因为这些技术可以快速访问数据并作出决策,并且在远远超过人类能力的时间内处理大量信息。因此,人工智能算法可以通过分析求职者的经验、技能、表现、流动率来提高识别的效率和精准度,即哪些人最感兴趣且最适合这份工作,并为这些人提供更好的职位空缺沟通来改善候选人的应聘体验。使用混合决策支持工具有助于提升人力资源专业人员在招聘和安置过程中的影响力,并使组织投资回报最大化。人工智能算法能够降低招聘中由于人为偏差造成的影响,消除一部分在招聘活动中影响人类判断的种族、性别和性取向等的认知偏见。

人工智能可以更有效地支持员工的培训和发展。最重要的是,系统可以保存每个当前员工的电子简历,然后向组织提供每一个员工的电子目录,这不仅有助于追踪现有员工的技能短缺并针对性地制订合适的培训计划,还可以帮助组织在内部寻找合适的职位晋升候选人。此外,由于人工智能算法技术能够帮助考察员工能力与岗位需求的差距，员工还可以使用这项技术来管理他们未来的职业生涯。员工缺乏任何技能，这些人工智能系统都可以帮助他们确定培训需求并完成必修课程。此外，相较于传统培训，依托人工智能算法的在线或虚拟培训为组织和员工提供了一些额外的好处：人工智能帮助人力资源经理评估培训效果，并对员工能力（包括情感和智力能力与经验水平）作出决策，以便将具有相应才能的合适员工分配到正确的职位。

有才华的员工既难招又难留。研究显示，大约57%的公司认为留住优质员工是它们工作中难度最大的部分。在这方面，人工智能算法工具可以根据个人的突出价值，划分和预测每个员工的需求，发现哪些人需要加薪，或者哪些人可能不满意他们目前的工作生活平衡，对他们的工作满意度、工作动机和离职率进行预测。这种可预知性为人力资源专业人员创造了先发制人的机会，在问题发生之前就解决问题。

【伦理小课堂】

人工智能监视技术是人工智能与垂直行业的快速融合。AI监视带来了效率提升、成本降低和安全保障等益处。AI监视技术改变了基本的治理模式，为国家、政府、企业提供了前所未有的治理手段，尤其在智慧城市、公共交通中得到了广泛应用。未来，AI监视技术在农作物检测、交通监控、工业安全保障及医疗监测等领域具有巨大的应用潜力。但是，AI监视的准确性、公平性及公民隐私、数据安全等问题逐步显现，引发了一系列伦理问题。杭州某中学安装智慧课堂行为管理系统，捕捉并监测学生在课堂上的表情和动作以测算学生的专注度，这一应用将AI课堂监视推上了风口浪尖；亚马逊利用智能监视系统监视并自动解雇员工，引发公众对AI监工的强烈不满；俄罗斯Xsolla公司解雇了147名AI监视算法认为效率低的员工；等等。这些事件都引发了诸多质疑。人工智能监视技术的不当应用会引起公众抵制，降低公众对AI的信任度，阻碍其发展。可见，对AI监视的治理迫在眉睫。

资料来源：万岩，李明慧，吴霏，等. 人工智能监视技术伦理审查框架构建研究——基于文本分析[J]. 软科学，2023, 37(4):1-6.

启示：对于运用人工智能对员工工作流程进行监视的现象，你是如何看待和评价的？你认为人工智能是否可以用于监工？如果可以，保持在一种怎样的尺度之内是较为合理的？

2. 区块链

作为技术革新和产业变革的又一个新风口，人力资源领域正在以积极姿态参与到区块链技术研究与应用场景之中，通过高效、便捷、合法的技术手段建立信用体系，并赋予人力资源管理数字化的身份。区块链是世界上最领先和最尖端的技术之一，由中本聪（Satoshi Nakamoto）在2008年发起并引入，被定义为一种去中心化和分布式账本技术（distributed ledger technology, DLT），用于归档数字资产的来源。它可以将交易和通信注册为不可逆转的时间数字块。基于区块链的人力资源管理应用为招聘、薪酬、奖励、职业健康安全管理等提供了创新的解决方案。例如，区块链可以记录职位候选人的工作经历和公共账本中的调动、晋升、裁员等信息，并实现自动验证简历，智能商业合同，以及使用加密货币的国际工资单。

由于求职者数量众多，加之传统招聘流程获得的候选人信息存在不确定风险、数据丢失风险、成本高、数据验证过程耗时长等缺点，近年来，为了从劳动力市场中挑选和雇用最优秀的候选人，与竞争对手进行激烈和持续竞争的企业已经利用区块链技术来实现候选人的技能和表现与工作要求的快速匹配，以提高其招聘实践的有效性。区块链技术可以在招聘和选拔过程的各个阶段通过以下三步来最大限度地减少传统招聘方法的缺点：首先，由候选人在系统中注册；其次，通过区块链系统验证候选人信息；最后，由人力资源专员作出决定，使员工被雇用在正确的位置。

在人力资源管理中使用区块链将有助于各方在更新员工技能和知识方面的协作。该功能还将提供有关行业需求的最新信息，以帮助培训提供商掌握需要做些什么来满足行业需求。区块链工作过程中产生的信息也可以作为决策者或政府规范行业参与者能力标准的来源。此外，区块链对于雇佣关系的双方都有很大的应用价值。基于区块链，雇主可以获取个体的教育、技能和工作表现记录。通过为潜在雇主提供这种"价值护照"，个体能够将他们的技能、培训和经验转化为就业市场上的真正价值。

由于区块链技术在发达国家和新兴国家的银行、金融、供应链和物流以及医疗保健管理领域已经得到了广泛的运用，它将成为未来组织中用于管理人力资源的主流技术。区块链可能会改变日常的人力资源工作流程，包括通过挖掘人才库、运行背景授权和验证工作历史来实现招聘程序。要抓住这些潜在的应用，人力资源的员工系统交互（employee-systems interaction，ESI）和区块链框架（blockchain framework，BcF)是两个基本主题。这两个基本主题将在组织构建基于区块链的人力资源管理中发挥重要作用，而基于区块链的人力资源管理将在很大程度上提高劳动力熟练程度。因此，组织层面的战略家和经理，人力资源部门的高管、顾问、政策制定者，行业专家和从业者应该考虑将"人力资源的员工系统交互"和"人力资源区块链框架"作为在人力资源管理中采用和实施区块链的前提主题。

【案例启示】

目前在人力资源管理中，应用到区块链技术的企业较少，不过还是有一些先进企业运用区块链技术对人力资源管理进行创新改革。APPII 是英国伦敦的一家区块链咨询公司，是全球首个区块链简历验证平台。APPII 在拉丁语中是"有远见"的意思，公司如同它的名字一样，是一家率先运用新技术的、有远见的公司。APPII通过将人们的简历、每个人在某公司的经历上传到区块链中，由教育机构和雇主验证真伪。有的机构并没有真正验证信息的能力，而 APPII 运用区块链技术解决了这个问题，可以通过平台验证教育学历信息、培训证书信息、工作经验以及其他可通过生物扫描进行身份识别的信息。APPII 在分布式账本上记录这些信息，可以对这些信息进行验证并永久保存。其先是对初始信息的真实性进行严格的审查，通过教育机构和企业对信息进行验证，信息通过验证后进行身份验证，即通过面部识别等方式与本人身份证照片进行比对。

资料来源：杨又柳. 区块链技术在人力资源管理领域的应用[J]. 中国工业和信息化，2022(10)：65-71.

3. 云计算

在 21 世纪的第二个 10 年中，云计算作为一种新型信息技术突然涌现在组织各大应用场景中并迅速被世界各地的公司成功采用。云计算提供了分布式基础设施生成的虚拟化计算和存储资源，聚合了大量高度分散的异构计算资源，并可基于这些资源提供基于网络的按需访问。云计算具有与传统公用事业（如水、电、气和电信等）类似的商品化和交付机制，并已被标记为第五大公用事业。此外，云计算正被扩展到制造业等广泛的商业用途、物流活动、供应链管理和人力资源管理。云计算为人力资源管理领域提供了一个具有强大计算能力和存储能力、可承受的成本和易于访问的环境，这有助于提高人力资源管理部门的生产力。

在市场上，软件供应商开发了标准化的基于云计算的人力资源管理信息系统（HRMIS）产品，并成功地向大型公司和小型公司推广。目前，基于云计算的人力资源管理信息系统的几大主流产品是 Oracle、Sap-Success Factors 和 Workday。与传统的人力资源管理相比，云计算提供了各种好处：可定制的标准软件，不需要购买和维护硬件和软件，相应减少的资本支出和对内部 IT（互联网技术）人员的需求。人力资源管理信息系统软件供应商提供的基于云的人力资源管理信息系统解决方案也支持在移动设备上使用。基于云的人力资源管理信息系统正在改变招聘和选拔：越来越多的公司将互联网测试和社交媒体作为招聘与选拔过程中的一个步骤。

云计算平台的存储容量和计算能力可以为许多高效的人力资源信息管理提供技术上的可行性和保障。除了在线培训和协作等电子人力资源管理系统的典型功能，基于云的系统还增加了一些新的功能，如智能职业预测系统、基于视频的人才信息分析系统和允许 IT 项目设计和开发外包的云平台等。其中一个被业内认为具有良好前景的创新应用程序是通过使用可穿戴的多功能传感器来上传数据到云平台，从而实现对人力资源的监测和分析，例如用于预防目的的人体工程学分析；另一个应用程序则是使用基于神经网络的算法实现人力资源的定位。因此，云计算的巨大的计算和存储能力以及从任何地方都可以轻松访问的特性，使应用人工智能和大数据等彻底改变人力资源管理的新技术成为可能。在云计算的支持下,应用于人员管理的新兴技术在为特定工作选择最佳候选人、为个体设计个性化的职业规划和培训发展等方面取得了新的进展。

【案例启示】

"90 后"、"95 后"员工,包括即将踏入职场的"00 后",是伴随移动互联网成长起来的群体。对此,北森云计算联合创始人、董事长王朝晖在采访中曾说:"他们对于工作系统的操作体验、交互性、易用性的要求其实蛮高的,让他们在不同的模块之间持续地来做切换,会特别受不了。"

发现痛点后,北森率先入局。2016 年,公司将开发"一体化云端 HCM(人力资本管理)解决方案"定为战略目标。北森花了近 3 年时间打磨产品,声量降至最低。低谷时,融资进度缓慢、激进扩张受阻、组织内耗严重,困难叠加。2020 年,北森终于打通了一体化,这成为破局的关键。加上受疫情影响,线上办公变得普及,2020 年一季度,其客户订单数量翻了一倍,效果初步显现。2020 年上半年,北森发布战略级产品 iTalentX,旨在为企业提供无缝整合的一体化 HCM 解决方案,员工仅需通过一个入口便能访问所有软件。

北森如今为客户提供的一体化云端 HCM 解决方案中主要分为以下五个部分:①招聘云,用于智能化及简化招聘流程;②测评云,用于让企业通过人力科学专业知识和专有技术,识别合格及适合的求职者以及现有员工中的高潜力人才;③核心人力解决方案,应用于包括新员工入职、人事管理、薪酬管理及组织架构管理等日常人力管理;④绩效管理云,用于追踪 MBO(management by objectives,目标管理)、OKR(objectives and key results,目标与关键结果)管理及审阅员工绩效;⑤继任云,用于储备、留用及发展人才,还有学习云等,以满足人力资源管理过程中各类业务场景的需求。自此,提供云端 HCM 解决方案,成为北森第一大主营业务。

资料来源:何已派,周琦. HR SaaS 新玩法[J]. 21 世纪商业评论,2022(3):46-48.

4. 大数据

大数据时代为企业带来了产品的更新和管理的改革,为人们的生活和工作带来了极大的便捷。大数据技术是将庞大的信息数据通过处理实现共享,具有强大的数据分析能力和解决问题能力。大数据技术在多领域的数据使用方面表现出了不同的特色,在人力资源管理领域,大数据的优势表现在对"人"和"事"的分析管理方面,企业可通过对数据的整理、分析、应用,实现更科学、高效的人力资源管理。

在传统的招聘流程中,招聘人员无法捕捉到候选人的真实信息,有时会导致糟糕的招聘结果。而基于大数据技术创新人力资源管理,将收集到的大数据与传统的招聘流程相结合,可以帮助招聘人员在第一时间捕捉到应聘者的真实个人资料,不但能帮助企业快速招聘到优秀人才,还可以将人才匹配到适合的岗位上,有效激发员工的主动性和能动性，从而推进企业的可持续发展。数据信息化的人力资源管理模式，还有利于企业在人才晋升选拔中进行客观、全面、高效的评价，以此选拔出合格员工，并提升人力资源管理水平。

传统的企业人力资源绩效管理往往采用单一的绩效管理模型来记录和分析员工的绩效，这一过程导致人为因素对人力资源绩效的结果有很大的影响。但是随着大数据的引入，企业可以利用大数据的优势来提高企业人力资源的绩效管理水平。利用大量不同岗位、不同时期员工的数据和反馈进行人力资源绩效分析，准确性高，受人为因素影响小。大数据的应用不仅可以对人力资源管理的结果进行最公平的分析，也可以为企业人力资源管理的未来发展方向提供最准确的判断。此外，大数据还可以用来预测员工未来的发展，释放更多的员工潜能，提高员工的积极性。

【案例启示】

大数据逐渐嵌入政府人力资源激励模块，在考核、奖惩、晋升、薪酬机制运行中用数据说话，有助于克服过往主观臆断的评判以及有失公允的偏见。比如，在360度绩效考核管理中，大数据应用使来自上级、同事、下属和服务对象的评价数据更全面、更快捷、更有效地传递。在薪酬管理中，大数据应用有助于优化薪酬结构。比如，Ishan Pafadia 利用所拥有的数据集对美国旧金山政府雇员 2011—2014 年不同部门的平均工资、基础工资和其他费用等进行数据挖掘与分析，指出政府雇员薪酬结构存在的问题，以便政府部门改善薪酬结构，为雇员提供更好的生活条件。

不仅如此，大数据因素也作为构成内容被融入激励机制。比如，在考核、奖惩机制中加入大数据技能指标，考核公务员接受大数据技能培训的时数和采集、储存、应用大数据的工作效果。绩效工资也可把大数据应用的业绩包含在内，增强绩效考核、奖惩、报酬机制的实用性和适时性。正如《大数据时代》的作者维克托·迈尔-舍恩伯格（Viktor Mayer-Schöonberger）所言，在大数据时代，一个员工是否对公司有贡献的判断标准改变了，这就意味着，你要学的东西、你要了解的人、你要为你的职业生涯所做的准备都改变了。

政府人力资源管理须"用数据创新"。但同时，须强化数据过滤、选择和复杂性系统管理，切忌陷入对数据的执迷。海量数据的价值终究依赖于人的分析和应用，数据不会自动提供解决问题的答案。过于崇拜数据就可能异化为"唯数据"倾向，导致管理者丧失思考和判断能力。

资料来源：石杰琳，王俊明. 大数据因素嵌入对政府人力资源管理创新的影响研究[J]. 领导科学，2020(22): 72-76.

1.1.3 不同的管理机制——员工体验

在企业数字化转型的过程中，管理者们逐渐意识到，良好的员工体验可以帮助企业吸引优秀人才、保留核心人才，激发组织活力，是组织成功实现数字化变革的必备要素，人力资源管理已然进入员工体验的新时代。韦莱韬悦（Willis Towers Watson）在《韦莱韬悦人力资源管理季刊》（2022 年冬季刊）中指出，从"客户"需求的角度来理解员工的需求和对企业的期待，构建一个优秀的员工体验和雇主品牌，是企业管理者们需要关注的"软实力"。员工体验为传统的人力资源管理提供了一个以员工及其主观体验为出发点的新视角，传统的人力资源管理思维正在悄然发生改变。如何通过数字化转型使员工体验从概念到落地，面向多样化的员工需求，如何建立起员工体验的持续反馈与改善机制，从而最大限度发挥员工的能力，使良好的员工体验为企业的数字化转型提质增效，成为当今企业亟须关注的重点。

1. 员工体验的含义

员工体验是员工在工作过程中接触到的所有接触点所产生的对自己与用人单位关系的整体感知，即员工体验是员工对他们在组织中遇到和观察到的事情的感受。DHR 发布的《2021年员工体验全球趋势与中国实践白皮书》显示，76.3%和21.9%的受访者（企业高层管理者、人力资源部门负责人和 IT 部门负责人等）表示员工体验对组织的重要性非常重要和重要。并且，已经有75.4%的受访者表示其所在公司已有同事从事员工体验相关工作，其中18%的公司已设有员工体验专岗。随着人口红利逐步消失，员工成为企业最重要的可移动资产，对于管理者及组织的重要性越发凸显，如何优化员工体验、达成有效的人才吸引，成为当前企业的关注热点。麦肯锡在 2022 年发布的报告《市场化 HR 职能：回归商业本质，聚焦价值创造》中提道："员工的工作体验感将直接影响着他们的敬业度，如果体验感不佳，工作态度就会变得消极，进而影响其工作效率，造成整个公司的运行及产出欠佳。"员工体验优化，员工的敬业度、满意度及工作效率将会随之提升，对企业的发展产生更大的推动力。员工体验的有效提升不仅需要人力资源从业者的推动，也需要业务经理和信息技术人员的参与。

数字化时代的到来，加速催化了组织与员工、领导者与员工、员工与员工之间的"破壁"融合，数字化员工体验（digital employee experience）应运而生。数字化员工体验反映了人们如何有效地与工作场所的数字工具互动，这使他们能够参与其中，熟练操作，并提高生产力。国内外企业已经逐渐意识到员工体验的重要性，并致力于将数字化作为改善员工体验的抓手，如玛氏公司（Mars Incorporated）为了解决新员工入职当天为物品申领、权限设置等问题来回奔波的痛点，从 2018 年开始针对入职流程设计并开发了一站式"入职小程序"，采用"设计思维"工具和方法论，邀请相关部门举行工作坊，以员工体验为核心进行产品设计和流程重塑，有效地帮助新员工实现前期的快速融入。中国一体化 HR SaaS（人力资源服务软件）引领者北森携手人力资源智享会在 2022 年联合发布的《数字化助力员工体验提升研究报告》中曾指出，"在数字化时代，在数字化转型的背景下，拥抱技术是优化员工体验的必然选择。"由

HRTechChina 发布的《2021HR 科技十大趋势》中也曾提到，数字化员工体验的提升是员工感受最直接也是最容易改善的。因此，如何将数字化融入员工体验设计，形成更好的员工体验，成为当前企业人力资源管理的重点所在。

2. 员工体验的价值

IBM 商业价值研究院与全球领先的 HR（人力资源）组织 Josh Bersin 学院在 2020 年联合发布的研究报告《加速 HR 3.0 转型之旅》中称，各行各业的领先企业正在转向以透明、个性化和员工体验为核心的 HR 3.0 时代。卓越的员工体验能够帮助企业有效吸引员工并留住员工，激发其工作热情，使企业的人才培养实现良性循环。推行员工体验管理，可以实现企业、员工与客户"三赢"，这是企业在市场竞争中立于不败之地的核心竞争优势。

1）提高员工敬业度和幸福感

员工职场生活越幸福，员工的贡献度就越高。社会交换理论主张依据个体在社会交往中所获得的收益与付出的代价来解释人们的个体行为，相互依存的个体或者团体之间遵循着某些交换原则。员工从组织中得到了良好的工作体验后，会从心理上感觉有义务去反馈和回报组织，而员工回报组织的途径之一就是提高他们的敬业度；在个体回报组织的过程中，员工将自我更多地代入工作角色中去，为组织和工作贡献更多的资源。敬业是员工与组织之间的双向作用，员工对组织和工作持有积极的态度，并愿意为组织实现目标而提高自我效能，而组织也有义务保障和促进员工的这种行为。《2020 德勤全球人力资本趋势报告》指出，人力资本管理的关键是员工幸福感和归属感，员工幸福感位居第一。员工"满意"，不一定"忠诚"；员工"忠诚"，不一定"敬业"；员工"敬业"，不一定"幸福"。如果员工失去"幸福"，"忠诚"和"敬业"就无从谈起，更不用提"满意"了。

2）提升客户满意度与忠诚度

面对数字化、智能化技术的急速发展，企业想要在市场中保持竞争力并满足客户不断增长的多样化需求，就需要创造良好的员工体验，员工体验与客户体验（client experience，CX）相辅相成，共同构成企业的核心竞争力要素。优质的员工体验管理可以通过解决员工需求、了解员工偏好、满足员工期望从而动员他们参与和贡献客户体验设计来支持。2019 年，德勤公司（Deloitte）的一项研究发现，投资于员工体验的组织的员工敬业度提高了 22%。另外，埃森哲和弗雷斯特的研究也显示，如果员工体验与客户体验俱佳，那么公司的利润率将提高 21%；如果只有客户体验，利润提高11%。良好的员工体验可以提升客户忠诚度，美国麻省理工学院的研究表明，员工体验排名前 1/4 的企业，其客户忠诚度是处于后 1/4 的那些公司的客户忠诚度的两倍。

3）提升企业能力与经营绩效

员工能力只是决定企业能力的必要条件，而非充分条件。Jacob Morgan（2017）

的名为 *The Employee Experience Advantage* 的研究显示，投资于员工体验的公司的表现要显著优于不投资于员工体验的竞争对手：不仅员工的成长速度快了 1.5 倍，薪酬水平更高，公司的创收更是翻了一番并比之多了 4 倍的利润。IBM 智能劳动力研究所（Smarter Workforce Institute）的研究也显示，员工体验与更高的资产回报率和销售回报率是显著关联的。可见，卓越的员工体验可以提升企业营收能力。

3. 员工体验的改善

1）打造数字化办公环境

改善数字化员工体验的
6 种方法

研究显示，在数字化工作场所工作的员工不仅工作效率更高，而且更有积极性，工作满意度更高，整体幸福感更强。[①]办公环境不只是办公空间、装饰装修、美化绿化、工具物料、设备设施、安防系统等"硬指标"，还包括"软环境"，即温度、湿度、光线、香氛、背景音乐（BGM）等氛围要素，还有关于办公环境管理的政策制度要素。

2）塑造数字化企业文化

企业文化是员工日常职业生活理念与行为习惯，数字化企业文化则是要把数字技术融入员工理念与日常行为之中。企业文化是团队中最难以捉摸但也是最重要的一部分。尽管这已是老生常谈，但在企业文化数字化转型期间，如果企业及员工缺乏与数字化相匹配的文化、素养、远见，将严重阻碍其数字化转型的能力。任何企业变革与创新的失败，首先源于企业文化——不能群策群力、统一思想。

3）构建数字化业务平台

数字化业务平台为企业打造一个统一的数字化工作台，组织内部所有人员、信息、业务汇总到一个平台同步办理，实现跨区域协作。企业数字化平台不但可以起到降本增效的作用，更可以改善员工传统频繁手动工作，实现管理自动化。因此，以 ERP（企业资源计划）为核心的 SCM（供应链管理）系统、CRM（customer relationship management，客户关系管理）系统、SCRM（社交化客户关系管理）系统、eHR（电子人力资源管理）、OA（办公自动化）等数字化平台正在被企业广泛应用，并用来改善员工业务体验。

4）引进数字化设备设施

技术是员工体验的重要组成部分，也是在当今人才市场上保持竞争力的关键。人工智能、机器学习、聊天机器人、自动化自助服务等新兴技术的爆炸式发展可以创造奇迹，帮助员工获得更好的体验，但前提是要在组织内部充分利用它们。雇主需要在提供应聘者渴望的科技前沿体验和人性化管理之间取得平衡，很多员工都表示技术工

---

① 惠普公司阿鲁巴（Hewlett Packard Enterprise Aruba）发布的一项名为 *The Right Technologies Unlock the Potential of the Digital Workplace* 的研究报告，该报告的网页链接为：https://d110erj175o600.cloudfront.net/wp-content/uploads/2018/06/lo-studio-completo.pdf.

具比干净的办公室等外部环境更重要。

【案例启示】

在员工职业生活中，影响员工体验的核心因素有五个，可以概括为人、气、场、能、流。其中，"能"为科技，主要利用网络技术、大数据技术、智能技术、云技术等赋能员工体验，打造数字化员工体验（DEX），让员工在关键节点上收获最大愉悦感与归属感，进而收获满意度与幸福感。微软（Microsoft）执行副总裁让-菲利普·库尔图瓦（Jean-Philippe Courtois）指出，为了获得长期的成功，关注重点必须从"应该如何利用技术来提高我们的短板"转变为"应该如何利用技术来支持和吸引我们的员工"。可见，企业不能再单方面索取或接受员工的贡献，必须重视员工体验，要为员工服务。企业要洞察并满足员工需求，甚至不惜为此展开一场数字化变革，为员工打造全新的职场生活方式。

微软公司推出了全新员工体验平台 Microsoft Viva，该平台把用于员工互动、学习、福利和知识探索的工具直接引入四大主营板块：Viva Topics、Viva Connections、Viva Insights 和 Viva Learning。微软首席执行官（CEO）萨蒂亚·纳德拉（Satya Nadella）在 Twitter 上指出："Viva 要将员工成功所需的一切都直接整合起来。"

资料来源：贾昌荣. 数字化体验，赋能组织绩效[J]. 人力资源，2022(1)：58-62.

1.2 数字人力资源管理研究的现状

本节从研究主题、研究理论和研究方法三个方面来介绍数字人力资源管理领域的研究现状。具体来说，研究主题主要涉及数字人力资源管理转型、数字时代的就业、数字平台的员工等方面；研究理论主要包括适应性结构理论（Adaptive Structure Theory）、资源基础理论（Resource-Based Theory）、能力-动力-机会理论（Ability-Motivation-Opportunity Theory）、技术-组织-环境框架（Technology-Organization-Environment Framework）等；研究方法则以文献综述、问卷调查、案例研究、实验研究、二手数据为主。

1.2.1 研究主题

数字技术的应用正在快速而深刻地影响人力资源管理领域，企业的传统人力资源管理流程、人力资源部门的结构和职能、劳动力市场的用工情况，乃至整个基于人力资本的价值链，都将随之发生改变。与此同时，人力资源管理数字化所涉及的组织和个人层面的因素，给企业、员工、劳动力市场等带来的影响，以及它与企业各种特征的关系，正在引起学者们的广泛关注。现有的研究主要集中在数字人力资源管理转型、数字时代的就业、数字平台的员工、数字人力资源管理对企业绩效的影响、管理者和员工对于数字人力资源管理的感知等方面。

1. 数字人力资源管理转型

随着人工智能等突破性数字技术的加速发展和广泛应用，企业、员工和客户之间的相互作用正在发生根本性的变化，人力资源管理活动的数字化程度正在加剧。随着数字化技术持续赋能组织，并在人力资源管理领域催生大量新实践，学者们纷纷展开关于数字人力资源转型的相关研究。关于数字人力资源管理转型的研究考察了智能自动化技术与企业和员工层面的人力资源管理的复杂性，重点关注这些技术在人力资源管理战略和实践的不同层面、不同阶段的影响，涉及了数字化技术在传统人力资源管理过程中催生的新实践、塑造的新环境。现有研究指出，数字化技术在人力资源管理实践中起到了一定的积极作用，但也会引发降低培训满意度、损害员工工作动机、提高员工离职倾向等一系列负面后果，组织员工与数字化技术之间尚未实现很好的融合。Vrontis 等（2022）的研究以先进技术、人工智能和机器人技术为子主题，分别展示了这些技术如何以智能自动化定义人力资源管理，为工作替代、人类-数字技术协作、培训等方面带来哪些机遇与挑战。该研究指出，以人工智能为代表的数字技术在加强人力资源管理决策质量方面发挥着至关重要的作用，但与此同时也带来了更多的道德挑战，进而影响员工对数字技术的接受程度。谢小云等（2021）则基于结构化理论，通过梳理数字化技术对"员工培训与开发""员工考核与监管"和"奖惩与激励"以及"组织—员工关系"四个方面的人力资源实践产生的影响，指出数字技术的发展催生了组织内部更好的人才分析实践，精简决策流程、提高决策的公平性，为人力资源制度建设和决策提供了强大的依据，为管理者配置人才、规划人才发展通道提供了重要参考，但也导致了管理者习惯于依赖数字技术而产生了思维固化、管理方式的"去人性化"及员工权利被剥夺、在雇佣关系中处于劣势地位等消极影响。

【案例启示】

自成立伊始，人瑞集团就一直坚持服务属性的公司定位，逐渐建立形成了需求拉动型的人力资源服务模式，以更好地满足客户需求、迅速占领市场，持续提高市场占有率。然而，随着劳动力市场以及用工企业的快速变化，以抢订单、拼价格、凑资源等为主要特点的粗放式人力资源服务模式难以奏效，客户需求满足效率低、公司利润率不高等问题日益突出，亟须实现人力资源服务模式的转型升级。与此同时，大数据、云计算、人工智能等新一代信息技术的快速发展和应用，为人瑞集团的人力资源服务模式数字化转型插上了技术的翅膀。

人瑞集团的人力资源服务模式转型升级包括业务资源数据化、数据资源场景化、数据资源智能化三个阶段。业务资源数据化是企业通过所搭建的资源接口系统来采集和吸收对企业业务推进具有重要影响的关键资源，并梳理整合成为大数据资源的过程。人瑞集团在2013—2015年通过数据接口系统搭建，驱动战略性识别、关联性聚合和适应性重构，实现资源从非数据化、非标准化到数据化、标准化的跨越。数据资源场景化是在业务资源数据化的基础上，在人力资源供给端到需求端联结过程中提炼出特定应用场景，将数据按照场景进行配置并实现各个场景的有效互联，最终将数据转化为可调用的场景模块的过程。数据资源智能化指的是借助算法技术有机整合按场景配置的模块化数据，进而为客户提供智能化解决方案的过程。相比过去那种基于固定逻辑输出特定能力的模块化数据，智能化数据具有一定的判断能力，能够基于业务场景的动态特点智能调整自身所能够输出的解决方案。基于人工智能的算法技术有效嵌入人力资源服务的各个模块化场景，能够智能感知客户需求，前置性识别客户的潜在需求，能够实现人力资源智能配置，也能够基于人力资源的动态变化为客户的业务决策提供有益依据。

历经数字化转型，人瑞集团的人力资源服务模式实现了跨越式升级。升级后的人力资源服务模式特征主要体现在以下四个方面：首先，精准匹配型人力资源服务模式能够实现对客户需求的智能感知和前置识别。其次，精准匹配型人力资源服务模式能够实现人力资源智能配置。数字化人力资源服务模式改变了过去人才配置"战役式"作战方式，最大限度缩小资源配置的时间差，依据业务数据实现人与岗位、人与团队、能力与业务之间的精准配置。再次，精准匹配型人力资源服务模式能够实现人力资源持续开发。借助信息系统，组织内部的成员可以快速习得固化在系统中的外部知识，也可以帮助组织成员快速收集多种信息和数据，有利于成员的学习和进步。最后，借助数字技术，精准匹配型人力资源服务模式对"人"的依赖性大大降低。借助数字技术发展的契机，人瑞集团从理念和实践两个层面，建立了一套人力资源服务数字化管理框架以及应用技术平台，对客户的人力资源服务效能大大提高，且对"人"的依赖性大大降低。

资料来源：张志朋，李思琦，朱丽. 人力资源服务企业数字化转型中的组织协同管理与创新——资源编排视角的单案例纵向研究[J]. 科学学与科学技术管理，2023, 44(2): 143-164.

2. 数字时代的就业

在数字时代，数字平台以其庞大的业务生态孕育了大量的新兴职业，也推动了就业朝更高质量发展。数字技术的进步，一方面使灵活就业形态更为普遍，另一方面也使低技能劳动者和弱势群体就业机会大大增加。在此背景下，越来越多的学者开始围绕数字时代的就业问题展开研究。目前，学界对数字平台中劳资关系的研究包括：数字经济中和数字平台上劳资关系的新变化，数字平台上的零工经济问题。还有一些学者对在线劳动力市场进行了一般性分析和案例分析。另外，国内外学者还关注到了机器人流程自动化、人工智能等数字技术在工作替代方面对就业的影响，如何实现人类和数字技术的协作以支持人力资源管理，以及它们在创造学习机会方面的作用，从更广泛的角度阐述了数字技术创新在数字时代改变人力资源管理的方式。

有关数字经济中和数字平台上劳资关系的新变化，赵秀丽等（2022）按照是否被雇用、是否被监控与追踪、外包与租赁、资本类型、资本控制方式及劳动力是否被商品化六个条件，将不同数字平台上资本与劳动的结构化关系划分为六种形式，即间接的但非雇佣关系、创意数字劳动驾驭资本的关系、直接的雇佣关系、直接的但非雇佣关系、合作关系和灵活的依附关系。该研究指出，数字平台上不同群体在与数字平台资本建构联系所产生的关系已经远远超出了劳资关系的范畴，不能再用单一的既有资本雇佣劳动的劳资关系来理解，而是应该根据不同群体所处的地位和议价能力来衡量他们与数字平台资本的关系。

有关数字平台上的零工经济问题，Dunn（2020）对数字平台传统意义上的工作质量特征及参与零工工作的员工对该平台工作质量的实际看法进行了研究。该学者按照数字平台上的员工参与零工工作的动机将员工划分为不同类型。同时，该研究发现，零工工作虽然具有诸如缺乏时间的可预测性、缺乏福利和临时工作的不确定性等明显劣于传统工作的特点，但这些特点是否在每个员工对零工质量的评估中发挥重要作用，取决于员工个体层面的差异。

有关在线劳动力市场的一般性分析，Kässi 和 Lehdonvirta（2019）为了研究在线劳动力市场的规模和范围，提出了一个新的经济指标——在线劳动力指数，运用该指标测算了在线劳动力市场中零工经济的增速、识别了在线零工占比较高的职业，并绘制了在线零工需求的地理图。

有关在线劳动力市场的案例分析，Meijerink 等（2021）基于对荷兰两家外卖平台的案例研究，发现了在线劳动力市场的人力资源管理活动是其制度复杂性的一个重要来源，它使市场和公司逻辑之间产生紧张关系。在此基础上，研究对在线劳动平台为平衡与自由职业者的人力资源管理实践相关的紧张关系所采取的响应策略进行了探讨。

有关机器人流程自动化、人工智能等数字技术在工作替代方面对就业的影响，Huang 和 Rust（2018）开发了一种人工智能工作替代理论来阐述人工智能对于人类工作的双刃剑效应。该理论明确了服务行业工作所需的四种智能——机械智能、分析智能、直觉智能和同理心智能，并指出人工智能正在以一种可预测的顺序由机械智能向同理心智能进展。人工智能所带来的工作替代目前基本上发生在任务层面而非职业层面。当人工智能能够执行直觉和同理心任务时，人机集成的创新工作方式将成为可能，并对人类就业造成根本的威胁。

有关如何实现人类和数字技术的协作以支持人力资源管理，金姆（2022）基于以人为本的视角，确定了三个有助于在个人、团队和组织层面实施有效人机交互的领域——人员能力、协作配置及交流属性。该研究同时探索了八个人力资源开发方面的考虑因素：员工对机器人的态度、员工对机器人技术的准备程度、员工与机器人的沟通、人-机器人团队建设、多机器人领导、全系统协作、安全干预、道德问题。

有关如何实现人类和数字技术的协作以创造学习机会，贝尔等（2008）进行了将人工智能模拟作为一种培训工具的有效性研究。该研究指出，人工智能所提供的模拟环境可以为培训者提供与其他用户的高度交互，并提供更多的学习机会。尽管使用此类技术会使成本增加，但基于人工智能模拟的应用程序允许员工之间进行交互，从而帮助员工理解如何根据环境和多个竞争对手的交互影响来调整决策。

【案例启示】

数字时代，数字平台作为主导型的经济生产组织方式，成为新职业无二的"孵化器"。据不完全统计，2022年腾讯数字生态带动了147个新职业。其中，稳定期新职业14个，主要集中在云与智慧产业生态、互动娱乐、广告营销等领域。云与智慧产业领域新职业占比约60%。成长期新职业26个，主要集中在微信、广告营销等领域，包括私域增长师、投放优化师、公众号小程序基建师、小程序商城运营师、社群分销、用户运营师、数字导购、游戏主播、动画设计师、渲染设计师等。萌芽期的新职业107个，主要集中在微信、云与智慧产业生态、互动娱乐、广告营销、职业教育等领域，包括微信表情设计师、微信红包封面设计师等。在2019年后国家颁布的74个新职业中，腾讯生态催生的稳定期新职业占比近20%，未来5年腾讯有创造3 180万个新就业机会的巨大空间。

腾讯数字生态催生的全域经营特别是私域从业人才缺口大、工作机会多，从业者的薪资回报也较为丰厚。2019—2021年私域工作薪资整体分布持续走高，月薪万元以上岗位占比由2019年的30.94%增至2021年的44.67%，明显高于同期全国城镇私营单位就业人员年平均工资（2021年约为62 884元）。初步测算，2022年月薪超过万元的岗位占比超过50%，其中私域负责人等高端稀缺岗位月薪超过10万元。

资料来源：数字经济重塑职业就业：私域负责人月薪超10万元！腾讯数字生态2022年带动147个新职业[EB/OL]. (2023-01-10). https://www.163.com/dy/article/HQNG8TS60512ES8F.html.

管理者要具备的四种数字化思维

3. 数字平台的员工

数字时代最大的特征是以数字平台为代表的组织形态的出现，及其给人类行为和思维方式带来的转变。近年来，随着零工经济的兴起，越来越多的劳动者开始在数字平台上寻找工作机会，数字平台的劳动者引起了不同领域学者的研究兴趣。关于数字平台劳动者的研究，主要集中在以下三方面。

（1）在工作中使用数字平台对于原有工作模式来说具有一定破坏性，它要求员工具备高度的弹性和适应性，由此给员工带来多种心理影响。在基于数字平台的远程工作场景中，人们需要在工作中管理各种数字平台和应用程序的同时，平衡他们的工作、家庭和社会承诺，这会给数字平台的劳动者带来普遍的压力，特别是那些由于其强制性质而导致的技术压力。Singh 等（2022）的研究表明，强制性远程工作中数字平台的使用会诱发员工的技术压力，并增加员工技术枯竭等心理压力，降低员工的主观幸福感。张槲槲和郝兴霖（2022）也在研究中指出，基于数字平台工作所需的数字技能要求以及给员工带来的控制感剥夺的感受共同塑造了一种高压的工作环境，加之远程工作带来的组织支持氛围缺失导致员工难以补充工作资源，而数字平台对员工监督控制的加强会导致员工陷入消极抗拒的状态。

（2）以企业数字化平台为代表的数字技术在企业内部的普及，改变了员工沟通与合作的方式，赋予了员工接触新知识、获得情感与技术支持的条件，同时激发了员工的创新潜力。近几年来，国内外对于企业内部数字技术的使用影响员工行为的研究逐渐增多，大多数研究采取了知识共享行为与任务技术匹配度的视角，如 Kuegler 等（2015）通过研究企业社交软件平台的使用对员工任务绩效和创新绩效的影响，发现团队内部和团队之间的社交软件的使用都能够提升员工的任务绩效与创新绩效，其中任务明确性起调节作用。

（3）企业人力资源管理实践的数字化转型，改变了员工原本的工作模式、角色及所需技能。现有研究指出，如果组织想从技术投资中获益，就需要让员工具备数字技能，以实现组织目标。Cetindamar 等（2021）提出了数字素养（digital literacy）的新概念，认为数字素养包括收集信息的能力、与他人创造性地分享想法的能力以及安全有效地完成任务的技术控制能力。作者将数字素养作为企业员工使用云技术认知行为的前因，并对员工在理解数字技术及其实现的各种机会方面的作用进行了探讨。基于应用计划行为理论对 124 名澳大利亚员工的技术使用意图和行为进行初步实证分析后的结果表明，企业员工数字素养与云技术的使用之间存在正相关关系。Nankervis 和 Cameron（2022）基于澳大利亚人力资源管理能力框架，指出了企业在数字化转型过程中优化人力资源管理从业者工作表现所需的主要人力资源管理专业能力和胜任能力。

【案例启示】

　　"美团外卖"于 2013 年正式上线。2018 年，该平台占据了 62% 的中国国内市场份额，日完成订单量超过 2 400 万份，全国累计有 3 亿人在平台上完成在线订餐。"美团外卖"的工作流程是：在接到消费者订单之后，平台会根据算法将订单分配给骑手，骑手根据算法估算的时间和配送路线将外卖送到客户手中。平台上活跃的骑手（指至少日均接 1 单者）总量在 67 万左右，这些骑手又分为专送骑手和众包骑手两种类型。

专送骑手通常依托于加盟商或代理商，由加盟商或代理商进行派单。加盟商或代理商必须是工商注册的实体公司。目前，约 1 000 家加盟商或代理商与"美团外卖"之间存在民事合作关系，它们雇用的专送骑手有 25 万至 27 万人。这类骑手往往接受加盟商站点的派单与管理。在大部分情况下，加盟商或者代理商与全日制骑手之间存在一种从属关系，两者之间应当签订劳动合同，但实际上，鲜见有劳动合同存在。

众包骑手通常依托于分布在全国的十几家劳务公司，他们以自雇者的身份与劳务公司签订基于民事法律的劳务合同。这些骑手从加盟商或者代理商的不同站点上抢单，在订餐的高峰时段起到了运力调剂的作用。

资料来源：周畅. 中国数字劳工平台和工人权益保障[EB/OL]. (2020-11-23). https://www.ilo.org/legacy/chinese/intserv/working-papers/wp011/index.html.

4. 数字人力资源管理对企业绩效的影响

随着企业运用的数字技术数量逐渐增多且技术复杂程度上升，企业数字化的智能、连接和分析能力会逐步提高，企业的数字化程度也会从初期的企业流程计算机化发展到产品和客户关系的数字化，最后发展为全面数字化。数字技术的跃迁式发展能够促进企业数字化程度不断加深，为商业创新提供巨大的可能性。然而，在实际的商业实践中，部分企业面临大力投资数字化却收效甚微的困境，甚至造成企业经营业绩的下降，出现了企业数字化悖论的现象。因此，数字技术应用于人力资源管理对企业绩效能否产生预期的效果，以及人力资源数字化转型过程中对于企业绩效的影响引起了学者们的好奇。比如，Zhou 等（2021）基于适应性结构理论和嵌入性理论的实证研究指出，人力资源管理数字化与人力资源管理系统成熟度的交互作用和企业绩效呈正相关，人力资源管理系统的成熟可以加强人力资源管理数字化对企业绩效的积极作用。与此同时，当人力资源部门深度参与组织的战略管理和业务运营时，上述交互作用对于企业绩效的积极影响将会增强。Rožman 等（2022）的研究也表明，在人工智能技术的支持下进行的优秀员工的招揽和留任、员工培训与发展及领导工作，支持人工智能创新的组织文化，运用人工智能来有效减轻员工的工作压力，对于企业绩效的提升有着显著的积极影响。

另外一些学者的研究则对人力资源管理数字化是否能以经济指标的形式产生快速回报提出了质疑。他们普遍认为，虽然数字技术确实减少了人力资源从业者的许多日常任务，并使一线员工更容易管理人力资源，但它对公司绩效的影响需要进一步研究。比如，Zavyalova 等（2022）的研究通过总结各种公司过去 3 年的增长率、资本回报率和资产回报率等绩效指标，对不同类型的人力资源管理数字化企业的绩效进行评估。该研究结果表明，企业人力资源管理的数字化水平与企业绩效之间没有直接的相关性。

5. 管理者和员工对于数字人力资源管理的感知

根据社会认知理论，员工会通过审视组织正在执行的数字化战略，形成相应的认知并采取行动。因此，员工对于企业数字化人力资源转型的认知是影响企业人力资源数字变革能否成功实施的重要一环。在现有研究中，学者对数字化工作环境下员工的公平感知、工作动机和满意度等关键认知结果以及员工与管理者对于人力资源数字化转型的感知进行了一定的探讨。周恋等（2022）的研究基于公平启发理论指出，在线用工平台的算法技术属性会正向影响平台从业者算法不公平感，进而诱发平台从业者工作倦怠和绩效降低等消极后果。裴嘉良等（2021）的研究则基于信息透明度的视角，以程序公平理论为研究框架，探究了人力资源决策中不同决策主体（人工智能算法和上级主管）对员工程序公平感知的影响机理。该研究认为，在组织人力资源决策情境下，与上级主管决策相比，员工感知到的人工智能算法决策的信息透明度更低，并由此对人工智能算法决策产生更低的程序公平感知。另外，当员工感知到具有较低水平的包容型氛围时，人工智能算法决策对程序公平感知的影响更加明显。Yassaee 和 Mettler（2019）通过研究员工对使用数字职业健康系统的看法指出，虽然员工能够意识到公司引入数字职业健康系统的举措增强了改善健康、提高幸福感的可能性，然而隐私问题和这种系统造成的额外精神压力大大削弱了员工采用它们的意愿。杜辉和毛基业（2022）基于认知-情感系统理论来研究员工在数字化转型过程中的工作意义感知，分析个体在人机协作中的"情境-认知-情感链"，研究发现在人机协作的不同阶段，员工的工作意义感可分成三种模式，即初级阶段的数字化情境-工作体验感-工作意义感、深入阶段的工作场景智能化-工作认同感-工作意义感、共生阶段的数据交互重构-工作成就感-工作意义感。管理层和员工对数字化准备的共同信念是成功指导和实施组织变革的前提。Gfrerer 等（2021）一项对银行业的调查结果显示，虽然管理者和员工对变革的态度与授权有相似的看法，但对个人准备、能力和创新障碍的看法却有显著差异。

1.2.2　研究理论

现有数字人力资源管理研究中用到的理论包括适应性结构理论、资源基础理论、能力-动力-机会理论、技术-组织-环境框架、人力资本理论（Human Capital Theory）、劳动过程理论（Labor Process Theory）、技术接受模型（Technology-Acceptance Model）、创新扩散模型（Diffusion of Innovation Model）、行动者网络理论（Actor-Network Theory）、悖论理论（Paradox Theory）等，这些理论可用于分析个体对数字技术的接受度以及数字技术的引入对于组织和员工的影响等。

1. 适应性结构理论

适应性结构理论由 DeSanctis 和 Poole（1994）提出。该理论提供了用于描述信息技术采纳和使用的影响因素：先进信息技术的结构特征、组织内部系统和来自其他外部结构源（如任务、组织环境等）的影响。Zhou 等（2021）在研究人力资源管理数字化和人力资源管理系统成熟度的交互作用对企业绩效的影响时，基于适应性结构理论对人力资源管理数字化与企业绩效的关系及其边界条件进行了深入研究。根据适应性结构理论中关于先进技术有效性取决于社会结构与当前任务适配度的论断，作者提出了"人力资源管理数字化与人力资源管理系统成熟度的交互作用与企业绩效正相关"的假设；根据适应性结构理论中关于人际互动对于先进技术有效性的重要性的强调，提出了"人力资源管理战略参与程度高时，人力资源管理数字化与人力资源管理系统成熟度、企业绩效的交互作用的正向关系更强"的假设；同时，运用理论中组织成员对嵌入技术中的结构的知识和经验的程度会影响技术的熟练使用的相关内容，提出了"人力资源管理数字化与人力资源管理系统成熟度和企业绩效的交互作用在人力资源业务参与程度高时比低时更强"的假设。

2. 资源基础理论

资源基础理论由 Barney（1991）提出。该理论认为，如果组织能够创造大量的战略资源或拥有足够的战略能力，就可以获得竞争优势。组织中有价值、稀有、难以模仿和不可取代的资源与能力可以为组织带来卓越的绩效，进而使组织拥有可持续的竞争优势。Jani 等（2021）在一项关于人力资源管理角色和数字人力资源技术对成功的人力资源转型的影响研究中，基于资源基础理论提出了人力资源角色调节人力资源数字技术与企业绩效之间的关系的相关假设。

3. 能力-动力-机会理论

能力-动力-机会理论由 Appelbaum 等（2020）提出。该理论是关于促进员工绩效的最成熟的人力资源管理理论之一。该理论认为，当人们拥有执行的技能、知识和能力，执行的动机，以及组织提供的执行机会时，他们才会执行得很好，即员工的绩效受到三种人力资源管理实践的影响：能力增强实践（如选拔、培训）、激励实践（如薪酬、晋升）以及机会增强实践（如员工参与）。Cai 等（2020）在关于如何在数字化工作环境下激发员工创造力的研究中，按照能力-动机-机会理论模型的三个维度，对员工创造力的预测因素进行了分类，并使用由模型三个维度所组成的交互模型分析能力增强实践如何通过机会增强实践对员工创造力产生影响。

4. 技术-组织-环境框架

技术-组织-环境框架由 Tornatzky 和 Fleischer（1990）提出。该框架用于解释组织或企业采用和实施技术创新的过程。该框架论述了企业环境中技术、组织和环境因素将如何影响创新的采纳和实施决策。Gurusinghe 等（2021）基于技术-组织-环境框架理论，分别从技术、组织和环境三个方面来考虑在组织层面影响人力资源数据分析的前因要素，并将该框架理论与资源基础理论相融合，构建出研究人力资源数据分析的采用以及人力资源分析如何改善人才管理结果的概念框架。

5. 人力资本理论

人力资本理论由贝克尔（Becker，1964）提出，贝克尔首次将人力资本定义为个人的知识、信息、思想、技能和健康，并认为人力资本是体现在人身上的资本，即对生产者进行教育、职业培训等支出及其在接受教育时的机会成本等的总和，表现为蕴含于人身上的各种生产知识、劳动与管理技能以及健康素质的存量总和。Lukowski（2021）探索了数字技术变革和劳动力市场持续转型背景下，企业雇主如何为不同技能要求的员工提供培训。基于人力资本理论，培训是一项对人力资本的投资。雇主遵循效用最大化原则，只有在预期回报超过投入时，才会投资培训。同时，考虑到常规任务更容易被技术替代，作者提出了"企业应该只对从事非常规任务的员工进行投资"的假设。

6. 劳动过程理论

劳动过程理论由 Braverman（1974）提出。该理论指出，资方通过高压和专制的手段控制劳动过程，以推动劳动力最大限度地转化为劳动，达成获取高额利润的目的。并且，雇主和管理者会故意分割工作，以便使用低技能和低工资的工人来实现他们需要的绩效结果。Kellogg 等（2020）将劳动过程理论应用于工作算法如何重塑组织控制的研究中。基于劳动过程理论，雇主使用算法来模糊他们从工人身上攫取剩余价值的方式。此外，该研究还探索了算法控制可能对工人产生的一些负面影响。比如，由于大多数微任务平台只允许员工按照先到先得的原则来接任务，平台员工可能会变得高度警惕，时刻待命；平台上的工人可能会在得不到任何解释的情况下失去任务和工资，也没有机会上诉注销他们的账户；当招聘具有全球性和即时性时，低技能工人的任务不稳定性可能会增强；另外，虽然平台可以为员工提供高度的灵活性、自主权和任务多样性，但这些好处往往伴随着低工资、社会孤立、工作时间不规律和疲惫。

7. 技术接受模型

技术接受模型由 Davis（1989）提出，主要用于预测用户对技术的接受程度，并描述特定个体的行为。该模型将影响用户采用技术的决定的两个因素理论化：一个是"感知有用性"，用于反映一个人认为使用一个具体的系统对他工作业绩提高的程度；另一个是"感知易用性"，反映了一个人认为容易使用一个具体的系统的程度。Kaur 等（2021）在一项关于人力资源管理采用人工智能决策的影响因素研究中，将技术接受模型中的"感知有用性"和"感知易用性"两个因素与技术-组织-环境模型中的"技术背景""组织背景""环境背景"三个因素合并，从组织和个体两个层面上分析了这五个关键类别下的因素，以研究那些对人工智能技术的采用有积极和消极影响的因素，最终提出了人力资源人工智能技术应用的综合框架。

8. 创新扩散模型

创新扩散模型由 Rogers（2003）提出，探究了信息随着时间传递给人或组织的过程。该理论认为当创新具有如下特征时，它们会被更快地采用：①相对优势性；②相容性；③易懂性；④可试性；⑤可观察性。Shet 等（2021）探索了在人力资源管理中应用数据驱动决策的影响因素。该研究首先确定了阻碍人力资源数据分析实践的挑战，然后基于创新扩散模型开发了一个用于解释在组织内影响人力资源数据分析的因素框架。

9. 行动者网络理论

行动者网络理论由 Latour 等（1996）提出。该理论包括三个核心概念，分别是行动者、转译者和网络。行动者，是指任何通过制造差别而改变事物状态的东西，它既可以是人，也可以是动植物、技术，甚至是某种观念。转译是指行动者不断把其他行动者感兴趣的问题用自己的语言转换出来的过程。通过转译，行动者才能被联结起来，形成行动者网络。网络是由行动者通过行动产生的联系形成的，网络的节点便是行动者。而且行动者越活跃、联系越频繁，网络也就越复杂。谢小云等（2021）基于行动者网络理论认为，技术本身作为一种非人类存在，能脱离人的干预，产生人们无法直接控制的结果。通过分析有关人与技术之间互相影响和塑造的研究，该研究总结了机器智能作为人的互动对象，与员工形成的人机协同系统给人力资源管理实践带来的新挑战。

10. 悖论理论

悖论理论是一种古老的概念。它为我们提供了一种缓和组织内紧张关系的方法，探索了组织如何同时处理相互竞争的需求。Raisch 和 Krakowski（2021）在一项关于探索管理领域的自动化（机器接管人类的任务）和增强（人类与机器密切合作来执行任务）概念的研究中，从悖论理论的视角进一步探索组织对人工智能的使用。该研究分析了自动化与增强之间矛盾的张力，提出了解决这种矛盾的管理策略，讨论了矛盾所带来的结果。

1.2.3 研究方法

当前人力资源管理领域围绕数字技术所开展的研究，以文献综述、问卷调查、案例研究、实验研究和二手数据等方法为主。

1. 文献综述

文献综述的实质是一种具有知识创新功能的综合性研究方法。它是基于精准的研究问题，按照严格的纳入和排除标准筛选文献，采用标准化技术对所选文献资料进行数据抽取与整合，得出新理论的一整套研究方法。Vrontis 等（2021）运用文献综述探索了智能自动化技术（如人工智能、机器人等）在组织和个体层面的人力资源管理中应用的影响。研究结果表明，智能自动化技术作为一种管理员工和提高企业绩效的新方法，虽然为人力资源管理提供了一些机会，但也在技术和道德层面上提出了相当大的挑战。Garg 等（2021）通过文献综述研究了有关机器学习在人力资源管理核心功能中的应用程度、范围和目的。研究发现，机器学习在人力资源管理领域的应用目前仍处于初级阶段，其中决策树和文本挖掘算法两项技术的应用占主导地位；在人力资源管理的核心职能中，机器学习的应用在招聘和绩效管理领域应用最为广泛；对于较为复杂的人力资源管理工作流程，机器学习的应用尚不成熟，需要人力资源专家和机器学习专家共同研究。

2. 问卷调查

问卷调查是社会科学研究中经常被使用的方法之一。其形式是设计者运用统一设计的问卷向被调查者征询意见，其实质是为了收集人们对于特定问题的态度行为和价值观点等。Nankervis 和 Cameron（2022）对澳大利亚人力资源研究所 203 名人力资源专业人士进行线上问卷调查，以了解他们当前正在使用或未来可能在他们的组织中使用的数字人力资源管理技术。Zhou 等（2021）向 3 012 家中国公司的人力资源经理发放问卷，问卷内容包括人力资源管理数字化程度、人力资源管理系统的成熟度、人力资源经理的战略和业务参与以及公司的一些基本信息（如公司规模、行业和所有权风格）等问题，用于研究人力资源管理数字化和人力资源管理系统成熟度的交互作用对企业绩效的影响。

3. 案例研究

案例研究是在自然情景中，在理论指导下，通过多种方式收集和分析资料，以深入探究一个或一组案例，从而揭示当下某种现象及其内在特质的研究。Wiblen 和 Marler（2021）将澳大利亚的一家多业务单元专业服务公司作为案例对象，探索了数字化对感知的人力资源从业者合法性的影响。

4. 实验研究

实验研究指的是经过精心的设计，并在高度控制的条件下，研究者通过操纵某些因素，来研究变量之间因果关系的方法。Liang 等（2022）为了帮助线上工作平台的雇主们判断是否应该运用数字监控技术对员工的工作流程进行监控，以及该如何去设计监控政策，在两个零工经济平台——Amazon Mechanical Turk 和 Prolific 上进行在线实验。该研究对三个常见的监控维度——强度（收集了多少信息）、透明度（是否向员工披露监控政策）和控制性（员工是否可以删除敏感信息）如何影响员工接受工作监控的意愿以及潜在机制进行了研究。实验结果表明,随着监控强度的提升,员工不太可能接受被监控的工作。此外,仅在监控强度较低的情况下,透明的监控政策披露才可以提升工人接受监控工作的意愿。最后,女性比男性更愿意接受被监控的工作。

5. 二手数据

二手数据是相对于原始数据而言的,指那些并非为正在进行的研究而是为其他目的的已经收集好的统计资料。基于二手数据的研究相比问卷调查具有成本低、易获取等优点。刘儒和马铭钊(2023)使用 2007 至 2020 年中国省际面板数据,主要来源于《中国统计年鉴》《中国劳动统计年鉴》《中国经济普查年鉴》和《中国地区投入产出表》,考察了数字经济发展对地区就业总量和结构的影响。该研究发现数字经济发展及其生产、流通、交换三种发生形式对地区就业量增加和结构改善均具有显著正向促进作用;数字经济对就业的影响具有一定异质性,对东部地区就业的影响主要表现为促进就业量增加,对西部地区就业的影响主要表现为就业结构改善,数字经济流通对就业结构和就业总量的正向影响最显著,而数字经济交换对地区就业的作用最小;此外,产业结构升级和人力资本提升在数字经济助力地区就业结构改善中发挥了显著的中介作用。

1.3　中国数字人力资源管理研究的未来

本节从数字人力资源管理在中国的发展状况、数字人力资源管理的学科基础和数字人力资源管理的未来三个方面来展望数字人力资源管理领域的发展前景。其中,数字人力资源在中国的发展状况主要包括中国对于发展数字人力资源管理的政策法规支持概况、中国企业的数字人力资源管理实践概况以及中国学者的数字人力资源管理研究主题及其与国外研究主题的异同三个方面;数字人力资源管理的学科基础主要包括心理学、管理学、计算机科学、经济学、法学几个学科;数字人力资源管理的未来部分则在明确了技术与人力资源管理研究的发展阶段后,分别探讨了数字人力资源管理在研究和实践两个层面的未来方向。

1.3.1　数字人力资源管理在中国的发展状况

中华人民共和国人力资源和社会保障部在 2022 年 9 月 22 日发布的《〈人力资源服务业数字化转型研究〉成果摘要》中称:"近些年以来,我国人力资源服务业在短时间内实现了跨越式发展,然而面对未来高质量发展的现实要求,人力资源服务业仍存在政策支持力度不够,难以完全适应数字思维的发展模式,对于数字化转型认识存在局限,数字化转型进展缓慢,难以与其他行业形成协同效应等问题。"近年来,在大力发展数字经济的背景下,我国的人力资源服务行业、各企业的人力资源部门纷纷开启了人力资源管理数字化变革，并相继取得了阶段性成果。与此同时，国内的学者们也开始针对数字化人力资源管理这一新议题展开一系列广泛的研究。

1. 中国对于发展数字人力资源管理的政策法规支持概况

党的十八大以来，党中央、国务院高度重视数字经济的发展，作出了建设"数字中国"的战略决策。在该决策的指引下，我国企业纷纷开始重视运用数字技术来推动传统业务模式的转变，人力资源管理作为企业管理中重要的一环，也逐渐步入"数字化人力资源服务时代"。为了切实地帮助解决各级人力资源部门在数字化进程中已经遇到或未来可能遇到的难题，指引人力资源行业通过更有效的路径实现数字化转型，国家各级机关不断推出各项政策法规，支持我国人力资源管理的数字化升级。

2021 年 11 月 8 日，人力资源和社会保障部、国家发展改革委、财政部、商务部和市场监管总局联合发布了《人力资源社会保障部 国家发展改革委 财政部 商务部 市场监管总局关于推进新时代人力资源服务业高质量发展的意见》。该文件指出，为加快推进人力资源服务业高质量发展，重点任务之一就是要大力提升人力资源服务水平，进一步推动创新发展。具体而言，就是要实施"互联网＋人力资源服务"行动，创新应用大数据、人工智能、区块链等新兴信息技术，推动招聘、培训、人力资源服务外包、劳务派遣等业态提质增效。

2021 年 12 月 27 日，中央网络安全和信息化委员会印发的《"十四五"国家信息化规划》中强调，为了构建普惠便捷的数字民生保障体系，应优化数字社保、就业和人力资源服务，不断完善拓展线上就业和人力资源服务，健全就业需求调查和失业监测预警机制，加快推进人才人事等人力资源管理服务的规范统一和信息的共享协同。

2022 年 6 月 30 日，人力资源和社会保障部办公厅发布了《人力资源社会保障部办公厅关于开展人力资源服务机构稳就业促就业行动的通知》，并在该通知中指出，全国各级人力资源和社会保障厅应当创新发展灵活用工服务，支持人力资源服务机构在法律法规、政策允许的范围之内，创新运用数字技术，搭建区域间、企业间共享用工调剂平台，对行业相近、岗位相似的企业提供劳动力余缺调剂等服务。鼓励各类人力资源服务机构为餐饮、快递、家政、制造业等劳动密集型企业，提供有针对性的招聘、培训、人力资源服务外包等专业服务，维护好劳动者就业权益和职业安全。支持人力资源服务机构开发适应就业多样化需求的灵活就业平台，广泛发布短工、零工、兼职及自由职业等各类需求信息，拓宽就业渠道，为劳动者居家就业、远程办公、兼职就业创造条件。

成功的人力资源数字化转型的 6 个阶段

2. 中国企业的数字人力资源管理实践概况

国内领先的综合性人力资源服务供应商前程无忧在 2022 年 11 月完成的人力资源数字化转型调研结果显示，自进入人力资源 3.0 时代以来，国内超过 3/4 的企业已经踏上人力资源数字化转型征程。其中，41%的企业处于一边实施、一边完善的阶段，仅有 14%的企业目前仍没有任何相关规划。人力资源数字化转型热点领域主要集中在招聘、培训与发展两大模块，其中，招聘模块作为企业人力资源转型最先行的领域，现阶段进展集中在招聘流程的自动化上；培训与发展模块的数字化转型则主要是实现了培训的"线上化"，为企业带来的价值更多体现为人均培训成本的降低。

各行各业人力资源管理数字化转型的情况也各有不同。在已经踏上人力资源数字化转型征程的众多行业中，IT 行业、零售行业和金融行业是企业数字化进程的领头羊。不同行业的人力资源管理数字化转型基本与企业自身的现实基础相结合：如 IT、零售和金融行业更"具备明确的关键岗位成功画像""能够持续沉淀简历资源""不太需要再次向新员工收集种类复杂的信息""政策公告可以及时同步给所有员工"；而电子、自动化行业则更"能够自动化地管理和归档简历""能够激活人才库，增加复用"；健康行业更注重"岗位申请的进程可视化""公司公共资料员工很方便就能找到"。

虽然许多企业的管理者已经意识到人力资源数字化势在必行，但目前人力资源数字化转型的进程仍有待提速。由北森和国际数据公司（International Data Corporation，IDC）联合发布的《数字化人才管理成就高绩效企业——2022 人力资源数字化转型白皮书》显示，在国内已经开启人力资源管理数字化规划或建设的企业里，有超过七成仍处于信息化阶段。总体上，企业对于人力资源管理的数字化转型不够重视、投入较低。有过半企业人力资源数字化投入占 IT 总预算不超过 5%，且还有 20%的企业并没有专门规划预算用于人力资源的数字化工作，而是根据需求来临时安排预算。

1）招聘

在人力资源管理招聘环节，效率和体验越发成为企业和求职者对招聘数字化的核心诉求。企业希望通过高效筛选简历、人岗精准匹配、数据分析和增加人才复用等实现降本增效；求职者则主要希望通过流程简化、可视化等减少面试耗费精力，并提升求职体验。在此背景下，基于大数据算法和人工智能等数字技术诞生的人力资源智能化服务软件的运用大大提高了招聘流程管理的数字化、信息化和自动化，进而实现了招聘效率的提升。

例如，国内知名的智能化招聘管理系统企业 Moka，针对传统招聘流程中的诸多痛点，推出了"预约面试""叫号面试"等多个新功能，大大降低了人力资源部门人才招聘现场面试的工作量，同时也优化了面试候选人和面试官的使用体验。"预约面试"功能为面试者呈现出可供选择的面试官及其时间，让候选人可以根据自己的时间安排自行预约面试时间，并支持候选人在临时面对突发状况时自主修改预约面试时间，节省了人力资源专员们逐个打电话通知面试的时间，也使面试双方的时间安排更加灵活。

"叫号面试"功能则支持在同组候选人的面试中一次性添加多位面试官，主面试官有事离开时，副面试官自动补位，使面试官们从繁杂重复的操作中解脱出来。Moka 开发的新功能"招聘过程预测"更是可以基于历史通过率和人岗匹配算法，测算系统当前流程中的"可入职人数""招聘完成时间"以及完成招聘任务所需简历数据，同时给出人才渠道质量、候选人画像、人才推荐等建议，帮助人力资源专员更好地做好招聘过程预测。除此之外，为了提升 HR 和人才候选人之间的沟通效率，Moka 还发布了与微信生态融合的社交化招聘功能"简谈"，实现了 Moka 招聘系统与企业微信、个人微信之间的联动，不仅帮助企业以社交化方式快速触达人才候选人，还有效激活了企业现有的人才资源。

2）培训

在数字经济的背景下，企业学习培训领域正经历从线下到线上的数字化转型变革，微课堂、直播培训等突破时间与空间限制的即时学习形式出现并成为一种趋势。虚拟现实（virtual reality，VR）、增强现实（augmented reality，AR）、混合现实（mixed reality，MR）、人工智能等现代技术均被用于企业数字化培训。对于数字化培训的建设，在调研准备阶段，企业通过对大数据进行抓取、分析，为每位员工制订个性化的培训方案，实施课程的自动配置和精准推送，实现培训决策、管理科学化。在数字化培训的过程中，员工可以根据自己的时间安排随时随地参与培训。在培训课程结束后，企业可以通过在线学习监测系统及智能化考核考查系统，形成员工学习培训综合报告，呈现每位学员的学习状态、成效及薄弱点，并给出后续培训建议。

目前，国内的数字化培训平台有云学堂的"淘星云平台"、北森的"学习云"、金蝶的"星空培训"、知学云、魔学院、培训宝等。华为的学习云平台是华为为了帮助其员工构建业务领域新的数字化技能，与某电信运营商共同开展的运营商运维技术人员数字化技能转型项目。该项目包含四个阶段：在线预学习、集中培训、场景演练、返岗实践。"在线预学习"推荐员工使用移动端 App（手机软件），在岗位上利用工作间隙提前完成；"集中培训"主要关注思想和理念的传达、同伴交流、答疑解惑和案例分享等，并提供在线笔记、视频材料与案例学习等功能；"场景演练"采用 eLab（在线虚拟实验室）和 VR/AR 两种方式，将实际业务场景与教学内容集合起来，可以帮助员工在一个安全、标准的环境下反复动手演练；"返岗实践"支持员工返回工作岗位后按照设计的结构化任务，在直线经理的指导下实践，并能与专家进行远程交流，随时答疑解惑。

3）绩效

绩效管理是组织效能提升的重要抓手之一。但绩效管理非易事，企业在落地绩效管理工作时面临一系列痛难点，如指标科学性不足，评价模式与指标单一，落地实施过程烦琐，目标管理难追踪，绩效执行难管控及绩效结果难应用等。针对以上痛难点，数字技术的引入能够帮助企业构建出一个灵活的绩效管理平台，逐步优化调整绩效计划，设立关键指标和评估标准，建立绩效执行的跟踪流程和跨部门考核沟通渠道，以及制定多样化的数据统计看板。

目前，国内可提供数字化绩效管理服务的平台有 Tita 的"绩效宝"、钉钉的"智能绩效"、用友的"人力云"、i 人事等。北森的"绩效云"平台目前拥有目标管理、沟通反馈、绩效评估、绩效改进、智慧分析等核心功能。其中，目标管理功能支持将企业目标逐级分解，支持对目标的即时评价与邀请反馈，支持实时跟踪、预警、沟通反馈目标及任务状态。智慧分析功能则对目标执行情况进行分析，帮助管理者及时识别风险、观测员工绩效变化，帮助人力资源部全面掌控绩效推进进程，支持对绩效过程和结果数据的全方位分析，并支持通过人工智能、机器学习等技术发现人才管理和使用上的潜在问题。

4）薪酬

传统人力资源管理工作中的薪酬核算体系复杂度很高，不同部门、不同职级的计算规则均存在差异，需要耗费大量沟通成本以及计算成本。企业在薪酬领域所面临的各项痛点归根结底都是因为薪酬计算相关工作数字化渗透低，过于依赖人力，导致能效低下、沟通成本高和计算难度大等问题频出。

数字化薪酬管理的一个突出的特点就是数据来源的电子化，在线薪酬管理系统在系统内实现人员信息、考勤数据、奖金数据、调岗调薪信息、社保数据等的完整同步，不但简单易操作，而且大幅减少了薪酬来源款项疏漏、薪酬数据录入错误等传统薪酬管理中容易出现的疏漏。部分线上薪酬平台如 i 薪税等还实现了与我国税务系统打通，并且适配于主流银行导盘，不仅可在系统内同步税务局数据，实现薪资核算后自动生成人员信息表和个税报表，一键完成个税申报，还能将薪资核算后的结果直接导出用于银行报盘。目前国内已经涌现出薪人薪事、薪福社、薪宝科技、易路、北森的"薪酬云"等诸多便捷高效的数字化薪酬管理系统。

5）劳动关系管理

在劳动关系管理方面，人工智能机器人等数字产品能够回答诸如薪资、管理政策、未使用的假期、今后的培训安排等员工关心的问题，还能建立模型，预测员工流失的可能性及原因，从而更精准地进行挽留，减小员工突然离职带来的负面影响。除了预测员工流失外，数字劳动关系系统还能根据劳动争议案件的仲裁及司法审判数据进行分析，对发生的劳动争议给出最优解决方案，使员工关系管理工作更为精准、劳动关系更为稳定。

腾讯公司内部设有"鹅民公社""鹅厂运动"等每月使用量达上万人次的员工平台，为员工行为分析与预测提供了大量有价值的数据。在利用算法技术对员工离职率及其背后的原因进行数据分析后，腾讯推出了著名的"安居计划"：公司拿出一笔基金，免息提供给符合条件的员工，帮助员工提早买房。该举措的效果特别显著，实施几年之后再看数据，在人才竞争非常激烈的外部环境下，参与"安居计划"的员工流失率不到 1%，大大促进了劳动关系的和谐与稳定。

【案例启示】

哈啰出行执行总裁李开逐表示，共享单车已进入 3.0 时代，精细化运营已成为行业趋势。例如在用人上，早期的共享单车行业在每个城市都要依赖一个很厉害、昂贵的城市经理。而要想在 50 个甚至更多城市各找一个这样优秀的综合性人才，挑战就很大。相反，哈啰出行在早期就已将该岗位的整个能力拆解得比较细，比如，一个城市该增车还是减车？每天的 KPI（Key Performance Indicator，关键绩效指标）是多少？如果车被弃到郊外，该如何再运回来？哈啰出行的管理原则都是以"技术为上"，在业务中应用大数据算法与人工智能。而在人力资源管理领域，哈啰出行也同样重视数字化建设。

早在 2018 年，随着业务大踏步发展，招聘就已成为人力资源业务的核心。为此，哈啰出行请北森为其搭建了招聘系统，强大的流程管理、系统集成和数据分析能力，满足了哈啰出行多样化的招聘需求，提升了人才选拔效率，实现了实时精细化的数据分析。

2019 年下半年，业务的快速发展带来频繁的组织调整，人员的急速增长也给人力资源管理带来了越来越多的挑战，而原来割裂的、滞后的人力资源系统已无法满足哈啰出行业务发展对流程敏捷性的要求，人力资源管理需要进行数字化转型升级。基于在招聘系统中的愉快合作，以及多家 HR 系统的对比，哈啰出行选择了北森一体化 HR SaaS 平台。在继招聘模块后，哈啰出行陆续上线了组织人事、假勤管理、薪酬及个税、目标管理及绩效管理、继任与发展模块，重新梳理了 24 条人事流程，设置了 300 多条基于各业务场景的自动化规则，提升了 HR 管理与流程效率，提升了员工体验，以应对快速发展的业务需求。

哈啰出行在城市运营体系的搭建过程中，需要将大量经验丰富的业务能手派遣到新业务的前线，而这就要涉及复杂的津贴、调薪、任职记录变更等环节。在过去的手工处理过程中，很容易出现混乱、错误和灰色空间等情况，给员工带来负面体验。北森一体化 HR SaaS 则实现了复杂派遣业务的线上化管理，从流程发起、校验、津贴核算、调薪到任职记录等形成闭环，提升 HR 效率，打造公平规范的环境，支撑业务高速发展。

业务的快速发展和高频的人员调动，导致组织架构频繁甚至每周都在调整，给人员信息与组织信息的维护带来了很大的困难。北森系统则帮助哈啰出行实现了拖曳式批量调整，记录留痕、按时间轴查看，并支持汇报关系、流程、权限、薪酬等调整联动，在调整过程中，提升效率，避免混乱，保障业务的连续性。此外，北森的系统还支持哈啰出行基于组织、地点、职级等多维度的数据和审批权限管理，增强了数据保密与安全，顺畅权责体系。

在哈啰出行的入职流程中，北森帮助其实现了将录取通知（offer）管理、第三方体检机构系统、第三方背调系统与入职管理等多个模块的数据对接，应用电子劳动合同替代原来的纸质劳动合同，让入职流程更加高效、顺畅。

同时，员工还可以自主参与到人事流程中，在招聘、入职、发起试用期考核、转正申请、员工个人信息维护、调动申请、绩效申诉、离职申请中，都可保证员工的自主性和参与感。

北森一体化 HR SaaS 系统还帮助哈啰出行实现了 OKR 与价值观双轨制的绩效评价，既强调了工作的成果贡献，又关注了日常行为与价值观的契合度。同时，在线 OKR 目标的层层对齐分解，即时评价的更新，都让团队更敏捷地落地战略、调整方向。

此外，全员的在线盘点还可从绩效、潜力等不同维度全面评价人才，实时掌握变化中不同组织的关键、储备等人才情况，为哈啰出行的业务发展提供了可持续的人才支撑。

资料来源：北森×哈啰出行：一体化 HR SaaS 落地组织变革[EB/OL]. (2021-03-30). https://tech.chinadaily.com.cn/a/202103/30/WS6062d9d4a3101e7ce9746a12.html.

3. 中国学者的数字人力资源管理研究主题及其与国外研究主题的异同

在组织层面，国内学者主要对数字化人力资源管理的转型进行了初步研究。国内学者普遍认为数字化人力资源规划设计难度大、数字化人才储备不足、数字化观点转变困难以及数字化发展所导致的传统人力资源六大模块间的脱节是当今企业人力资源管理数字化变革所面临的主要困难。庄宇韬（2023）的分析表明，资金的短缺、员工数字素养不高、组织战略的盲目性加之业务对接的不连贯使企业的人力资源管理数字化转型面临挑战。任盼盼（2022）的研究指出，数字人才、数字工具、数字场景和数字管理是企业人力资源管理数字化转型的四大基本要素。常庆洪（2022）认为企业人力资源管理的数字化转型应从优化基础设施、完善相关制度、提高管理人员专业性三方面来着手。

在组织层面，国外研究的重心在于数字技术与组织人力资源管理职能活动的结合及其影响。比如，Vrontis 等（2021）阐述了人工智能、机器人和其他数字技术的运用为组织运营和人力资源管理实践的招聘、培训、绩效管理等模块带来的变化，以及给就业状况和企业绩效带来的影响。Marín 等（2021）概述了云计算在组织人力资源管理中的应用现状以及为组织带来的运营效率提高、运营成本降低、资源本地化等优势。Chowdhury 等（2023）总结了人工智能在组织人力资源管理中的应用、为组织带来的预期收益，并提出了在组织人力资源管理中发展人工智能能力的框架和在人力资源管理中采用和实施人工智能的流程。

在算法方面，国内的研究考察了员工对算法特征的主观感知，其中最受关注的是对算法的公平感知。比如，裴嘉良等（2021）基于实验法研究了人力资源决策中，人工智能算法和上级主管两个不同的决策主体对员工程序公平感知的影响机理，发现与上级主管决策相比，员工认为人工智能算法决策的信息透明度更低，并由此对人工智能算法决策产生更低的程序公平感知。并且，当员工感知到具有较低水平的包容型氛围时，人工智能算法决策对程序公平感知的影响更加明显。魏昕等（2021）的研究指出，在面临不利决策时，员工会觉得算法决策比领导决策更公平，从而展现出更少的组织偏差行为和社会偏差行为。同时，国内学者探讨了算法给人力资源管理带来的伦理问题。比如，汤晓莹（2021）指出应通过立法来规避算法技术可能带来的隐私风险与歧视风险，并从"劳动者的个人数据赋权""用人单位的数据治理义务"和"工会的辅助作用"三个方面提供算法技术应用背景下劳动者隐私保护的新路径。

国外数字人力资源管理领域算法方面的研究大多是学者们基于某种先进算法为组织的人力资源管理数字化转型提供技术支持。比如，Liu 和 Zhao（2022）构建了基于 LMBP（Levenberg-Marqu-ardr 反向传播）算法的人力资源管理活动与绩效关系模型。Cheng 等（2022）介绍了遗传蚁群算法在组织人力资源管理配置中的综合管理和应用。Zhao 等（2021）基于模拟退火算法，提出了一种可用于实现企业人力资源管理评估和图像分析的反向传播图像神经网络，解决了目前的人力资源管理评价体系存在的时效性差、片面性、主观性等问题。

在个体层面，国内学者针对员工对于人力资源管理数字化举措的心理和行为反应展开了研究。比如，杜辉和毛基业（2022）研究了数字化转型和人机协作对员工工作意义感的影响，提炼了数字时代人机协作的员工工作意义感形成模型，即初级阶段的数字化情境-工作体验感-工作意义感、深入阶段的工作场景智能化-工作认同感-工作意义感、共生阶段的数据交互重构-工作成就感-工作意义感。李燕萍和陶娜娜（2022）系统梳理了员工人工智能技术采纳的理论基础和研究成果，构建了一个员工人工智能技术采纳的多层动态影响模型。

同样地，国外也有学者在数字人力资源管理领域内进行个体层面的研究，研究内容主要涉及数字技术与人力资源管理活动的融入对员工心理、态度、行为方面的影响。比如，Park 等（2021）的研究发现员工对于人工智能被引入人力资源管理感到了情感、心理、偏见、操纵、隐私和社会六种类型的压力，并指出这些压力可以通过将透明度、可解释性和人为干预纳入算法决策来有效缓解。Malik 等（2022）通过对一家在人力资源管理中应用人工智能的全球技术咨询跨国企业展开案例研究，分析了员工的人力资源管理实践体验及其对员工态度和行为的影响。研究表明，人工智能的引入提高了人力资源的成本效益、提升了整体员工体验，从而提高了员工的敬业度和满意度，减少了员工离职行为。Kong 等（2020）的案例研究表明员工的人工智能意识与工作倦怠之间存在正向关系。Nankervis 和 Cameron（2022）的研究探讨了当前和未来人力资源专业人员为了适应受新兴数字技术影响而不断变化的人力资源战略和职能所需的胜任力与能力。Kozanoglu 和 Abedin（2020）提出了员工在企业数字化转型过程中应具备的数字素养这一新概念，并给出了在个人和组织层面评估数字素养的标准。

1.3.2　数字人力资源管理的学科基础

跨学科的知识和技术能够帮助学者以更科学高效的方式开展人力资源管理研究。数字技术与人力资源管理的结合是一个新的研究领域，涉及心理学、管理学、计算机科学、经济学、法学等。

1. 心理学

数字人力资源管理领域内的学者们对于员工心理的关注点主要集中于员工的心理契约、心理资本、心理授权、幸福感等。比如，葛霄等（2021）在一项关于 AI 时代下新生代（1985 年后出生）员工的心理资本与员工投入关系的研究中，运用大五人格模型预测员工的心理资本状况，得出 AI 时代下新生代员工保持良好的心理资本对工作投入的提高有关键性影响的结论。龙立荣等（2021）将心理契约作为研究平台零工工作者人力资源管理挑战的一个角度，指出数字化就业平台更强调与零工工作者的经济契约，相对忽视了心理契约，由此导致的心理契约违背，会显著降低零工工作者的组织承诺与忠诚度，使其呈现出更高的离职率与流动性，进而影响平台的稳定性。张樨樨（2022）在一项关于员工数字化转型抗拒的诱发与缓释机制的研究中，基于工作要求-资源模型指出，数字化工作场所中的工作要求特征会消耗员工的心理资源并诱发抗拒心理。员工心理资本作为一项积极的心理资源，能够缓释员工数字化转型抗拒。赵宏霞等（2022）在一项平台化转型情境下的人力资源管理的影响效应研究中，基于社会交换理论认为，心理授权作为授权个体的内心感知和体验的综合体，能够中介平台化人力资源管理对员工主动行为的正向影响。黄世英子等（2022）指出，在宏观层面，机器人或算法部分替代劳动力使劳动生产方式得到优化，但也会带来劳动力被替代导致失业与流动等负面作用。在微观层面，管理定制化能够满足员工个性化需求、工作便捷化助力突破办公时空限制，数字化人力资源管理有助于增强员工的幸福感，但也会因为招聘歧视、监管与考核侵犯隐私、远程办公模糊工作与家庭边界等因素使幸福感减弱。Khosla 等（2016）结合行为心理学、数据挖掘、图像处理、HCI（人机交互）建模技术，开发了一个基于情感感知社交机器人的应用程序框架。该程序不仅适用于员工的招聘和评分，还适用于收集员工大数据，用于决策、个性化分析和培训。

而在人机协作领域，一个重要的研究议题是员工究竟能不能对这些拟人的机器智能施加与人一样的信任。关于这一问题，现有的数字化技术研究已经积累了一定的研究证据。Van Pinxteren 等（2019）的研究通过操纵服务机器人的眼动特征和眼部状貌的实验研究发现，对机器人的拟人度感知积极影响个体对机器的信任、使用意愿以及使用愉悦度。未来数字人力资源管理与心理学的交叉研究仍然有大量的空间可以拓展，也需要更为细致地考察行业、组织的数字人力资源管理情境特征以及内在的心理机制。

2. 管理学

随着新兴技术的迅猛发展、数字化时代的加速到来，数字技术渗透至组织发展的各个环节，深刻改变现有的组织运作方式（Csaszar & Steinberger，2022）。组织推进数字人力资源管理的目的在于通过运用数字化技术和工具帮助人力资源管理者优化决策，提高组织人才配置的效率和质量（张志朋等，2023）。管理科学与工程学科是一门融合了自然科学、工程科学和社会科学等领域的知识与技术的交叉学科，该学科旨在通过优化现有资源配置和管理工作流程来提高组织的效率与竞争力（余玉刚等，2023）。组织要想真正实现人力资源管理与数字技术的充分融合，离不开管理科学与工程学科所提供的理论和方法。首先，管理科学与工程学科注重数据分析与优化，现有研究主要集中在数据挖掘与预测、优化与决策、数据可视化、数据质量管理等方面（余玉刚等，2023）。而数据分析能力正是数字人力资源管理中不可或缺的核心能力之一（韩燕，2016），两者结合可以更好地应用数据分析来支持人力资源管理的决策。其次，决策支持系统（decision support system，DSS）是管理科学与工程领域中的一个重要研究方向。该研究方向的主要目标是通过数据、模型和知识辅助决策者，以人机交互方式进行半结构化决策（姜相争等，2023）。基于管理科学与工程学科领域的人力资源决策支持系统可以使企业管理者在决策时充分考虑各种人力资源因素，如员工流动率、薪酬水平、培训需求等，指导管理者更加科学地进行决策（唐星龙、徐扬，2023）。例如，Cai 和 Chen（2021）基于云计算开发了人力资源档案信息决策支持系统，弥补了传统人力档案管理缺乏数据资源、无法实现同构、无法对多个数据源的数据进行标准化处理等缺陷。最后，人力资源规划是数字化转型中不可或缺的一步，管理科学与工程学科可以为这项工作提供丰富的模型工具和算法，可以协助企业基于数据支撑作出科学合理的工作计划，有效调配人力资源，降低成本和风险（杨静等，2022）。

除了管理科学与工程学科外，工商管理也为数字人力资源管理领域的研究和实践提供了有力的支持。工商管理作为一门综合性的学科，涵盖了组织行为学、人力资源管理、战略管理、营销管理、财务管理等领域（胡静，2023），这些领域分别在不同的方面为数字人力资源管理研究的开展奠定了基础。首先，组织行为学是一门研究组织中人的心理和行为规律从而增进组织有效性的学科（谭力文等，2016）。组织要想人力资源管理的数字化转型达到预期的效果，需要充分地了解员工对于新兴技术融入的态度和行为反应，以便制定更加行之有效的人力资源策略（吴江等，2021）。例如，Kellogg等（2020）归纳总结了员工对于工作中的算法控制可能采取的三种抵制方式，并将其称为算法抵抗主义（algoactivism）。第一种是采取不合作的态度，如直接忽视算法推荐的决策或通过阻止算法数据收集等行为来破坏算法的记录。第二种是通过探索算法运行的内在规律，推断可能影响其评分的项目，从而只在这些关键项目上下功夫表现自己。第三种是绕过算法评级，私下里与客户达成协议共同对抗算法的管控。组织行为学为数字人力资源管理提供了相关理论和框架，可以帮助企业发现员工的行为模式和心理特征，从而更好地激励员工发挥其潜力。其次，数字人力资源管理离不开人力资源管理知识体系的支撑。尽管大数据、人工智能等新兴技术的融入重新塑造了组织的人力资源管理系统，但数字化人力资源管理工作的推进仍然离不开人力资源规划、招聘、培训、薪酬福利、绩效管理和员工关系管理等业务模块及专家中心、人力资源业务伙伴和共享服务中心等支柱（庄宇韬，2023；程钰丹，2023）。再次，拥有大量数字技术人才是组织实现数字人力资源管理必不可少的因素，因此组织需要通过各种渠道招募并保留这些高素质人才（任盼盼，2022）。营销管理理论可以用于提升组织声誉、吸引优秀人才。例如，Ronda 等（2018）将营销理论中的品牌效应与优秀员工的招揽联系起来。该研究指出，建立强大的雇主品牌容易使潜在员工对其产生有利的态度，降低员工招聘成本和离职意向，使公司在劳动力市场中获得可持续的竞争优势。最后，数字人力资源管理需要在合理的成本内最大限度地提高员工的生产力和绩效（欧阳晨慧等，2023），财务管理理论为企业提供了有效的成本控制和预算规划方法，可以帮助数字人力资源管理实现成本与绩效之间的平衡。例如，郭婷婷（2022）认为在互联网时代应该基于数字技术将财务管理的思维融入人力资源管理各个模块中，指出应将单位整体成本费用控制目标融入人力资源规划，在人员招聘中运用财务指标和财务分析方法来确定人工成本管理模式，将人力资源培训与财务核算协同处理，使单位在人力资源管理各项工作中所承担的成本支出得到有效的控制。

3. 计算机科学

要研究探索人工智能、机器学习等数字技术对组织人力资源管理实践的影响，就需要先掌握人工智能和机器学习的特点及作用方式。因此，计算机科学的知识基础对于数字人力资源管理领域的研究是必不可少的。计算机科学的广泛应用对组织管理原本的办公方式形成了巨大的冲击，极大地提高了组织管理的效率，组织的人力资源管理者与被管理者都因此有了全新的定义。与此同时，它也给人力资源部门带来诸如与组织的其他部门业务衔接不流畅等不容忽视的弊端。因此，任何组织中的数字化人力资源管理模式及其系统都需要不断地迭代和演化，需要在实践过程中不断地根据本组织的落地情况加以修改。在此过程中，如果缺乏对计算机科学知识的必要了解，只是盲目地去套用供应商提供的服务系统，而不将其进行"定制化"，那么组织的人力资源数字化转型最终将会难以推进。

1）大数据

关于大数据技术对组织人力资源管理的加持作用，许多学者对此展开了论述。徐艳（2016）认为，大数据的应用能挖掘员工潜力、优化组织架构，实现企业人力资源绩效管理互联网化，从而提升人力资源绩效管理的工作效率。西楠等（2017）的案例研究指出，大数据人力资源管理的众多有形资源（如派生数据层和结构化数据）和无形资源（如预测方面的经验、知识、技能）有助于企业构筑竞争优势。姚凯和桂弘诣（2018）认为，大数据技术使人力资源管理的主要职能从周期性工作转变为实时连续跟踪，可做到立即处理、立即反馈，人力资源管理的敏捷性和快速反应能力因此得到了质的提升。大数据技术不仅本身是企业人力资源管理数字化转型中的一项重要支撑技术，更与云计算、人工智能等其他数字技术在企业中发挥效用时互为重要的技术加持。周小刚等（2021）的研究表明，大数据资源整合能力、大数据预测分析能力、技术（人工智能、云计算等）创新等均对人力资源服务企业竞争力具有显著的正向影响，且技术创新在大数据资源整合能力与企业竞争力以及大数据预测分析能力与企业竞争力之间均存在部分中介效应。

2）人工智能

人工智能技术的发展改变了旧有的组织结构和劳动关系，衍生了新的管理方式和管理理念，推动了组织管理向智能化转变。目前，人工智能技术主要应用于组织人力资源管理工作中的员工招聘、培训开发、绩效管理、离职管理等职能模块。伴随人工智能在人力资源管理实践中的应用，相应的学术研究也在展开。例如，Duggan 等（2019）将基于人工智能算法产生的新型雇佣关系分为应用程序工作、众工和资本平台工作三类。Fleming（2018）分析了由于组织人力资源管理中使用人工智能可能被取代工作的群体。徐妙文等（2020）研究构建了人工智能时代人力资源管理从业者的通用胜任力模型。Ramirez 和 Paulina（2016）研究了组织中影响员工接受新技术使用的技术因素。Zhou 等（2021）基于适应性结构理论和嵌入性理论的实证研究探索了人力资源管理数字化与人力资源管理系统成熟度的交互作用及与企业绩效的关系。Rožman 等（2022）的研究分析了在人工智能技术的支持下进行的招聘、培训，以及支持人工智能创新的组织文化，对于企业绩效提升的积极影响。Park 等（2021）研究了员工如何看待当前的人力资源团队和未来的算法管理，以及哪些因素会导致员工对人工智能的看法产生负面影响。人工智能属于自然科学与社会科学的交叉，主要涉及计算机科学、脑认知科学、哲学和认知科学、数学、神经生理学、心理学、信息与控制论等。基于上述不同领域的理论，将人工智能技术应用到人力资源管理职能的各个模块中，可以实现机器的智能决策，从而提高管理的效率和质量。因此，有部分学者呼吁，在人工智能背景下，组织与人力资源管理研究不仅要关注管理学领域常用的研究范式和方法，还要学习计算机科学、生物学、脑认知科学等相关领域的研究方法，以更科学高效的方式开展组织管理的研究。

【案例启示】

2017 年 3 月，北美著名猎头公司 SourceCon 举办了一场人与人工智能机器人"Brilent"匹配候选人的比赛，要求从 5 500 份简历中对产品经理、系统管理员、地勤人员三个完全不同的岗位进行匹配。Brilent 耗时 3.2 秒，精确度排名第三。其他团队分别耗时 4～25 个小时不等。并且 Brilent 可以提供关于选择出的候选人适合该岗位的原因，促使员工、岗位、公司三者实现最佳匹配。Brilent 是机器学习、大数据处理、自然语言处理、精准匹配等人工智能技术的完美结合。

资料来源：黄雨琪，李思琪. 人工智能：改变 HR 的未来[J]. 现代商业，2020(10)：38-40.

3）区块链

区块链的本质是一种分布式数据存储、加密算法、点对点传输、共识机制等计算机技术的新型集中应用模式，具有去中心化、交易不可篡改、自动执行、公开透明以及全程留痕等特征。区块链技术能够在不借助第三方增信的情况下，从算法层面建立完全信任机制，极大地提高信息的真实性，因此一直被学者们认为在人力资源管理领域有着广阔的应用前景。目前的人力资源管理领域中，基于区块链技术的应用和研究主要集中于招聘管理、绩效考评和平台激励三个模块，其中招聘管理模块的运用主要是为了帮助应聘者和企业双方核实对方的信息。陈志清（2021）指出，可基于应聘者和企业双方的数据库，构建招聘职信链，加强双方的信息鉴别能力，并基于此搭建双向人员匹配系统、构建线上人员甄选体系，充分利用区块链技术的优势，提高企业招聘的效率。在平台激励这一模块，区块链技术当前主要应用于数字化程度相对较高的数字内容生态系统中，用来解决构建信任、提升安全性和促进参与者参与等问题，其中蕴含着丰富的激励机制。孙新波等（2022）基于以往的文献梳理指出，由于区块链技术能够改变生产协作方式，将对激励产生比其他数字技术更为深刻的影响。区块链技术与企业绩效管理相结合后，绩效管理由人工转向智能合约，绩效计划的制订相当于合约的生成，绩效监控中的各方面由区块链中不同的节点构成，且智能合约一旦订立就难以修改，绩效管理过程中产生的数据信息可被追溯并永久保存。员工在绩效考核期间的表现都通过区块链的各个节点直接写入智能考评系统，因此在降低人工成本的同时，还保证绩效考核所参考数据的真实性。徐辉（2020）基于区块链技术机制指出，可通过构建绩效管理的规划链、管理链、评价链、反馈链、记录链、薪酬链系统模式，实现绩效管理的精准化、全域化、协同化、定制化。

4）机器人技术

机器人技术涉及创造能够执行人类运动和模仿人类行为的机器，机器人科学是一套与人工智能、机器学习、电子学、纳米技术等相关联的科学。将机器人技术融入组织管理领域的研究主要强调机器人对于人类工作和就业产生的影响、机器人技术为人类提供的培训和学习机会以及如何在组织人力资源管理工作中更好地实现人机协作三方面。在就业影响方面，Acemoglu 和 Restrepo（2018，2019）指出，机器人主要通过以下三种效应影响劳动力就业：一是替代效应，二是补偿效应，三是创造效应。机器人应用对于人类工作和就业的影响是上述效应的加总。周世军和陈博文（2022）通过研究发现，除了对第一产业就业没有显著影响外，机器人应用显著降低了第二产业的就业水平，表现出替代效应；对于第三产业，则表现出明显的补偿效应。李磊等（2021）在对机器人的就业效应进行全面系统的评估后，发现机器人总体上对中国企业就业存在明显的创造效应。在机器人提供学习机会方面，Vrontis 等（2022）认为，员工会根据自己的职业对机器人表现出不同的看法，其中高技能员工对机器人及其实施有更积极的态度，因为机器人为他们提供了进一步扩展技能和知识的机会。在人机协作方面，最具有普遍性的研究问题就是组织管理者和员工应该采取怎样的人机合作模式。在现有研究中，学者们通常将机器在组织中的不同应用所产生的人机协作模式分为两种：增强（augmentation）模式和自动化（automation）模式。例如，Raisch 和 Krakowski（2021）基于悖论理论，提出增强和自动化两种模式之间形成了一种矛盾的张力，过分强调增强和自动化都会造成消极的组织和社会结果。Murray 等（2021）从理论上区分了自动化和增强两种不同形式的人机联合代理模式如何在特定时刻对常规变化的程度和可预测性产生不同的影响及其常规响应性。

4. 经济学

国务院在 2022 年 1 月发布的《"十四五"数字经济发展规划》中指出，数字经济发展速度之快、辐射范围之广、影响程度之深前所未有，正推动生产方式、生活方式和治理方式深刻变革，成为重组全球要素资源、重塑全球经济结构、改变全球竞争格局的关键力量。在全球的数字化浪潮中，中国也积极地拥抱了数字化变革。而对于经济高质量发展的主体——企业而言，数字经济所带来的变革正从根本上改变现有的组织与管理模式，推动了企业内部组织结构、用工模式等的管理变革，组织从金字塔式的集权管理转向扁平化、网络化、虚拟化、平台化管理，员工管理从关注员工的忠诚度转向更加关注敬业度、满意度、幸福感和工作生活的平衡。除了数字经济，劳动经济学也是与数字人力资源管理有紧密关联的研究领域。比如，何建华等（2022）在一项关于数字化平台企业网约工心理契约的内容和测量研究中，运用劳动经济学的知识对网约工与数字化平台之间的劳动关系进行了辨析。肖土盛等（2022）从劳动经济学的角度出发，运用文本分析方法，系统地探讨了企业数字化转型如何通过人力资本结构调整企业劳动收入份额。研究结果表明，企业数字化转型带来的生产技术升级将引致高技能劳动的需求并挤出部分低技能劳动以优化人力资本结构，进而提升企业劳动收入份额。罗双成等（2023）从理论探究出发，运用文本分析法，研究服务业数字化转型对就业增长和人力资本结构的影响，结果表明数字化转型能够促进就业增长与人力资本升级。

5. 法学

当数字技术被引入组织与人力资源管理活动中，会在法律层面带来相应的研究问题。国务院在 2017 年 7 月发布的《新一代人工智能发展规划》中指出，人工智能是影响面广的颠覆性技术，可能带来改变就业结构、冲击法律和社会伦理、侵犯个人隐私、挑战国际关系准则等问题。中国电子技术标准化研究院也在 2021 年发布的《人工智能标准化白皮书》中指出，人工智能的技术发展让侵犯隐私权的行为变得更加便利，因此相关法律和标准应该为个人隐私提供强有力的保护。由此可见，隐私保护与隐私侵犯是数字化人力资源管理研究中一个值得关注的议题。在该议题下，汤晓莹（2021）从法律规范的角度，探讨了算法技术应用背景下劳动者隐私保护的新路径，包括开发行为规范、数据主体赋权、劳资共治、外部监督四个方面。在数字化人力资源管理所导致的劳动者隐私保护的合法性问题上，国外已有相关组织机构针对该项问题出台了若干规定。如欧洲工会联合会指出，职场领域中人工智能和数据应实行"民主治理"，强调工会和雇主共同制定关于人工智能与个人数据保护方面的战略。欧盟2018 年 5 月出台的《通用数据保护条例》则对企业搜索和利用个人数据作出了明确的限制，并在第 88 条中指出，成员国可以通过"法律"或"集体协议"对职场领域劳动者个人数据处理方面的权利和自由保护作出更为具体的规定。

另一个值得关注的议题是数字零工的法律身份认定问题。随着零工经济的兴起，越来越多的劳动者选择了基于数字平台的工作，在平台工作中被广泛运用的非基于劳动合同的用工模式则成为法律关系定性争论的对象。由于这种非基于劳动合同的平台用工模式不同于常规劳动关系，因此数字平台劳动者的权益也就无法得到充分的保障。针对此议题，闫慧慧等（2022）指出，平台企业和数字零工的劳动关系具有特殊性，这一特殊性体现在资本从生产、分配、劳动强度和劳动时间方面加剧了对数字零工剩余价值的压榨，引发了数字零工职业保障不足、收入分配不公、"泰勒制"管理和职业晋升不畅等劳动权益保障问题。袁文全和徐新鹏（2018）提出，可以参考美国加州法院系统创立的 Borello 要素评价体系确定两者是否具有劳动关系。于莹（2018）则建议在劳动关系和劳务关系之外建立第三种用工关系——"零工关系"，以确保共享经济（sharing economy）中的各类劳动者都能得到相应保护。刘大卫（2020）也指出，人工智能的介入使得组织工作模式带有强烈的零工性质，导致了劳动关系主体、劳动时间、报酬支付、劳动保障、劳动风险、工作责任和法律救济的不确定性，并可能出现"企业用民事法律中的雇佣关系对抗劳动法律中的劳动关系""用民事法律中的合同关系对抗劳动法律中的劳动关系""在劳动法律关系框架通过劳动派遣达到不与劳动者建立劳动关系的目的"三种劳动关系转变的法理模式。由于法律身份混沌不清,互联网平台与零工从业者之间到底从属于何种法律关系,立法上和学术界均未给出明确的答案。在司法实务中,法官通过行使自由裁量权来对这类纠纷进行处理,因此不同法院对互联网平台和零工从业者之间法律关系的定性也有所不同,如在刘亚亚一案［北京市海淀区人民法院（2016）京 0108 民初 40818 号］中认定双方为"劳动关系";在邱鹏一案［宁波市中级人民法院（2019）浙 02 民终 2497 号］中定性为"雇佣关系";而在周丽丽与张振一案［济南市市中区人民法院（2016）鲁 0103 民初 6793 号］中又作为"劳务关系"进行了处理。2023 年 1 月 13 日,中国信息通信研究院互联网法律研究中心在北京举办第六届互联网法律研讨会并发布了《网络立法白皮书（2022 年）》（以下简称《白皮书》）。《白皮书》建议,应重视以立法促进数字经济发展,研究制定《数字平台法》,在法律层面上统一平台的分级分类和义务设置,进一步平衡安全和发展的需求。由于这其中也涉及人、劳动者、劳动合同法等基本问题,从而为开展人力资源管理与法学的跨学科研究提供了可能。

1.3.3　数字人力资源管理的未来

自 20 世纪 60 年代以来,技术与人力资源管理领域的发展一直有密不可分的联系,技术在为人力资源管理带来新机遇的同时,也带来了诸多挑战,而技术本身也在与人力资源管理领域的深度交融中,开拓了一系列新兴的应用场景,解锁了自身更深层的价值。进入数字人力资源管理时代,技术与人力资源管理之间的相互渗透仍未停歇,不仅现阶段诸多尚在探索和已经发展成熟的数字技术在人力资源管理中的运用需要人力资源从业人员与技术人员联合实践及两个领域中研究人员的进一步探索,未来可能出现并能够应用于人力资源管理领域的各项新兴技术也需要人们的积极探索和实践。

1. 技术与人力资源管理研究的发展阶段

人力资源管理的演变与技术革命密切相关,从 20 世纪六七十年代的巨型计算机到如今的人工智能、大数据、区块链和云计算,技术深刻地改变组织日常的工作方式和企业管理员工的方式。对于技术会为人力资源管理实践带来怎样的影响、是否会带来人力资源管理模式的变革等问题,人力资源管理领域的研究人员一直都在密切地关注,并不断地展开广泛的调查研究。按照 Orlikowski 和 Iacono（2001）提出的社会科学研究技术概念化的开创性框架,可将技术概念化为三个元类别——工具观、代理观和集成观。其中,技术的工具观是将技术视作一套确切而稳定的设备和程序;技术的代理观认识到使用者采用和实现技术构件的重要性;技术的集成观认识到了社会环境的重要性。Kim 等（2021）指出,个人计算机（PC）的问世（1977 年）和消费者互联网服务的爆炸式增长（1997 年）两个事件分别发生在"计算革命"和"互联网革命"的决定性时刻，这两个重大事件的发生，深刻地重塑了全球科技行业和许多工人的生活。从上述多个技术决定论视角出发，以这两个在技术领域里程碑式的事件为界，Kim 等（2021）指出，技术与人力资源管理的相关研究大致可分为三个阶段。自动化对工作和组织性质的影响是第一个阶段（20 世纪 60 年代）技术与人力资源交互领域的一个主要问题。第二阶段（1977—1996 年）的鲜明特点是个人计算机的问世和先进制造技术（advanced manufacturing technology，AMT）的发展。相较于第一阶段技术在人力资源规划工作中的简单应用，第二阶段不仅在技术上有了从电子数据处理系统到人力资源管理信息系统的突破，在应用范围上也不仅仅限于对人力资源规划模块的单一辅助，而是开始扩张到岗位晋升、内部劳动力市场等更广阔的人力资源管理应用场景中。与第一阶段类似，组织中员工和人力资源管理决策者对于新技术的接受程度仍然是该领域学者们的关注点。第三阶段（1997—2019 年）始于对消费者互联网服务的前所未有的大规模投资浪潮，全球的科技行业由此得到快速发展。在这些互联网公司的不断努力之下，智能手机和安卓操作系统也相继问世，这些变化极大地提高了互联网在工作场所的效用，并使人力资源从业人员开始面临基于互联网的虚拟工作安排。基于前三个时期员工对于信息技术的熟练运用，组织可以更容易地在人力资源管理工作中引入数字系统，人力资源从业者们也因此可以更好地利用人力资源管理数据来制定决策。随着网络招聘、人力资源服务平台共享、在线培训等技术得到普及，人力资源分析领域也兴起。作为第三阶段的衍生，数字人力资源管理时代已经到来。相比前三个阶段，如今的数字化时代更多的是以大数据、人工智能、云计算、区块链、物联网、虚拟现实/增强现实等新兴技术不断演化发展和深化应用为特征。伴随着数字化时代的不断演进，数字化技术将逐渐广泛而深入地应用在人力资源管理的各个模块，重塑组织的人力资源管理模式。

2. 研究未来

在未来的研究中，由于数字技术的进步不断地推动业务和管理的边界，人力资源管理的格局将有可能发生巨大的变化。从人与数字技术关系的视角出发，数字人力资源管理领域的相关研究可按照理论基础的不同分为结构化理论和行动者网络理论两类。其中，基于结构化理论的研究认为人在人与技术的协同作用中起主导作用，技术依附于人的使用目的而存在。罗文豪等（2022）提出，基于此理论的研究在未来可以考虑将管理者和员工的视角整合，探索如何设计平衡双方需求的数字化人力资源实践；从员工招聘（智能招聘）、绩效评估（算法监控）、人才盘点（talent review，智能画像）、培训（智能推荐）、晋升与离职（算法奖惩）等智能模块考量员工对数字技术的认知与态度、采纳与抗拒；探索数字技术如何影响领导与员工决策行为、领导与员工关系、劳动与雇佣关系、员工公平感知和认同感知等。行动者网络理论则将技术视为和人类平等的互动主体，关注人和技术之间相互影响的关系。在此理论视角下，未来研究可以在人机关系（共生/共毁/替代）、人机信任、人机混合团队、人机协作模式、智能情境下的职场物化、人机互动中的伦理等方面提炼科学问题，探究人与数字技术之间的复杂互动关系。就人机协作模式而言，增强模式（人类与机器密切合作来执行任务）和自动化模式（机器接管人类的工作，自行完成任务）是当前被学者们广为讨论的两种模式。未来研究可以基于增强理论考察人力资源管理中的哪些工作可以支持员工从人工智能、机器人或物联网中获益并得到增强，哪部分工作可以通过技术的不断精进实现自动化模式，完全交给数字技术来托管完成。另外，由于在不同的社会、经济和文化背景下，人们对同一种新型数字技术的体验是不同的。因此，未来的人力资源研究者可探索特定国家的因素能否改变数字技术在人力资源活动和战略中的作用，分析在跨国人力资源管理中实施智能自动化的影响因素，并研究如何应对这些因素的影响。

在研究方法上，数字人力资源管理领域未来可考虑使用跨学科研究方法开展系统性的研究。数字人力资源管理属于自然科学与社会科学的交叉领域，对计算机科学、脑认知科学、哲学和认知科学、数学、神经生理学、心理学、信息与控制论等多个学科均有所涉及，因此未来本领域的研究可以借鉴计算机、生物学、脑认知科学等相关领域的研究方法，不必拘泥于组织与人力资源管理领域常用的研究范式。罗文豪等（2022）提出，组织和员工会在日常工作中生成大量的行为数据（如企业微信中的讨论记录、在线会议视频、工作行为轨迹、工作化的社交工具等），因此未来的数字人力资源管理研究可收集那些区别于传统的访谈、问卷等方式得来的数据，实现从小数据研究范式向大数据研究范式的转变，以解决那些通过现有的小数据范式无法解决的人力资源管理研究问题。

3. 实践未来

艾瑞咨询在 2022 年发布的《2022 年中国人力资源数字化研究报告——发展背景、供需现状及趋势展望专题分析》中称，鉴于我国数字人力资源管理市场当前的供求状况，未来的数字人力资源管理将呈现四大趋势，即理念"业人一体化"、技术智能化、产品一体化、全员数智化。

人力资源管理理念上的"业人一体化"，指的是组织的人力资源工作与其他业务部门的工作逐渐相融相促的趋势。在数字化转型的背景下，组织的人力资源正在逐渐靠近业务。在人力资源数字化领域，当前我国企业"管理和业务数字化转型并行，更贴近业务实际需求"的整体实现水平并不高，这意味着人力和业务一体化仍存在较大的可渗透空间。与此同时，部分数字化服务商也开始推行业务人力一体化理念，从覆盖场景和囊括功能等角度出发，优化产品或服务，帮助企业更好地连接人力与业务，实现人力资源管理的更深层次价值。

技术智能化是人力资源数字化的必经之路。近年来，人工智能与人力资源管理融合程度不断加深，行业应用逐渐明晰。但总体而言，目前我国人力资源领域的智能化应用尚处于初步发展阶段，主要表现为：视频识别、语音识别等弱人工智能，技术参与度较低，技术普及面较小。除此之外，数据标准化不足、使用规范缺乏等均是掣肘人工智能在人力资源管理中渗透的几大挑战。未来在政策、经济、技术等因素推动下，随着市场的不断成熟，人工智能将会在更多人力资源场景中落地更深层次的应用，提升企业工作效率和决策科学性，促进管理模式转型。

人力资源数字产品的一体化是大势所趋，也是产品发展的终极目标。在我国人力资源数字化发展初期，产品供应商结合自身技术优势与市场需求结构，大多会从适合自身的专业细分领域切入，专注生产单一模块软件。随着企业管理需求的变化，采购单模块软件的痛点涌现，如员工数据割裂等。因此，不少企业希望能够通过一个入口解决所有场景下的多元化人力资源管理。但实现产品一体化并非易事。这背后的难点除了行业经验沉淀、产品技术打磨需要时间外，还有服务链条长，销售、交付、客户成功等环节实力构建较难等。

【案例启示】

肯奈珂萨成立于 2008 年，是我国领先的综合类人力资源云服务公司。基于"技术＋内容＋服务"三位一体，肯奈珂萨为企业客户提供全方位人力资源管理云解决方案，将先进方法论、管理实践、行业经验等转化为标准化、智能化的在线产品。目前，肯奈珂萨已于国内 10 余个城市建立分支机构，业务辐射全国，累计服务超过 2 万家客户，服务行业覆盖智能制造、泛互联网、金融、大健康、新零售、房地产等。

肯奈珂萨深耕人力资源管理业务场景，将数字技术与管理逻辑深度融合，为企业提供"专业化＋一体化＋轻量化"的 HCM 闭环产品集群，包括人事管理云、招聘管理云、人才管理云、组织发展云。完善的产品体系和数字化解决方案满足企业人力资本管理的全场景需求，赋能企业的数字化旅程，助力组织效能提升。

肯奈珂萨具有 PaaS（平台即服务）平台能力 X-Galaxy 及 IaaS（基础设施即服务）能力肯奈珂萨云，以及支撑四层产品体系，实现 SaaS（软件即服务）系统运行的稳定性与高效性，优化客户体验。对于 SaaS 服务商而言，拥有 IaaS-PaaS-SaaS 三层技术能力，等同于以技术优势占领了行业高地，在获客、客源转化及留存上具备较强的竞争壁垒。此外，肯奈珂萨基于多年行业数据的累积，将人工智能与大数据技术应用于自身产品及服务，推出覆盖人力资源管理各模块的智能系统。各技术强强联合，使肯奈珂萨拥有了全场景、稳定且高效的服务能力。

资料来源：2021 年中国人力资源服务行业研究报告[R/OL]. (2021-06-22). https://36kr.com/p/1278282189167624.

为实现一体化的终极目标，数字化服务商一般有两条路径：一是先把大面铺开，多点涉足，但往往下切深度欠缺；二是通过生态化的方式补齐能力短板，将自身塑造成为"六边形战士"。综合来看，为满足 VUCA（不稳定、不确定、复杂、模糊）时代的市场多元需求，生态化会是不少服务商的选择。生态合作的方式主要有以下几种：一种是产品供应商之间或产品与服务供应商之间优势互补、强强联合，进行资源共建共享；一种是管理咨询类企业为数字化服务商提供赋能；还有一种则是数字化服务商与办公自动化、企业资源计划、客户关系管理、财税、大数据和短视频等无直接竞争关系的平台类、技术类和渠道类等服务商进行业务合作或场景嫁接，借力发力，扩展服务边界，深化服务水平，优化客户体验。

此外，在员工层面，全员数智化将成为新趋势。国内知名的智能化招聘管理系统企业 Moka 集团的首席执行官李国兴曾在《CHO 人才战略调研报告——数字经济篇》报告中指出，未来企业员工的主体将是伴随移动互联网成长起来的数字原住民，这些年轻员工天然在意识层面就建立了数字化思维，尤其是见证了大量技术快速变革的 95 后，很注重保持自己技能的新鲜度，这也使企业人力资源管理数字化的落地过程更加迅速。

1.4　数字人力资源管理概论权威文献解读

1.4.1　文献信息

题目：*Sixty years of research on technology and human resource management: Looking back and looking forward*

出处：*Human Resource Management*

作者：Sunghoon Kim，Ying Wang，Corine Boon

发布日期：2021 年 1 月

1.4.2　文献点评

技术改变了我们工作的方式和企业管理员工的机制。通过梳理 *Human Resource Management* 上 60 年来有关技术与人力资源管理关系的 154 篇研究，本文指出了技术发展经历的三个时间阶段（分别依托 1977 年个人计算机的出现和 1997 年消费者网络服务的普及进行划分），技术的三个视角（工具、代理和集成），以及技术与人力资源管理关系研究的三个主题（技术对工作和组织的影响和关注技术对工作的替代与新生，技术在人力资源管理中的运用，对技术工人的管理）。

研究指出，在第一个时间阶段，英特尔成立，其促使人力资源管理者关注利用计算机技术管理员工的重要性。同时，美国的平等就业机会法案也鼓励企业运用人事数据进行管理。在第二个时间阶段，IBM PC 诞生。随之而来的是管理信息系统的发展。

进入第三个时间阶段，雅虎、微软、谷歌（Google）大力发展。社交网站和智能手机随之出现。现在，人力资源管理者需要处理不断增长的在线工作管理。总体上，三个阶段技术的发展造就了人力资源管理与技术的不断融合。

基于技术的工具视角，技术是一套稳定的、具有决定性作用的设备和程序，且设计该技术的目的在于服务其所有者。用于人力资源管理领域、基于工具视角的技术包括在线招聘和自动化生产系统等。同时，技术工人也被视为一种生产率提升的工具。基于技术的代理视角与前一个视角不同，因为考虑到了人作为技术使用者的作用。根据代理视角，技术的使用者有权力接受或者拒绝技术创新。依托该视角，研究主要关心员工接受或拒绝技术的原因以及探索对技术工人的技能、知识和经验的管理。基于技术的集成视角，社会情境对技术的形成、理解、实操有重要影响。因此，依托该视角，研究主要关注技术、技术的使用者和其组织与外部环境的互动。同时，该视角也关心技术发展的动态变化。在该视角下，技术的价值是情景化的。

同时，基于对该领域文献的梳理，本文提炼了三个研究主题。其中，第一个研究主题是技术对工作和组织的影响和关注技术对工作的替代与新生。在工具视角下，随着时间的推移，新技术越来越被认同为一种新生工作的机会而非对原有工作替代的威胁。代理视角也显示研究从关注员工抵制技术变革到如何提升员工对技术变革的接纳。而集成视角则显示出从探索组织内部到外部情境的影响。第二个研究主题是技术在人力资源管理中的运用。工具视角的研究关注如何确保新的人力资源管理技术可以将其承诺的利益传达给组织；代理视角的研究尝试理解技术的采纳与成功的关系；集成视角的研究聚焦人力资源管理技术与环境的互动。第三个研究主题是对技术员工的管理。其中，工具视角的研究将技术工人视为生产率提升的工具，并关注组织如何确保技术工人的技能与能力符合组织的需求。作为技术员工，其天然带有代理和集成视角的成分。

1.5　数字人力资源管理概论经典案例解读

1.5.1　案例信息

题目：《IBM 三十年人力资源管理转型史》
出处：《经济与管理》
作者：李凤，欧阳杰
发布日期：2022 年 6 月

1.5.2　案例呈现

过去 30 年，IBM 的人力资源管理转型经历了三个阶段（表 1-1）。20 世纪 90 年代初，IBM 被多年的辉煌成就和庞杂的机构体制束缚了手脚，业绩连年巨额亏损。1993 年郭士纳"空降"后，全力推动 IBM 向服务转型。这个阶段的人力资源管理支撑从产品向服务转型的业务战略，围绕"ONE IBM"的组织战略，以借鉴最佳实践构建适合全球统一且简单的人力资源管理体系为主题，构建基于能力的职位体系（position）、薪酬体系（pay）和绩效体系（performance），为 IBM 打造战略所需的高能力、高活力、高绩效的人才队伍。

表 1-1　IBM 人力资源管理转型的三个阶段

项目	第一阶段（1993—2001年）	第二阶段（2002—2011年）	第三阶段（2012年至今）
业务战略	从产品向服务转型、电子商务	应需而变	数字化转型
组织战略	ONE IBM	全球整合企业	智慧企业
HR战略	通过重构人力资源管理体系打造战略所需的人才团队	用二流薪资吸引一流人才 用一流人才打造卓越组织	AI赋能的卓越员工体验
主题	简单和统一	精益和效率	数字化和体验
关键举措	3p（职位体系+薪酬体系+绩效体系）	3C（员工发展体系+文化和领导力+人才供应链）	3D（数字化人才+数字人力资源管理+数字化工作场所）

2000 年互联网泡沫的破灭殃及计算机、通信等行业。彭明盛上任 CEO 后，启动了以向客户提供个性化整合解决方案为核心的"应需而变"（on demand）战略。基于这一战略，IBM 人力资源管理围绕"全球整合企业"的组织战略进行第二次转型，它以精益和效率为主题，打造员工发展体系（career development）、文化和领导力（culture & leadership）、人才供应链（talent supply chain），致力于"用二流薪资吸引一流人才，用一流人才打造卓越组织"。

2012 年，IBM 历史上第一位女 CEO 罗睿兰上任，由此开启了以数字化和认知计算为目标的战略转型。此次战略转型的要旨是让 IBM 从靠软服务生存转变为凭硬技术立身。与之相应的第三次人力资源管理转型理所应当地贴上了数字化和人工智能的标签，围绕"智慧企业"的组织战略，以员工体验和数字化为主题，以数字化人才（digital HR）、数字人力资源管理（digital HRM）、数字化工作场所（digital workplace）为载体，旨在打造 AI 赋能的卓越员工体验。

第一次转型关键举措和转型成效

关键举措：一是梳理岗位，建立全球统一的岗位图谱。将岗位纵向划分为 14 个层级、横向划分为 22 个岗位族群。以服务事业部为例，改革前有 3 000 多个岗位，改革后不到 500 个岗位。二是构建全球统一的薪酬体系，即用工资买能力，奖金买绩效。三是营造高绩效文化，即建立简单、有效的员工个人绩效承诺（PBC）体系。简单体现在指标个数严格控制在 7 个以内；有效则体现在考核结果的强制分布和 PBC 结果与加薪、奖金和晋升等全面挂钩。因为其简单，直线经理能很快理解；因为其有效，推广和接受成为可能。

转型成效：这场围绕"ONE IBM"重构的人力资源管理体系转型，有力地支撑了IBM的战略转型。其具体体现在两个方面：一是文化的颠覆性变化。20世纪90年代初的IBM，企业文化中充斥典型的"大企业病"特征，而到了2002年，IBM再次焕发新生企业的活力。二是人力资源管理效率大幅提升。这一阶段，美国区域的人力资源运营中心从38个减少为1个，人力资源管理从业人员从3 400人减少到1 400人，效果让人惊叹。

第二次转型关键举措和转型成效

关键举措：①员工发展体系。一是在岗位设计中融入职业序列和职业层级的内容；二是构建积木式的能力模型和技能库；三是基于能力模型在线提供海量优质培训资源；四是员工能力评估与认证简单有效；五是将员工发展纳入PBC。②文化和领导力体系。一是通过全员大讨论确定了三条核心价值观，实现了价值观与领导力的统一；二是针对重要领导岗位，除领导力模型外还有角色描述；三是整合化的领导力管理机制。③人才供应链体系。与普通企业相比，IBM的人才供应链有三个明显的特点：一是人才需求以角色和技能库形式表示；二是一年两次的资源管理战略围绕3B展开，即buy（外部招聘）、build（自主培养开发）、borrow（外部租赁）；三是细化项目和员工的财务核算系统；四是借助IT系统实现人才供需之间的动态平衡。人才供应链的具体做法：一是创建技能目录；二是当项目有用人需求时项目经理或人才调配经理可以在库里检索和配置合适的资源；三是开放全球招聘平台；四是员工和上级定期沟通讨论个人发展目标并制订个人发展计划。通过以上环节，人才供应链的实施过程实现了三个统一：一是项目主动找人和员工主动找工作的双向匹配；二是能力评估和能力发展的统一；三是为经理人员提供了一个包含员工能力、角色、经验、职业发展经历的人才仪表盘（workforce dashboards），可以根据工作需要随时检索和匹配资源。对员工个人而言，给他们呈现个人职业发展肖像，其中包含各阶段的个人发展计划、年度PBC信息、能力地图和简历等数据信息，员工可以随时随地对个人的职业和能力发展进行管理。

转型成效：围绕3C（corporation；customer；competitor，公司自身；公司顾客；竞争对手）的第二次人力资源管理转型给IBM带来的收益可以总结为三个层面：一是效率的提升，如共享服务中心的履责比例到2010年达到72%，HR从业人员与员工的比例也从2001年的1∶122下降到2010年的1∶166。二是人力资源部成功由事务性部门转变为战略部门。转型前，人力资源部事务性工作占比高达60%，战略性和专业性工作只分别占15%和25%，转型后事务性工作仅占10%，战略性工作占30%，专业性工作占60%。三是成本大幅降低，2001年，1 420万小时的培训预算为9.2亿美元，到 2007 年，2 200 万小时的培训预算仅为 6.22 亿美元，也就是说培训时数增加了 1/3，培训费用却同步减少了 1/3。

第三次转型关键举措和转型成效

关键举措： IBM 人力资源管理数字化转型以员工体验为中心，以数字化人才、数字化人力资源管理和数字化工作场所为抓手，旨在实现工作在线、经验在线和体验在线。

数字化人才是指由数字化工具武装起来的具有数字化意识的员工。数字化意识针对脑，即员工应该具备用数字技术重新定义工作和解决问题的意识与习惯。数字化工具针对手，即企业为员工提供能帮助员工快速连接后台、员工和流程的工具，让员工不只能远离繁重的体力劳动，还能从程序性的脑力劳动中解放出来，从而聚焦于挑战性和创新性的脑力劳动。

数字化人力资源管理包括员工信息的数字化和人力资源管理流程的数字化两个层面。员工信息的数字化可分为三个层次：第一个层次是包括培训和绩效信息等员工简历的数字化；第二个层次是基于冰山模型的员工画像，包括性格特征和能力特质等信息的数字化；第三个层次是包括员工行为数据在内的个人数字孪生，比如员工上网行为、工作行为以及与团队互动数据等信息的数字化。相比以数字化的形式存储和展现员工信息，更为重要的是如何发挥数字化的员工信息在预测员工行为和绩效方面的作用。比如，IBM 的人力资源系统中存有层级较高的经理人员大五人格等 50 多项性格和特质数据。基于这些数据，当公司拟将某名经理人员调至重要岗位时，系统可直接给人力资源部门和决策者推送这名经理人员和岗位、未来上司、拟加入团队的匹配建议。与传统所谓流程化就是将线下纸质流程线上化和无纸化相比，IBM 人力资源管理流程的数字化已经进阶为把流程处理中的经验在线化。经验在线是把员工大脑中的经验变成平台的决策算法，并且赋能给平台上的相关角色，让"低手"能共享"高手"的智慧，而且这种智慧还不需要"低手"学习，就可即学即用。

数字化工作场所包括三个方面：一是物理环境，如办公室设计、墙上张贴、工位间隔等。对知识型员工而言，物理环境应杜绝封闭和明显的等级区别，以鼓励开放交流、促进无缝协同为目标。二是由各类应用组合而成的工作平台，比如费用报销全部在线完成，无须找任何一位领导签字。三是连接员工的数字化社区，借助 SLACK（类似微信）、IBM Connections（内部论坛）等工具，IBM 员工可就自己感兴趣的话题在数字社区里自由交流。

IBM 的数字化人力资源管理转型旨在实现三个在线：一是工作在线，即将流程性工作从线下搬到线上；二是经验在线，即将以往存在于个体大脑中的经验或做法转化为算法，并通过机器学习等方式让系统智慧化，并高效赋能；三是体验在线，即在线上打造卓越的员工体验。

转型成效：人力资源管理数字化转型为 IBM 带来了十分显著的效果：一是由卓越的员工体验而带来的员工满意度的提升，IBM 衡量员工满意度的指标 NPS（净推荐即员工中有多少人愿意推荐朋友来 IBM 上班，愿意推荐为正值，不愿意推荐为负值）比转型之前提高了 22%。二是数字技术的引入带来效率的提升，IBM 采用 WATSON 等先进数字技术改造的人力资源流程，仅 2017 年就为 IBM 节省了 1 亿美元。

1.5.3 案例点评

纵观 IBM 近 30 年的人力资源管理转型史，IBM 每一次人力资源管理转型的理念、逻辑和具体实践其实都非常简单：一是从战略出发，二是坚持客户导向，三是强大的 IT 赋能。第一次转型着眼于人力资源管理体系建设，相当于打基础、搭框架，员工更多作为客体迎合或适应这个框架，靠能力和业绩获取相应的岗位和对应的薪酬。第二次围绕"能力 + 文化 + 人才供应链"，着眼于员工能力的培养和长期人才供给，通过打造看不见的人才流水线帮助企业赢得竞争优势。第三次围绕数字化和体验，借助数字技术打造卓越员工体验，旨在打造能充分激发员工动力和能力的生态系统。可以说，IBM 的三次人力资源管理转型就是对员工的关注越来越凸显和深入的过程，而关注点也从显性的业绩逐步过渡到模糊的能力和隐性的体验，以人为本的理念得到越来越深入的贯彻。IBM 人力资源管理转型的经验和逻辑对中国企业管理体系的构建与升级具有借鉴意义，对那些以知识型员工为主体的企业更是如此。

分析讨论：

1. IBM 人力资源管理三次转型之间的内在逻辑是什么？
2. IBM 人力资源管理转型成功的秘诀有哪些？
3. IBM 人力资源管理三次转型的特点分别有哪些？

第 **2** 章

人力资源管理的数字化转型

【知识图谱】

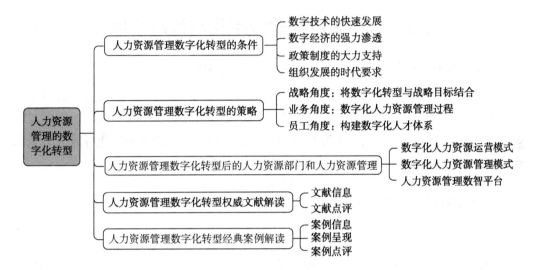

【思考题】

1. 有人认为，人力资源是企业产出的第一要素，应该最先进行数字化转型；还有人认为，企业整体的数字化转型更为重要。你怎么看？

2. 人力资源管理进行数字化转型的条件基础有哪些？

3. 人力资源管理数字化转型的策略有哪些？

4. 人力资源管理的三支柱模型是什么？

5. 数字化在人力资源管理模块中的具体实践都有哪些？

【管理者语录】

人力资源智能化分为商业智能、数据智能、人工智能三大阶段；第一阶段的特点是陈述事实、第二阶段的特点是洞察、第三阶段的特点是预测。

——祝恒书（Boss 直聘）

中国的人力资源管理系统历经安装版时代、安装版软件与 HR SaaS 共存时代、HR SaaS 时代。2020 年以后，越来越多的企业开始打造自己的 HR 业务平台。

——李志钢（北森）

【情境导入】

　　数字化转型战略被纳入公司的决策规划，作为统筹组织资源、支持核心利益创造的人力资源部门在公司的数字化转型浪潮中居于首位。经理委托小李认真查阅人力资源管理数字化转型相关资料，探寻人力资源管理数字化转型的条件，结合公司经营管理实际情况，制定出人力资源管理数字化转型的策略与一份人力资源管理数字化转型后的人力资源部门和人力资源管理蓝图。如果你是小李，会根据人力资源管理数字化转型的条件，为企业拟定出怎样的人力资源管理数字化转型策略？

2.1　人力资源管理数字化转型的条件

　　本节主要从数字技术、数字经济、政策制度以及组织发展四个方面阐述了人力资源管理数字化转型的条件基础。其一是以大数据、人工智能和云计算为代表的数字技术的快速发展；其二是数字经济的强力渗透；其三是政策制度的大力支持；其四是组织发展的时代要求。传统人力资源管理的局限性日益凸显，加之数字化提升人力资源管理效能的成功实践，都在指引人力资源管理迈向数字化转型时代。

2.1.1　数字技术的快速发展

　　随着科技的不断变革，数字技术以惊人的速度和方式改变了企业组织，数字化进程持续推进，正在颠覆企业人力资源管理的方式。

1. 大数据

　　在科学技术日新月异的今天，信息和数据呈现爆炸式增长的局势，大数据凭借广泛覆盖和深度联结的性质，发展态势更加快速。而今，大数据相关技术已经应用到了社会生产生活的方方面面。大数据的定义和内涵在学术界界定不一，2011 年，麦肯锡全球研究院在报告《大数据：下一个创新、竞争和生产力的前沿》里将大数据定义为其大小超出了典型数据库软件的采集、存储、管理和分析等能力的数据集。大数据研

什么是大数据

究机构 Gartner 称大数据，或巨量资料，指的是需要新处理模式才能具有更强的决策力、洞察力和流程优化能力的海量、高增长率和多样化的信息资产。美国国家科学基金会（NSF）则将大数据定义为"由科学仪器、传感设备、互联网交易、电子邮件、音视频软件、网络点击流等多种数据源生成的大规模、多元化、复杂、长期的分布式数据集"。

　　基于上述定义可以看出，大数据具有多样性、规模性、高速性、真实性和可变性等特征，有着很高的功能价值。通过对碎片化的数据加以分析可以发现其间蕴含的联系，对海量数据开展深层次的整合分析，可以从中提取出于企业发展大有裨益的信息。

企业的长远运作离不开大数据的支撑，以及对数据的采集、归纳和再处理，从而识别出企业存在的问题及未来的战略方向。随着企业的创新与发展，大数据也越来越深入地应用在人力资源管理事务中。2022 年前程无忧发布的《人力资源管理数字化转型调研报告》显示，接近八成企业现阶段用数字化来"做内功"，其中，68.0%的企业关注在通过数字化转型提升组织效能和管理效率。这在零售行业更为普遍，接近半数的零售企业正在应用数字化手段提升员工职场体验、减少事务性工作。已经有 42.0%的企业尝试用数字化手段量化分析人力资本来辅助管理决策。

大数据的应用对于企业的人力资源管理工作起着至关重要的作用。人力资源分析所涉较为复杂，而大数据包含了一系列收集、清理、组织和分析来自多个来源的大量数据的方法技术，在人力资源管理的工作分析、人才选拔、管理和使用等环节中，与搭建在创新技术基础上的大数据平台结合之后，能够对繁多而冗杂的数据进行系统的归纳和分析，还有效节约了人力资源成本，而且数据分析结果更加真实精确，有助于管理者制定科学的经营决策。根据 IBM 一项针对 5 个行业、1 089 名企业家的调查，那些善用大数据与分析的企业，在开发客户和市场洞察方面，要比一般企业表现优秀 3 倍；在根据分析结果实现流程和决策自动化方面，它们比一般企业高出 2 倍之多。

【案例启示】

西门子重视 HR 管理的数字化变革，其人力资源部门在这一过程中也得到了更多员工的数据。一方面，数据反映了现状；另一方面，通过对数据持续的分析，可以做很多预测。人力资源部也在利用这些数据，尝试与业务部门合作。比如，西门子中国人力资源部与西门子数字化工业集团合作开展了一个项目：人力资源部以一个部门所有员工的薪酬数据以及业务数据开发了一个机器学习的模型，来评估西门子薪酬理念的实施情况。该模型对薪酬战略的落地和执行有了更进一步的分析，为每个业务主管提供了更精准的基于数字模型的薪酬定位和预测。以往，业务部门管理者所依据的数据比较模糊，尤其是在招聘更具竞争性的人才时，往往依靠市场信息和经验。通过已经开发出的工具，管理者可以更客观地判断雇用一个人需要支付多少薪酬。这个工具只是 HR 数字化的一个缩影，无论是对人才管理，还是对 HR 服务产品和解决方案，HR 自身的数字化都有很大可能性，西门子也在打通 HR 现有和新开发的数字化工具，来实现端到端的一揽子解决方案，帮助业务做更好的决定。

资料来源：西门子人力资源：企业数字化转型的伙伴[EB/OL]. (2021-05-09). https://www.hbrchina.org/#/article/detail?id=479618.

2. 人工智能

1956 年，约翰·麦卡锡（John McCarthy）在影响深远的"达特茅斯夏季会议"上

人工智能发展简史

提出"人工智能"的概念。迄今为止，人工智能已经发展了60余年。麦卡锡将人工智能定义为制造智能机器，特别是智能计算机程序的科学工程。人工智能借助互联网及大数据提供的相关数据及程序来完成人脑的复杂工作，利用机器人结合计算机编程设置的程序对相关行为要求作出判断，并执行该命令，完成人类的工作，如模拟人类思考、决策、执行等思维过程。

随着人工智能技术的蓬勃发展，其衍生的定位技术、语音技术、人脸识别、虚拟现实等逐渐应用到很多领域，同时也敦促各行各业开展智能化的技术建设。在"2023 HRoot人力资本论坛（Human Capital Forum 2023）·北京站"上，埃森哲大中华区人力资源总裁黄卫红在演讲中提道，埃森哲研究发现，通过激发数据、技术和人才的增长合力，企业有望实现高达11%的额外生产力增长，这是企业盈利和收入增长的最终驱动力。

人工智能的推行不仅大大简化了工作流程、提升了工作效率，还不断创新当下的管理模式。人工智能正在重塑组织系统与工作行为，人力资源管理居于首位。中国人力资源开发研究会智能分会发布的《中国人力资源管理数智化发展白皮书（2021版）》指出，34.5%的被调研企业在人力资源管理上不同程度地进入数智化阶段，这一比例远高于其他管理模块。对于企业人力资源管理来说，新一代的人工智能信息技术给创新企业培训和管理机制等带来了崭新的生命力。

传统的人力资源管理工作大多较为琐碎和重复，在完成任务的过程中往往非常耗费时间和精力。而在大数据人工智能发展背景下，人力资源管理者的工作性质发生了较大变化，在招聘、培训、绩效管理等模块中引入人工智能技术，开发智能软件来自动执行目标任务，促进了工作流程的自动化，提高了人力资源管理的工作效率，节约了管理成本。一个突出的例子是Uber打车、滴滴出行之类基于某种共享平台而产生的应用工作（App-work）。在这些工作中，并没有一个专门的人力资源管理部门对劳动者进行管理，他们的工作分配、价格确定、绩效考核等传统人力资源管理职能都由算法自动完成。

【案例启示】

应用于人力资源管理领域的AI技术包括专家系统、模糊逻辑、人工神经网络、数据挖掘、遗传算法、机器学习、自然语言处理、虚拟现实/增强现实技术等。人工智能技术的发展改变了旧有的组织结构和劳动关系，衍生了新的管理方式和管理理念，推动了组织管理向智能化转变。根据《中国人力资源管理数智化发展白皮书（2021版）》，34.5%的被调研企业都推进了人力资源管理向数智化发展，印证了AI是组织进行有效人力资源管理的核心力量。例如，谷歌公司推出的Google Hire能够帮助企业追踪应聘者并协调面试安排；MIT Media实验室设计的在线培训师可以针对员工个人特性为其量身打造沉浸式培训；IBM 开发的 Watson 系统能够同时考察员工当前的工作绩效和未来的发展潜力。

　　资料来源：张琪，林佳怡，陈璐，等. 人工智能技术驱动下的人力资源管理：理论研究与实践应用[J]. 电子科技大学学报（社科版），2023, 25(1): 77-84.

3. 云计算

2006 年 8 月，谷歌公司首席执行官埃里克·施密特（Eric Schmidt）在搜索引擎大会（SES San 2006）上首次提出"云计算"的概念。同年，亚马逊公司将其弹性计算云服务也命名为"云计算"，云计算逐渐成为远程并行框架的代称。IBM 于 2007 年在其发布的技术白皮书中首次对云计算进行了如下标准化定义：云计算，通常简称为"云"，是一种按需提供计算资源

什么是云计算

的方式，云计算提供商通过收费方式提供从应用程序到数据中心的服务。美国国家标准与技术研究院（NIST）对云计算界定如下：云计算是一种按使用量付费的模式，这种模式提供可用的、便捷的、按需的网络访问，进入可配置的计算资源共享池（资源包括网络、服务器、存储、应用软件、服务），这些资源能够被快速提供，只需投入很少的管理工作，或与服务供应商进行很少的交互。

云计算是一种具有很强的综合性和系统性的技术，以丰富的大数据为基础，拥有强大的存储能力，它是互联网和信息技术的抽象整合，可以为使用者提供较为充分的资源服务。云计算最显著的特征是数据收集与共享，云计算技术能够打破时间和空间的限制，做到数据的实时共享，实现多设备同时处理。云计算在虚拟终端储存文件和数据，在使用时，将设备连接网络，完成特定的身份识别，即能编辑和共享保存在云端的数据。其不仅对冗杂的处理流程进行了适当的简化，也给后续的团队协同工作奠定了技术基础。比如，社保云、红海云等将数字计算贯穿于人力资源管理的"选、用、育、评、留"等全过程，包括：全面收集和挖掘涉及人力资源的相关数据，打造员工数据库，建立人才评定数据体系等。

随着企业规模的扩大，繁多的人力资源数据信息产生，这些数据的种类和数据量一般都比较复杂，给企业的人力资源部门造成了不小的工作负担。而云计算能够通过分析整理海量设备的数据和信息，将多个低成本计算实体集整合成计算能力强劲的综合系统，实现多设备同时工作，全面优化人力资源运用、配置与任务处理。云计算也能实现信息的集中保存和计算，让企业便捷安全地进行数据处理，在稳定操作的同时，还提高了工作效率，这对企业而言至关重要。一些企业已经将其引入管理工作中，用于构建人力资源数据智能平台。人力资源数据智能平台在云计算的技术支持下，探究不同类型数据间的相互联系，结合逻辑关系进行再转换，对人力资源管理工作中涉及

的海量数据进行更加系统真实的管理。基于云技术而建立的人力云模型，为企业在全球范围内实时获得人才资源提供了便利。北森和 IDC 联合发布的《数字化人才管理成就高绩效企业——2022 人力资源数字化转型白皮书》显示，全球云计算市场规模在 2024 年将达到万亿美元，年复合增长率将达到 15.7%。中国云计算市场增长速度更快，年复合增长率达到 25.1%，达到 1 000 亿元美元的规模。云计算的普及速度和成效将进一步影响企业人力资源管理应用模式。

2.1.2 数字经济的强力渗透

数字经济是当前时代的特征，其主要指以数字化带动的经济增长模式，是互联网发展到一定阶段的产物，通过网络就能实现经济的快速成长，已经脱离了传统的以门店为核心的经济发展模式。数字经济在学术界并没有一个统一的定义，目前得到广泛认可的是《二十国集团数字经济发展与合作倡议》中给出的定义："数字经济是指以使用数字化的知识和信息作为关键生产要素、以现代信息网络作为重要载体、以信息通信技术的有效使用作为效率提升和经济结构优化的重要推动力的一系列经济活动。"数字经济主要通过数字化手段实现实体经济与虚拟经济的深度融合，随着信息技术和网络技术的快速发展，数字经济的渗透性逐渐增强，而今，已经成为各类企业管理提升、效益提高和实现高质量发展的战略选择。

1. 数字经济促进企业创新发展

互联网技术的快速发展和广泛应用，推动了数字基础设施不断完善，也使整个经济社会被互联网紧紧联系在一起，人们可以便捷地在网络上获得多种数据信息。由于数字经济的产生对互联网技术具有较强的依赖性，数字信息会在极短的时间内突破时空的局限，从而很容易形成一定的商机，带动经济业态和商业模式快速更新。在数字经济时代里，数字经济和实体经济得到了深层次的融合与发展，大数据已经成为推动社会经济发展的关键要素之一。

从 2014 年电商企业中的阿里巴巴与京东上市到 2015 年各类 P2P（peer to peer，个人对个人，又称"点对点网络借款"）层出不穷，从 2016 年人工智能的兴起到 2018 年区块链技术走向前沿以及 2019 年 5G（第五代移动通信技术）的诞生。对于企业来说，数字经济既是难得的机遇，也是必然的挑战，过往的经营管理模式已不能满足当今的发展需要，为适应经济发展，企业战略要依据现实情况作出改变，革新治理体系和管理模式。积微物联公司从低迷的钢铁行业起步，一方面，深耕线下实体，实现产业园的多地区、多业态扩展并打造数字化的智慧园区；另一方面，不断壮大线上平台，推动生产端"无人化工厂、平台化运营、协同化生态"的全方位智慧升级，构建全生命周期的智能制造体系。借助数字经济的东风，2020 年积微物联公司成功实现年营收突破 200 亿元。在数字经济时代，企业只有顺应社会整体的浪潮，寻找新的管理路径，对组织进行必要的改革和创新，完善数字化建设，才能实现人力资源管理工作实效的提升，促进企业持续创新发展。

2. 数字经济加强组织核心竞争力

在大数据的社会浪潮背景下，企业拥有的数据资源以及与技术体系、管理体制、人力资本等互补资源融合而成的创新发展能力是其核心竞争力形成的重要来源。企业凭借数字化、信息化技术在信息传导和大数据等领域的巨大作用，运用数字化思维顺势而为，通过技术与服务的生态集成，利用技术手段，以创新的方式重塑员工体验，以数字化驱动人力资源。以信息化升级和数据化能力升级为起点，以人力资源运营转型为策略，以平台化管理为支撑，打造人力资源管理数字化的闭环。通过数据、服务和系统相结合的方式，全方位推动企业数字变革的步伐，变革与升级企业文化、组织形态、领导力，从而激发组织价值的创造，提升员工的体验，激发员工主观能动性，进而提高企业生产力和企业竞争力，促进组织绩效增长。新希望集团人力资源部门牵头组成的"创新与电商事业部"，可谓由人力资源驱动创新的大胆尝试，这在其他企业的人力资源的管理中尚难见到。它的探索性在于人力资源管理向业务线倾斜，创建电商业务，人力资源驱动创新，以创新为导向，使人力资源管理体系为企业的创新营造先导性的文化氛围。这个尝试具有重要价值，将为中国企业人力资源管理转型提供生动的借鉴和参考意义。

3. 数字经济提升管理效率

在企业发展的过程中，大量的信息和数据不间断地产生，在对数据进行调取和使用时，需要人力资源部门细致地整理和评估。在数字经济的时代背景下，很多高科技信息技术被运用到了实际的人力资源管理工作中，以大数据为基础的人力资源管理，全面和深入地挖掘人力资源的潜在价值。例如，IBM 引入基于人工智能的应用程序Watson Recruitment，可根据工作需求为任何工作推荐最佳候选人。新的技术和手段的应用，进一步优化了人力资源配置，营造出更加人性化和科学化的管理环境。微观层面上数据技术的引入能够提升员工满意度和接受度，宏观层面上数字工具有着强劲的操作性和转换性，显著提升了人力资源管理的效率和结果的有效性，不但降低与减轻了人力资源从业人员的成本和行政负担，有效弥补了传统人力资源管理中的不足之处，还提高了人力资源管理工作的效率和质量，推动企业可持续发展。

【案例启示】

　　南航携手用友共建了人力资源管理职能共享平台，实现了对下属单位分类管控，对人工成本和培训费用等进行严格的线上流程层层审核监控，通过业务协同、共享服务提升人力资源管理效率。隐性成本如打印工资单、发放工资单等也得到极大的节省，经济效益得到大规模提升。其中，优化业务流程 51 条，飞行小时费核算时间缩短 75%，员工对人力资源服务的满意度提升 23%。

资料来源：HBR-China. 数智化如何驱动企业的商业创新？[EB/OL]. (2020-12-21). https://mp.weixin.qq.com/s/kAtq4MvrOE221aLIc9VYkA.

2.1.3 政策制度的大力支持

当下我国经济逐渐进入新常态，诸多挑战显现，人口红利减少，传统生产要素促进经济增长的速度放缓，数字经济作为新的生产要素有效带动了企业发展，国家开始重视数字商务对改造提升传统动能、培育发展新动能的重要作用，政府发布了相关政策文件大力支持企业的数字化转型（表 2-1）。

表 2-1 部分数字经济相关通知、规划、报告、方案

发布部门	发布日期	政策名称	相关内容
国务院	2015 年 9 月 5 日	促进大数据发展行动纲要	以企业为主体，营造宽松公平环境，加大大数据关键技术研发、产业发展和人才培养力度，着力推进数据汇集和发掘，深化大数据在各行业创新应用，促进大数据产业健康发展
国务院	2017 年 7 月 20 日	新一代人工智能发展规划	推动人工智能与各行业融合创新，在制造、农业、物流、金融、商务、家居等重点行业和领域开展人工智能应用试点示范，推动人工智能规模化应用，全面提升产业发展智能化水平
国务院	2018 年 3 月 5 日	2018 年政府工作报告	做大做强新兴产业集群，实施大数据发展行动，加强新一代人工智能研发应用，在医疗、养老、教育、文化、体育等多领域推进"互联网 +"
国务院国有资产监督管理委员会	2020 年 8 月 21 日	关于加快推进国有企业数字化转型工作的通知	推动新一代信息技术与制造业深度融合，打造数字经济新优势等决策部署，促进国有企业数字化、网络化、智能化发展，增强竞争力、创新力、控制力、影响力、抗风险能力，提升产业基础能力和产业链现代化水平
商务部、中央网络安全和信息化委员会办公室、工业和信息化部	2021 年 7 月 20 日	商务部 中央网信办 工业和信息化部关于印发《数字经济对外投资合作工作指引》的通知	推动数字经济对外投资合作，立足新发展阶段，贯彻新发展理念，深入实施数字经济战略，坚持企业主体、政府引导、市场运作的原则，坚持创新驱动发展，统筹发展与安全，充分利用两个市场两种资源，着力推动技术进步，着力培育新业态新模式，积极参与全球数字经济合作与竞争，更好服务构建新发展格局

2.1.4 组织发展的时代要求

日新月异的信息技术，使得传统人力资源管理的局限性不断凸显，无法再满足企业长远发展的需求。一些具有前瞻意识的企业已然开始将目光投向数字化人力资源管理。

1. 传统人力资源管理的局限性凸显

数字化时代，组织在保持竞争力和跟上环境中前所未有的变化速度方面面临越来越大的挑战。高度不稳定、不确定、复杂和不明确的环境为组织创造了机会，但也带来了威胁，要求组织在应对这些挑战时具有创新性和创造性。人力资源行业分析师乔斯·伯森（Josh Bersin）发布的《2021 年人力资源科技——权威指南》认为，人力资源市场面临重大机会，企业正在从"人力资源管理技术"转向"人力资源管理智能科技"，并寻求改善员工在各个工作领域的体验。

【案例启示】

数字化时代，现有的人力资源管理体系能持续有效地支持企业创造顾客价值吗？1/3 的领军企业人力资源部门负责人给出了否定答案。人力资源部门的顾客价值意识的薄弱，外部市场变化速度的加快，以及企业人才储备与技术应用的不足被他们认为是三大关键障碍。为了突破这些障碍，超过 40% 的领军企业，正探索人力资源"新"三支柱。人力资源部门在数字化顾客价值活动中的角色变化要求其从只关注人力资源职能场景拓展至关注所有数字化顾客价值场景。数字化技术规划数字化顾客价值场景、塑造数字化关键角色和引导关键行为要求人力资源部门关注三个关键方面，包括：数字化顾客价值与战略导向的价值场景应用，人力资源管理的专业职能，转化数字化顾客价值创造的场景化交付。我们将它们称为人力资源场景化三支柱。如果说传统三支柱是人力资源部门站在业务部门背后，并为其提供专业服务的效率最大化助力，那么场景化三支柱则是在此基础上，让人力资源部门和业务部门以战略与价值共识为起点，共同面对顾客并创造价值的超越。人力资源部门完成这个超越需要关注三个关键要素：理解企业战略、数字化顾客价值共识与数字化顾客价值空间的关系，即顾客、企业、产业伙伴及业务伙伴达成的价值共识，并围绕此共识构建数字化顾客价值架构与活动；规划基于数字化顾客价值架构与活动的数字化顾客价值场景，并以人力资源管理的专业职能为基础的场景化交付完成价值活动中关键角色的塑造与关键行为的引导；构建数字化人力资源体系，包括：协同战略与价值的价值场景体系，经营组织与人才的人力资源的专业职能体系，交付数字化顾客价值的价值创造体系。

资料来源：人力资源场景化三支柱[EB/OL]. (2022-06-09). https://www.hbrchina.org/#/article/detail?id=480115.

随着商业环境不断发生变化，今天的人力资源部门必须解决比过去更加复杂和不同的问题，但是种种困难和挑战是传统人力资源管理无法应对的，传统的人力资源部门缺乏对其内部客户和外部环境的需求作出快速响应的能力。管理者需要重新思考人力资源如何运作，以更好地支持企业活动。比如，人力资源职能该如何通过调整人力资源战略和实践，激发员工的创新行为，提升组织对快速变化的外部竞争环境的响应能力，从而优化其产品和服务。人力资源管理科技市场的"蛋糕"吸引了众多国际科技巨头，随着市场的发展，谷歌、微软、Facebook（2021年11月更名为Meta）、国际商业机器公司、思科（Cisco Systems）等巨擘陆续进场，人力资源软件和生产力软件之间的界限逐渐消失。谷歌的招聘和求职，微软的社交媒体领英、人力资源动态、人力资源团队和工作分析，Facebook的工作场所，赛富时的起点学习平台，IBM的沃森招聘和人才架构，已各据山头，巨头们都在努力寻找利用生产力系统来提供人力资源管理解决方案的方法。这一市场格局，加上之前的工作日公司（Workday）、思爱普（SAP）、甲骨文和其他人力资源数字化产品供应商，人力资源管理科技市场争夺战硝烟正酣。

2. 数字化提升人力资源管理效能的成功实践

"全球管理大师"拉姆·查兰（Ram Charan）在第四届"人才经济论坛"上说："没有一个时代像现在这样，变化如此之快，转型升级已不再是选择，而是必需。在这个飞快向前的时代，每个人、每个组织只有超越外部变化的速度，才有可能制胜未来。"

数字化人力资源管理的应用，节省了工作时间，加快了业务流程运行，分析结果的准确性得到保证，提高了员工的接受度和满意度，降低了人力资源人员的离职率，自动化使得行政负担大大减轻，提高了雇佣效率和生产率，降低了运营成本和人员配置成本。信息技术使人力资源专业人员拥有更多的信息自主权和更多的外部专业联系，能够向客户提供更强的信息响应能力，技术成为组织前进的阶梯，促使人力资源管理专业人员为组织提供更多价值。

比如平安集团的 HR-X 系统不仅解决了传统人力资源管理工作中遇到的各种问题，更重要的是，实现了人力资源管理模式的变革式创新，以赋能业务为核心，将人力资源管理工具全面嵌入业务主管管理工作中，创造性地构建了"员工全景档案平台、绩效画像、大数据识人"等功能，让业务方更智能和便捷地在业务中去管理人、发现人、激励人，同步实现 HR 员工自身向科技人才、数据人才转型。

2.2　人力资源管理数字化转型的策略

本节主要从战略、业务和员工三个方面介绍人力资源管理数字化转型的策略。其一是从战略角度将数字化转型与战略目标结合，其二是从业务角度展开数字化人力资源管理过程，其三是从员工角度构建数字化人才体系。

2.2.1　战略角度：将数字化转型与战略目标结合

作为企业部门的一部分，人力资源管理的数字化转型与企业的整体战略目标不可分割，以数字化战略为依托，共享部门间的信息资源，进而推进组织的数字化变革。

1. 制订数字化转型战略目标

战略的制定对于组织的成功起着至关重要的作用，战略人力资源管理包括公司总体采用的人力资源战略和业务部门细分的战略目标。有效的人力资源实践可以极大地提高企业的运营和财务绩效，而特定人力资源实践的选择取决于组织的战略。思爱普发布的白皮书《在数字化时代争夺人才》中，对来自 140 个国家/地区的企业（大部分为中型企业）的 10 400 名业务人员和人力资源领导者进行调查研究，86% 的受访者表示数字化技术将从根本上改变人力资源绩效和服务交付方式，47% 的受访者目前拥有人力资源管理数字化转型战略。2022 年，艾瑞咨询联合 Moka 发布的《CHO 人才战略调研报告：数字经济篇》显示，一线城市及中大型企业人力资源数字化渗透率超 80%，但是整体成熟度相对较低，人力资源数字化市场还有巨大空间。

【案例启示】

　　数字化为企业带来加速发展的机会。一方面，它把管理的薄弱之处呈现出来；另一方面，它为企业指明方向，加速改变。企业实施人才管理数字化，通常从基本信息的梳理开始，围绕业务场景解决一个个"小问题"，才能确保数字化的成功。

　　企业数字化，HR 要思考需要哪些信息、为什么需要以及如何使用的问题。以信息的变化性为例，员工的司龄是动态信息，不需要再费人费力收集和核对；盘点的结果每年都变，应该如何更新、分析和使用，谁为更新这些信息负责，是否要设计业务流程让员工可以自己维护等问题会浮现出来，需要做决定。这是数字化带来的思维升级。

　　人才管理数字化不是结果，而是发展指引。企业实施数字化战略之前，管理可能是混乱的，数字化初期会发现混乱加剧，这是在不断暴露问题，在接下来的逐层梳理和策略承接中，企业管理基础会加强。

　　资料来源：周丹. 人才管理的数字化战略[EB/OL]. (2020-02-10). https://www.hbrchina.org/#/article/detail?id=478970.

在战略人力资源管理的形势下，人力资源管理的数字化转型与企业的整体转型战略密不可分，人力资源数字化转型是企业整体数字化转型的一部分，人力资源部门在进行数字化转型之初，就要将本部门的转型目标和企业战略结合起来，整体布局转型发展。IBM 从电子商务到电子商务随需应变再到"智慧星球"三次战略转型都对应着人力资源管理的变革，尤其是第三次战略转型后，IBM 的人力资源管理便朝着"智慧HR"发展，在帮助企业适应竞争激烈的市场和全球化的组织架构方面发挥了重要作用。IBM 向我们证明，在这个瞬息万变的时代，企业需要将人力资源的数字化转型与战略糅合，制定战略为人力资源管理转型指明方向，发挥人力资源管理在公司绩效和战略支持中的最大作用，为组织提供更大价值。

2. 共享数据资源

数据资源是影响组织发展前景的根本性要素。部门间人力资源数据的共享，有利于信息的交换流通，实现资源的整合，助力人力资源部进行科学决策，是组织进行数字化变革的基础。

在处理人力资源管理工作中的数据时，使用以快速高容量网络、海量数据和云服务为特征的新兴研究计算范式，建立整体性的数据服务系统，将数据、工具、计算机处理和分析结果结合在一起，共享部门间的数据资源。德勤在《HRSSC，开启人力资源数字化转型的征程》中指出，迈出人力资源数字化转型的关键第一步，建立人力资源共享服务中心，驱动人力资源数字化转型。通过搭建共享服务中心，将事务性工作集约化操作、标准化处理，将人力资源人员解放出来。各部门可以协同工作，实现高水平的互操作性和可持续性，在不同的数据存储库中进行跨层深入分析，简化复杂的工作流程，充分发挥人力资源管理的数据优势。

3. 开展数字化变革

在信息时代背景下，企业人力资源管理要求越来越严格，传统的企业人力资源管理工作遇到了诸多的困难，难以更好地实现数字化转型，而数字化变革是企业成功实现数字化转型的良好途径。人瑞集团2019年在香港上市，融资约92亿元港币，根据公开资料，公司将融资资金的22%用于人力资源生态系统研发和人工智能数据挖掘技术开发。

制订完成组织的数字化转型战略目标之后，辅以数据资源的共享作为必备条件，企业的人力资源数字化转型变革便顺势而行。企业在构建数字化管理方式时，可以有效地融入大数据技术方式，通过以大数据为基础的人力资源管理，全面和深入地挖掘人力资源的潜在价值，并能够运用数字化的管理模式，营造更加人性化和科学化的管理环境，提升人力资源管理效果和效率。德科集团（Adecco）表示，其"未来工作"战略有三个核心要素。未来将聚焦"Future@Work"策略以及专注于劳动力解决方案（workforce solutions）、人才解决方案（talent solutions）和技术解决方案（technology solutions）三大业务模块，加快数字化组织转型，以期为客户与候选人创造更大价值。其计划在各业务部门中实施三个推动因素：客户体验、差异化和数字化，目标是成为"一家真正的数字化人力资源解决方案公司"，并计划大规模地推出其客户和候选人应用程序。

【案例启示】

根据海信集团业务需求和技术发展，海信集团联合金蝶共同搭建了信鸿平台，为海信集团提供智能、高效、便捷、安全的办公平台体验。在丰富移动化人力资源管理功能方面，搭建多种办公场景应用。启用签到模块，解决营销一线员工在移动签到、考勤领域不方便、成本高、手工工作量大等问题。开发生产一线员工工资条应用，改善用户体验，提高一线员工满意度，降低人口资源人员工作成本。通过日程管理、工作汇报等应用，真正为员工提供便捷好用的服务，提供了集团内部的办公服务。信鸿平台为海信集团搭建了整体协同办公平台，为员工日常办公提供了有力支撑。通过信鸿建设，充分利用 AI 机器人等先进技术，用便捷的多端服务提高员工效率。以服务的角度切入，真正立足于移动互联时代用户思维，通过活力值、点赞、生日祝福、问答等多种手段，激活个体活力，加强内部凝聚力。

资料来源：金蝶云官网.海信集团：智能协同、移动办公[EB/OL].（2023-10-16）https://www.kingdee.com/success-stories/1460446580862685185.html.

2.2.2　业务角度：数字化人力资源管理过程

将现代化技术应用到人力资源的日常管理中，从管理者自身开始，提高数字化人力资源管理的认知，持续深化数字技术在人力资源管理中的应用，从而达到管理水平的优化提升。

1. 提高数字化人力资源管理认知

人力资源管理实行数字化转型的一大阻碍，在于企业内部对人力资源数字化转型的认识不足。一方面，有些管理者认为人力资源的数字化转型就是数字技术的简单运用，使用计算机来完成重复性的人工任务。另一方面，除了管理者对人力资源数字化的不重视造成的上行下效，部分员工自身也没有意识到人力资源数字化转型的意义和益处，缺少进行数字化人力资源管理的动力，积极性不足，致使组织人力资源数字化转型的进程缓慢、成效甚微。比如全球知名测评机构 SHL 的调研显示，应用大数据实现人才甄选的潜力还未充分实现，38%的企业表明用大数据进行人才甄选还要几年才能"形成火候"，17%的企业认为大数据只是追随潮流和炒作。

人力资源管理要想成功转型，首先要得到管理者的重视，上级管理者先以身作则，下面的员工才能意识到数字化转型的必要性，从而加快人力资源数字化的进程。一些具有前瞻意识的企业已然开始使用数字技术助力人力资源稳健发展。领英在《2023 未来招聘趋势报告》中指出，招聘人员在人才招聘流程中对数据和技术的应用能力，是区分招聘人员能力的关键。

【案例启示】

谷歌、微软等一些最大、最成功的企业正在加大对数据科学的投入，招募大批工业及组织心理学博士，加速进行数字化转型，以便围绕人工智能和大数据部署智能技术，改进人才管理系统。人员分析正在蓬勃发展，可用于了解和预测员工行为的数据量将继续呈指数级增长，创造更多通过技术和数据进行人才管理的机会。

通常来说，人员分析是一种人力资源职能，追求以数据驱动的方式，深入了解企业员工队伍。如果数据是对员工行为的数字记录，那么人员分析就是从数据中提炼出有实际操作意义的情报、协助提高企业成效的科学。多数企业坐拥丰富的数据。我们一再听人说"数据是新石油"，可是没有洞察的数据只是毫无意义的数字。我们需要正确的框架、模式或专业知识，让数据产生意义，然后采取行动，在企业中作出数据驱动的决策、变革，建立数据导向的文化。正因如此，人员分析是一种谨慎且成体系的尝试，旨在让企业更加以证据为基础、以人才为中心，进行精英化管理。这种做法有望提升企业生产力。

资料来源：技术改变了人员分析，是好是坏？[EB/OL].（2020-12-08）. https://www.hbrchina.org/#/article/detail?id=479454.

2. 深化数字技术在人力资源管理中的应用

数字技术在人力资源管理中的应用不能浮于表面、只停留在行政阶段；数字化人力资源管理，并不是简单的线上办公，人力资源管理不仅要数字化，还要深化数字技术在人力资源管理中的应用。企业领导者需要注重对不同管理策略的改革，了解新时代背景下各类信息技术的使用要求，分析数字化转型工作的核心，在全面调整管理板块的基础上保障不同数字化转型策略的有机组合，真正实现人力资源管理工作的有效调整。比如霖珑云科旗下的薪社汇，可提供属地化社保/公积金/商业保险代缴代办、灵活用工、薪资代发、个税申报、电子工资单、人事外包等专业化服务，包括 100% HRO（人力资源外包）线上智能订单处理，自动算薪、计薪、报税，数据准确率高、明细一目了然，同时还能凭借 28＋的全程质控指标来实现对服务质量的多环节把控和考核。

除了单个人力资源活动或职能的应用，企业更要将人力资源管理作为一个整体，方方面面都使用数字技术，尤其是一些高级战略或决策支持，摒弃传统的经验决策，利用数据分析助力最优决策。借助数字技术，企业可以突破时间和空间的限制，打造智能化的数据资源平台，构建共享服务中心，建立智能化信息服务系统，为员工提供全领域、全方位、全周期的智能化和数字化人力资源服务。企业通过采用多种数字化人力资源管理技术，可以识别、打通流程断点，优化人力资源流程，打造一站式服务，完善闭环的业务运营流程，提高业务运营效能，实现业务集成化、流程自动化，在资源共享以及数据整合的基础上确保人力资源数字化转型工作能够落到实处，积极应对时代的挑战及压力。

【案例启示】

HR SaaS 作为一个人力资源服务软件系统，是 SaaS 与人力资源管理双向融合的成果，旨在为企业级用户提供数字化人力资源管理服务。HR SaaS 采用基于互联网的软件订购模式，创新人力资源服务交付方式，其部署具有灵活、即购即用的特征，能够助力企业实现人力资源管理的规范化及科学化发展，实现业务流程标准化、劳动力管理和薪酬支付管理与发票管理等一体化。近年来，在企业"云"化管理意识觉醒、降本增效需求及 SaaS 赛道资本助推三要素叠加的影响下，我国 HR SaaS 行业持续保持高速增长。艾瑞咨询的数据显示，2019 年我国 HR SaaS 市场规模已达 19.3 亿元。目前，我国 HR SaaS 行业主要存在两类服务供应商：一类是数字化转型服务范围覆盖人力资源管理各环节的一体化服务提供企业；另一类则专注于人力资源管理的单一模块，强调提供精致化、专业化的产品及服务。

资料来源: 王涛. 人力资源管理数字化转型: 要素、模式与路径[J]. 中国劳动, 2021(6): 35-47.

3. 创新人力资源管理数字化机制

数字时代需要数字化人力资源管理方法，因为数字化的劳动力面临企业对其人力资源实践不断变化的要求。随着近年来互联网的爆炸式发展，技术和计算机应用在人力资源管理职能中的影响更加突出。组织在进行人力资源管理数字化转型过程中，不能仅仅进行数字技术的简单应用，还要时时创新人力资源管理数字化机制，才能让人力资源管理技术不断进步，持续赋能组织运营，蓄力企业发展。通过将各种数字工具有选择地结合运用，标准化人力资源管理流程，实时更新企业数据，才能更好地深化人力资源管理数字化机制，简化工作流程，减少管理者执行人力资源相关职能的时间，减轻员工的行政负担，提高业务相关者的满意度，实现企业人力资源管理的效益最大化。比如巨兽公司旗下的 TalentBin，从诸如 GitHub、Stack Overflow、推特、领英、谷歌以及其他利基网站和社交媒体平台上汇总候选人的资料，然后为每个人创建唯一的标识档案，包括数字足迹、微型工作产品以及可公开获取的联系方式和简介信息。这对于科学、技术、工程和数学领域里的职位空缺的填补非常有用。

2.2.3　员工角度：构建数字化人才体系

人力资源管理数字化转型的实施离不开数字化的人才，要深刻理解数字化对组织运营和管理的重要意义，打造一个具备数字化思维模式和能力的人才团队。

1. 引进专业数字化管理人才

人才是企业持续创新的源泉，随着数字化转型的开展，现有管理人员已不能完全满足组织深入发展的需要。究其原因，企业高新技术设备配置完善，但大多人力资源管理人员掌握的更多的是人力资源相关的理论知识和专业实践，数字技术水平受限，无法熟练操作日新月异的新兴技术工具。根据德勤于 2020 年 2 月发布的《制造业工作的未来》，随着先进技术的发展，在未来 10 年，美国制造业面临的数字化人才缺口将达到 200 万以上。

【案例启示】

　　企业转型总是从人才转型开始。西门子身处传统行业，作为一家百年跨国公司，在全球拥有 29.3 万名员工，要开展数字化转型，并成长为一个科技公司，如何让全员以公平、合理的方式跟上转型的步伐，对于 HR 来说是个巨大的挑战。西门子采取各种各样的措施来帮助员工成长，但不同于在固定时间提供固定课程、员工被动学习这种传统的培训方式，西门子鼓励员工通过自我学习、自我驱动的方式来获得转型所需的知识储备。"我们鼓励员工培养成长型思维（growth mindset），"西门子大中华区执行副总裁兼人力资源总监马清说，"这也和西门子的整体战略相匹配。"

　　为帮助员工自我驱动、主动学习，西门子快速建立了丰富、便捷、全面的学习渠道。首先，西门子人力资源部为员工推出了自主性的 My growth 职业发展平台和 My learning world 学习平台，包含来自内部、外部的讲师视频和课程，目前已为员工提供了超过 4 万份的免费线上学习资源。无论员工在哪个国家、哪个岗位，从事何种工作，都可以自由选择上课时间和内容，同时平台以勋章系统鼓励员工完成更多的课时学习。在中国，西门子还给一些关键岗位提供学习补助，例如对于数字化学习的付费课程，公司设立了专门的学习基金。为帮助员工在选择课程时更准确地找到自己所在岗位需要的内容，结合平台数据，西门子又推出新的课程推荐工具——成长的关键技能（key skills for growth）。这项工具包括 25 个技能，根据自我和他人的评估结果，系统会为员工推荐相应的初级至高级课程。同时，为帮助员工建立自觉学习的能力，学习平台上的内容被设计得更小、更容易上手，形式也更加多样。平台的建立将学习和成长的主动权还给了员工，为了保证自己的竞争力，员工参加学习和培训的积极性更高了。

　　资料来源：李源. 西门子人力资源：企业数字化转型的伙伴[EB/OL]. (2021-05-09). https://www.hbrchina.org/#/article/detail?id=479618.

　　人力资源部门的员工比比皆是，却缺少兼具管理技术和数字化技术的综合性人才，这就导致企业的硬件设备不能物尽其用，造成资源的闲置浪费。数字经济时代，成功进行人力资源管理数字化转型的重要条件之一，就是人才的招揽和培养，引进具有数字化综合能力的管理人才，挖掘新的劳动力资源，并招募新的员工群体，丰富组织的专业人才体系，从而打造一支既有人力资源管理知识储备又熟练掌握数字工具的专业管理团队。Facebook、百度、华为等公司已经开始尝试将尚未毕业的学生提前揽入麾

下。作为传统制造业典型的通用电气公司（GE），2011 年着手制造业数字化转型以来，仅 2012—2016 年的 5 年间就迅速从外部特别是硅谷地区新招聘了 7 500 名数字化人才。与此同时，公司加强对原有员工的数字化培训，加速员工轮岗。

2. 加强员工数字化能力培训

【案例启示】

多年以来，公司和人事部门领导都将希望寄托在通过慕课或大规模开放在线课程，进行更好的职场进修。遗憾的是，证据始终表明这样还不够，特别是对于最需要它们的人来说。对于一直努力填补重要职位的公司来说，学徒制可能是一个有效的解决方案。最近估值为 17 亿美元的 Multiverse 是一家总部位于英国的供应商，表示已经为 10 000 名学徒提供了服务。劳斯莱斯公司（Rolls-Royce）与 Multiverse 公司开展合作来提升现有员工的技能。该公司负责数字制造业务的主管拉什达·贾亚塞克拉（Rashitha Jayasekara）说："长期以来，我们一直在实行学徒模式，而且我们发现这种模式对技术和数字工作特别有效。"他还说："学徒通过编程马拉松和项目工作来获得体验式学习。这使他们能够以标准培训无法提供的方式，将理论与实践结合起来，同时不断发展我们在公司内部需要的各种技能。"

威瑞森公司（Verizon）是 Multiverse 公司的另一个客户。这家公司也在用学徒模式填补软件工程岗位的空缺，并报告说最初参加项目的一组学徒中，95% 的人在完成项目后接受了公司的全职工作。威瑞森公司课程项目的设计宗旨是"降低软件工作的进入门槛，同时培训出真正优秀的软件开发人员。我们从根本上相信，这些人员可以通过数字创新推动我们的业务不断向前发展"，威瑞森公司首席信息官尚卡尔·阿鲁姆加姆（Shankar Arumugavelu）说。

资料来源：数字时代的员工技能培训[EB/OL]. (2023-08-11). https://www.hbrchina.org/#/article/detail?id=480665.

在数字化经济中，不仅工作流程和任务日益转向数字环境，而且劳动力也变得更加数字化原生。员工是人力资源管理工作的直接参与方和操作方，组织的数字化转型成功与否和员工息息相关，这是对员工数字化能力的新的要求和重大挑战。为了迎接新的挑战，组织要不断培育高数字化素质的员工来充盈企业的人才库，支持企业成功完成转型，而培训正是提升员工数字化能力的重要途径。在企业进行人力资源管理数字化转型的过程中，组织要相应地对员工进行培训，提升员工的数字化水平，使其更准确熟练地操作数字工具，切实将数字技术运用到日常的业务工作中，助力组织高效率、高质量发展。比如通用电气公司的潜能人才规划项目，以"接班人培养计划"为例，一般分为四步走：首先用行为数据对领导者进行画像；其次对公司内部人才和外部潜在候选人进行工作行为的数据盘点（具体的维度包括过往业绩和人才潜力等）；再次将这些数据指标与同行业的其他企业进行对标；最后针对高潜人才设计轮岗培训和社团以及其他特色项目，帮助人才成长，满足最终要求。

3. 优化人员结构

不合理的组织人员结构是一种巨大的危害，会造成组织资源严重浪费，无法人尽其才、物尽其用，长时间的人岗不匹配还会导致员工流失，提高组织管理成本，影响风险管控，更对组织数字化转型造成了重大威胁，影响数字化人力资源管理的实施成效。合适的人员结构则有利于企业更好地开展人力资源管理业务，在企业快速发展的同时，人员结构也要随之创新。在谷歌人力资源管理部门中，传统人力资源人员、高端策略顾问人员及高学历分析专业人员各占 1/3。该部门的核心任务是一项复杂的员工数据追踪计划，其目的是通过数据分析更好地改善企业的人力资源管理。它对企业中最重要的及最具影响力的人员管理决策进行量化和精细化，使企业人员管理的决策成为"基于数据的决策"或"基于事实和证明的决策"。

【伦理小课堂】

美国劳工部的数据显示，如果一个员工离职，再重新招聘和培训一个员工取代他的位置，大概要消耗相当于这名员工 1/3 年薪的现金。此外，还有其他的损失，如替换/选拔成本、时间、人力的损失等。所以很多公司为了减少员工离职成本的消耗，往往会采取数字技术进行员工离职概率的预测。在 IBM，AI 预测离职准确率高达 95%；谷歌也在用"人才保留算法"预测员工离职的概率；印度的一家人工智能 HR 分析平台公司 inFeedo，更是仅仅通过聊天机器人就能分析员工情绪，预测离职的概率。

2022 年 2 月 11 日晚，有网友发帖曝出一款员工行为监测系统，称该监测系统可提前获知员工跳槽意向，引发舆论热议。据网传的系统后台图片，在该行为感知系统内，公司可查看有离职倾向员工的详细情况，该截图中示例的员工共访问求职网站 23 次，投递简历 9 次，含关键词的聊天记录 254 条。

官网显示，该系统可提前发现潜在离职风险的员工，为组织分析离职风险的人员列表及风险等级，并给出离职风险的判定依据。评价词汇包含"高危""疑似""可疑"等。此外，该系统可分析组织的员工怠工情况，展示怠工总人数和日均怠工时长，并通过收集影响工作效率的无关应用、怠工集中的时间段，分析员工消极怠工的因素；另外，还可给出怠工情况最严重的部门和员工排行。

有律师对此表示，在未经个人信息处理告知程序或非基于合法必要人力资源管理条件下处理员工个人信息时，企业存在违反个人信息保护法的法律风险。

资料来源：方诗琪，叶霖芳，等. 竟可监控员工离职倾向！一系统引发大争议[N]. 南方都市报，2022-02-14.

启示：你是怎么看待企业使用数字技术来预测员工的离职概率的？企业利用数字技术判断员工的离职概率，对于员工而言会有哪些影响？

对组织的人员结构进行优化时，要考虑到企业的行业类别和产品特性，立足于员工个人拥有的知识技能，使用数字工具进行整合分析，依据数据分析结果挖掘出不合理的设置，及时对岗位和人员进行调整，严格修正结构错误，合理地调整人员结构，才能做到不闲置人才资源也不浪费岗位设置，精准地选出合适的人才在合适的岗位上工作。人员结构的建设要保证人岗匹配、人与组织和谐共生，还要做到整个企业各个部门协同运作，整体衔接完善，企业平稳运作，成功完成数字化转型。以红领集团为例，集团按照"四去两组"的变革思路，逐步转变为"全员对应目标，目标对应全员、高效协同"的扁平化组织模式。红领集团的大量中层岗位被取消后，管理者以服务和支持性业务为主要工作，员工直接对接用户，客服中心成为集团内部指令传达、资源协调的关键部门。

2.3 人力资源管理数字化转型后的人力资源部门和人力资源管理

本节详细介绍了人力资源管理数字化转型后的人力资源部门和人力资源管理，具体而言分为三个方面：一是数字化人力资源运营模式；其二是数字化人力资源管理模式，即人力资源规划，招聘与选拔，培训，绩效管理，薪酬管理；其三是人力资源管理数智平台，主要阐述了人力资源管理数智平台的特点和优势。

2.3.1 数字化人力资源运营模式

人力资源涉及的内容繁多冗杂，要使用信息技术收集和处理内部与外部数据，以支持与业务成果和组织绩效相关的人员决策。企业需要对一系列来自多种来源的大量数据进行收集、清理、组织和分析，来达成内部人力资源管理职能与外部工作领域的有效互动。现代化技术的大量普及，使得人力资源的运营过程更加数字化。

1. 人力资源三支柱模型

传统人力资源管理使用的组织结构是直线职能制，依据人力资源管理的六大模块来划分部门，分配工作职责。在这种形势下，各个职能部门都只聚焦于自己负责的工作任务，部门间缺少信息的沟通交流，无法高效协同处理事务，不利于人力资源管理工作的开展。随着组织架构的创新，人力资源管理三支柱模型应运而生。IBM率先使用三支柱模型构建人力资源管理体系，并且取得了阶段性的成功。我国腾讯、阿里巴巴等企业也纷纷引入这一模式。三支柱模型不是对传统的组织直线职能结构的直接搬用，而是充分发挥了人力资源的各个职能。在人力资源管理数字化转型的背景下，融合数字技术的人力资源管理三支柱模型得到了进一步的发展，将人力资源管理者的角色分为人力资源领域专家中心（HRCOE）、人力资源业务合作伙伴（HRBP）与人力资源共享服务中心（HRSSC）。

【案例启示】

　　IBM在吸收戴维·尤里奇（David Ulrich）的四角色模型成果的基础上经过不断探索，对人力资源管理体系进行重新设计，于2007年提出了由人力资源领域专家中心、人力资源共享服务中心和人力资源业务合作伙伴组成的"三支柱"人力资源模式。该模式提出后，很快获得了企业界的广泛认可和追捧，国内外知名企业的人力资源管理纷纷向"三支柱"人力资源模式转型。"三支柱"人力资源模式是一种能将人力资源管理部门和人力资源管理专业人员从传统事务性工作中解放出来，使其工作变得更具战略性和专业价值的模式。"三支柱"人力资源模式的三个支柱虽然各负其责，具有不同的功能和分工，但它们并不是完全独立的，而是一个相互联系和相互支持的整体。就HRBP与HRCOE而言，HRBP负责向HRCOE及时反馈业务部门的需求，并寻求HRCOE的专业指导，HRCOE反过来指导HRBP开展人力资源管理工作，并提供方案支持；就HRBP与HRSSC而言，HRBP向HRSSC反馈业务部门的日常人力资源管理工作需求，寻求获得HRSSC技术和服务支持，HRSSC反过来为HRBP提供技术和服务交付，帮助HRBP分担人力资源管理工作任务；就HRSSC与HRCOE而言，HRSSC通过执行公司的人力资源服务，向HRCOE及时反馈问题，HRCOE反过来为HRSSC提供专业指导并帮助其制定制度和技术规范。对"三支柱"人力资源模式作用结果和影响机制的研究主要集中在组织和个体两个层面。从组织层面来看，企业采用"三支柱"人力资源模式有助于自己实现战略目标并促进组织绩效提升；从个人层面来看，应用"三支柱"人力资源模式可以实现企业人力资源价值最大化，帮助员工提高满意度和能力开发效率以及提升人力资源从业人员的职业竞争力，使人力资源管理从业人员的作用更具战略价值。

　　资料来源：李进生，李茹月．"三支柱"人力资源模式研究现状与未来展望[J]．领导科学，2022(1)：61-64．

　　和致众成携手HRoot平台发布的《2020—2022中国企业HRBP实践及发展趋势报告》表示，越来越多的企业选择推进人力资源共享服务模式转型，转型对于促进人力资源支撑战略和业务产生了积极的效果。这种新型的服务模式由人力资源领域专家中心、人力资源业务合作伙伴和人力资源共享服务中心组成。以业务需求为导向，是实施人力资源转型的最主要的原因。其一，人力资源领域专家中心是由熟练掌握人力资源管理的专业知识和实际应用的多位专家汇集而成的，他们立足企业发展，制定企业未来的发展战略，提供人力资源专业咨询服务。其二，人力资源业务合作伙伴精通企业的业务流程，将岗位需求与合适的人力资源匹配起来，为组织的发展提供充足的人才赋能。其三，人力资源共享服务中心是在大数据的基础上建立的数据共享服务平台，数字化原先烦琐的重复性事务，标准化工作处理流程。人力资源管理三支柱的协同，形成了人力资源管理工作的闭环，真正提升了管理效率，为企业创造出实际价值。

2. 数字化人力资源管理运营模式

【案例启示】

目前，AI 技术主要应用于员工招聘、培训开发、绩效管理、离职管理等人力资源职能模块。AI 由于拥有远超人类的数据处理能力，在处理简历筛选、职位分析、账单管理等常规性业务时效率远高于人类。例如，AI 依托大数据和云计算，可以涵盖市场上的人才信息，解决人才供需错位的问题，并且，AI 可以科学快速地筛选简历。在 2017 年北美猎头公司 SourceCon 举办的招聘大赛中，机器人只花 3.2 秒就在 5 500 份真实简历中筛选出了合适的简历，而顶尖猎头团队却需要 4～9 个小时不等。此外，AI 不受时空限制，能够协调面试安排、同时面试数名应聘者，大大提高了招聘效率。

AI 技术的使用可以帮助人力资源部门降低劳动力、培训和离职所带来的成本。首先，相比人类，对于简单常规的工作，AI 完成工作的时间更少；对于危险系数高的工作，机器人执行任务的风险更低。AI 技术的使用可以减少劳动力成本投入，提高企业自动化程度。其次，AI 技术的运用使企业可以用较低的成本为员工提供高质量的培训，如通过计算机视觉、深度学习、VR/AR 等技术模拟员工难以实地体验的工作场景，拓宽教学场景，实现知识的可视化。最后，企业依托 AI 的数据挖掘功能，可以预测员工的离职率并分析离职原因，及时制定相应政策防止人才流失。根据 IBM 智能劳动力研究所（IBM Smarter Workforce Institute）的研究，IBM 通过实施多项 AI 应用程序节省了 1.07 亿美元的人力成本。

AI 依凭数据挖掘和算法决策能准确分析员工信息，为其提供最匹配的岗位、最适合的培训和最公平的薪酬。首先，AI 可以根据企业需求，精确定位能力和价值观符合企业要求的人才，并有效避免主观因素的影响。具体来说，AI 是将任职资格转换为数值型指标，对应聘者的能力、心理及价值观进行评估，计算出符合标准的候选人，实现人岗匹配。其次，AI 可以对企业信息进行图谱化管理以发现人力资源管理的不足，及时为员工制订针对性的学习方案。最后，企业利用 AI 技术可以实时检查员工工作完成情况，采用可量化的指标客观评估员工绩效，保证薪酬制度的透明化和公平性。

资料来源：张琪，林佳怡，陈璐，等. 人工智能技术驱动下的人力资源管理：理论研究与实践应用[J]. 电子科技大学学报（社科版），2023, 25(1): 77-84.

随着数字和社会技术的进步，企业业务以及工作的性质和意义不断演变，从而使工作变得越来越精细化、模块化和非文本化，组织流程也发生了深刻的改变，尤其是人力资源管理流程。在技术驱动下，人力资源管理运营模式同样发生变化，比如组织招聘、选拔、激励和留住员工的方式等，技术的持续创新从根本上改变人力资源工作的完成方式。新型的人力资源管理运营模式，以数字化为手段，以智能化为结果，利用计算机技术，抓取对于企业发展有价值的信息，可以预测员工绩效、培训需求或工作情况等，最终实现人力资源的持续储备，精准对接企业需求。以亚信为例，这家最早把互联网带入中国的企业，正式员工过万，一直关注如何进一步提高人均效能。亚信软件定制了具有相当实用价值的数字化管理系统，用数字化的手段，从技术角度保证了对人力资源全流程的管理。例如，它运用线下与线上相结合的方法，将能力素质模型、人才评价中心技术、任职资格雷达图、学习地图、云学堂技术联结起来，构建了亚信软件数字化人才运营体系；通过八爪鱼式的"360 度个人评价报告""述职分析报告"和"访谈记录"，全方位收集人才信息，形成快照式的个人综合评估报告，凸显个人核心特质、关键优势与不足，从而实现了人才数据在线、实时、可选式分析比对，助力人才选、用、育、留各环节工作顺利开展。

2.3.2　数字化人力资源管理模式

数字工具的应用极大地推进了人力资源管理的智能化改革，人力资源的实际践行情况以更加直观的数据的形式出现，为管理工作的实施奠定了充足的技术基础。

1. 人力资源规划

人力资源规划是指在企业发展过程中，对企业的人力资源情况进行全面的分析，明确员工的需求和供给，预估相关成本费用，制订未来人力资源规划与目标。在数字化转型完成之后，企业就能摆脱以往冗杂的工作流程，使用大数据和云计算等技术更高效地进行人力资源规划。利用人力资源数据智能平台，结合组织整体战略方向，对人力资源进行数值化拆解，模拟人员流动运算，搭建系统性的人力资源规划模型，综合分析组织内部的人员现状，精准预测人力资源外部供给。依据模型规划出来的结果，企业可以制订人力资源计划，减少经验决策带来的偏差，节省时间和人力成本。建立在数字技术基础上的人力资源规划，能够准确分析组织所需的人才数量，适配与企业相契合的人才体系，蓄力人力资源规划、促进组织长远发展。例如，在过去的几十年里，陶氏化学公司根据公司 4 万名员工的历史数据以及产业和资金大数据，预测出整个化工行业以 7 年为一波动周期的劳动力需求情况，据此测算企业的员工晋升率、内部职位调动和其他人力供应等情况，并设计了一个模型工具——陶氏战略性人员配置模拟，用以测算 5 年后的人员需求以及剩余员工的数量。

2. 招聘与选拔

人力资源部的主要目标之一是吸引和留住人才即要招聘合格的、能力达标的、有动机和意愿的申请人。有效的招聘不仅可以提升员工的技能和多样性，还可以帮助建立客户满意度、促进创新和鼓励创造力。数字化人员招聘与选拔不同于传统的固有模式，招聘方式将会更加灵活便捷，比如基于网络的招聘广告、招聘板和虚拟招聘会等。

借助形式多样的电子招聘方式，设置算法程序对应聘人员的信息进行数据综合，使用员工简历管理系统，建立人才档案，使企业能够准确获得应聘者的知识技能和职位经验等。管理者可以使用关键字搜索和网络测试等手段，初步筛选出更符合组织要求的人员进入面试，极大地提升了招聘和人员选拔的质量与人岗匹配程度，有利于企业降低后期的培训成本，提高招聘效率。数联寻英利用大数据进行招聘，在校园招聘的精准度能达到 60%，社招也能达到 50%。可见，数字技术的应用有效地提高了招聘工作的效率及准确性。以猎头招聘为例，传统人力资源服务企业在开展招聘工作过程中，需要面对大量的表格和文件，常常会浪费大量的时间。然而，在互联网和大数据技术快速发展的背景下，能够不受时间、地域的限制，同时对不同的候选人进行结构化面试，减轻 HR 工作负担。例如，在北美猎头公司 SourceCon 举办的人工智能招聘大赛中，机器人仅仅花了 3.2 秒就筛选出了合适的简历，速度是顶尖猎头团队的28 124 倍。

3. 培训

在组织平稳运行的过程中，要依据工作实际对能力不足的员工进行知识和技术培训，不断提升员工的工作能力，以满足组织发展的工作要求。事实上，基于网络的培训与现场指导的培训在效果上几乎没有什么区别，基于网络的培训甚至更具优势，更具有效性和便利性，例如，某烟草公司就曾使用 3D（三维）技术制作人工智能软件，将烟草烘烤的场景 100% 还原，并且提供视频循环播放、用户反馈、3D 虚拟仿真技术，员工使用第一视角进行操作，加深了对工作流程的印象，极大地提高了培训的效果。

使用大数据对员工能力和绩效进行精准分析，聚焦于员工本身，明确员工自身存在的不足之处，挖掘员工的工作潜能和进步空间，为员工提供定制化的学习培训方案，适应员工的不同学习需求。如 IBM 应用 Blue Match 软件通过算法为每个员工提供职业晋升和新工作的建议，推动员工职业发展，这些算法基于员工的兴趣、之前的工作经历、培训以及有利于其在工作中获得成功的个人特征，为员工提供合适的建议。IBM 2018 年已获得新工作或晋升的员工中有 27% 得到 Blue Match 的帮助。此外，IBM 的 MYCA（我的职业顾问）人工智能虚拟助手还可以帮助员工确定其需要提升哪方面技能。

4. 绩效管理

人力资源部最关键的目标之一是有效管理员工绩效，包括：评估当前绩效，确定高绩效和低绩效以及向员工提供反馈。传统的绩效考核机制周期过长，不再满足企业发展创新的要求。数字化转型后，技术简化了绩效评估过程，降低了成本，减少了管理员工绩效所需的时间和精力，绩效的考核也不再仅仅局限于对过去的评估，更多的是专注于推动未来企业能力的发展。使用各类数字工具，结合企业实际对绩效管理的流程进行重新设计，让绩效的考核更加灵活、实时、个性化。在绩效的考核上，通过大数据分析以及算法设置，能够精准地存储数据，让数据的读取更加方便快捷，将不同时点的数据加以综合，清晰地识别员工不同时间段的业绩情况，公平地比较不同岗位的业绩，也为管理层制定决策提供了信息依据。例如，亚马逊、谷歌等大型公司通过云计算对其海量数据进行加工，并详细记录员工的绩效数据，提高了考评结果的科学性和可比性，对员工的绩效作出更准确的判断，从而提升绩效管理的科学性。

5. 薪酬管理

薪酬管理是人力资源管理的重要组成部分，在当今的环境中，组织关注的不仅是如何应对组织内人才的短缺，还包括如何防止现有员工的流失。为了激励和留住具有不同背景的优秀员工，保持组织竞争优势，企业开始使用技术来优化薪酬和福利流程。

电子薪酬系统可以降低行政成本和减少薪酬规划所需的时间，组织借助数字技术来高效处理薪酬领域的工作问题，比如工资系统的自动化、薪酬系统的设计以及薪酬和福利的沟通与管理等。泰康资产力求打造深度数字化和系统化，2018 年运营团队独自撑起了暑期实习 9 300 人次的申请、筛选、录用流程。同时 OPS（operations，运营）团队大力投入员工自助服务、薪酬计算和查询系统，通过持续更新升级，不仅可满足员工多维度薪酬统计、证明需求，还可让员工自助选择认购货币基金、为子女配偶买保险等。支持业务线管理者的绩效系统、根据公司要求定制的晋升答辩系统、培训满意度调查等都大大提高了 HR 团队的工作效率。

2.3.3 人力资源管理数智平台

人力资源管理数智平台具有数据驱动、实时性、智能化等特点能够为一个组织的人力资源管理活动的开展提供决策、协调、控制、分析以及可视化等方面的支持。

1. 人力资源管理数智平台的特点

1）数据驱动

当前，我们已经进入大数据时代，当代组织最显著的特征就是在短时间内能够收集和存储大量信息，数据生成和数据处理的速度都急剧提升。在人力资源管理领域，劳动力数字化创造出不断增加的数据量，人力资源管理实践的数据化程度不断提高，数据收集和使用的速度持续快速增长。正是这些种类繁多的数据及其组合和分析中固有的复杂性使大数据分析与传统数据分析不同，人力资源管理数智平台通过开发和应用适当的算法，增加与大数据相关的容量、速度和多样性属性，数据驱动实施大数据分析，对丰富的数据和数据集进行评估，分析人力资源管理实践和结果，从而作出有洞察力的决策。

2）实时性

人力资源管理数智平台允许实时记录工作结果，同步进行数据更新，以便企业和客户能够准确跟踪何时、由谁提供、质量水平如何的服务。通过开发出的内部人力资源系统，跟进不同员工的工作情况，记录对其服务的需求模式及其绩效，并帮助企业甄别员工工作内容的有效性。数据实时地进行更新，助力企业更精准、更敏捷、更深度地调整自身发展策略。新华三集团自成立之初便持续推进企业信息化、数据化、智能化。比如"CEO 仪表盘"提供了全集团销售、研发、供应链、HR 等部门准确实时的数据，辅助战略决策。

【案例启示】

人力资源管理系统可以优化员工档案、工资和福利，从而提高效率。应聘人员跟踪系统处理简历和工作申请，安排面试并与应聘者沟通，缩短招聘周期。LinkedIn Recruiter 等招聘平台有助于找到和联系更适合的应聘者。学习管理系统（Learning Management System，LMS）则可以管理并提供有针对性的培训。销售业绩管理系统（sales performance management systems）跟踪并协助提高销售业绩。客户关系管理系统主要促进与客户互动。

销售部门可以通过随时响应的人才支持平台，也就是数字人才中心（digital talent hub）的平台，连接各大系统，提升人才管理的市场敏感度以及灵活性。该数字人才中心拥有数字资产（如数据、技术、算法和智能引擎），相关资产可以提供基于数据的人才管理决策和流程意见，从设计精确的招聘简介，到招揽、培养和留住人才，再到让销售经理成为各项工作的关键参与者。通过数字人才中心，各系统能够与其他系统实时共享数据（适当保护隐私）和数字资产（如人工智能功能）。

通过分析销售绩效管理系统（业绩和目标实现）、客户关系管理系统（销售活动）和应聘人员跟踪系统（销售人员档案）的关联数据，数字人才中心可以向学习管理系统提供意见，从而为每位销售人员制订个性化培训计划。

当销售部门作出裁员的艰难决定时，人才决策必须客观，同时尽量减少对客户和业务的影响。关联的人才系统可以缩短痛苦的过程并确保公平。销售业绩、客户关系管理和人力资源系统之间紧密联系后，可以迅速根据绩效、潜力和关键客户关系确定哪些人留下、哪些人离开。相互关联的系统也有助于为销售人员（不管是留下还是离开）和受到影响的客户制订过渡计划。

资料来源：辛哈，沙斯特里，洛里默. 数字平台，盘活人才[EB/OL]. (2023-04-10). https://www.hbrchina.org/#/article/detail?id=480524.

3）智能化

人力资源管理数智平台反映了人力资源管理和信息技术之间的整合，是收集、管理和分析人力资源信息的战略举措。除了技术方面，功能性人力资源管理数智平台还包括管理多个利益相关者，如人力资源专业人员、管理者和员工等，人力资源管理数智平台的用途非常广泛，如决策、诉讼、项目评估等，成了组织中以员工为中心的大数据分析的支柱。人力资源管理数智平台上的信息维度，贯穿于员工从进入公司到离职的整个职业生涯周期，利用数字技术，形成共享的数据中心，推行自助系统，使人力资源管理部门远离纸质文件的负累，让员工的操作更加便捷、信息的调取更加可及，极大地提高了工作效率和效能。2021 年 4 月，甲骨文宣布推出新的平台（Oracle Fusion Cloud），在人力资源管理中提供更加直观、个性化和简单化的员工体验。甲骨文之旅（Oracle Journeys）帮助企业为员工打造一站式服务，帮助员工浏览工作的各个方面并完成复杂的任务。新功能使人力资源管理团队能够创建、定制和提供分步指导，引导员工完成入职、生育、重返职场、推出新产品或发展事业等各种体验情景。

2. 人力资源管理数智平台的优势

【案例启示】

2021 年 2 月初，微软发布了员工体验平台（Microsoft Viva），这是一个突破性的员工体验平台，它引入一个全新的企业软件类别，该类别完全专注于工作中员工的日常需求。该平台在整合的体验中使员工在最佳状态下工作，将员工参与、福祉、学习和知识 4 个关键领域统一起来。除了使用来自微软应用程序的数据和信号外，客户还能够合并来自第三方服务的数据，通过将数据与微软员工体验平台整合在一起来优化他们现有的员工体验。

微软员工体验平台与市场上的其他供应商不同，几乎涵盖了员工体验的所有数字方面，将大量被动的、连续行为员工数据与感知数据集成在一起，通过第三方无缝提供深入的分析和对这些更大数据集的见解。

资料来源: 梁雨钝. 数字经济浪潮下的人力资源管理数字化转型[J]. 中国人事科学, 2021(8): 38-49.

1）促进员工参与

与大多数传统组织不同，企业能够通过人力资源管理数智平台，利用其网络效应，例如提供激励方案来招募大量员工、客户或两者兼而有之，让使用者参与到组织建设中来，大数据分析使企业能够摒弃"一刀切"的模式，为员工个人量身定制员工体验。员工的实时参与促成了一种新的工作环境，在这种环境中，员工可以清晰地看到他们为组织提供的即时利益，增强了员工自身的效能感，提高了员工工作的积极性。2021年，人力资源管理软件巨头工作日公司以 7 亿美元收购丹麦的员工体验服务平台，持续加强员工体验数字技术的提升。

【案例启示】

近年来，金蝶软件深入分析了数字化时代人力资源管理的深刻变化，开发了专门满足集团型企业人力资源数字化管理需求的金蝶 s-HR Cloud 软件，并针对中国集团型企业建立 HRSSC、实现基于 HR 三支柱模式对人力资源管理变革的特殊要求，探索总结了融"管理咨询＋数字化体系建设"为一体的服务方式，帮助企业建立 HRSSC 数字化共享服务体系，并从中探索出符合中国集团型企业人力资源管理与服务特点的 HRSSC 建设经验。

以某大型国企员工入职业务为例，通过以上步骤实现了将社招、校招、返聘、外籍等人员的入职业务一次性集中在 HRSSC，只需一名前台服务人员在系统辅助和任务提示下完成信息补录、劳动合同签订和工卡打印等工作，业务办理时间从 1 小时/人缩短到 5 分钟/人，且信息录入的完备率、合同及时签订率和员工服务满意度都接近 100%。

聚焦场景，创新服务。在 HRSSC 平台建设过程中，深入分析不同地点、特殊环境场景下的员工管理和服务业务需求，大力提升数字化手段完成业务交付能力。例如，通过扫码入职功能，帮助异地员工在手机端完成入职手续；利用 HR 智能服务终端机，员工可以随时打印在职和收入证明；HR 系统可自动检索劳动合同到期员工，推送合同续签意愿调查任务，并可在手机端完成劳动合同续签工作等。用数字化服务取代手工作业，实现"让系统多办事、让员工少跑腿"。

资料来源: 宁卫军. 平台创新　服务共享——探索人力资源数字化共享服务中心建设之路[J]. 中国人力资源社会保障, 2022(2): 29-30.

2）增强决策的科学性

组织的最终决策与企业的生产力和经营效益息息相关，建立在海量数据基础上的数据分析和数据建模，能够对员工的工作能力和绩效进行全面的评估，实现员工行为的预测和绩效的预估，开展问题诊断，以及企业未来的发展轨迹判断，便于及时干预和采取措施修正，提升决策的科学性，帮助其作出最优决策。智能时代变化迅速，小米的 MI-HR 智能平台（MI-HR intelligent platform）也在伴随公司多年的发展历程中不断完善。从外部租用技术平台，到自主研发 MI-HR 智能平台。通过大数据助力战略与业务的改造，利用大数据挖掘的方式在人才和组织管理上为业务提供科学的决策支持，并且建立员工"生活、学习、工作、发展"的完整服务生态圈，用技术和数据驱动人才管理工作方方面面的决策。

3）高效处理数据

人力资源管理涉及海量数据，海量意味着体积、速度和多样性，而且更多时候，人力资源管理需要实时处理新增加的员工数据。同时，繁多的数据也伴随着数据的风险管理，必须控制好数据的存储和信息的安全性。使用人力资源管理数智平台，能够安全保存数据，对数据进行快速获取和分析，大大减少计算失误，同步数据的更新修正，共享数据资源。万宝盛华（中国）为顺应数字化及科技化带来的人力资源发展趋势，于 2020 年推出一体化人力资源管理科技平台"职场＋"，旨在将多种科技产品嵌入职场科技平台中，并与公司内部运营科技平台进行整合，以优化不同业务线之间的运营效率和协同效应。公司于 2020 年 12 月收购了中瑞方胜金融服务外包（北京）有限公司 45% 的股权，旨在进一步加快公司薪酬及税务服务领域的数字化解决方案及产品的开发，促进公司一体化人力资源科技平台"职场＋"的发展，为企业客户及其雇员提供一站式全面人力资源解决方案。

2.4　人力资源管理数字化转型权威文献解读

2.4.1　文献信息

题目：《数字化时代的人力资源管理：基于人与技术交互的视角》
出处：《管理世界》
作者：谢小云，左玉涵，胡琼晶
发布日期：2021 年 1 月

2.4.2　文献点评

大量组织在令人眼花缭乱的数字化技术浪潮中同时遭遇了数字化理想的"幻灭"，

组织员工与数字化技术也未能很好地融合。在上述背景下，人力资源管理领域的学者亟须结合理论对层出不穷的数字化新实践进行归纳和整理。

基于已有文献的不足，该文着眼于技术与人之间的关系联结，认为应该在员工与技术的关系中理解数字化技术。具体而言，该文基于人与技术的交互，分别依据结构化理论和行动者网络理论系统回顾了人力资源管理领域关于数字化技术的研究。在结构化理论下，该文关注了人力资源实践的员工培训与开发、员工考核与监督、奖惩与机理以及"组织-员工"关系四个方面的实践，指出了数字化技术应用带来的实践新趋势和组织新环境，并进一步梳理了员工对此的认知、情感体验、适应和反抗。在行动者网络理论下，该文梳理了机器智能和人类智能在信任与排异、协作与适应以及合作模式三个方面的研究进展。

基于对现有研究进展的梳理，该文指出了已有研究的不足。结构化理论指导下的研究缺少对技术带来的结构性改变以及员工反应之间张力的关注，未能以整合的视角探索两者如何融合。而行动者网络理论指导下的研究侧重机器智能与人类智能之间的合作与适应，对其潜在的竞争关系的理论与实证关注不足。因而该文提出，未来研究应该从五大张力关系入手，即培训与开发：组织定量计算对照员工价值主张；考核与监管：组织监控对照员工隐私；奖惩激励：利润最大化对照管理人性化；员工参与和员工关系：组织边界收紧对照组织边界放松；人机协同系统中的人类智能与机器智能：形式理性对照实质理性。在理论和实证上探索如何消解张力，达成员工与数字化技术的融合。

2.5　人力资源管理数字化转型经典案例解读

2.5.1　案例信息

题目：《数字化赋能国企人力资源管理——以应用红海云 HR 系统为例》

出处：《中国劳动保障报》

作者：孙伟

发布日期：2023 年 2 月

2.5.2　案例呈现

2020 年以来，国企改革三年行动锚定"管理人员能上能下、员工能进能出、收入能增能减"目标，持续激发企业发展活力，推广经理层成员任期制和契约化管理，推进市场化用工，促使国有企业中长期激励"政策包"和"工具箱"进一步丰富。

当前，国企改革三年行动主体任务已经基本完成，但是对标世界一流企业的建设进程仍不能放松。国有企业要构建基于现代公司治理制度的人力资源管理体系，人才的选拔机制、评价机制、薪酬分配机制、激励机制和约束机制等就都要进行根本转变，这就要借助数字化工具的力量。

国企人力资源改革难点

目前，国企人力资源管理转型变革在国企改革中承担重要使命，也面临一些管理难点。

干部管理机制失衡——提拔任用做得多，交流退出做得少。在一些国企的干部管理实践中，干部提拔任用做得多、交流退出做得少的现象仍然存在。一方面，由于尚未建立有效的干部考核制度，干部管理缺少科学评价依据，对干部缺乏有效激励约束机制，绩效考核结果应用不到位，考核与奖金发放、薪酬调整、职级升降等挂钩力度不强。另一方面，存在考核流于形式或者平均主义等现象，使得国企在干部选拔任用中容易"只上不下"。尤其是国企干部岗位退出机制仍有待健全，部分企业对经理层成员正常更替、人岗相适等要求认识还不清晰。同时，一些国有企业缺乏行之有效的流动机制，导致实践中人才流不动、盘不活的现象时有发生。比如，一些干部长期任职相同岗位，历练少，工作中存在路径依赖和经验束缚，或多或少存在本位主义思想；一些关键敏感岗位的交流调整机制不健全，也容易滋生腐败问题。

绩效考核机制失效——干好干坏、干多干少一个样。国有企业的考核评价制度一般涵盖生产经营责任制、党建工作责任制、党风廉政建设责任制等，但很多国企仍然存在各项考核不成系统、党建与生产经营考核融合度不够、考核目标设定不科学、考核结果应用不到位、企业内部激发人才活力和创新能力的手段比较单一等问题。

薪酬激励机制不足——分配"平均主义"，人才活力动力不足。由于工资总额和薪酬体系限制，一些国有企业薪酬激励政策自主性不够，激励方式比较单一，最终导致分配"平均主义"出现，限制了企业的发展。尤其是一些企业对于企业的高层经营人员和骨干员工缺乏有效的长期激励机制，不利于企业人才引进与健康长久发展。在工资总额管控背景下，在政策合规和灵活运用之间实现平衡，也是国企薪酬管理工作的难题。

引入数字化工具提升管理效能

在国企改革背景下，国有企业传统经营管理方式面临挑战，包括由粗放式经营转向精细化运营，人力资源管理数字化已经成为提升管理效能、解决上述管理难题的重要抓手。广州红海云计算股份有限公司总结多年来服务央企、国企客户人力资源管理数字化实践的经验，从干部管理、考核评价、薪酬激励三大机制建设方面入手，借助新一代数字化技术，结合国企改革目标，助力企业高效推进人力资源管理模式转型。

在干部管理机制干部任用提拔中实现"知事识人"。"知事识人"体系是国企干部选拔任用管理的基础，知专长、知短板才能用得对，看得准、考得实才能用得好。但国企组织机构多，干部信息数据分散，沿用传统干部人事档案管理方式容易出现资料缺失、弄虚作假、存储不当等问题。红海云 HR 系统通过全方位聚合国企干部信息数据，为企业提供干部选拔任用管理过程中全方位的信息，实现对干部个人信息、业绩信息、行为信息、思想作风信息等的全面规范精准线上化、动态化、数字化管理，有效避免文件磨损、丢失、信息泄露或篡改风险；及时采集干部的相关表现并记入干部个人信息中，确保干部信息的有效性和准确性，大大提升干部信息管理效率；同时，提供多种分析模型，灵活高效地生成各类干部统计分析数据，为选人、用人提供科学依据。

进一步完善规范干部退出机制。国企干部的岗位退出一般涉及任期终止和绩效合理兑现问题，主要分为到龄退出、职务调整、个人原因辞职三个方面的衔接问题。国有企业可以借助红海云 HR 系统，严格执行到龄免职（退休）制度，实现到龄智能预警提醒；对于任期中止，可智能关联绩效薪酬和任期激励的核算与兑现，实现场景化退出管理。

做实任期制与契约管理。全面推行经理层成员任期制和契约管理，包括任期管理、签订契约、考核实施、薪酬管理、退出管理和监督管理等环节，核心是要搭建"权-责-利"对等的治理体系。国有企业可借助红海云 HR 系统对上述环节实现线上化、智能化管理。比如，借助红海云 HR 系统建立岗位的相关胜任力模型，并将考核结果与之相匹配，强化任期考核方案实施管理，灵活自定义考核指标，保障考核结果在薪酬挂钩和岗位调整方面的刚性应用。

落实全员绩效考核机制。国企市场化用工改革要求企业积极建立并推行全员分类绩效考核体系，实施分层、分类科学评价盘点，落实人员淘汰机制、中长期发展规划，实现优胜劣汰。红海云可帮助国有企业构建科学全面的考核体系，根据企业功能分类实施、分类考核。比如，可针对高管、子公司经营班子、研发、营销、职能等不同类型岗位人员，落实差异化的绩效体系设计，支持 360 度考核、KPI 考核、OKR 考核等多种考核方式；智能关联企业薪酬激励政策，以业绩为导向，科学评价不同岗位员工的贡献，切实做到收入能增能减和奖惩分明。

发挥干部考核指挥棒作用。国企干部考核涉及内容广泛，有业绩考核、党建工作考核、综合考核、任期考核等不同类型考核。红海云借助新一代数字技术，帮助国企建立全方位考核评价体系，通过场景化、智能化、流程化设置，灵活满足不同类型考核需求，民主测评与民主评议等均可实现线上化、智能化管理；帮助企业明确不同周期的考核定位和要求，灵活设计科学化、体系化的考核指标、评价权重、考核方案，实现差异化考核评价。

发挥市场化薪酬分配机制作用。在满足工资总额管控要求的前提下，国有企业内部的薪酬管理划分，必须是精细化的。红海云支持企业建立多元薪酬激励方案体系，实现精细化、差异化管理。一方面，通过薪资预算及执行线上化、智能化管理，实现总部对各单位人力成本的管理和监督，并及时进行超标预警，使薪资总额有效控制在企业计划总额内。另一方面，灵活设置分业态、分层级、分序列的市场化薪酬标准，构建与职责能力相匹配、与企业类型相适应、与市场竞争相兼顾、与经营业绩相挂钩的差异化薪酬分配体系，鼓励下属单位建立健全中长期激励机制如员工持股、股权激励、项目分红、岗位分红、超额利润分享等制度；灵活自定义奖金激励分配方式，帮助企业落实各级单位、部门、岗位的薪资激励及薪资分配管理，探索完善企业职业经理人薪酬制度。

有效衔接薪酬激励与考核机制。近年来，国企建立现代企业制度的改革步伐不断加快，国有企业经理层报酬需真正体现"业绩升，薪酬升；业绩降，薪酬降"。红海云HR 系统通过将组织绩效与企业领导班子和领导人员综合考核评价、企业负责人经营业绩考核等内容结合，综合评价相关人员在任期内的经营成果，可将考核结果与薪酬兑现管理制度挂钩；同时，支持绩效考核结果数据与员工调薪、奖金分配等模块数据动态关联，切实落实绩效与薪酬联动，实现考核结果与薪酬、岗位调整方面的挂钩。

2.5.3 案例点评

针对人力资源管理转型中面临的"干部管理机制失衡、绩效考核机制失效、薪酬激励机制不足"等管理难点，国有企业积极引入数字化工具提升管理效能，应用红海云 HR 系统，精准定位问题，助力企业长足发展。通过完善规范干部任用、提拔、退出机制，构建奖惩分明的绩效考核体系，建立多元薪酬激励方案，并实现各模块的有机结合，国有企业正在逐步完善基于现代公司治理制度的人力资源管理体系，持续激发企业发展活力。

分析讨论：

1. 结合案例谈谈，为什么人力资源管理要进行数字化转型。

2. 国企进行人力资源改革有哪些难点？

3. 国企是如何应用红海云 HR 系统进行人力资源管理数字化转型的？

4. 国企应用红海云 HR 系统进行人力资源管理数字化转型对其他企业有什么启示？

第 3 章

数字人才治理

【知识图谱】

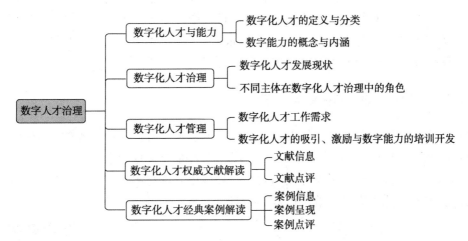

数字人才治理
- 数字化人才与能力
  - 数字化人才的定义与分类
  - 数字能力的概念与内涵
- 数字化人才治理
  - 数字化人才发展现状
  - 不同主体在数字化人才治理中的角色
- 数字化人才管理
  - 数字化人才工作需求
  - 数字化人才的吸引、激励与数字能力的培训开发
- 数字化人才权威文献解读
  - 文献信息
  - 文献点评
- 数字化人才经典案例解读
  - 案例信息
  - 案例呈现
  - 案例点评

【思考题】

1. 如何有效培养数字化人才？
2. 什么是数字化人才？
3. 数字化人才的分类方式有哪些？
4. 什么是数字能力？
5. 数字能力框架有哪些？
6. 数字化人才的发展现状有什么特点？
7. 企业如何有效管理数字化人才？

【管理者语录】

　　人才运营数字化是一个大趋势，但关键是如何加速培养和储备数字化人才，推动数字化转型升级。我认为在人力资源专业培养与教学中，未来需要引进更多的数据科学元素。智能思维与数据能力将成为人力资源从业者的核心素质，真正实现大数据人力资源的决策与洞察。

——彭剑锋（华夏基石）

【情境导入】

　　企业数字化转型正如火如荼地进行着，经领导指示，小李完成了数字化转型准备工作的相关信息收集任务，仔细分析后发现，公司的数字化转型工作所能用的专业数字化人才少之又少，这不是靠招聘就能解决的问题，需要组织从上到下进行人员的盘点、培养。想到这，小李一肚子疑问，如果给数字化人才画像，应该是什么样子呢？契合企业需要的数字化人才容易招到吗？对这些数字化人才，企业又该如何去管理呢？小李深知任重道远，需要一步一步慢慢来。

3.1 数字化人才与能力

近年来，数字经济的蓬勃发展和数字技术的快速更迭，催促着企业纷纷进行数字化转型，整个世界对数字化人才的需求也与日俱增。本节主要介绍数字化人才以及数字时代应具备的数字能力（digital competence），从而从"人"的角度来了解数字时代，也帮助企业在进行人才招聘时作出合理的筛选和判断。

3.1.1 数字化人才的定义与分类

数字时代究竟需要什么样的人才，这是每个企业人力资源管理者在进行招聘时都会思考的问题。想要招到适合当今时代发展、契合企业自身需要的人才，企业就必须清楚知道数字化人才到底指哪方面的人才、数字化人才有哪些类型，了解这些基本知识后才能更好地选拔出企业数字化转型所需的人才。

1. 数字化人才的定义

随着数字经济的飞速发展，数字化日益成为世界各国转换增长动力的必然选择，越来越多的企业开启了数字化转型之路。世界著名的领军企业如苹果、通用汽车、微软、惠普、腾讯、阿里巴巴、百度等均抓住了数字经济带来的重大机遇，对企业的价值链进行了全方位的数字化改造，覆盖研发、管理、

企业数字化需要这 4 类人才

采购、生产、营销、物流及售后服务等环节，有力地带动了企业业务的快速拓展和创新能力的迅速提升。来自新华网的研究数据显示，数字化转型的经济效益显著，数字化程度每提高 10%，人均 GDP（国内生产总值）就会增长 0.5%～0.62%。

随着数字化转型的快速发展，全球对数字化人才的需求与日俱增。对于什么是数字化人才，学术界并未给出统一定义，各国对数字化人才的定义主要基于就业者是否拥有信息通信技术（ICT）相关的数字技能。因此，ICT 技能包含哪些内容是定义数字化人才的基础。OECD（经济合作与发展组织）将数字经济所需要的 ICT 技能分为三类：ICT 普通技能、ICT 专业技能和 ICT 补充技能（表 3-1）。

表 3-1　OECD 对 ICT 技能的分类

ICT 技能	技能概念	技能举例
ICT 普通技能	绝大多数就业者在工作中所使用的基础数字技能	计算机打字、使用常见的软件、浏览网页查找信息

续表

ICT 技能	技能概念	技能举例
ICT 专业技能	开发 ICT 产品和服务所需的数字技能	编程、网页设计、电子商务,以及最新的大数据分析和云计算
ICT 补充技能	利用特定的数字技能或平台辅助解决工作中的一些问题	处理复杂信息、与合作者和客户沟通、提供方案

目前,大多数研究机构将数字化人才定义为拥有 ICT 专业技能的人。就全球领先的管理咨询、信息技术和外包服务提供商凯捷与领英联合发布的一份《数字化人才缺口——企业的投入是否充足?》报告分析,在高级分析、自动化、人工智能和网络安全等领域,具备数字化硬技能的人才需求量很大。不过,企业最需要的是以客户为中心、热爱学习等数字化软技能,这些技能也日益成为全面型数字化人才的重要特征。所以,数字化人才的范围应该延伸至拥有 ICT 专业技能和 ICT 补充技能的就业人群。基于此,数字化人才被定义为拥有数字能力的人才,即可以利用数字技术进行研发、生产、服务、管理等工作的就业者。

2. 数字化人才的分类

数字化人才是一种囊括了多种技能的人才,他们负责的工作有所不同,承担的角色也有所区别,可能位于不同的行业,也可以分属不同的机构。一般而言,数字化人才具有以下几类划分方式。

1)按职能划分

数字化人才涵盖数字经济价值网络的战略制定、研发、先进制造、运营和数字营销或电子商务等基本环节,具体到职能,包括数字战略管理人才、深度分析人才、数字产品研发人才、先进制造人才、数字化运营人才和数字营销人才(图 3-1)。

图 3-1　按职能划分的数字化人才

其中,战略制定环节主要涉及数字化转型的顶层设计,核心职能人员包括数字化转型领导者、数字化商业模型战略引导者、数字化解决方案规划师和数字战略顾问等具有丰富经验的数字人才。研发环节主要涉及数据深度分析和数字产品研发两大部分内容,数据深度分析核心职能人员包括商业智能专家、数据科学家、大数据分析师等具有深度分析能力的数字人才。数字产品研发人才包括产品经理、软件开发人员、算法工程师等传统产品研发类技术人才。先进制造环节主要涉及数字产品和服务的制造以及硬件设施保障人才，比如测试软硬件设施保障技术专家、先进制造工程师、机器人与自动化工程师以及硬件工程师。运营环节主要涉及数字产品与服务的运营、质量测试/保证和技术支持，核心职能人员包括运营人员、质量测试/保证专员（QAT）、技术支持人员等。数字营销或电子商务环节主要涉及数字产品与服务的营销、商务服务等内容，特别借助互联网和社交媒体等新型渠道进行营销和商务推广，核心职能人员包括营销自动化专家、社交媒体营销专员、电子商务营销人员等。

2）按角色划分

根据数字化人才角色分工不同，可以将数字化人才分为先驱角色、关键角色以及生产角色，从而形成三种人才分类体系。其中，先驱角色是企业数字化转型早期开发的角色，负责建立企业的主要数字功能。先驱角色的功能相对广泛，承担了企业数字化转型的大量初创工作，如数字设计工程师、制造业网络安全工程师、产品生命周期质量数据专家等。随着组织的成熟和增长，先驱角色将会不断扩展或者细化。关键角色处于工作流程的枢纽位置，所负责的工作涉及企业的总体和顶层设计，能够提供关键的信息和指导性资源，为其他角色提供支持和指导并促进产出，对企业的成长和绩效具有重要影响，如工厂自动化管理人员、用户体验设计人员、过程质量数据管理人员等。生产角色负责企业的大部分连续工作输出，他们将关键资源转化为业务结果，产生最大市场份额的业务价值，企业通过生产角色扩展和优化资源，从而蓬勃发展。生产角色不仅是指技术技能人才，还是一个包括科学家、工程师、分析师、培训师、技术员等宽泛内涵的人才类型，数字设计专家、数字制造 IT 系统分析师和数字产品经理等都属于这个类别，生产角色无论是在哪个领域，其分布都在一半及其以上（图 3-2）。

图 3-2　按角色划分的数字化人才

数字企业的角色，从领导企业数字化转型的首席数字官，到能给企业带来创新研究和生产的数字制造仿生及可持续专家，构成了建立数字企业"领导、研究与生产"的最突出的数字人才三角领域。这些角色通过对企业数字战略的集体认同和对数据的有效利用开展协同合作，被看作最适合总体设计企业数字模型、交付各组织级别业务连接和支持数字组织创新的数字企业人才队伍。但要注意，层级的人才分类体系，不是按照人才类型划分，而是要契合组织的成长阶段，考虑各个技术领域的功能定位、角色的岗位职能及二者之间的匹配。

3）按产业划分

通常的产业划分是按照联合国使用的三类分法，农业、工业和服务业。但在数字经济和数字化转型的背景之下，产业数字化和数字产业化并驾齐驱，所以按照产业发展来划分数字化人才，可以分为四类：农业数字化人才、工业数字化人才、服务业数字化人才以及数字产业数字化人才（图 3-3）。

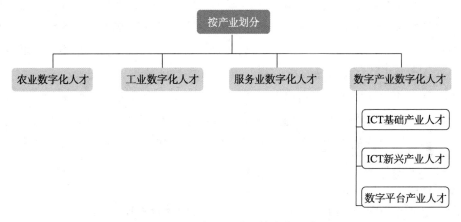

图 3-3　按产业划分的数字化人才

（1）农业数字化人才。农业数字化是国家乡村振兴战略的重要手段，农业数字化发展的两大方向是提高农业生产效率与扩大农产品销路。在提高农业生产效率方面，智慧农业是近年来研究的重要方向。智慧农业是指利用数字化手段赋能传统农业生产，使农业生产逐步走向数字化、智能化，从而提升农业管理水平和生产效率，主要需要的数字化人才包括：基于 ICT 相关产品的智能感知类人才、基于数字平台技术的智能分析规划与决策类人才、基于物联网及智能硬件的智能农业生产类人才。在扩大农产品销路方面，农业电子商务是重要渠道，这需要网页设计类人才、社交媒体营销类人才和电子商务类人才等。农业数字化主要是通过智慧农业实现的。智慧农业主要是替代人工的过程，智慧农业的智能感知设备、数据分析平台、智能硬件进行的农业生产代替了传统的人工作业。例如，湿度传感器作为智能感知设备可以获取土壤湿润程度，并将数据返回给数据分析平台进行数据分析。当需要灌溉时，灌溉无人机可以到达指定地点进行灌溉作业。由此可见，智慧农业对于传统农业人员有较强的挤出作用。受限于我国庞大的农业人口以及智慧农业的成本，智慧农业并未大面积推广，创造的就业岗位仍然较少，但未来仍有较大的发展空间。此外，目前我国政府电子商务平台或第三方平台对于农产品的关注度还不够，在农民群体中普及程度也不够高，网站涉及的内容无法适应市场需求，这些问题需要逐步解决，才能促进农业的数字化转型。

（2）工业数字化人才。工业互联网、制造业数字化转型、新型数字技术的应用成为工业数字化的重要发展方向。首先，在工业互联网方面，我国依托全球领先的网络基础设施建设，工业互联网标识解析体系、DOA（授权决策体系）与 Handle 体系等基本架构初步建成，这标志着我国工业互联网体系的顶层设计已经基本完成。工业互联网把生产的各个环节联系起来，实现全面的互联互通，提高了生产效率，推动着整个工业领域的智能化进程。其次，在制造业数字化转型方面，传统制造业通过数字产业技术实现了数字化转型，全面提高了生产效率，降低了运营成本。例如，通过协同研发平台实现跨地域研发，利用预警平台实现远程监控工程领域的生产状况等。最后，在新型技术应用方面，AI+5G 等 ICT 基础产业的发展将会成为下一个工业领域的原爆点，例如基于 AI 的无人驾驶领域，基于 AI+5G 的物流机器人、工业机器人等。区别于服务业数字化大多以新兴产业和传统业务辅助的存在形式，工业数字化需要从业人员同时深入学习工业业务与数字技术，工业数字化转型需要将工业业务与数字技术高度融合。但由于传统的工业业务人才缺乏数字化相关知识与经验，而数字技术人员缺乏相应的工业业务知识与经验，工业数字化人才培养的难度加大，转型融合存在着天然的技术壁垒。

（3）服务业数字化人才。在需求端，中国互联网络信息中心（CNNIC）发布的《第 51 次中国互联网络发展状况统计报告》显示，截至 2022 年 12 月，我国网民规模达 10.67 亿，较 2021 年 12 月增长 3 549 万，互联网普及率达 75.6%。在供给端，各类基于 ICT 产业与平台产业的服务业（如金融服务、教育服务、娱乐服务、物流服务等）联合发力，使服务业数字化深入国民生活的各个角落。目前，服务业数字化主要体现在两个方面：一是传统服务业的数字化赋能，数字化在服务业中起到提供交易渠道、加快生产要素流动、提高管理水平等作用，例如电商平台、外卖服务、快递服务、服务预约平台、网约车服务、在线客服等。二是产业数字化的快速发展创造了大量的新兴服务业与相关的就业机会，如基于网络游戏及平台的游戏陪玩、比赛解说，基于电影与视频平台的电影解说，基于购物平台与直播平台的网络直播导购等。服务业数字化提供的就业岗位最多，增长速度最快，从业人数最多。其主要原因表现在：一是服务业作为高附加值、低技术壁垒产业，从业人员的数字化转型相对于农业、工业要容易一些。数字化业务对于传统服务业业务本身介入较少，更多的是起到辅助作用，从业人员不需要深入学习相关数字技术。例如，网约车平台并不会介入司机的工作，更多的是提供预约服务与交易渠道，司机的学习成本相对较低，外卖平台、快递平台、各类预约服务也是如此。二是新兴数字服务业的产生带来了大量就业岗位，越来越多的新型业务被发掘出来，吸引了越来越多的人员进入相关岗位，比如远程服务、兼职服务等工作模式逐渐成为新兴数字服务业的主要就业方式。

中国信息通信研究院发布的《中国数字经济发展研究报告（2023 年）》显示，2022 年产业数字化占数字经济的比重为 81.7%，占 GDP 比重为 33.9%。这表明数字产业化层的技术、产品、服务等深入国民经济发展的每一个环节，对工业、农业、服务业等产业发展与升级起到了关键作用。产业数字化作为数字经济发展的主引擎，在赋能传统产业的同时创造了大量的就业岗位。其中，服务业的数字化转型所提供的就业岗位是最多的，而且在快速增加。工业数字化提供的就业岗位数量位于第二，但增长速度处于末位。与其他两类传统产业相比，农业数字化提供的就业岗位数量位于第三，增长速度位于第二。

在产业数字化带来大量新增就业岗位的同时，也需要注意产业数字化导致的岗位消失问题，警惕结构性失业风险。在传统制造业、农业等领域中，信息化、智能化在赋能于人的同时也在代替人，越来越多的低技术工作可能被机器生产所替代。例如，不断发展的外卖、快递行业吸纳了越来越多的快递员、外卖员，智能仓储、智能物流、无人机派送等技术的突破与市场化，将会对这些行业的就业人员产生巨大冲击，那些缺乏就业技能的从业人员难以适应新兴工作岗位，从而造成结构性失业。

（4）数字产业数字化人才。数字产业是指利用信息通信技术建设国家信息基础设施和信息服务平台，提供网络、信息、数据等服务，全面支撑社会经济发展的战略性、基础性和先导性行业。数字产业化层作为数字经济的核心驱动层，是产业与治理数字化层的重要支柱，承载了数字经济发展的核心成果。其中，ICT 基础产业主要包括半导体行业、信息技术行业、通信技术行业和智能硬件行业；ICT 新兴产业主要包括云计算、人工智能、手机应用与服务、移动互联网、数据分析与服务等；数字平台产业主要包括数字交易平台和数字服务平台。在技术层次上，ICT 基础产业是数字产业化层的基石，支撑着 ICT 新兴产业与数字平台产业的发展。ICT 新兴产业脱胎于 ICT 基础产业，是近些年数字产业化发展技术的重心，其快速发展给数字平台产业带来全新应用场景，也促进 ICT 基础产业技术升级。而数字平台产业则依托 ICT 基础产业与 ICT 新兴产业而发展，为使用者提供多种数字交易与数字服务功能。随着数字经济中半导体、信息技术、通信技术、智能硬件以及云计算、人工智能、手机应用与服务、移动互联网、数据分析与服务等数字产业的蓬勃发展，我国在数字产业化层从业人数已经超过 1 300 万人，仅次于美国，位居世界第二。但相对于数字产业化需求而言，其从业人员无论是在数量上还是在结构上都存在滞后问题。2022 年 11 月 7 日，安永与华为联合发布的《中国 ICT 人才生态白皮书》预测，到 2025 年我国 ICT 人才数量缺口将超 2 000 万，整体供需缺口呈持续扩大的趋势，主要分布在云计算、大数据、物联网、人工智能、5G 等新兴技术领域。

3.1.2 数字能力的概念与内涵

近年来，随着 5G、区块链、人工智能等技术对社会各行各业、各个领域的作用和赋能，数字技术深刻改变了人们的生活方式、思维方式、生产方式和工作方式，不断拓展数字经济、数字社会、数字政府、数字学习、数字工作、数字生活、数字创新等应用场景。身处数字时代的人需要学习这些数字技术，并将其运用到工作生活当中。这样，他们也就掌握了数字能力。

1. 数字能力的概念

数字能力是数字时代重要的生存技能和知识资产，欧盟将其界定为个体终身学习的八大关键能力之一。无论是对于发达国家还是对于发展中国家，数字能力的提升都是国家重要战略手段之一，也是全球新经济竞争的重要影响因素。数字能力的发展经历了计算机素养—信息素养—网络素养—数字素养等多个阶段，都用以代表对信息资源的获取与使用技能（表 3-2）。世界各国都将国民的数字能力的提升视为未来全球新经济竞争的重要因素，置于关乎国家经济发展命脉的战略高度。

表 3-2　数字能力的发展历程

阶　　段	内　　涵
计算机素养	20 世纪 80 年代，美国北肯塔基大学提出计算机素养这一概念并将其定义为"已获得知识和经验的大学生及教师在其学科领域内必须具有熟练地和有效地利用计算机的能力"。从字面意思看出，该素养指知道且能够使用计算机及相关软件的能力
信息素养	信息素养早在 1974 年就被提出，当时美国信息产业协会主席保罗·泽考斯基（Paul Zurkowski）指出："信息素养就是利用大量的信息工具及主要信息资源使问题得到解答的技术和技能。" 1990 年以来，信息素养一词在文献中大量出现，并且逐渐取代计算机素养
网络素养	信息及相关过程的网络属性有时指的是互联网素养或网络素养。而在意义广泛的数字素养文献中也使用网络/互联网素养。网络素养是指人们了解、分析、评估网络和利用网络获取、创造信息的能力；网络素养也可理解为对信息素养研究的发展，即信息素养是网络素养的前身，网络素养是信息素养的发展。总之，网络素养是个体在网络社会利用互联网进行学习、工作、交流和发展的一种综合能力，是一个由信息技术、思想意识、文化积淀和心智能力有机结合的能力系统
数字素养	数字素养早在 1994 年就由以色列学者约拉姆·埃谢特-阿尔卡来（Yoram Eshet-Alkalai）提出，他根据多年研究和工作经验以及分析了相关文献并开展试点研究之后，提出了数字素养的概念框架，认为数字素养应该包括五个方面的内容：图片图像识别与理解素养、再生产素养、分支素养、信息素养和社会情感素养。这个理论框架被认为是数字素养最全面的模式之一，也被《远程教育百科全书》列入数字学习的主要模式

2. 数字能力的内涵

数字能力或者数字素养并不是一种单一的技能，在探讨数字能力的时候，不应把其作为一个单独的概念进行阐述，其与数字素养、信息素养、ICT 素养等息息相关，在不同的学科背景下有不同的运用形式。数字能力是一种关乎所有人基本生活、复合、横跨的重要技能，这种技能能够使个体获得其他一些重要技能，比如语言、数学、学习、文化意识等。数字能力是一个横跨多学科的概念，以致目前为止还没有一个得到广泛认同的定义存在，因为不同概念的研究和文献强调了人们需要的数字技能的不同方面，而这一事实也正说明了数字能力对个体生存发展的重要性。从这一意义上说，数字能力是一个框架，用于整合各种其他素养和技能。

1）埃谢特-阿尔卡来的数字素养概念框架

埃谢特-阿尔卡来提出的数字素养框架包含五个方面内容。其中，"图片图像识别与理解素养"指从图形界面中学习、理解和获取信息的能力；"再生产素养"指在整合彼此分离、独立的数字信息基础上重新创造有意义、真实和具有创造性的作品或解释的能力；"分支素养"指运用超媒体技术，以非线性、"无序"的方式获取信息和建构知识的能力；"信息素养"指具备识别信息质量的能力，即能够对信息数据进行批判性思考；"社会情感素养"指愿意与他人共享数据和知识、能够对信息进行评估和协作并构建知识的能力。

2）鲍登（Bawden）的数字能力四要素模型

数字能力四要素模型主要从基础、背景知识、核心能力、态度和观点这四个方面对数字能力进行阐述，强调数字能力中需要有必备的基础技能、几个相互支持的重要技能以及能将技能有效应用的关键态度。其中，"基础"指了解基本的计算机、信息和通信技术知识；"背景知识"强调信息资源和信息世界，数字时代中大多信息都是通过数据呈现的，以书籍、报纸、杂志、学术期刊、专业报告等形式反馈信息的时代已经过去；"核心能力"指阅读和理解数字与非数字格式、创造和交流数字信息、信息评估、知识收集、信息素养和媒体素养等能力，这些是身处数字时代应该掌握的核心技能，是一个非常广泛的集合；"态度和观点"强调自主学习和道德素养，即强调仅有数字技能和能力是不够的，它们必须植根于某种道德框架，用自主、文明的方式去获取、应用。总体来看，"基础"提供了基本的技能集；"背景知识"通过对数字信息和非数字信息的创建、传播方式以及由此产生的各种形式的资源进行必要的了解来补充基础技能；"核心能力"是利用信息的能力；"态度和观点"则反映了对数字环境中明智与正确行为的理解的需要，包括隐私和安全问题等。

【伦理小课堂】

  2016 年 9 月 13 日，一向以企业文化和谐著称的阿里巴巴却因"内网秒杀月饼事件"受到了大家的关注。中秋节为员工准备月饼是阿里巴巴的传统，每位员工都能分到一盒。月饼因为造型可爱，受到大家欢迎，不少员工希望再多买几盒送给亲朋好友。为此，公司行政决定将为数不多的余量月饼通过内网面向员工以成本价销售，并临时开发了一个内部预订页面。不过，阿里

罗永浩评价阿里抢月饼事件

巴巴的 5 名员工却秀了一把"黑客"技术，通过写脚本定时抢购，不动声色地多刷了 124 盒月饼。虽然这 5 名员工除了抢购到本应属于自己的那一份，其余的月饼最后并没有付款，甚至还主动找到行政部门要求取消，然而，这件事情在阿里巴巴内部却迅速发酵。为了维护企业文化，阿里巴巴决定"挥泪斩马谡"，把这 5 名员工都给开除了。

这一事件引起网络广泛讨论。有的人认为，技术员工运用自己的优势去抢购月饼并没有触犯公司的规章制度，这样做的目的无非就是想在有限的月饼资源中得到自己那一份，也并没有贪心要多买几盒。而有的人却认为，月饼算是一种资源，这种资源可以是汽车、房子，甚至是现金。技术人员运用技术手段抢购，这种行为本身就是对其他人权利的损害，有失公允。

资料来源：阿里巴巴月饼门[EB/OL].https://baike.baidu.com/item/%E9%98%BF%E9%87%8C%E5%B7%B4%E5%B7%B4%E6%9C%88%E9%A5%BC%E9%97%A8/19961822?fr=ge_ala.

启示：你是怎么看待阿里巴巴月饼事件的呢？你认为这些技术员工应该受到辞退的惩罚吗？数字时代，由数字能力引发的特权和公平应如何保持平衡？

3）马丁和戈罗杰茨基（Grudziecki）的数字素养三层等级模型

马丁（Martin）等在数字欧洲素养（DigEuLit：Digital European Literacy）项目中改进了数字能力的一个概念模型，提出了一个结构方法及相关工具，构建了数字素养等级模型，这一等级模型把数字能力分为三个层级，分别是数字能力基础、数字能力应用和数字能力创新，这三个层次描述了所有人的一般数字能力的需要。其中，"数字能力基础"包括技能、方法和态度等；"数字能力应用"强调数字技术在某些学科或专业领域的应用；而"数字能力创新"即运用数字技术进行改革与创新的能力。

4）克雷默和卢茨的 8 项数字能力内容

德国联邦职业教育研究所的克雷默（Kraeme）与媒体和能力研究所（MMB）的卢茨（Lutz）采用企业实地调研的方式，依据访谈结果归纳出 8 项具体的数字能力内容。它们分别是：能够熟练使用本专业的软件；能够借助数字媒体与他人进行有效沟通；自主解决工作过程中出现的问题；对数字媒体相关的法律法规具有清晰的认识；能够借助数字媒体积极持续地参与专业交流；能够判断新的媒体是否对自己的专业有用；能够使用普通办公软件；能够自主开发媒体应用。

5）欧盟发布的《数字能力框架》

2013 年，欧盟正式发布《数字能力框架》，将数字能力定义为在工作、学习、娱乐以及社会参与中自如及创造性地使用 ICT 的知识、技能和态度。2016 年 12 月，欧盟出台了升级版文件《数字能力框架 2.0》，进一步对数字能力的概念模型和能力水平等级等方面的内容加以更新。2017 年，欧盟推出了《数字能力框架 2.1》，指出数字能力作为"在工作、就业、学习、休闲以及社会参与中，自信、批判性和创新性地使用数字技术的能力"，包括信息与媒介素养、交流与协作素养、数字内容创作、数据安全和选择合适数字化工具解决问题 5 项内容。其中，"信息与媒介素养"包括识别、定位、检索、存储、组织和分析数字信息以及判断信息相关性的能力；"交流与协作素养"指通过网络数字工具共享资源、与他人进行交流合作，参与网络社区互动和具有跨文化意识，即在数字环境中交流的能力；"数字内容创作"指从文字处理到图形图像、视频等的创建和编辑新内容，重新整合先前的知识和内容，产生信息的创意式表达以及媒体输出和编程，并合理应用知识产权的能力；"数据安全"包括个人防护、数据维护、数字身份保护、安全措施和可持续利用；"选择合适数字化工具解决问题"包括：确定数字信息需求，根据需要选择最合适的数字工具，通过数字化手段解决问题，创新性使用技术，并能解决技术问题的能力。每种素养维度，又细分为若干素养指标，5 大素养维度共包含 21 个具体素养指标。

6）联合国教科文组织的全球数字素养发展框架

2018 年，联合国教科文组织（UNESCO）在上述欧盟五维框架基础上增加了"软件及设备操作技能"和"与职业相关的能力"两个新维度。其中，前者强调的是具备操作软件工具和技术所需要的知识以及具有识别并使用硬件工具与技术的能力等；而后者则指具有特定领域的数字操作技术，能够了解、分析与评估数字环境中特定领域的专用数据、信息和内容，由此形成包括 7 大维度的全球数字素养发展框架。

7）英国政府发布的基本数字技能框架

英国政府在 2019 年发布了基本数字技能框架，包括：数字基础技能，如熟练使用电子设备连接互联网并打开浏览器以查找和使用网站；沟通交流技能，如使用电子邮件和其他社交媒体交流信息，创建与分享文档等；信息处理技能，如能够有效评估信息、使用云账户存储和处理信息等；在线交易技能，如在线注册和申请服务、买卖商品和服务以及安全地管理交易与资金的技能；解决问题技能，如使用互联网查找有助于问题解决的信息，使用适当的软件或电子表格处理和分析数据等；安全合法上网技能，如具有安全上网意识，能够有效识别安全网站，保护个人隐私和信息安全等。

8）蒋敏娟和翟云的数字化转型视域下公民数字素养"五力"模型

在我国全面推动网络强国和数字中国战略的伟大征程中，数字化加速向经济社会全域深入渗透，公民数字素养已经成为影响我国数字化转型的重要因素。蒋敏娟等（2022）认为，面对与国外在政治、经济、文化等方面的巨大差异，我国数字素养内容框架不能奉行简单的"拿来主义"，直接照搬国外舶来品，而应该构建与我国国情相适应、与全体人民参与数字中国建设的时代使命相匹配的新内容框架。在借鉴国外数字素养内容框架的基础上，蒋敏娟等提出基于认知逻辑的数字素养"五力"模型，即感知力、融通力、吸纳力、创新力和发展力。其中，"感知力"指的是具有良好的数字意识，对数字信息的价值有敏感性和洞察力，对数字技术应用秉持积极的态度，能自觉地顺应信息化浪潮，主动洞察数字技术的进步与革新，实时把握数字信息在经济社会发展和生活工作中的重要作用与潜在规律；"融通力"是指能够通过数字技术和平台进行交流与互动，熟练操作软件和技术设备并开展团队协作，以及进行资源和知识共建共创的能力；"吸纳力"是指善于根据问题意涵和应用目的，运用批判性思维或理性思维，在获取、整合现有信息体系的基础上，甄别判断信息真伪及可靠性、有效选择信息并处理和应用数字信息的能力；"创新力"是指能够在理解现有数字知识体系和内容的基础上创造新知识、发现新问题、探寻新规律，并创造性地解决问题的能力；"发展力"则是指具有数字环境中的安全和隐私保护意识，能够合法、安全地利用数字基础设施和数据，对自身的数字素养缺陷有清晰的认知，能够在追求自身数字素养提高的基础上帮助他人发展数字素养，具备与时俱进的能力。

上述八种数字能力框架整合了各种数字时代人们所需的素养和技能，既包括数字硬技能，又包括数字软技能。数字能力框架涵盖不了数字时代所需要的所有知识和技能，它也不需要包容所有。正如 Martin（2006）所说，我们不需要"一种能力来统治所有人"。尽管数字能力框架可以列出数字能力的组成部分，并展示它们是如何结合在一起的，但认为一种特定的数字能力框架适用于所有人，或者所有阶段是不明智的。随着个人情况和时代需要的变化，数字能力框架也在不断变化着。

3.2 数字化人才治理

数字化人才的紧缩已经成为束缚企业数字化转型的关键问题，对于数字化人才的治理工作，需要在人才培养实践中构建良好的多样生态。从培养主体来说，不仅需要高校主动设计，还需要政府、科研院所、企业、行业协会等多元主体协同参与。本节在阐述数字化人才发展现状的基础之上，从政府、学校、企业以及个人层面，分别对数字化人才治理作出了相关介绍。

3.2.1 数字化人才发展现状

在数字化变革的大背景下，产生了对高层次、稀缺的数字化人才的旺盛需求。然而，我国数字化人才市场目前存在供需不平衡、结构不合理等现象。除此之外，数字化人才还存在技能缺口、流动率高等特点。对这些数字化人才发展现状的了解有助于各方根据实际情况制订培养、治理数字化人才的方案。具体来看，数字化人才具有如下发展特点。

1. 数字化人才供需不平衡

数字化人才的短缺将对企业的数字化转型产生很大制约，进而影响整个经济的数字化转型进程。领英调研报告显示，数字产业化从业人员所需专业包括计算机科学、软件工程、电气与电子工程、信息科学等几个学科。当前，劳动力市场中数字化人才无论是在数量上还是在结构上都存在滞后性。

1）数量上供小于求

随着数字经济的发展，全世界对数字化人才的需求急剧上升，数字化人才储备不足已经成为制约全球经济高质量发展的瓶颈之一。2023 年 3 月 17 日，人瑞人才联合德勤中国、社会科学文献出版社发布《产业数字人才研究与发展报告（2023）》（以下简称《报告》），《报告》预计 2035 年中国数字经济规模接近 16 万亿美元，折合人民币 105 万亿元。随着各产业数字化转型进入更深的阶段，大量数字化、智能化的岗位相继涌现，相关行业对数字化人才的需求与日俱增，人才短缺已经成为制约数字经济发展的重要因素。《报告》估算当前数字化综合人才总体缺口在 2 500 万至 3 000 万，且仍在持续放大。中国是继美国之后数字经济规模最大、发展速度最快的国家，数据人才的缺口也最大。

2）结构上供不应求

一是顶尖数字化人才供不应求。在数字化变革的大背景下，产生了对高层次、稀缺的数字化人才的旺盛需求，然而劳动力市场高素质人才的结构性短缺更是加剧了企业间的人才争夺。《中国劳动力市场技能缺口研究》数据显示，截至 2021 年，中国高技能人才只占整体劳动力市场的 5%，普通技能人才占 19%，更多的则是无技能劳动者。由于现有的人才培养体系并未调整，人才供需矛盾依然突出，高技能数字化人才等极度紧缺。

二是具备数字技术与行业经验的交叉型数字化人才供不应求。高德纳咨询公司（Gartner Group）对全球 460 位高管的调查显示，缺乏人才，尤其是既懂技术又懂业务的融合型人才，是实现数字化转型的最大阻碍。中国信息通信研究院发布的《中国数字经济就业发展研究报告：新形态、新模式、新趋势（2021 年）》也指出，我国教育体制以注重培养专业化人才为主，导致现阶段既了解传统行业技术、业务流程与发展需求，又能够掌握和应用数字技术的复合型人才严重缺乏，有融合实践经验的高素质人才更是紧缺。我国自《中国制造 2025》发布以来，《制造业人才发展规划指南》等系列文件均指出，人才短缺问题已成为制约制造强国战略顺利实施的瓶颈，亟须健全包括经营管理人才、专业技术人才和高技能人才的多层次制造业人才队伍。

2. 数字化软技能人才缺口比硬技能更大

2022 年 5 月中国人民大学职场研究项目组发布的《2022 年中国职场人群发展建议白皮书》（以下简称《白皮书》）显示，职场"软技能"提升已经成为数字经济时代就业市场的迫切需求，同时也是促进高质量就业的重要方面。根据《白皮书》的调研报告，超过85%的职场人正经历职场困境与挑战，"职场能力不足"的问题占比达到66.9%。这样一种看似矛盾的局面实际上也正是中国结构性就业矛盾的一个侧面，即较高发展水平的"硬技能"与欠缺的"软技能"之间的失衡。《白皮书》也指出，数字化和人工智能时代对劳动者的自我学习和知识更新能力提出了更高要求，职场人的"软技能"危机更为突出。数字化软技能中，缺口大的是适应能力强与擅长协作的人才。研究还发现：尽管51%的雇主表示雇员缺少数字化硬技能，但认为雇员缺乏数字化软技能的雇主达到59%。七成以上（72%）具有数字化才能的雇员愿意加入具有创业、初创文化的企业，认为这种企业更具敏捷性和灵活性。

3. 数字化人才流动率较大

我国各行各业都存在人才流失现象，而IT行业更是保持较高态势。2022年11月7日安永与华为联合发布的《中国ICT人才生态白皮书》显示，以ICT行业为代表的高新技术企业人才流失率达到17%，高于其他子行业。员工离职的缘由有很多，但ICT行业离职率居高不下有其行业自身的原因。

1）外包的工作模式导致数字人才组织归属感较低

现如今，市场上大多数字人才都是以外包的形式在进行工作。具体而言就是软件外包公司根据客户的项目需求，挑选合适的数字化开发团队或人才去帮助客户完成指定项目，完成后，这些数字团队再从客户公司回到外包公司。由于这一原因，数字人才需要适应不同组织的规范、价值观和思维方式，在这个过程中很容易出现情绪失调、角色混乱，对两边公司都没有太大归属感，最终离职时只有较少的感情牵绊。

2）技术的快速更迭导致数字人才积极寻求新的成长机会

数字技术快速更迭，技术人员作为数字化人才，为了自身职业生涯的发展，必须牢牢把握前沿数字技术，对于新技能和新知识的获取，相比其他职员更加急迫。也正因为如此，一旦现在的就职单位无法提供相应的技能培训或者成长机会，数字化人才就会快速离职，寻找新的发展路径。

【案例启示】

2023年3月17日，人瑞人才联合德勤中国、社会科学文献出版社发布《报告》。《报告》聚焦数字中国建设，在国内首次对包括互联网、智能制造、智能汽车、人工智能、金融等11个重点产业的数字人才发展作出全面梳理与分析，并创新推出"井"型数字人才能力结构模型等数字人才发展解决方案。在数字产业化人才方面，人工智能面临着人才总量与质量的双重欠缺，算法研发与开发人才紧缺度最高，机器学习、计算机视觉技术方向需求尤为旺盛。在产业数字化人才方面，未来3年智能制造数字人才供需比预计从1:2.2扩大至1:2.6，到2025年，行业数字人才缺口达 550 万人,不足以支撑产业数字化转型需求。调研显示,70.8%的企业高度重视针对数字化转型企业管理的配套转型,大部分企业也将加强数字化相关技能人员的储备(67.7%)和提升公司数字化技能以适应数字业务发展(60%)视作数字化转型的必经阶段。德勤中国合伙人陈岚指出,当前各行业的数字化进程正在加速,企业普遍面临数字化转型意识不足、数字人才成本高、缺乏培育在职人才的必要内部技能和专业知识等挑战。对于数字产业化行业企业而言,专业人才成为实现业务发展、高效管理的关键支撑。如何精准匹配和吸引数字人才、加速数字人才的供给与培养是数字经济发展背景下的重大挑战,也是值得企业探讨的关键问题。

资料来源:"数字人才"需求旺盛[EB/OL].(2023-06-09).https://baijiahao.baidu.com/s?id=1768187370983286854&wfr=spider&for=pc.

3.2.2 不同主体在数字化人才治理中的角色

数字化人才的培育需要政府、学校、企业以及个人的协同努力,产业发展与人才培养双管齐下,建立健全数字经济人才培养体系,加大重点地区与技术薄弱领域数字化人才培养力度。立足数字服务产业基础,驱动研究型大学、工程院校、私立院校等不同类型院校,协同科研院所、行业协会、企业等多元主体,共同思考分析不同层次、不同类型的人才需求,系统整合管理、统计、计算机等多领域知识与技能,以赋能数字化转型,形成多领域、多层次、多主体联动的战略计划和数字化人才培养规划。

1. 政府

对于政府而言,需要思考的中心问题是如何协调投资、政策、研究以及其他项目体系,从而建立并推动数字化人才体系的健康发展。为此,政府需要积极主导数字经济发展的各参与主体共同创建数字化人才培训网络,将数字化人才发展战略融入经济发展战略,了解数字化人才发展的障碍并将其消除,将人才投资作为优先事项。具体来看,有以下措施可以有效管理数字化人才。

1)制定数字化人才标准

要想有效发展数字化人才,就要制定数字化人才标准,学校、科研院所、企业及个人都可以以此为依据,制定相关的数字化人才发展路径。因此,政府需要统筹制定数字化人才标准,界定数字能力维度,指导其他第三方的人才培育工作。目前,中国正在从国家层面推动"人才强国战略"的实施,早在 2011 年 11 月 28 日,由工业和信息化部发布的《物联网"十二五"发展规划》中就提出了四项关键技术,即信息处理技术、信息感知技术、信息传输技术、信息安全技术的创新工程,其中涉及海量数据存储、数据挖掘、图像视频智能分析等与大数据相关的技术工程。地方政府也在大力推行数字化人才标准的制定工作，这是一个良好的开端。但在落实和开展过程中仍处在"摸石头过河"和"广撒网"的阶段。

【案例启示】

　　数字化正在广泛深入变革个体和社会的发展模式与成就。全民数字素养为高质量发展提供关键支撑。欧盟在 2013 年发布了第 1.0 版《欧洲公民数字素养框架》，继而在 2016 年、2017 年和 2022 年发布了 2.0 版、2.1 版和 2.2 版《欧洲公民数字素养框架》。2.2 版《欧洲公民数字素养框架》融汇了 10 多年来欧盟有关数字素养及终身学习核心素养框架构建的诸多创新。截至 2022 年，欧盟已经开发了多套相互支持的数字素养框架。欧盟在 2007 年发布第 1 版《欧洲终身学习核心素养》，继而在 2008—2012 年连续发布了三版《欧洲 e 素养框架》（*European e-Competence Framework*），并在 2019 年发布了第 4 版框架。该素养框架为各个行业中的信息通信技术从业者设计，旨在通过构建规范化的技能标准和术语体系来支持"欧盟数字技能倡议"（European Digital Skill Initiative）。该框架由大量信息通信技术领域的企事业单位参与开发，由欧洲标准化委员会发布，并在欧洲社会全面推广。欧盟基本整体沿用该框架的构建模式开发公民数字素养框架和其他相关数字素养框架。

　　资料来源：钟周. 胜任数字变革：欧盟数字素养框架体系研究[R]. 世界教育信息，2023.

　　2）加强"新基建"的建设

　　数字基础设施的建设，可以有效构造数字生态环境，奠定企业数字化转型和数字化人才培育的技术基础。在数字经济时代，生产要素将在互联网、物联网等"网"上流动。以 5G、特高压、城际高速铁路和城市轨道交通、新能源汽车充电桩、大数据中心、人工智能、工业互联网等新技术为核心的"新基建"，是企业数字化转型的强劲支持与动力，而数字化人才的培育也需要在完备的数字生态环境下才能有效进行。政府应以 5G、大数据、云计算、互联网、人工智能等设施建设为重点，以数字化、智能化为支撑，对能源、交通、市政等传统基础设施进行改造。

　　3）重视数字化人才教育

　　国家、政府机构可以通过颁发政策法规，展示对数字化人才教育的重视，指导下属单位、学校、科研机构的人才数字能力培养工作。2015 年 9 月国务院颁布的《国务院关于印发促进大数据发展行动纲要的通知》清楚地表明，加强大数据专业人才的培养，为建立健全多层次、多类型的大数据人才培养体系，提出了三个"鼓励"，即"鼓励高校设立数据科学和数据工程相关专业，重点培养专业化数据工程师等大数据专业人才。鼓励采取跨校联合培养等方式开展跨学科大数据综合型人才培养，大力培养具有统计分析、计算机技术、经济管理等多学科知识的跨界复合型人才。鼓励高等院校、职业院校和企业合作，加强职业技能人才实践培养，积极培育大数据技术和应用创新型人才"。除此之外，还要加大对教育的投入，建立多项基金项目，资助学校和科研机构的数字化人才培养。

【案例启示】

　　课程是培养数字素养的媒介，如何将数字素养融入课程，是数字化人才培养的关键。从国际社会看，数字素养融入课程的方式是多种多样的。以荷兰为例，2018 年荷兰发布了《荷兰数字化战略：为荷兰的数字化未来做好准备》，提出学校教育数字化的战略发展目标是让年轻一代掌握基本的信息通信技术知识与技能、计算思维、信息素养、媒体素养。为此，荷兰将数字素养的培养贯穿从中小学到大学的各个学段，教学内容由低阶到高阶、由简单到综合，前后衔接贯穿各学段完整的学习过程。在中小学阶段，数字素养的培养既可以通过与现有课程整合的方式实施，也可以通过为学生定制个性化数字素养课程的方式进行。在大学阶段开设虚拟仿真课程，用高度仿真的虚拟设备模拟现实物理空间的设备，满足不同专业学生的实训需求。

　　数字技术赋能教与学是将数字课程内容转化成学生素养的桥梁。传统的教师主导的讲授式、单一化教学方式已不能适应数字化时代的要求，但是数字技术赋能教与学并不意味着技术和传统教学方法的简单叠加，而是一种以学生为中心的面向更加复杂学习环境的技术与教学的融合式创新。从国际社会看，世界各国普遍采用了游戏化学习、翻转课堂、基于问题学习、项目式学习、人机协同课堂教学等新的教学模式，试图为学生提供沉浸式、实践式、交互式的教学体验。教学逐渐由教师传道授业解惑转变为教师与智能系统共同完成教学的模式，实现教师智能教学、学生智能学习和作业个性化推荐等目标，构建人机协同教学新样态。美国高等教育信息化协会 2022 年发布的《2022 地平线报告（教与学版）》，明确指出了高校正在构建新的教学模式，如混合弹性学习、混合式学习、翻转学习、同步学习、混合在线学习和虚拟学习等。

　　资料来源：刘宝存，岑宇. 以数字素养框架推动数字化人才培养[N/OL]. 中国教育报，2023-02-07. http://www.moe.gov.cn/jyb_xwfb/xw_zt/moe_357/2023/2023_zt01/mtbd/202302/t20230227_1047949.html.

　　4）加大企业数字化转型的资金投入，促进数字经济发展

　　政府要加大对企业数字化转型的资助，通过直接投资、税收减免、津贴补助等方式助力企业数字化转型，促进数字经济的发展，从而为社会带来更多的数字化岗位，拉动数字化人才培养的进程。我国一些省份的做法和经验值得学习和借鉴，如贵州省近些年在支持企业数字化转型方面走在全国前列，贵州省印发《支持工业领域数字化

转型的若干政策措施》，2022 年安排 4 亿元资金用于支持工业领域数字化转型。吉林省 2023 年印发《吉林省大数据产业发展指导意见》，强化数据基础设施建设、充分发挥数据要素作用、提升大数据产业创新能力、构建稳定高效大数据产业链、推进大数据融合赋能、打造繁荣有序的大数据产业生态。山西省印发《山西省中小微企业数字化赋能升级改造行动实施方案》，推动中小微企业主管部门开展产业数字化诊断和操作技能应知应会实训等工作。此外，政府还可以通过由全国各省级财政部门设立企业数字化转型专项资金的方法，充分盘活全国各省大数据集团设立的专项基金，大力投入、支持企业数字化转型过程中的研发、推广和应用活动。

2. 学校

在我国，数字素养的重要性已经引起了教育政策制定者的高度重视。2016 年，教育部公布了《教育信息化"十三五"规划》，规划以提升师生信息素养为指导，提出了"构建网络化、数字化、个性化、终身化的教育体系"的战略。但我国有关数字素养的研究仍在起步阶段。《教育信息化"十三五"规划》在保障措施方面，提出了"制订针对区域、学校、课程、资源、教师、学生信息化水平的评价指标体系和评估办法"的具体目标，为未来数字素养框架的制定提供了政策依据。在以后几年，数字素养成为教育热点议题之一。作为教育主体的校方应积极培养数字经济发展所需要的基本学科人才，打好理论基础，就数字化人才培育方面做学术性研究和实践性探讨。具体来看，有以下措施可以有效发展数字化人才。

1）更新教学理念、教学工具

在创新驱动、科教兴国与人才强国政策下，学校培养的创新型数字人才是服务国家创新发展、数字经济建设与重点产业转型升级的生力军。2017 年 1 月 10 日，波士顿咨询公司（BCG）在北京发布《数字经济下的就业与人才研究报告》，报告预测，到 2035 年，我国数字经济规模将达到 16 万亿美元，渗透率 48%，总就业容量达 4.15 亿人。未来创新型数字人才有巨大的缺口，倒逼学校必须转变传统的育人理念，不能一味地只教授理论知识、单一知识。STEAM 教育理念源于 20 世纪 80 年代，最初由美国国家科学委员会提出，将科学（science）、技术（technology）、工程（engineering）、艺术（arts）和数学（mathematics）五个学科交叉融合，形成跨学科教育模式，可以有效应对数字化人才匮乏的危机。

而采用先进的教育技术、数字化教学设备，可以使整个教学活动异常轻松，最大化地提升教学效果。数字化技术课程的网络教学平台、数字化的科技手段，带来互联网的学习革命，使世界范围内优秀的教育资源互相交流成为可能，提供大量有针对性、可接受的课程资源，还可以让学生了解最新的技术动态，解决部分教师专业知识更新慢的难题。应用网络平台辅助教学，是对传统课堂教学内容有利的补充。在网络教学平台上，开设技术讨论和协助论坛，学生可以对技术问题进行分析讨论，对不理解的操作，还可以互相帮助合作解决，与此同时，教师也将参与讨论和协助过程。利用互联网优势，学生还可以通过网络教学平台，展示自己的设计作品。搭建学校、个人、企业间交流的平台，让更多的企业直观地了解学生能力，为学生创造更多的就业机会。

【案例启示】

自 1956 年"人工智能"概念被首次提出起，随着计算机算力和算法技术的突破，人工智能正不断演进并渗透进人类生活的方方面面。"智适应教育"正是教育行业演进至今的重要成果，它是指基于人工智能、大数据分析等智能技术，结合大量用户数据，针对个体学习过程中的差异性提供适合个体特征的教育形式，从而为学生提供个性化的学习体验，推动真正的"因材施教"教学理念落地。

"智适应教育"一词源自"自适应教育"，两者同样秉承"因材施教"的教育理念。根据智能化程度由低到高，自适应教育可分为 L0～L5 六个等级。L0：传统的真人教学，无自动化工具；L1～L2：借助信息化或智能技术帮助改变教学场景、提升教学效率，但 AI 技术并未介入教学环节以实现个性化教育，L1 如远程直播工具，L2 如拍照搜题等智能辅助工具；L3～L5：AI 技术切入教学环节，从而辅助教师、主导教学甚至全权负责教学，实现全流程数据的打通，以及千人千面的学习体验。其国际代表企业有 Knewton、IBM Waston、Korbit 等，国内代表企业有科大讯飞等。只有当人工智能切入核心"教学"的环节后（L3～L5），才可称之为"智适应教育"。尽管人工智能理论上可模拟甚至超越优秀教师，并应用于教育各环节，但我们认为在当前 AI 技术条件下，还无法取代真人教师在监督、激励以及习惯培养等方面的作用。因此，让 AI 负责"教书"、真人教师负责"育人"可能是一种理想的教学形态。但随着技术突破，不排除将出现更高阶的智能级别可独立完成"教书育人"的全部工作。

资料来源：安永. 志存高远，适应未来——中国智适应教育行业白皮书[R]. 2021.

2）跨学科融合

数字化人才需要掌握科学、技术、工程、艺术与数学等学科的教育内容，学生们只有扩大综合知识储备、理论扎实、基础宽厚、善于发现各学科知识之间的差异与联系，才能将知识灵活迁移与运用，解决实际问题。教育机构应该将各学科有机融合，形成育人整体，让不同的学科知识更好地发挥作用，提升学生跨学科思维能力，辅助学生熟练掌握各专业学科的核心概念、知识与技能，从而实现培养的创新型数字人才从"一技之长"到"一专多能"。将专业不同但知识相互关联的教学内容跨学科融合是提高数字化人才复合能力的有效方式，比如，学校可以通过下设计算与数据科学这一跨学科工程系，凸显"计算"特色，实现数据科学跨学科技术人才培养。

【案例启示】

据统计，印度至少有 250 家教育机构提供大数据分析培训，其中 1/3 是商学院、工程院校和大学。印度数字人才培养计划可从理学、工程学、管理学三大学位入手，直接或间接在信息技术、计算机科学下增设大数据、数据科学、数据分析等方向，侧重于培养学生开发、实施和维护大数据所需软硬件工具的能力，为各行业提供技术支持人员。IISc（印度科学学院）基于全印度第一的计算机学科优势，多开设数学建模、数值分析等计算及算法方面的课程；DIT 大学的学生要先学习计算机科学这一核心学科知识，再选择"人工智能与数据科学"学位方向，学习数据科学相关专业知识。侧重于培养商业分析人才的 IIT KGP（印度理工学院哈拉格布尔分校），则将课程拆分为以"商业"为主的"技术＋商业＋统计"三大模块，前期学习营销管理、组织行为学等基本管理知识，辅以"技术"课程和"统计"课程，再学习业务数据挖掘、商业经济学等深度课程。

资料来源：王雨洁，吴婧姗，朱凌. 数据赋能工程教育转型："数字印度"战略及其人才培养实践[J]. 高等工程教育研究，2022(1): 35-41.

3）跨校联合培养

不同的学校有不同的教育优势，学校之间可以通过项目的形式共同培养侧重于某一方面（如商业分析）的数字人才。此外，可以广泛开展国际交流合作机制，邀请一批国外优秀的技术人员来讲学，学习其优秀的数字经验。联合相关技术公司和科研机构制订高级数字化人才培养计划，培养高级技术人才。多渠道开展数字化国际合作项目，实现数字国际化与本地化的互变。

【案例启示】

中国人民大学依托统计学院、信息学院建设了数据科学与大数据专业，并联合北京大学、中国科学院大学、中央财经大学、首都经济贸易大学于 2014 年在全国首创了五校联合的大数据分析硕士培养协同创新平台。数据科学与大数据技术专业本科生培养方案关注学生在数学、计算机、统计学等基础知识方面的教育，相关课程偏重产业实践，基础课程内容沿着数据处理的全部过程展开，包括数据抽样、数据预处理、数据探索性分析、数据可视化展示等基础知识，也包括大数据挖掘与机器学习、大数据统计建模、非结构化大数据分析等基本技能。另外，其依托商科和经济学的传统优势，通过创建数字治理及数字经济研究中心、举办数字经济理论与实践论坛等方式，探索数字经济专业方向的人才培养模式。

资料来源：李佩洁，王娟. 高校数字人才培养体系建设现状与展望[J]. 社会科学家，2021(8): 156-160.

4）校企合作

校企合作的核心是将技能人才培养与企业实际需求紧密结合，校企合作是企业"量体裁衣"式地培养高技能人才最有效的方法，也是企业发挥复合型人才培养主体作用最有效、最直接、最经济的方式和途径。学校与 IT 相关行业企业深层合作，可使学生更加适应企业、行业、社会的需要，缩短高校毕业生与企业的磨合期，降低企业的培训成本和劳动成本；同时企业可以储备优秀的技能人才、提升企业职工队伍的素质，是一条双赢的路径。

学校应深化产教融合、校企合作，探索校企联合培养新模式，推进普通本科高校、职业院校与科研机构、行业企业协同育人，及时将数字领域先进成果和实用技术转化为教学内容。同时，引导企业深度参与高校专业规划、教材开发、教学设计、课程设置、实习实训，实行校企联合招生，开展委托培养、订单培养和学徒制培养，促进企业需求融入人才培养各环节。整合高校与企业的优势资源，把企业的数字化转型战略融入学校的发展战略，进而制定数字化人才培养策略，联合提升数字人才培养能力。

【案例启示】

中软国际是行业领先的全球化软件与信息技术服务企业之一，中软国际教育科技集团作为中软国际人才生态的重要组成部分，依托自身 20 余年的职业教育经验及产教融合经验，与全国 1 000 余所高校进行不同层次的人才培养合作。

例如：中软国际大数据产业学院，旨在培养以计算机科学与技术、软件工程、数据科学与大数据专业为基础的大数据产业专业人才。中软国际大数据产业学院采用"2.5+0.5+1"的人才培养模式，从学生进入校园第一天开始，就进行有针对性的培养，从学生管理、设施配套、授课师资、课程体系等方面，全方位地根据产业的需求量身定做。

中软国际大数据产业学院核心课程包括离散数学、数据结构、C 语言、计算机组成原理、操作系统、数据库原理及应用、编译技术、计算机网络、软件工程、大数据分析与开发，以真实需求为导向，以平台和工作室为载体，导入企业真实生产需求及项目开发任务，在工作实践中系统提升思维能力、沟通能力、团队协作能力、耐压能力及解决实际问题的破障能力，帮助学生在实战中获得真知和应用能力；使学生有机会得到高端及高薪就业机会，可以胜任大数据开发工程师、大数据架构师、大数据分析师等工作。

学生在校学习期间，中软国际教育科技集团提供多次到企业实践的机会，拥有多年企业实战经验的项目经理面对面在校内、校外企业实训基地授课，让学生提前了解企业环境、企业文化。在第四学期，企业会派项目经理在校完成八周专业课授课；第六学期，学生到企业实训半年，学生在企业真实的环境下，进行真实的项目研发实践训练，学院用学生的研发成果对接学生的专业选修课成绩。学生在大学四年级，到企业实习一年，进行实际的项目研发，企业负责学生的毕业设计指导工作，答辩专家组由校企双方共同组成。学生在企业的学习和实践，均由校企双方共同实施教学质量监控。

目前，中软国际大数据产业学院的学生已经入职全国各地的大数据相关企业，成为大数据产业发展的生力军。

资料来源：由中软国际教育科技集团和中软国际金融业务集团大数据业务部门联合整理撰写。

从上述案例可以看出，中软国际教育以成果为导向，为高校学生提供了更为专业、精准的定向培养，使他们有机会得到高技术及高薪的就业机会，并发展成为产业细分领域的生力军。同时，对于高校来说，通过与中软国际合作建立产业学院，加速教育创新改革，推动产教融合从发展理念到实际操作的实施落地，校企双方共同为新一代数字经济产业集群提供人才支撑、知识支撑与智力支撑。

3. 企业

互联网、大数据、人工智能等数字技术在生产过程中的应用，带来了生产组织方式、生产过程、生产效率的深刻变化。例如，种植业、林业、畜牧业、渔业等，利用大数据、物联网、互联网等现代信息技术，可以实现高产、高效；制造业利用数字化信息技术，可以显著提高生产自动化率，降低企业生产成本；数字技术与信息在金融等服务领域的应用，可以满足更多客户需求，降低成本与风险，提升风险识别与管控能力。产业数字化最大的挑战还是数字化人才的短缺，主要体现在：①信息技术硬件设备操作及其维护人才的缺乏；②数字内容生产活动人才的缺乏，包括数字内容的生产创作、数字化编辑加工、出版传播等；③基于计算机网络进行货物或服务交易活动的人才的缺乏。为确保数字化转型落地，企业需要统筹数字化运营人才（数据类人才、运维人才）、数字化建设人才（开发人才、测试人才）、数字化安全人才、数字化管理人才（战略、组织）的培养与培训，做到训战结合、持续提升，形成"人才培养—人才应用—人才评估"的闭环培养机制。构建数字专业人才与管理人才终身学习机制，加强新知识和新技能的培训，推动传统产业从业人员的"数字升级"。各地区、各产业、各企业应根据自身发展战略和人才需求制定人才吸引和激励政策，地区与城市可通过打造优势产业、营造良好的创新环境、提供多方位的保障条件激励并发挥数字人才潜能。

4. 个人

作为数字时代的个体，每个人都应该有意识地提高自身的数字能力。2021年11月初，中央网络安全和信息化委员会印发《提升全民数字素养与技能行动纲要》（以下简称

《行动纲要》），对提升全民数字素养与技能作出安排部署。《行动纲要》提出，数字素养与技能是数字社会公民学习工作生活应具备的数字获取、制作、使用、评价、交互、分享、创新、安全保障、伦理道德等一系列素质与能力的集合。提升全民数字素养与技能，是顺应数字时代要求，提升国民素质、促进人的全面发展的战略任务，是实现从网络大国迈向网络强国的必经之路，也是弥合数字鸿沟（digital divide）、促进共同富裕的关键举措。

在数字化时代，数字素养已成为数字化社会公民的核心素养，是公民生存的基本能力。欧盟发布的《数字技能宣言》将数字素养列为 21 世纪劳动者和消费者首要技能，并推出数字素养教育框架。美国教育部发布的《21 世纪技能框架》将数字素养列为社会信息化和经济全球化应具备的重要技能。中国国家发展改革委等 2018 年发布的《关于发展数字经济稳定并扩大就业的指导意见》提出，到 2025 年我国国民的数字素养不低于发达国家国民数字素养平均水平。

信息技术对人类发展产生了巨大的推动力，对人类社会则产生了巨大的塑造力，"信息 DNA"已经嵌入普通人的生活环境，数字化生存方式已经悄然融入普通人的生产和生活之中。人们需要认识到数字能力对于数字时代的所有人都是必需的。数字世界是现实社会的模拟，更是现实世界的延伸与创新。随着数字技术的发展，现代人虽然掌握了一定的信息技能，也非常熟悉数码游戏和社交网站，似乎已具备"数字天赋"，但这并不等于"数字能力"，数字能力意味着基于 ICT 的知识应用于数字世界，个体的数字潜力和创新能力亟待开发。数字能力并不会随着大多数人对网络和计算机的使用而自动获得，它需要我们自己主动地去汲取。因此，无论是 ICT 相关专业人员还是非专业人士，都应该积极、主动地学习数字技能和知识，形成终身学习的思维，这不仅是满足自身职业发展的需要，同时也是顺应时代的需求。

3.3 数字化人才管理

日益扩大的数字化人才缺口使得市场上对人才的争夺战日益激烈，在这样的背景下，仅仅靠引进外部人才的方式弥补数字化人才缺口远远不够，企业逐渐意识到，员工的持续学习与发展对商业成功至关重要，在企业内部培养数字化人才成为重中之重。本节从数字化人才的工作需求出发，探究如何在实践工作管理数字化人才，主要从吸引、激励、培训这三个角度来探寻如何对数字化人才进行有效管理，从而做到人尽其才，助力企业长久发展。

3.3.1 数字化人才工作需求

要想对数字化人才进行有效管理，首先就要明确他们需要什么。企业在工作中如果能满足数字化人才的需要，会有助于提升其对企业的忠诚度和敬业度。下面从四个方面阐述当今时代数字化人才对工作的一些新需求。

1. 个性化需求

对于数字化员工的雇主来说，其雇用的员工大多数都是千禧一代。随着员工越来越年轻化，组织中人员所呈现出来的需求也越发的个性化、多样化。年轻一代更愿意根据个人的兴趣爱好与个人特征来选择工作内容、学习方式和职业发展方向，伴随着数字化的加深，人才发展将呈现出越来越个性化的趋势。

2. 新颖性需求

德勤 2017 千禧一代调研显示，千禧一代认为培训与发展是职场中最重要的福利。近年来，员工对数字化培训的期待与诉求越来越高，随之而来的是对企业人才发展体系中学习体验的要求不断提高。随着移动工具的逐渐普及，员工的注意力每 5 分钟就被打断一次，更难以集中于学习、工作。研究发现，大多数学习者不会观看长于 4 分钟的视频，每当用户打开一个网页，在线设计者要在 5～10 秒内抓住其注意力。因此，员工更期待公司提供"吸引眼球"的课程内容和生动趣味的线下学习体验。未来教学设计需要专注于"体验设计""设计思维""员工学习旅程地图"的开发，以及在培训体系中引入更多的实验性、数据驱动、独创性解决方案。在数字化时代背景下，人类以最为便捷的途径获取知识已成为现实，传统的教授知识的文化传播模式正在发生根本性的变化，人们急需新颖的学习方式刺激大脑。

3. 学习需求

随着数字经济不断发展，物联网、云计算、人工智能、区块链等前沿热点技术不断更迭，数字技能需求也在不断扩大。新技术会不断取代简单、重复性的工作。据世界经济论坛（World Economic Forum，WEF）预测，到 2030 年，全世界将有 2.1 亿人因为新一轮数字化、工业化、自动化、智能化和全球化变革而被迫更换工作。据麦肯锡的预测，到 2030 年，美国和西欧国家中的体力劳动工时将分别减少 11% 和 16%，需要基础技能即可完成的工作时间将分别减少 14% 和 17%。

未来随着数字化对各行业的深入改造，除了体力劳动类和基础技能类的工作岗位受到新技术的直接冲击之外，将会有更多岗位核心技能面临重塑。例如，新零售行业的销售人员不仅要具备传统销售人员的技能，还要具备基于数字化时代的社群营销、裂变等技能，并要根据用户需求进行数据分析，从而持续影响与维护客户，提高复购率。随着数字化对各行业的改造，这一趋势还将加剧。

正因为如此，现如今对数字技能的需求已逐步渗透到企业各个流程环节中，数字技能将成为基础技能。不仅业务部门，职能部门的岗位也对数字技能有明确的需求。Gartner TalentNeuron 对美国在 2019 年 7 月至 2020 年 6 月发布的职位进行了分析，IT 部门与非 IT 部门对于招聘拥有数字技能人才的比例为 60∶40。在非 IT 部门中，营销和公关、销售和业务发展、财务和会计部门对数字技能的需求占比已达到总需求的19%。在这样的背景下，数字时代的员工对新知识、新技能的学习需求在不断上升。美国技术学习平台龙头 Pluralsight 表示，平均每年会有 4 个全新的重要软件开发架构问世，同时现有的软件语言一直有新的延展。这样的迭代速度带来的职场压力在 IT 从业者中十分普遍。Pluralsight 问卷显示，59%的 IT 从业者担心自己现在使用的技术会被淘汰，"35 岁现象"的焦虑在 IT 行业中放大。为了避免"后浪推前浪"，IT 从业者是自主学习意愿强烈的人群，同时也是具有较强付费能力的人群，是 C 端学习市场增长的重要推动力。

4. 物质需求和精神需求并重

在经济人类学的视野中，"经济人"假设一直是工业化时代人力资源管理的基本人性假设，工业化时代的经济人假设从单纯的个人利益最大化角度思考问题。但时过境迁，数字化时代人才的需求与工业化时代人才的需求已经有了很大的不同。早在1999 年，奥利弗（Oliver）就指出，信息化时代研究最多的是人脑，而不是像过去那样研究如何满足人的生存需要，需求结构的逆转成为数字时代人类行为轨迹变化的重要特征。在亚伯拉罕·马斯洛（Abraham Maslow）的需求层次理论中，自我实现的需要在需求金字塔的三角形顶端。但在数字化的 21 世纪，我们将会看到金字塔颠倒过来。数字时代，员工将不再以经济作为"唯一"诉求，而是把自我价值实现的精神追求和经济诉求并重，组织人力资源需要在这二者间寻找平衡，从满足自身员工结构需求的变化出发，走出传统模式化思维的桎梏。

3.3.2　数字化人才的吸引、激励与数字能力的培训开发

在人才红利持续开发、外部人才争夺战日益激烈的大背景下，仅仅靠引进外部人才的方式弥补人才缺口远远不够，企业还需构建自身数字化人才体系，特别是要注重数字化人才的发展。其原因在于两方面：一方面，科技快速发展令员工技能的半衰期缩短至 5 年，且个别行业从业者如软件工程师、法律专业人员、金融专业人员等必须每 12～18 个月就重建其技能；另一方面，处于变革的企业，往往还保留着庞大的组织架构、传统商业模式下的岗位设置以及大量低技能水平的员工，需要通过内部培养匹配数字化时代的技能需求。这些客观现实都迫使企业重新审视自身数字化人才的发展，越来越重视对数字化人才的吸引、激励和培训。

【案例启示】

一汽-大众人力资源管理变革，适应了汽车行业的数字化转型浪潮，吸引了互联

网等领域的精英纷纷投身，刘丽就是其中之一。刘丽 2019 年从国内一家头部互联网公司离职加入一汽-大众，如今是一汽-大众车联网部经理。她直言："在一汽-大众这个平台上，我们更关注站在业务和产品的价值驱动角度，与团队成员积极互动和交流，按照统一的节奏、小步快跑、持续学习、不断改进，为客户提供更好的产品。"刘丽是一汽-大众人才社会招聘的缩影，一汽-大众人力资源总监李松梅介绍："一汽-大众数字化创新领域的社会招聘中，有 30%以上的人才是来自于头部企业、造车新势力和互联网大厂。"社会招聘的同时，一汽-大众更注重自身人才的培养，最近几年有超过 12000 人次内部员工报名数字化转型培训班。据年永利介绍："公司的数字化转型培训班一共分为两期，每期 60 人，学员在宁波、杭州和上海进行数字化项目培训，全程都是全脱产的。这些学员返岗后成为 14 支数字化的战队骨干，是公司转型的火种。"

资料来源：贾卫中. 以人为中心创变人力资源体系，一汽-大众"人才"赢未来[EB/OL].
（2023-8-31）. https://www.163.com/dy/article/IDFVQ3ES0527AHML.html.

1. 吸引数字化人才

对雇主来说，其雇用的员工将越来越年轻化。这些年轻一代非常重视职业机会和富有挑战性、有意义的工作。如果一个组织能为员工提供他们感兴趣的工作内容、工作氛围和发展机会，这一组织势必会吸引很多优秀的数字化人才。企业可以通过营造优质的软硬环境、打造产业优势来吸引数字人才。具体来看，可以从以下几点入手：①设置优质薪酬和奖励机制：较好的薪酬和奖励机制是体现人才价值的重要形式；②提供晋升

互联网大厂吸引人才的四大关键

机会：为 IT 人才提供相应的专业技术职务和适合的晋升机会；③打造灵活的办公条件：由于 IT 工作的特殊性，应配备高性能的计算机、提高办公的灵活性；④提供交流平台和学习机会：包括基本业务知识和 IT 的对外交流与学习机会；⑤打造雇主品牌：企业可以根据员工需要打造独属于自己的品牌，吸引人才，进而留住人才。校园是孕育优秀数字化人才的摇篮，企业可以通过雇主品牌实践来吸引这些未毕业的数字化人才。例如，vivo 针对校园招聘，宣传渠道覆盖实习僧、智联招聘、前程无忧、领英、脉脉等，同时大力提倡内推，打造高质量品牌活动等，加深求职者对 vivo 品牌的印象。疫情期间的招聘活动改为线上后，vivo 注重招聘活动前期的调研和造势，将活动分为综合、技术和技能三类，用于吸引不同技能的应聘者；同时注意简化招聘流程，将面试控制在 2～3 轮，一周之内出结果、给反馈，大大提升了 vivo 的雇主品牌形象。

【案例启示】

　　传统汽车企业多侧重制造、研发，而身处变革时代，宝马集团面向未来提出了应对数字化转型的"A.C.E.S.战略"［自动化（automated）、互联化（connected）、电动化（electrified）、服务化（service）］，华晨宝马计划以全新的方式、全新的渠道探寻、发掘、吸引、保留数字化相关人才。在人才吸引方面，宝马一方面不断提升雇主品牌影响力、跨优质人才平台合作；另一方面打造以候选人体验为核心的吸引模式，通过线上线下的互动，使人才得以浸入式地全方位感知华晨宝马的产品内涵和企业愿景。宝马成立了数字化服务公司领悦，将数字化手段贯穿于华晨宝马对人才的招聘，逐渐实现了在线简历推送、在线测试等招聘方式，实现学生一键式从简历投递到出测试报告。

　　资料来源：人力资本数据中心. 2019—2020 年数字化人才管理趋势报告[R]. 中智咨询, 2020.

2. 激励数字化人才

　　数字时代，员工对科技的新奇感、游戏感和参与体验感的需求增大。因此，企业需要基于产品设计的思维制定员工激励机制。相比传统的物质激励方式，数字时代的员工更喜欢点赞、打赏和荣誉体系中的奖牌。同时，企业还需要采用更具游戏感的语言来进行人力资源管理产品的设计，比如腾讯的"正鹅八经"和"活水计划"等。数字时代，企业需要将人力资源管理部门变成产品设计部门，通过五花八门的产品征服员工，让员工的精力充分释放，为企业创造价值。比如，谷歌允许工程师拿出 20%的时间来研究自己喜欢的项目，谷歌新闻和谷歌地图等都是 20%时间的产物。再比如，中国电信的小 CEO 项目，通过内部创业促使员工的能力迅速提升，满足员工的成就感，激发员工的工作动力。

3. 培训数字化人才

1）构建数字化人才梯队

　　企业需要建立数字化人才能力的阶梯式标准，从而构建结构性、系统性的培训体系，并通过长期性、战略性的开发活动，使人力资本持续增值并形成行业优势。目前，国内很多企业都通过构建人才梯队制订了自己的培养计划，如卓越集团的"新锐-翔锐-菁锐"套餐计划和 TCL 集团的"雏鹰、飞鹰、精鹰和雄鹰"战略人才计划等。企业在构建数字化人才梯队时，首先应对数字化人才的现状和需求有充分的认识与了解，从行业、职能、特征等多个角度对人才储备的现状、优势和劣势进行分析，根据人才分析结果搭建岗位能力模型，系统化构建企业岗位人才标准，同时运用多种测评手段，快速创建测评方案，提供完整的测评结果报告和团队测评数据报表。最后，基于构建的数字化人才梯队进行分层数字能力培训。人才梯队建设能够引导企业从其内部和市场中发现优秀人才，在实践中培养大批人才，同时激发人才的创造精神，形成继任者的人才源泉，为实现企业的愿景和战略目标提供坚实的人才保障。

【案例启示】

数字化时代，企业的数字化转型以及数智化人才培养迫在眉睫。基于技术人才培养，华为创建了三层金字塔模型。从下往上依次构成金字塔模型的三层人群分别为基层新员工、业务骨干人员以及专家人才。针对不同人员的分层分级培训，华为提供了不同的方案。华为为每一类基层新员工提供了线上、线下结合的培训模式，包括：基于技能自评估和工作问题引入的人工智能自适应精准推荐，基于工作场所的自主学习平台（如在线的慕课和直播答疑、自助 ePractice 和社区化学习，以及线上、线下结合的慕课自学、直播互动和线下辅导），以及学习后的课程徽章和华为认证等效果评估。针对业务骨干人员和专家人才，华为会提供人才发展咨询服务（包括战略解码、人才规划、人才盘点和学习规划）。其中，针对中间层的业务骨干人员，华为会通过实训和特训以及基于场景化的训战与比武竞赛的方式（包括训战场景设计、在线慕课和在线测试、精讲研讨、场景演练、项目模拟、现网实战和任务复盘），帮助他们进修到最后的比武阶段（包括比武激励、复盘总结和华为认证）。专家人才则是企业里面的骨干，负责研发华为的旗舰产品。对于专家人才，华为主要通过严选（选拔考试和前置预学习）、严训（场景化集中训战）、严考、实战〔项目中训战和 TAC（技术支持中心）教练教学〕以及研修（选题研究和成果输出）五大环节进行培训，最后借助答辩、论文汇报的形式完成效果评估（包括论文案例发表、专家评审和华为认证）全流程。效果评估环节是培训从业者应着重关注的一环，华为培训服务部也一直致力于效果评估环节的深入探索和研究。针对不同专业方向，华为提供了专业认证和职业认证，如此便可以评估不同的待训人员。

资料来源：数字化人才|华为的数字化人才培养之路[EB/OL]. (2021-09-26). https://zhuanlan.zhihu.com/p/414263669.

2）规划员工职业发展路径

现阶段，有不少企业为员工规划了职业发展路径，识别其在发展过程中的关键经历和里程碑发展内容，甚至成立了企业大学，聘用专职的教职人员，进行系统化、有层次的发展。基于职业生涯的人才发展模式往往立足于公司战略，适度前瞻未来人才需求，识别关键能力差距，进行有重点、体系化、多手段发展。在基于职业生涯的人才发展中，数字化技术往往被应用于帮助员工识别自身优势、劣势，记录和分析关键经历，为员工和企业创造职业发展的共识基础。企业的学习管理系统不仅仅是内容管理和学习记录的系统，越来越多的企业将 LMS 和人才管理系统（TMS）、绩效管理系统（PMS）、目标与关键结果进行整合，增强人才发展对人才管理与绩效管理和目标管理的支撑。前沿的企业使用 xAPI（Experience API）渗透员工的日常工作，记录员工的关键经历。过去几年，德勤为不少企业构建基于领导梯队的领导力发展体系，覆盖企业最高层、中层和基层管理者；华为也为专业技术人才和管理人才提供了基于技术通道的系统化的发展体系。在员工的职业生涯中建立动态、快速的效果反馈检测机制，以便灵活修改职业发展规划，从而帮助人才长期成长。

3）数字技术助力员工学习

"互联网+"时代的到来再次加速了企业的学习与人才发展变革，未来是属于"智能学习"的时代。正如苹果 CEO 蒂姆·库克（Tim Cook）在 2017 年乌镇的世界互联网大会上强调：未来技术的发展方向是使"科技富有人性"。智能学习时代的技术应用更关注从"以人为本"的角度实现人才发展效率的优化。曾经的学习技术常常用于学习内容的制作（如从文字到多媒体）和学习交付渠道的便捷化（如从线下到线上），大多是从课程角度出发的数字化变革；而现在，随着 AI、物联网、AR/VR、大数据、云计算等技术的不断演进，学习技术的关注点更多集中在学习动机强化、学习过程体验和学习结果分析，是从人的角度出发的数字化变革：通过更智能的技术应用（如自适应、虚拟现实和模拟系统）强调员工（学员）对学习的更深度的自主参与，进而达到提升学习效率的目的。比如，德勤的 Greenhouse 作为沉浸式学习体验的重要载体，能够采用最先进的技术，如人脸识别、混合现实，为使用者创造一个高触感、不寻常的环境，激发其创造性思维。

【案例启示】

近年来，江西旅游商贸职业学院创新性运用职业岗位学习场理论和典型工作环节方式，开发了导游专业虚拟仿真实训平台，赋能高职导游专业实训教学。在 VR 实训平台中，学员可沉浸式地扮演地陪导游、全陪导游、出境领队、游客等任意角色，同步开展全流程多项目的实训。

"过去实训只能靠着想象干讲，很容易忘词，乘车去景点讲，耗时耗资也不现实，借助 VR 技术创设景点实景，很好地解决了这一问题。" VR 实训不仅帮助学员车涛涛积累了实操经验和信心，还带给他不一样的体验。车涛涛直呼："很有趣，还没体验够。"

此外，虚拟仿真教学还打通了专业各课程实训环节，如导游"接站—沿途讲解—入住酒店—景区讲解—送站"整个实训流程。传统教学中，各环节需单独实训，而现在既能分模块实训，又可串联整个环节，进行完整体系实训。

对学员徐伊琳来说，VR 实训既带给她沉浸式带团体验，还大大提升了她的应急处理能力。学校运用 VR 技术创建了酒店突发地震、火灾虚拟场景，学员在实训虚拟场景中可提升寻找安全通道、通知游客、带领游客逃生、清点人数、查看伤员、报告旅行社等实训技能。几次实训下来，徐伊琳明显感觉到自身专业技能的提升。

资料来源：陈卓琼. 虚拟仿真：沉浸式实习实训[N/OL]. 中国青年报. 2023-02-27. http://edu.people.com.cn/n1/2023/0227/c1006-32631916.html.

4）建设企业大学，产学研联合培养

企业大学已经成为整合内外部知识资源、输出企业技术影响力、传播价值观和文化的综合型教育平台，大量企业大学已承担为全行业培养优质人才的社会职能，这些企业大学可实现独立运营，成本可控，综合收益高；能够汇聚内外部知识资源，供员工自主选择，产生较好的外部影响力。企业还可以与高校建立战略关系，根据企业实际需求在大学开设定制课程班，该课程班毕业生在实习/毕业阶段可直接进入企业，这是一种向企业直接导入教育资源进行专业技能人才储备的方式。这样企业就有了直接的人才来源保障，人才获取成本低，而且人才技能高度贴合企业需求。

5）灵活性培训方式

数字化时代下，人们可以轻而易举地从如 YouTube、Coursera、Udacity、Ted Talks、Wikipedia 等网站获取学习资料，知识碎片化的趋势日益严重。因此，企业在进行人才培训时要应用数字化技术，构建更加开放、可检索、可访问、可获得，又兼顾体系化的学习平台，而移动工具呈现爆发式的增长正好为人才发展提供了新路径。员工可以在任何时间、任何地点学习任何内容，数字化技术让知识在"时间-空间-形式"上产生多元组合，提供了三个"任何"的可能性。在信息技术的帮助下，人们花很少的或者零散的时间，运用集体的力量，通过非正式的渠道所获得的知识远远多于通过传统、正式的渠道所获得的知识。如今的工具，如"微学习平台""间隔学习平台""移动阅读平台"等都为人才发展的敏捷化提供了有利条件。因此，企业的培训也应该从传统的讲师培训方式转变为在线学习、多媒体学习，运用更多元化的工具、平台和方法。例如，微学习提供商 Grovo 致力于向企业员工提供长度为一分钟左右的视频课程和音频课程，中间穿插模拟实践任务和小测试，通过"微学习"的方式提升员工培训成果。Grovo 平台提供了数千段视频课程及音频课程，内容涉及管理培训、人力资源培训与销售培训、技术培训、软技能培训等数百个主题。

3.4 数字化人才权威文献解读

3.4.1 文献信息

题目：*Role overload, knowledge acquisition and job satisfaction: an ambidexterity perspective on boundary-spanning activities of IT employees*

出处：*The International Journal of Human Resource Management*

作者：Guofeng Wang, Xiaojuan Liu, Yipeng Liu

发布日期：2018 年 10 月

3.4.2 文献点评

这篇文献首先很新颖地提出了信息技术员工是一个跨界工作者的角色，信息技术员工主要就是进行信息维护和内外连接的工作。作者根据角色理论和信息处理理论这两个理论概述了信息技术员工的工作满意度，并据此提出了矛盾点。角色理论认为作为跨界工作者的信息技术员工会因为角色过载而降低工作满意度，而信息处理理论却认为信息技术员工因为在工作过程中收获了更多的信息和知识而提高了工作满意度，这就形成了相悖的结论。作者由此提出疑问，信息技术员工在工作中的工作满意度到底如何呢？

为了解决这一问题，作者采用了双元视角，将工作分为事务性和学习性两种类别，分别分析进行这两类工作时，信息技术员工的工作满意度是怎样被影响的。通过研究发现，信息技术员工在进行跨界工作时，无论是事务性工作还是学习性工作，角色超载都会降低员工的工作满意度。而信息技术员工进行学习性跨界活动时，知识获取会增加其工作满意度。此外，如果信息技术员工具有更高的成就动机和学习目标，在进行学习性跨界活动时，工作满意度会更高。再有，作者的研究还强调了情境在工作设计中的重要性。工作任务的性质可能对工作满意度产生不同的影响，员工的个人特质也影响着他们的工作满意度。

了解了这些基本逻辑后，管理者和 HR 就可以有针对性地进行数字化人才管理，给员工安排工作时，注意将工作类型和员工特质相契合，必要时，可以对工作进行专门设计来满足员工需要，以提升他们的工作满意度。由于事务性的跨界工作很可能导致角色超载，所以在进行工作设计时，可以穿插一些学习性工作，让员工感受到获取知识的快乐。而且这样的工作交给低成就动机和学习目标导向的信息技术员工更好，这样他们既不会感受到工作枯燥，也不会承受过多的压力。而相反地，对于高成就动机和学习目标导向的信息技术员工，要给予更多学习机会和发展机会的工作，激发他们的工作热情，让他们能够主动去工作。

读者们通过对这篇文献的阅读，可以对信息技术员工有个基本的了解。管理者也可以根据员工的一些典型特质去进行管理，了解员工需要什么、擅长什么，了解员工对工作的反馈，了解员工的能力素质，综合起来对工作进行特别安排，让信息技术员工和工作相匹配，从而使他们对工作真正满意。

3.5　数字化人才经典案例解读

3.5.1　案例信息

题目：《以"人"为先，打造企业数字化转型基石》

出处：《工业制造企业数字化人才战略指南》

作者：马清，陈潇妍，宛兵，胡蓓蓓

发布日期：2020 年 8 月

3.5.2　案例呈现

西门子股份公司（以下简称"西门子"）作为一个有 170 多年历史的大型跨国公司，一直在对自己的管理运营表现进行反思与调整，在数字化浪潮之中更是敢为天下先地进行了很多数字化转型变革，并取得了卓越的成就。西门子通过建立数字化人才团队保持自身的持续竞争力，在数字化人才团队建设上进行了长期深入的思考和实践。

在岗位上，西门子定义了整个价值链上的 10 余类数字化人才岗位，覆盖了企业在数字化转型过程中所需要的核心人才类型，让人才管理可以"按图索骥"。在人才能力上，西门子针对工业制造企业数字化转型的特性，创新性地建立了"∏ 型数字化人才能力模型"，提高了企业在人才发展上的针对性。结合业务的未来需求与当前的人才现状，西门子制定了相应的数字化人才发展战略，并设计了有针对性的人才吸引、招聘、发展和留任策略。

1. 数字化岗位图谱

企业开展数字化业务时，在不同的业务阶段需要具有不同能力的数字化人才。西门子清晰定义了数字化岗位，以便企业更有效地进行人才管理。西门子分析整理了市场上 40 家全球各行业领先的数字化公司所设立的数字化人才岗位，并结合其在数字化工业、智慧基础设施、轨道交通、发电与能源等行业数字化业务的发展需求，定义了数字化业务价值链上的 16 类核心数字化人才岗位。这些数字化人才岗位可以分为三类：第一类关于战略与营销，包括数字化转型经理、战略分析师、数字化市场专家、数字化业务拓展专家和数字化销售；第二类关于咨询与分析，包括数字化咨询顾问、商业智能分析员、数据科学家；第三类关于研发与落地实施，包括数字化产品经理、数字化项目经理、敏捷专家、架构师、软件开发专家、测试员、执行工程师、UX（用户体验）/UI（用户界面）设计师、技术研究科学家、网络安全专家、自主机器人专家、人工智能专家、仿真工程师/专家等。

西门子将数字化业务总结为"战略与营销、咨询与分析、研发与落地实施"三个阶段，围绕整个价值链的 16 类数字化人才岗位，分别扮演着不同的角色，并覆盖了企业在数字化转型过程中所需要的核心人才类型。对于每一个数字化人才岗位，其岗位职责与能力要求都需要明确定义，这有助于业务部门实现精准管理，为人力资源部门提供高效支持。

2. 从"T"到"∏"，工业制造企业数字化人才能力模型

在描述人才的能力结构时，企业通常会采用"T"模型结构，横向描述的是能力

的"广度"，代表的是通用软性技能，包括领导力、学习力、沟通力等等。纵向描述的是能力的"深度"，代表专业领域的知识和技能。西门子认为，工业制造企业所需要的数字化人才除了要有传统领域的知识和能力（对市场和业务发展趋势的理解和对业务流程、产品技术等的掌握）外，还要有数字化领域的能力和特长。如果展现在人才能力模型上，则需要在"T"型能力模型基础上新增一个纵向能力维度：数字化知识和技能。这里数字化能力既包括对数字化知识和技能掌握的"广度"，比如物联网、5G、人工智能的基本概念和理论，数据分析与可视化工具的使用，也包括对某些领域的数字化知识和技能掌握的"深度"，比如编程、物联网应用的开发、大数据分析等。

3. 数字化人才盘点

西门子的人才盘点是基于上面的"数字化岗位图谱"以及前文表述过的"Π型数字化人才能力模型"。一方面，通过在组织层面摸清数字化价值链上当前与理想状态下的人才分布，并且对比企业业务发展战略对人才的实际需求，企业可以快速识别数字化人才缺口，包括缺口的位置（如哪些岗位）和大小（如需要补充的人才的数量），进而判断出哪些是应当重点关注的核心岗位。另一方面，通过结合领导层对组织"Π"模型的期待和员工层面当前的"Π"能力水平与标签，企业可以进一步明确自身的能力缺口，也包括缺口的位置（如"Π"模型的哪些维度中的哪些方面）和大小（如能力缺失的程度）。

基于此，企业可以根据各岗位的人才数量和能力缺口，设计有针对性的数字化人才战略规划。结合现有资源，企业需要明确不同缺口的补足方案。比如，有些能力的缺失可以通过对现有人才的培训来补足，而有些能力、岗位的缺口只能通过引进企业外部的新人才来补充。企业应对自己所有的数字化人才有清晰的盘点以及战略梳理，并形成战略蓝图，指导自身的数字化人才战略和措施。

4. 构建数字化人才团队

西门子基于在全球的人才管理经验，总结了成功建立数字化人才团队的四个步骤：①根据业务的未来需求与当前的人才现状盘点制定相应的数字化人才发展战略；②针对重点岗位，依据理想的人才能力需求描绘岗位人才画像；③基于人才画像在市场中和企业内部进行精准搜索与定位，积累潜在人才库；④了解数字化人才对雇主的诉求，并设计有针对性的人才吸引、招聘、发展和留任策略。

3.5.3　案例点评

进入数字时代，企业不仅要考虑组织的数字化变革，也需要考虑人才结构的数字化变革。西门子通过设定数字化人才岗位类型、构建数字化人才能力模型、进行数字化人才盘点和组织数字化人才团队等多种举措，盘活企业数字化人才队伍，提高企业数字化人才的可持续竞争力，为西门子的长远发展提供助力。

分析讨论：

1. 西门子是如何划分数字化人才的？

2. 西门子对传统的人才能力素质模型进行了哪些改动？

3. 西门子是如何进行人才盘点的？

4. 结合西门子数字化转型的经验思考，要实现数字化转型的目标，关键点在于哪些方面呢？

自学自测　扫描此码

第 **4** 章

数字赋能的招聘和甄选

【知识图谱】

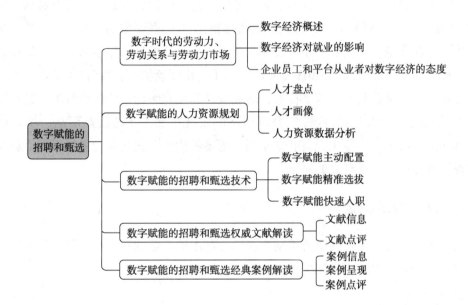

【思考题】

1. 数字经济对就业有什么影响？
2. 简述企业员工和平台从业者对数字经济的态度。
3. 怎样利用数字技术赋能人力资源规划？
4. 如何应用人才盘点的结果？
5. 在招聘和甄选的过程中涉及哪些数字技术？

【管理者语录】

组织数字化的第一步，就是对组织中的"人"实现全周期的数字化管理。

——谢欣（飞书 CEO）

人才吸引与招聘是领先的数字化人才管理阵地，大量新技术和产品涌入，值得不断创新。

——周丹（北森人才管理研究院院长）

【情境导入】

公司计划拓展一项新业务，需要招聘一些专业的人才。小李之前一直负责引进数字化的招聘和甄选技术，此番听经理说了招人的任务后，他跃跃欲试，主动揽下了这份差事。如果你是小李，你会如何测试数字技术赋能之后的招聘效果？

4.1　数字时代的劳动力、劳动关系与劳动力市场

党的十九大以来，习近平总书记多次就数字经济的发展部署发表重要讲话。2018年11月在G20阿根廷峰会上，习近平主席强调："我们既要鼓励创新，促进数字经济和实体经济深度融合，也要关注新技术应用带来的风险挑战，加强制度和法律体系建设，重视教育和就业培训。"2019年政府工作报告也明确指出："深化大数据、人工智能等研发应用，培育新一代信息技术、高端装备、生物医药、新能源汽车、新材料等新兴产业集群，壮大数字经济。"数字经济的发展拓展了新的就业形态，平台经济（platform economy）、零工经济和共享用工等多种用工方式让劳动者得以灵活就业，为实现稳就业提供了强有力的保障。

4.1.1　数字经济概述

数字经济是经济增长的重要推动力。随着技术的不断创新，数字经济和实体经济深度融合，全面助力社会发展提质增效。

1. 基本概述

"数字经济"的概念较早出现在美国经济学家唐·塔斯考特（Don Tapscott）在1995年出版的《数据时代的经济学》一书中。对于数字经济的具体内涵，不同国家和机构基于不同视角进行了界定。

英国计算机学会（British Computer Society）指出，数字经济是一种基于数字技术但不只限于互联网交易的经济形态。俄罗斯联邦政府下属专家委员会认为数字经济是一种使用数字或信息技术的经济活动，以保障国家利益为目的，发生在生产、管理等过程中。澳大利亚政府在2009年的《澳大利亚的数字经济：未来的方向》文件中指出，数字经济是通过互联网、移动通信技术和传感器网络等技术来实现社会经济模式全球化、网络化与信息化的一种新型经济模式。欧盟委员会在《2016年数字经济与社会指数报告》中，从使用宽带连接、数字化人力资本结构、互联网公民指数、集成数字技术企业、数字化电子公共服务五个方面对数字经济展开清晰的统计描述。

数字经济已经成为增长最快的经济领域，左右全球经济的走向和格局，助力经济结构改变。2021年，中国信息通信研究院发布的《全球数字经济白皮书》显示，2020

年，测算的 47 个国家数字经济增加值规模达到 32.6 万亿美元，同比名义增长 3.0%，占 GDP 比重为 43.7%，产业数字化仍然是数字经济发展的主引擎，占数字经济比重为 84.4%，其中，第三产业引领行业数字化融合渗透，一二三产业数字经济占行业增加值比重分别为 8.0%、24.1% 和 43.9%。

2. 我国数字经济发展现状

党的十九届五中全会和《中华人民共和国国民经济和社会发展第十四个五年规划和 2035 年远景目标纲要》指出，要推动数字经济和实体经济深度融合，加快构建以国内大循环为主体、国内国际双循环相互促进的新发展格局。加快数字化发展，打造数字经济新优势，以"双融合"全面支撑"双循环"，将为构建新发展格局提供强大支撑。在国家政策的指导下，我国的数字经济持续加速发展。

中国信息通信研究院 2021 年发布的《中国数字经济发展白皮书（2021 年）》显示，2020 年我国数字经济规模达到 39.2 万亿元，占 GDP 比重为 38.6%，同比名义增长 9.7%，数字经济在逆势中加速腾飞。

3. 相关政策支持

国家推进数字经济的认识和决心不断强化，不断出台支持政策，数字经济的发展环境不断优化。国家有关部委积极发布政策文件，推动数字化赋能各行各业（表 4-1）。

表 4-1　部分数字经济相关意见、通知、指引、决议

发布部门	发布日期	政策名称	相关内容
国务院	2017 年 7 月 27 日	国务院关于强化实施创新驱动发展战略进一步推进大众创业万众创新深入发展的意见	发布促进数字经济发展战略纲要，强化系统性设计，打破制约数字生产力发展的制度障碍，推进市场化的生产资料分享，提升市场配置资源效率，加速数字化转型，引领和适应数字经济发展
国家发展和改革委员会等	2018 年 9 月 26 日	关于发展数字经济稳定并扩大就业的指导意见	以大力发展数字经济促进就业为主线，以同步推进产业结构和劳动者技能数字化转型为重点，加快形成适应数字经济发展的就业政策体系，大力提升数字化、网络化、智能化就业创业服务能力
国务院办公厅	2019 年 8 月 8 日	国务院办公厅关于促进平台经济规范健康发展的指导意见	推动互联网平台与工业、农业生产深度融合，提升生产技术，提高创新服务能力，在实体经济中大力推广应用物联网、大数据，促进数字经济和数字产业发展，深入推进智能制造和服务型制造
国务院办公厅	2020 年 7 月 31 日	国务院办公厅关于支持多渠道灵活就业的意见	促进数字经济、平台经济健康发展，加快推动网络零售、移动出行、线上教育培训、互联网医疗、在线娱乐等行业发展，为劳动者居家就业、远程办公、兼职就业创造条件

续表

发布部门	发布日期	政策名称	相关内容
工业和信息化部	2021年11月15日	工业和信息化部关于印发"十四五"大数据产业发展规划的通知	打造数字经济发展新优势，为建设制造强国、网络强国、数字中国提供有力支持
国务院	2022年1月12日	国务院关于印发"十四五"数字经济发展规划的通知	以数据为关键要素，以数字技术与实体经济深度融合为主线，加强数字基础设施建设，完善数字经济治理体系，协同推进数字产业化和产业数字化，赋能传统产业转型升级，培育新产业新业态新模式，不断做强做优做大我国数字经济，为构建数字中国提供有力支撑
工业和信息化部办公厅、国家发展和改革委员会办公厅	2022年1月27日	工业和信息化部办公厅 国家发展改革委办公厅关于促进云网融合加快中小城市信息基础设施建设的通知	强化云网融合、产业协同、城际联动，着力提升中小城市信息基础设施水平，带动特色产业发展，弥合区域数字鸿沟
工业和信息化部等	2022年5月12日	十一部门关于开展"携手行动"促进大中小企业融通创新（2022—2025年）的通知	加快数字技术领域人才培养，推动数字经济和实体经济融合发展

4.1.2　数字经济对就业的影响

数字经济形势下，各种新兴业态和新兴职业蓬勃发展，对增加就业总量、优化就业结构和提高就业质量等方面有显著的影响。

1. 增加就业总量

数字技术与实体经济的深度融合，直接或间接创造出大量的就业岗位，扩大了我国就业市场的需求总量，劳动者就业机会持续增加。中国信息通信研究院发布的《中国数字经济就业发展研究报告：新形态、新模式、新趋势（2021年）》显示，预计到2025年，数字经济带动就业人数将达到3.79亿。

数字经济影响就业的四大路径

（1）以互联网产业为代表的信息通信产业在数字经济领域广泛深耕。国家统计局的数据显示，以互联网为代表的新一代信息技术产业快速发展，成为推动经济发展的重要力量。工业和信息化部发布的《2021年软件和信息技术服务业统计公报》显示，2021年，我国软件业从业人员平均人数达809万，同比增长7.4%，从业人员工资总额同比增长15.0%。

（2）传统产业进行数字化改进与提升，不断更新的市场需求与技术的结合催生多样化的新兴业态和职业。中国信息经济学会等机构发布的《2023中国数字经济前沿：平台与高质量充分就业》研究报告显示，以微信、抖音、美团、快手等为代表的平台，2021年为中国净创造就业机会约2.4亿个，为当年全国约27%的适龄劳动人口提供就业机会。

2. 优化就业结构

产业结构是就业结构的重要决定因素，"配第-克拉克定理"认为，劳动力在三次产业中的分布会呈现出第一产业的就业比重逐步下降，第二产业的就业比重从上升到稳定再趋于下降，第三产业的就业比重不断提高的趋势。此规律在数字经济就业中也同样适用，中国信息通信研究院发布的《中国数字经济发展研究报告（2023 年）》显示，2022 年，中国第一产业数字经济全要素生产率小幅上升，第二产业数字经济全要素生产率 10 年间整体呈现先升后降态势，第三产业数字经济全要素生产率大幅提升，成为驱动数字经济全要素生产率增长的关键力量。数字经济极大地促进了经济结构的调整，升级了就业结构。

对于第一产业，数字技术的应用显著提高了农业生产效率，解放了大量的劳动力，这部分劳动力得以向第二、第三产业转移。

第二产业中高科技产业推动就业效果明显，据中国信息通信研究院发布的《中国数字经济就业发展研究报告：新形态、新模式、新趋势（2021 年）》，数字产业化就业岗位占比显著高于同期 GDP 占比，高端就业吸纳能力强。世界经济论坛发布的《2023 年未来就业报告》显示，到 2027 年，数据分析师、科学家、大数据专家、人工智能和机器学习专家以及网络安全专业人士的工作机会预计平均增长 30%。同时，数字商务将创造更多就业岗位，新型数字化职位的数量预计增长 200 万个左右，如电商专家、数字转型专家以及数字营销和战略专家等。

第三产业中科研和生活性服务业是就业需求主战场。市场需求的多样化催生大量的新型职业，加之数字技术的赋能，使得服务业逐渐迈向高端化、个性化，推动第三产业持续优化升级。

3. 提高就业质量

就业质量是衡量劳动者就业体验的一个综合概念，涵盖广泛。数字经济对就业质量的影响也是多方面的。

在整体就业环境上，数字经济显著提升了各行各业的工作效率，劳动者拥有了更多的职业选择，工作方式更加自主灵活，任务完成的过程也更加便捷高效。世界经济论坛发布的《2023 年未来就业报告》显示，在技术采用方面，大数据、云计算和人工智能的采用可能性很高，超过 75% 的公司希望在未来 5 年内采用这些技术；数字平台和应用程序是对企业数字化转型影响最为广泛的技术，86% 的受访企业表示，会在未来 5 年内将其纳入运营范畴，其次是教育和劳动力技术，81% 的公司希望在 2027 年前采用此类技术。

在就业能力上，高技能人才短缺，敦促劳动者不断提升自身能力以适应时代发展的需要。2020年6月，人力资源和社会保障部向社会公布了第三批新职业名单，互联网营销师正式成为国家认证的新兴职业之一。随着直播电商等新经济模式快速发展，互联网营销师群体迅速壮大。受新经济、新业态、新技术等因素驱动，人力资源和社会保障部预测，2025年互联网营销师行业人才需求缺口或达3 000万～4 000万。面对庞大的人才需求，地方政府、社会培训机构与职业院校三方合作，进行学历培养和职业技能培训，助力人才供给，在互联网营销师发展较为发达的地区（如浙江），如果学员在参培之后通过考核，获得由地方政府和机构颁发的结业证书，其培训费用最终将得到返还。

【案例启示】

自2019年被纳入新职业以来，我国数字化管理师从业人员在不到两年间已超过200万人。2021年首期高校数字化管理师职业技能培训班在湖南开班，吸引了50余名应届毕业生参加。人力资源和社会保障部给予参加培训的应届毕业生每人1 320元培训补贴，通过知识讲授、现场模拟等形式提供实训。"培训课程完成后有结业考试，通过的学员将获得数字化管理师初级资格证书，从而使参加培训的高校毕业生有了'学历证书＋职业（技能）证书'的求职优势。"湖南科技大学招生就业处处长蒋利平说，培训班中有不少学生已拿到数字化管理师的录用通知。

资料来源：新职业，择业新舞台（民生视线）[EB/OL]. (2021-07-23) [2022-06-06]. http://www.mohrss.gov.cn/SYrlzyhshbzb/rdzt/zyjntsxd/zyjntsxd_zxbd/202107/t20210723_419139.html.

4.1.3　企业员工和平台从业者对数字经济的态度

数字经济背景下，平台经济、零工经济和灵活用工等就业形态拓宽了劳动者的就业模式，与此同时，新业态带来的收入与工作稳定性、劳动关系、社会保障和职业发展等变化也是劳动者择业时要考虑的重要因素。

1. 收入与工作稳定性

平台经济和零工经济作为新业态的主要组成，极大地拓展了劳动者的就业渠道。据国家信息中心发布的《中国共享经济发展报告（2021）》，2020年平台企业员工人数达到631万人，同比增长1.3%。平台从业者的工作方式灵活，收入情况也与传统的企业薪酬有所不同。

对于大多数平台从业者而言，薪酬与工作时长和市场需求等因素直接挂钩，收入并不固定，工作稳定性不足，不同从业者之间更是收入差距较大。2022年，中国人民大学劳动人事学院课题组发布了《短视频平台促进就业与创造社会价值研究报告》。报告显示，快手平台带动就业机会总量为3 463万个，其中，直接带动的就业机会2 000

万个，主要来自内容创作者的就业机会；快手电商生态和内容生态拉动的就业机会
1 463 万个，包括：电商生态带动的就业机会 923 万个，内容生态带动的团队就业、
MCN 机构、直播公会、代理商、服务商等机构就业机会 540 万个，显示出短视频平台
强大的就业带动能力。平台经济对于就业强大的吸收能力，也加大了竞争的激烈程度。
《中国网络表演（直播与短视频）行业发展报告（2022—2023）》的数据显示，以直播
为主要收入来源的主播中，95.2%月收入为 5 000 元以下，仅 0.4%月收入达 10 万元以
上。极少数主播的高薪收入显著拉高了平均值，收入两极分化现象严重。

【案例启示】

　　根据相关问卷调查，抖音平台内容创作者的月收入大多处在 0～1 000 元的区间，
并不能成为抖音平台内容创作者的主要收入来源。根据《2019 中国县域零工经济调
查报告》，县域市场中的劳动者依靠主业收入的占比仍然最高，超过总体的 1/3。零
工收入普遍较低，仅能作为劳动者主业收入的一部分补充。快递从业人员是零工经
济劳动者很大的组成部分。《2019 年全国快递从业人员职业调查报告》显示，2018
年中国快递员的数量已经突破 300 万，半数快递员每天工作时长超过 8 小时，但
75.07%的快递从业人员的月收入在 5 000 元以下。由此可见，零工从业者的收入仍
然较低。

　　资料来源：清华大学社会科学学院经济学研究所.互联网时代零工经济的发展现状、社会影
响及其政策建议[R]. 北京：清华大学社会科学学院经济学研究所，2021.

2. 劳动关系

　　数字经济的发展催生了众多新型就业形态，用工模式也不同于以往，企业没有规
定具体的工作时间和地点，从业者有较大的工作自主权，这种高度灵活的工作方式却
是对传统劳动关系认定的巨大挑战。

　　依据现行的法律法规，平台从业者与平台之间的法律关系界定模糊，劳动关系认
定困难。一部分学者认为，平台从业者并没有直接向平台方提供服务，不符合劳动关
系判断标准中"组织从属性"，故不能认定为劳动关系。另一部分学者认为，平台用金
钱购买了平台从业者提供的服务，平台从业者本质仍接受平台方的管理约束，符合劳
动关系认定标准。现行的劳动法无法完全适用于新业态从业者，这就导致了关于企业
与平台从业者之间的法律争议层出不穷。以外卖骑手为例，2022 年 12 月，上海市杨
浦区人民法院发布《2019—2021 年涉外卖平台骑手商业保险类案件审判白皮书》并通
报相关工作情况及典型案例。白皮书显示，2019—2021 年，上海杨浦法院共受理涉外
卖平台骑手商业保险类纠纷 158 件，审结 154 件。3 年时间，此类案件受理数量增加
近 20 倍，结案数量增加 50 余倍。

【案例启示】

2022年11月11日，北京市朝阳区人民法院公开开庭审理并宣判了一起外卖骑手深夜送餐途中猝死引发的生命权纠纷案。外卖员刘某某在送餐途中突发疾病身亡，家属认为外卖平台未尽到必要的救助义务，遂将外卖平台诉至法院，后法院经审理认为，在此次事故中，外卖平台、雇佣公司均有过错，最终判决外卖平台、雇佣公司共计赔偿刘某某家属150余万元。

据刘某某家属称，2021年5月19日凌晨，刘某某照常外出送餐，然而送餐途中不幸突发疾病，因当时已是深夜，刘某某倒地数小时无人发现，最终因脑干出血导致中枢性呼吸循环功能障碍而身亡。家属认为，刘某某出事时为深夜，只有外卖平台能够掌握到其详细位置，外卖平台作为雇主，有义务关注雇员的实时工作情况，然而在刘某某出现意外的整个过程中，外卖平台未采取任何有效救助措施，平台因此应承担赔偿责任。法院受理该案后，被告外卖平台运营方公司向法院提出申请，称其公司与某信息技术公司签订了《外包服务合作协议》，送餐员的相关配送业务由某信息技术公司负责，要求追加某信息技术公司参加诉讼，原告亦表示要求某信息技术公司承担赔偿责任。法院依法审查后同意其申请，追加某信息技术公司为共同被告。

朝阳法院经审理认为，平台运营方公司与某信息技术公司签订《外包服务合作协议》，根据协议约定，负责外卖配送的劳务人员由某信息技术公司提供，该信息技术公司作为配送人员的管理主体，对配送人员进行岗位培训，根据法律规定为配送人员缴纳相关税费，并根据约定足额支付配送人员的报酬，尽管该信息技术公司与刘某某之间所签订的合同名为合作协议，但实际上，该信息技术公司与刘某某间的法律关系符合雇佣关系的特征，因此，某信息技术公司作为刘某某的雇主，应当积极履行用工主体责任。就平台运营方公司而言，由于其并未与刘某某签订合同，也未对刘某某进行劳务管理，不能认定刘某某与其公司之间建立了劳务雇佣关系，因此平台运营方公司不需承担雇主责任。但运营方公司作为平台运营主体，能够实时掌握刘某某的配送情况，对配送异常是可以及时发现、跟踪及处理的，显然运营方公司在配送异常情况的发现、跟进、处理机制上，以及将异常信息及时反馈给配送人员所属配送公司方面仍存在不完善之处，导致刘某某的异常情况未能得到及时处理，因此平台运营方公司亦应当承担其过错相应的责任。最后，就刘某某而言，其对于自身身体情况应当有充分、全面的了解，当感到身体不适时，应及时停止超负荷接单，以避免意外情况的发生。最终，法院认定刘某某自身承担10%的责任、平台运营方公司承担20%的责任、某信息技术公司承担70%的责任。

资料来源：薄晨棣. 以案说法|外卖骑手深夜送餐途中猝死 外卖平台、雇佣公司被判赔偿150余万[EB/OL].（2022-11-13）. http://society.people.cn/n1/2022/1113/c1008-32565091.html.

3. 社会保障

数字经济的下沉与社会消费需求的更迭，使共享经济和平台用工崛起，平台从业者的规模迅速扩大。国家信息中心发布的《中国共享经济发展报告（2022）》指出，2021 年我国共享经济继续呈现出巨大的发展韧性和潜力，全年共享经济市场交易规模约 36 881 亿元，同比增长约 9.2%。2023 年初，全国总工会发布第九次全国职工队伍状况调查结果。数据显示，全国新就业形态劳动者 8 400 万人。外卖骑手数量达到 1 300 万人，占新就业形态劳动者整体的 15%，共享经济成为就业者的新机遇。

然而众多新业态下的就业群体往往面临劳动权益保障不足的问题，尤其是诸如外卖骑手和网约车驾驶员等从业者，精确的算法控制最大限度地压榨从业者的劳动价值，而从业者却没有获得与付出相匹配的权益。2020 年 9 月 8 日，《人物》发布的《外卖骑手，困在系统里》一文刷屏社交网络，舆论直指平台从业者的权益保障问题。《人物》团队进行了近半年的调查，通过对美团、饿了么两家平台公司从业者的深度访谈，指出在数字经济时代，算法在带给企业巨大效益的同时，也压迫着平台从业者，外卖骑手受到派送时间不合理、超时高额罚款、社会保险缺失等多重问题的困扰。

【伦理小课堂】

一位在饿了么跑众包的骑手告诉《人物》，他在送餐中出了交通事故，把行人撞进了医院，保险公司拖延了一年还没赔偿，最后，他借了网贷垫付医疗费。一位宿迁骑手则在入职美团时，被站长要求填写《自愿放弃保险合同保证书》。他感到不解，站长告诉他：骑手是最高危的职业，每天都有可能是最后一天，我们这儿无人敢保。这种状况也并非个案，曾做过美团配送站站长的金壮壮说，众包骑手的保险直接通过 App 缴纳，是必选项，而专送骑手的保险则由站点缴纳，"很多站点因为怕麻烦，就没有给骑手上保险。"中国社会科学研究院研究员孙萍也在调查中发现，如果是小刮小蹭，她接触到的大部分外卖骑手都会选择自己忍受。"他们中很多人跟我反馈说，那个（社保）申请流程特别复杂、特别麻烦，他们宁愿自己承受，也不愿意去走那一套复杂的流程。"

资料来源：外卖骑手 困在系统里[EB/OL]. (2020-09-08) [2022-06-15]. https://finance.sina.com.cn/chanjing/gsnews/2020-09-08/doc-iivhvpwy5554456.shtml.

启示：你怎么看待外卖骑手的以上遭遇？在法律层面和道德伦理层面，如何评价外卖平台的做法？

4. 职业发展

共享经济的就业门槛较低，劳动者或被新职业吸引，或出于自身需求加入数字经济就业大军中，但收入来源取决于适时的供需匹配，缺少稳定性，在这种职业背景下，很难产生明晰的职业生涯规划。2023 年，人民数据研究院联合趣丸科技发布的《新青

年 新机遇——新职业发展趋势白皮书》显示，近年来，在线音频市场快速扩容，有声书、有声漫画、广播剧等新兴音频内容进入更多消费者的视野中，也使网络配音这一新兴职业逐步从幕后走向台前，受到大众关注。然而，不容忽视的是，当前网络配音员仍很难得到系统化的声音表演培训，表演技巧的提升仍主要依靠网络配音员自行摸索与感悟。除此之外，网络配音员职业变现路径也不甚清晰，大部分从业者收入不固定；且行业内马太效应加剧，头部大流量网络配音员机会多、盈利高，对中小网络配音员生存空间造成挤压，激烈竞争导致行业从业者流动性较大。

在职业发展上，平台从业者也不能从工作中获得较大的技能提升。部分从业者如网约配送员、网络主播等工作技术含量低，劳动者平均人力资本水平不高。同时，平台经济的工作性质决定了从业者与企业之间多数为非劳动关系，而企业内部高质量的技能培训多是倾斜于正式员工，面向平台从业者的技能培训寥寥。

4.2　数字赋能的人力资源规划

人才是企业在商业竞争中脱颖而出的根本，在企业对人才进行规划管理的过程中，数字技术的赋能作用不容忽视。随着科技与人力资源规划的渗透融合，越来越多的企业开始使用人才盘点、人才画像和人力资源数据分析等人才管理工具来打造高质量的组织团队。

4.2.1　人才盘点

作为组织中重要的人力资源管理方式之一，人才盘点动态地将组织需求与人才供给相匹配，增强了组织的核心竞争力，促进组织战略的达成。

1. 基本概述

人才盘点的概念最早由美国通用电气公司提出，后在全球各地的企业中推广开来，不断发展完善，现今人才盘点已经成为企业重要的人力资源管理活动之一。关于人才盘点的内涵，北森人才管理研究院从不同维度对其进行了阐释。人才盘点，是企业管理人才的一项重要流程。在这个流程中，企业盘点内部人才的优势、待发展领域、职业发展的可能路径、职业空缺风险以及现在和未来的继任者，通过系统评估目前内部的人才数量、质量、结构，建立起企业的人才账本，把员工能力透明化、数据化和结构化，从而加强员工自我认知、提升员工能力，撬动业务战略与决策。从更加通俗的层面来说，人才盘点，是"一桌子"人，通过引入多方数据（包括履历、经验、绩效、胜任情况、多方评价等），在企业内部通过充分的信息沟通和讨论，最终对某些关键岗位的关键人才的任用评价、管理建议与人才发展路径等达成共识的过程。

人才是企业核心竞争力的最重要组成部分，人才盘点能够以一种系统性的思维综合匹配企业需求和人才资源，助力企业战略的实现。诸如联想、海尔、京东等行业龙头企业，早早便将人才盘点运用得炉火纯青。阿里巴巴更是每年有三件大事：9—10月定战略，11—12月做预算，2—5月做人才盘点。恰当的人才盘点体系能够进行人才的识别与激活，支撑企业长远发展。

2. 注意事项

人才盘点的最根本目的是助力组织战略的实现，企业的战略方向决定了组织的业务运营，业务策略决定了组织的人才需求。在 20 世纪 90 年代初，IBM 经历从传统硬件制造向咨询业务转型的阶段，原有业务下管理者更强调命令控制、监控结果、关注流程，管理者行为是被动的"如果我不知道，我就不会做"，而新型咨询业务则要求管理者从组织的层面思考问题，善于激励团队，关注外部市场，行动更加主动，意识到"如果我不去做，我就不会成功"。基于这样的战略思考，IBM 提出了新的领导力素质模型：致力于成功（focus to win）、动员执行（mobilize to execute）、持续推动（sustain momentum），通过素质模型，明确了人才需求，并统一了管理者的思想和行为，为 IBM 第一次转型奠定了基础。在人才盘点过程中，首先要明确组织战略，才能确定人才需求。

3. 结果应用

企业在实施人才盘点之后，获得的结果可以应用于两个方面：一是管理类应用，使用人才盘点的数据进行人员的调薪和晋升，按照战略需求及时调整人才配置，动态确保最优业务效率。二是发展类应用，通过对人才的全面盘点，明晰组织内部的人才发布，有针对性地进行能力的培养与学习引导。企业要依据自身发展需求综合进行人才盘点的结果使用，辨识高潜力员工，真正将人力资源与组织战略联结起来，实现人才价值的最大化。北京三元食品股份有限公司（以下简称"三元食品"）与北森云计算有限公司合作完成人才盘点工作并充分应用人才盘点成果，形成了专属于三元食品的统一的人才标准：识别人才，辅助实现人才规划；诊断企业，持续改进企业的组织结构、用工效率；塑造绩效导向的文化，对高绩效、高发展潜力的人才进行针对性的激励和发展，同时为管理者的能上能下奠定基础。

【案例启示】

唱吧（北京小唱科技）诞生于 2012 年，致力于为音乐爱好者搭建最好的音乐社交平台，打造全球最大的音乐社交生态圈，让每个人找到音乐带来的快乐；2012 年5 月上线后，一举拿下 App store 第一名，自此开创了中国移动互联网 KTV 行业。2014 年，唱吧拓展为音乐集团，集团业务涵盖手机 KTV（指配有卡拉 OK 和电视设备的包间）、智能音乐硬件、互联网连锁 KTV、连锁迷你 KTV 车载及电视大屏 KTV，以及音乐厂牌业务。2019 年，唱吧进行了全面战略升级和文化升级，并在 5 月 31 日七周年庆典中，进行了战略及文化价值观全员发布会。此后，配合战略落地，各部门进行了组织及人才盘点，落实了目标的分解和组织的调整，并通过盘点，检查了组织的人才准备度。

在人才盘点之后，唱吧将培养目标锁定在总监级。唱吧一直非常重视员工的发展，在培训方面不断尝试突破和改革。由于本次战略升级的需要，专业力和管理能力成为关注的焦点。考虑到知识的"社会化倾向"和传统培训的"个性化缺乏"，2019 年公司决定将培训经费下发至个人，个人学习后，通过内部分享的形式结业。此举一出，得到经费的骨干，开始主动思考"我要学些什么"，往常的"公司的培训计划""被动上大课"，陡然变为"我自己的学习计划"。在这样的背景下，"学什么"就变成了重要的一环。

基于以上背景，公司引入北森的"锐途管理人员综合测评"工具，从能力、个性、动机三个层面，全方位帮助员工进行自我诊断，帮助他们了解自己的优势和短板，进一步明确未来的成长方向；此外，对总监级管理人员，还通过"一对一反馈"式的报告解读，帮助他们觉察自己的个性特征给管理带来的优势和挑战，深度分析工作困惑背后的原因，并指导其制订未来的个人发展计划。

资料来源：北森人才研究院. 2020 中国企业人才盘点白皮书[R]. 北京：北森人才研究院，2020.

4.2.2　人才画像

人才画像是企业内部的用户画像，是人才管理的重要工具之一，应用于精准匹配企业的人才需求。

1. 基本概述

用户画像的概念最早由"交互设计之父"阿兰·库珀（Alan Cooper）提出，并指出用户画像是基于真实用户，以真实数据为基础，根据需求方的目标、行为及观点的差异所构建的目标用户模型。伴随信息技术的流动和发展，用户画像的概念逐渐迁移到其他领域中，人才画像便是用户画像在人力资源管理领域的延展应用。人才画像以人才为对象，结合人力资源管理实践中的各类数据，通过定性和定量的方法，刻画出组织所需要的某类人群或某类岗位人才共同的背景、能力等特征。

2. 注意事项

重视数据分析在人才画像中的重要作用，在数智时代，AI 算法让人才画像更具数字化应用价值。全面收集人力资源管理过程中产生的数据，使用大数据分析数据之间的联结，刻画精确的人才画像，科学地评估和量化员工的能力和潜力，为组织选用人才和决策提供数据支撑。例如，为充分考虑各下属经营单元不同发展阶段的用人需要，蒙牛通过构建智能人才标签库，将人才画像标签化，实现从打标签、展现标签到利用标签进行人才搜索的全场景应用，搜索效率提升 150% 以上，敏捷响应用人部门需求。在大数据背景下，组织能够实现更多的信息维度，获取更广泛的数据，绘制全方位的人才画像。

【案例启示】

坚持"数智"创新，精准编制人才服务分级表。对于收集到的人才数据信息实行标签化分级管理，重点分析人才的流动性、意愿程度、产业需求度等，以星标的方式进行分级，让人才画像的"五官"更为清晰。在分级分析过程中，对重点需要引进的人才进行精准施策，并建立由各单位相关负责人担任联络员的"一人一名联络员"制度，按照人才特点制订目标、战术，按需供给服务。

利用数字赋能，双向联通更高效。在"人才+产业"的全景双链地图内设置双向一键查询匹配功能，通过"人才地图"、产业地图检索关联到的数据信息，将人才适配到相应产业，将产业推介给合适人才，实现人才信息和产业需求精准匹配，让寻才引才工作驶进"快车道"。比如浙江双海源农业科技发展有限公司借助"人才地图"引进以色列本古里昂大学生命科学博士田端华，帮助该企业实施节水灌溉和应用水肥一体化技术，一年来成本减少 35.8%、产量增加 45.5%，年度综合效益提高 45%。

资料来源：青田县委改革办. 青田：打造招才引智"全球导航"地图[J]. 政策瞭望，2021(6)：49-50.

3. 结果应用

构建人才画像的最根本目的是精准匹配组织需求和人才资源。组织进行人才需求分析之后，从岗位本身出发，真正结合自身的业务需要，提炼岗位所需的人才技能和特征，绘制人才画像，构建人才地图，进行精准匹配。根据产业结构特点、核心技术现状和人才招引需求，湖州市梳理平台底层人才数据字段 98 项、人才分类标准目录字段 152 项，通过多层次数据清洗，形成立体高清的"人才画像"。全面分析人才发表论文、授权专利等关键信息，合成"人才关系网"，刻画"学术指纹图"。充分利用"一像一网一图"对人才精准定位，突破传统招聘网站笼统的人才招引模式，提高人才与产业链、创新链需求的匹配度。

【案例启示】

谷歌人力运营部人力资源分析师、工业心理学家托德·卡莱尔（Todd Carlisle）于 2005 年初做过一项实验：卡莱尔列出了一个包含 300 多个因素的人才清单。其中包括考试成绩、学历、毕业院校排名，也包括类似于对计算机首次产生兴趣的年龄等个性化的因素。卡莱尔试图分析这些因素与谷歌员工工作表现之间的关系。他发现，根本就找不到对谷歌大多数的工作岗位都起作用的单一变量。也就是说，你不能通过某个人在一个方面表现很杰出，就推断出他在其他方面也会很棒。

在不断的实践中，谷歌逐渐发现学术成绩不能成为衡量应聘者的唯一标准。谷歌还有舞台留给那些因为一周工作30个小时赚学费而影响学习成绩的人；还有机会留给具有强大竞争力的人，年少时追逐过运动员梦想的他们现在也同样不懈努力地追求着职业目标；那些并不擅长工程领域、成绩也不甚理想的人，如自主创业者等自青年时期就是公民领袖的人，他们也能有机会在谷歌发光发热。

根据冰山模型，学历、专业等（冰山上部分，主要包含经验、技能、知识等外在表现，是容易了解和测量的）在选人的过程中只是门槛性指标。而素质、价值观等（冰山下部分，包括素质、能力、动机、价值观等，是内在的，不易了解和被测量的）往往不易被察觉，而这部分恰恰是区分高低绩效的关键因素。冰山下的素质很难被培养，企业或岗位又需要具备这些素质的员工，怎么办？最快捷有效的方式，就是靠选择获得。

沃尔玛在选人方面的理念是，"Hire for attitude，Train for skill"（雇用态度好的人，培养他们的能力）。因此，HR在选人上的理念，是选择冰山下、培养冰山上。基于冰山模型可以描绘出岗位的人才画像卡，这些企业对人才标准的精准描绘是精准选人的基础。

在设计人才画像卡的过程中，可以参照人才素质与绩效的关联度——可培养性模型。该模型依据可培养性和与绩效关联程度的高低将人的能力素质分为四个部分。可培养性低、与绩效关联度高的是冰山下的素质，需要重点关注；与绩效关联度高、可培养性高的作为门槛标准。必要时可放宽门槛标准，但是冰山下的素质决不能放宽。

资料来源：刘玖锋. 人才甄选，如何做到短、平、快[J]. 人力资源，2020(15): 58-61.

4.2.3 人力资源数据分析

通过采用客观科学的技术方法，人力资源数据分析保障了管理工作的高效开展，全面提升业务效率。

1. 基本概述

在进行人力资源管理工作时，海量的信息会随之产生。数据分析在人力资源管理领域的应用，能够大幅提高工作效率，使用智能算法对繁杂的信息进行有效整合和处理，解放员工双手，节约人力成本。通过对数据的分析，计算机技术还能识别问题所在、预测未来方向、优化业务流程、支持人力资源决策。

IBM人力资源数据分析系统

众多数字化企业，早早便意识到人力资源数据分析的重要价值。北森一体化人力资源系统打通招聘、组织人事、假勤、薪酬、绩效、测评、继任、培训学习、调查等人力资源各业务模块，实现人力资源全场景业务一体化与数字化，为人才数据分析提供系统基础。利用各类数据，一体化的人力资源系统可以帮助 HR 衡量员工的工作表现、领导力数据、绩效结果甚至是组织人才储备的厚度等。人才数据分析帮助企业 HR 从数据中找决策的支撑，看到在人力资源领域投资与真实业务产出之间的对应关系，重塑 HR 的业务影响力。

2. 人力资源数据分析注意事项

在运用数据分析给人力资源管理提质增效时，要注意各个技术工具的兼容性，保持人力资源管理整体的一致性。随着数字化变革的蔓延，人力资源科技公司纷纷下场，推出众多数据赋能的人力资源产品服务。如北森的人才测评系统、绩效管理系统和继任管理系统等产品，万宝盛华开发的人事行政管理平台"HR SaaS"、员工服务及发展平台"天天 U 福"和专业技能培训平台"Woskill"，以及科锐国际推出的垂直招聘平台等。组织在引进各类技术工具时，要关注不同公司开发的产品系统是否兼容。如果产品都是基于不同的系统搭建而成，从 A 公司引进的招聘系统只能用来招聘，从 B 公司买入的绩效管理系统只能用来绩效考核，而人才与绩效的内在关联性无从分析，各系统便成为"数据孤岛"，不利于整体的业务决策。

【案例启示】

　　HR 数字化转型是近几年各大跨国公司的 HR 创新重点。在转型过程中很多企业都遇到了一个相近的挑战——不同 HR 系统的后台数据无法兼容，比如招聘、薪酬福利、员工体验、绩效管理，组织架构等，都是基于不同的系统搭建，如何能够让这些不同的 HR 系统彼此"对话"，让 HR 团队和管理层更便捷地一站式获取与分析数据，成为企业 HR 团队亟须解决的难题。

　　博世中国针对这个挑战，推出了 HR 全球数据大中台，运用标准 API（应用程序编程接口），与不同功能的 HR 后台主系统数据对接，定时让有价值的数据同步到中台，方便 HR 数据分析和数字化产品的开发。

　　HR 数据中台规范了集团全球 HR 数据字段的统一命名，并一次性结构化调整了一些传统意义上的非结构化数据。它也解决了数据过于分散的问题，帮助 HR 团队和管理层批量获取有价值的结构化数据。它大大降低单个产品和 HR 后台系统开设 API，提升系统的数据流性能，加快获取或下载数据的速度，并降低了运维的复杂性。各项运营成本的降低（包括减少不必要的 API 投资）使 HR 数据中台的 ROI（投资回报）速度达到一年之内。

　　随着越来越多的后台主系统逐一和中台打通，HR 团队的工作效率将大幅提升。

未来，博世将对其他领域的数据中台开放数据对接，让涉及多个领域的复杂性数据分析成为可能，譬如 HR 数据和财务数据的整合。

资料来源：杰出雇主调研机构. 中国杰出雇主 2021 白皮书[R]. 杰出雇主调研机构，2021.

3. 人力资源数据分析的结果应用

人力资源管理涵盖六大模块：人力资源规划、招聘与选拔、培训、绩效管理、薪酬管理、员工关系管理，数据分析与人力资源管理的结合惠及这六大模块的各个流程。其中，人力资源数据分析的结果应用可以归纳为三个方面：第一，提升效率。例如机器人帮助查询相关请求，如休假、工资单，智能会议管理及行动计划等提醒，简历自动化筛选和匹配，雇用前远程面试。第二，改善员工体验。例如智能化学习平台，精准推送员工需要的内容和学习任务，通过员工工作偏好、能力工作匹配，开展虚拟场景培训。第三，智慧管理决策。例如利用数据模型识别合规错误、与欺诈和不当行为相关的行为模式，建立离职风险预测模型，精准化人才识别（基于问题、视频/声音、游戏化测试、文本/图片分析的人才评价）。

目前，美国的许多公司已经通过将大数据和人工智能技术应用到人力资源招聘，综合美国职场所需要的各种能力，结合毕业生的多方面特点，为毕业生达到就业目标提供量化依据，助力毕业生顺利找到最适合自己的"人生岗位"。美国 Knack 公司将先进的数据分析工具和游戏结合在一起，通过一系列游戏实时观察目标对象的实际行为和表现。由于计算机可以从用户参与游戏的每一个瞬间获得有用的数据，15 分钟游戏就足以创造 100 万字节的数据。因此，领导者最终获取到的不只是完美的简历，更有应聘者的社交能力、适应力、情商等多方面信息。

【案例启示】

一家零售门店型企业拥有众多前线销售人员（约 2 万人），年招聘数量超过 3 000 人，零售网点也多达 3 000 个。此外，随着业务量的逐渐增长，门店仍在持续快速扩张。企业的业务增长和发展高度依赖前线人员创造的收益，然而，前线员工的销售贡献能力参差不齐这一痛点始终难以解决。企业希望依托销售业务链路上的各类销售员工的价值贡献进行分析，利用高效、科学的管理方式和工具，识别高绩效销售群体及了解其特征，找到优秀销售员工创造价值的方式与差异，持续优化和提升门店的销售业绩。当前已有大量的员工数据及业务数据，企业可充分应用现有数据，开展高绩效人才分析以获得关键人才洞察。

实现途径：①定性分析，产生上百条数据假设，并结合现状进行数据采集。结合内部实际情况与外部高绩效人才特征定性分析，该企业作出了针对自身情况的数据假设。基于数据假设，该企业开始在内部推进人才分析所需的数据收集。在此过程中发现，数据在深度、质量及广度上仍存在缺失，需要持续进行数据完善和迭代更新。②建立模型进行分析，得出洞察。该企业采用了机器学习等大数据分析方法，通过数据输入对高绩效人才进行了分类：包括运动型人才、贤哲型人才、学者型人才和养成型人才等。并且，企业通过数据假设及人才数据分析，得出与预期结果有关联的人才特征。③结合选定场景，找到效率提升及价值增量点，形成下一步计划。基于模型产出的数据洞察，该企业着手规划选定场景的应用。通过分析发现，招聘、培训及人岗匹配是企业现阶段最能快速实现人效提升的 HR 场景。以招聘场景为例，企业在招聘流程中结合高绩效人才特征和画像，针对性地识别和筛选有潜质的候选人，并有计划地制定优化举措的落地路径图，最终实现效益提升。高绩效人才分析能力的打造是个长期过程，其中，团队的构建及其能力的培养，对效益的最终落地和持续提升至关重要。为顺利推进人才分析，该企业从各部门选派最适合的人员，组建了高质量的项目团队。此外，该企业还招募了一些专业的数据科学家，以保障数据模型产出的精确度。通过逐步在场景中落实最终提效举措，并不断完善数据以推动模型的迭代更新，该企业依托更精准的分析结果，成功实现了效益的最大化。在选定的三个主要场景中执行 15 项细化举措，为企业带来了以下三大核心收益：提升招聘质量、实现人效裂变和识别能够显著改善公司业绩的员工。我国众多企业已经积累了一定体量的数据，为人才分析奠定了良好基础。企业只有紧抓这一科学提效抓手，在探索人效提升的征程上一马当先，才能在竞争日趋激烈的环境中抢夺先机、稳步发展。

资料来源：陈震，卫杰，刘宇晗，等. 人效系列第三篇：数据精准把脉，人效稳步提升[EB/OL].〔2023-09-25〕. https://www.mckinsey.com.cn/人效系列第三篇：数据精准把脉，人效稳步提升/.

4.3　数字赋能的招聘和甄选技术

数字化是提升招聘和甄选效率的重要工具，根据艾瑞咨询研究院的估算，2021 年中国网络招聘市场规模为 160 亿，这一数据较 2020 年增长了约 48.2%，为近 5 年同比增长率最高的一年。艾瑞咨询研究院估算，未来 3 年网络招聘行业市场仍将保持高速增长。

4.3.1　数字赋能主动配置

传统通过招聘公告进行的招聘需要经过多轮招聘程序。按照这样的招聘流程，招到合适的员工可能需要投入大量的时间和人力成本。同时，传统的人工招聘带有一定的主观色彩，也会造成匹配精准度的降低。随着数字技术的演进，企业人才配

强化行业人才支撑，数字化招聘助力余杭企业开门红

置的方式也在不断革新，企业岗位随时出现空缺、随时进行配置的情况已逐渐成为可能。

信息技术的普及带来了企业招聘方式的革新，网络招聘逐渐成为企业和求职者主要的沟通模式。企业可以通过校招、官网、微信公众号等形式，直接发布招聘需求，使用智能算法进行简历筛选、AI 人才测评，自动实现人才的招聘、选拔和录用的整个流程。北森人才管理研究院发布的《2022 中国企业校园招聘白皮书》显示，大部分雇主品牌建设成熟的企业，超过 80%的校招简历都来自企业招聘官网。以万科为例，其招聘和培养了大量互联网专业技术人才，建立了自己的企业官网，研发了相关的网络安全系统，阻挡了广告和黑客的入侵，充分地保护了求职者的信息和隐私安全；并通过实时动态更新招聘信息，确保招聘信息的时效性。

进入数字化时代，建立大数据人才库已成为企业新的人才配置选择。大数据算法和人工智能技术可以通过不间断的机器学习获得雇主的用人偏好及候选人的求职偏好，并对来自外部网络的候选人资料与企业档案进行双向智能匹配，大幅提高了招聘效率。大数据人才数据库和人才筛选技术可以通过岗位分析进行人才选拔，实现更有效的人员配置。比如，谷歌运用大数据技术，让所有员工各自完成一份 300 道题的问卷，根据简历信息与问卷结果的回归关系建立一套数学模型，发掘在校成绩不好但有潜力的申请者，提高了人才选拔的预测性。同时，对于工作能力与所投岗位不匹配的员工，大数据系统也会根据其能力为其推荐适当的岗位。IBM 依托大数据技术构建了"全球工作机会"交易系统，根据员工对于 IBM 内部所有可用工作机会的浏览、点击，进行员工工作偏好的分析。同时，IBM 也会追踪员工日常工作中随机出现的数据，通过算法推断其工作技能的变化，并依托抓取的员工工作偏好和技能信息进行适时的岗位匹配。

除了企业内部建设的大数据人才匹配系统，招聘服务企业也依托大数据技术进行了大幅革新。1994 年成立的智联招聘如今注册用户已达 1.4 亿，合作企业达 400 万家。依托庞大的数据基础和大数据算法技术，智联招聘已经可以为注册的求职者和企业提供精准的服务。在求职者注册并填写基本信息和求职意向后，系统会给求职者发送适合的就业信息，无须求职者自行浏览网页。企业也可根据自身需求自由选择服务节点，节省招聘时间和成本。除此之外，领英、脉脉、猎聘等也都借助平台、SaaS 等为企业提供智能招聘服务，提高企业人岗匹配效率，节约企业人力管理成本。

【案例启示】

Bello 倍罗成立于 2016 年，是一家提供人才解决方案的底层人工智能科技公司。目前，Bello 倍罗深耕 AI 领域，用领先的职场知识图谱及深度 NLU（自然语言理解）等技术为大型企业提供招聘系统智能化的升级方案，用 AI 技术精准高效地解决传统招聘流程痛点，降低企业招聘成本。

艾媒商情舆情数据监测系统显示，系统监测期间，Bello 倍罗网络评价好，网络口碑指数达到 58.0。艾媒咨询分析师认为，Bello 倍罗通过其核心产品 AI 技术中台能够有效帮助中大型企业、第三方招聘平台提升招聘效率及核心能力。2020 年，SaaS 产品的应用得到进一步发展，加强了 Bello 倍罗对中小企业的服务覆盖；凭借领先的 AI 技术和全面的服务，Bello 倍罗整体口碑正面，在行业内享有美誉。

Bello 倍罗专注于招聘场景的 AI 技术研发，将三大技术模块融合于其中台，帮助其完善企业自研招聘系统，智能化招聘流程。同时，Bello 倍罗以 AI 底层技术和人才主数据库为基层设施，结合其他环节最顶尖的生态伙伴，组成了涵盖"咨询、产品设计、项目管理、实施与二次开发等"全链条的客户服务，提供一站式、包落地、开箱即用的完整解决方案，让缺少合适人才和工具的传统企业也能实现数字化。艾媒咨询分析师认为，Bello 倍罗深耕 AI 技术在招聘垂直领域的应用，核心技术壁垒高，真正将 AI 技术运用于产品，而非单纯地将招聘流程线上化。未来 AI 技术在招聘领域应用的重要性将不断提高，各类企业出于提升竞争力的需求对招聘数字化服务的需求将增加，Bello 倍罗市场发展前景值得期待。

资料来源：艾媒咨询. 2021 年中国招聘数字化现状专题研究报告[R]. 艾媒研究院，2021.

4.3.2　数字赋能精准选拔

在对人才的选拔中，数字技术能够实现快速筛选简历，精准进行人岗匹配，满足企业不断升级的人才管理需求。

1. 智能简历筛选

简历筛选是十分困扰人力资源管理专员的环节，一个岗位有千百名竞选者投递简历已是常事，在进行简历筛选时技术要求低，但却耗时耗力，是对企业人力资源的严重浪费。2023 年，拉勾招聘发布了《2023 年招聘市场 HR 群体洞察报告》，报告主要基于 874 位企业 HR 的调研结果，旨在分享最新的招聘市场动态和 HR 招聘经验。调研数据显示，受访 HR 中，53% 的 HR 平均每天要看 100 份以上的简历，21% 的 HR 平均每天要看 50~100 份简历。如此繁重的工作量是对人力资源管理专员精力的严重消耗。而运用 AI 进行简历筛选可帮助 HR 自动淘汰不合格简历，从而节省 HR 的基础工作时间。比如，2021 年，贾迎亚和于晓宇在《中欧商业评论》上提到，联合利华上线算法筛选简历措施 1 年后，招聘周期从 4 个月缩短到 2 周，成本节约超过 100 万英镑，雇员多样性提高了 16%。

数字技术能对候选人的简历进行智能解析和查重，将不同格式的简历进行统一的归纳整理，减轻人力资源部门的简历录入负担。数字技术还能够实现智能筛选，通过刻画人才画像、数据挖掘和关键字段识别等方法，AI 算法深度分析候选人的教育背景、知识技能、工作经验等信息，将职位所需与人才画像智能匹配，高效辅助简历筛选。艾媒咨询发布的《2021 年中国招聘数字化现状专题研究报告》指出，AI 技术具有操作简单易上手、大大降低事务性工作量等优势特点，对招聘效率的提升效果突出，超过一半的受访企业表示其经常使用 AI 简历解析功能。

【案例启示】

智能简历推荐

　　360 是中国大型互联网企业之一，伴随着中国互联网行业的风起潮涌，360 的人才体系一直保持勃勃生机，新血液的输入对公司业务发展起到了关键作用。360 在校园雇主品牌运营和校企联动的加持下，2022 年的校招简历量较上年提升了 80%，简历量的激增，对校招 HR 高效管理招聘流程提出了更高的要求。"往年学生应聘流程至少要一个月，今年流程缩短到最快一周完成，有效提升了学生黏性与简历转化"。360 是如何做到的？

　　360 校招组设计了自动化的流程齿轮，将长周期零散的工作，封装拆分到有节奏的闪电作战中去。想达成全流程的自动化，不管是对数字化系统的要求还是对校招 HR 运营能力的要求都是极高的。360 校招组为批量筛选简历、批量触发笔试、自动分配简历、业务筛选面试及淘汰后二次推荐、录取后的简历回传等阶段设置了自动化流转的规则引擎。比如，HR 将职位发布广告后，收到的简历会根据预设条件自动过滤，笔试后系统会根据笔试成绩、工作意向地与业务部门的需求量，按需分配至业务部门的小职位中供业务经理筛选。同时，为帮助业务经理聚焦精力，HR 设计了以两周为节点的自动化"双周推进"节奏。业务经理无须时刻盯着招聘系统，不会被随时进库的简历邮件打扰，按节奏集中处理招聘任务。

　　资料来源：北森. 在上万份简历中高效识人，360 是怎么做校招的？[Z]. 北森人才管理研究院，2022.

2. 在线测评

　　人才测评关系到员工的选、用、育、留等各个方面，是组织储备人才梯队和搭建人才库的关键工具。有效的人才测评能够帮助企业识别出正确的人才，筛选出适合的员工匹配相应的岗位。

　　在数字技术背景下，多样性的在线测评工具能够科学地判别员工的行为表现、内在性格和深层次的动机等信息，人才测评更加客观、准确。多元的在线测评工具提高了管理人员的工作效率，也保证了评估结果的真实性。随着国内人才管理市场的逐渐成熟和人才管理理念的持续深入，越来越多的企业逐渐引入线上测评工具。北森人才管理研究院基于北森一体化招聘运营平台 2022 年的完整数据，跨越 11 大行业、数千家企业招聘与求职信息发布的报告《2023 招聘年度观察：企业迈入数质化招聘时代》显示，数质化招聘将越来越普及。一家公司如果想要做好数质化招聘，需要经历线上流程化、甄选能力体系化、运营能力稳健和战略敏捷性等四大阶段。企业采用线上测评工具的原因在于："测评相比访谈、面试等技术，其效率高、成本低、数据易量化，对施测者专业能力要求也相对较低。"

3. 人工智能面试

人工智能面试基于语音语义解析，立足于人岗匹配，结合硬性条件和软性素质评测，打破面试时空限制，AI 辅助多维度分析候选人。AI 面试既让求职者免于来回奔波，更是极大地提升了面试的准确性和客观度。

2023 年 6 月，ResumeBuilder.com 对 1 000 多名参与工作招聘流程的员工进行调查，以了解他们公司使用 AI 面试的情况。结果显示，10% 的受访者表示其公司目前正在使用 AI 面试，17% 的公司计划今年开始使用，另有 17% 计划到 2024 年使用。预计到 2024 年，大约会有四成的公司将用 AI 进行求职面试。包括希尔顿、联合利华和高盛在内的许多世界 500 强公司，都在使用人工智能评估系统，通过摄像头分析求职者的面部动作、措辞和说话声音，来给求职者的面试进行打分。

【案例启示】

早在 2014 年，国外 AI 招聘企业 Hire Vue 就推出了 AI 视频面试系统，其系统设定标准面试时间 30 分钟，包括 6 个问题，算法将通过从中得出的 500 000 个数据点来评估面试者的表现，一定程度上提高了简历筛选的客观性和精准度，也将 HR 从繁重的"简历筛选"中解放出来，以便将重点放在人才质量本身上，同时还可避免因 HR 判断主观性造成候选人流失的情况。Hire Vue 目前已服务 700 多家企业客户。

资料来源：云林. 2020 年度招聘 App TOP20[J]. 互联网周刊，2021(10): 22-23.

市场上较为主流的 AI 面试产品的数据显示，人工智能的面试效果优异。智联招聘所推出的产品"AI 易面"，内部面试官复审发现机器判断和人工判断的重合率达 98%；由招聘网站猎聘研发的 AI 面试产品"魔镜"的人机一致性达到了 85% 以上；已经在飞书和钉钉上线的 AI 面试系统"方便面"的准确率是 96%；为肯德基和顺丰速运提供 AI 面试功能的产品"海纳人才"表示，其 AI 面试结果的准确率高达 98% 以上，并且结果完全不需要人工再审核。

4.3.3 数字赋能快速入职

招聘完毕之后便是入职环节，数字技术助力新进入企业的员工快速融入集体，熟悉岗位职责，尽快进入工作状态。

1. 线上入职办理

入职办理是企业带给员工的第一次工作体验，一套完整而简洁的入职流程能够让新员工快速熟悉新环境、进入工作状态。翰威特公司在对员工入职流程与员工投入度之间的关系进行研究时发现，那些在入职流程和培训方面投入较多的企业，其员工投入度也高。

线上入职办理让员工能够免于四处奔波，简化了复杂的入职流程，节约了时间和人工成本，让员工拥有更好的入职体验。在罗氏中国，新员工可以通过"E 入职"系统线上全电子化地办理入职手续，签订工作合同。"E 证明"系统可以让员工通过线上平台轻松办理各种证明手续，跳过复杂的面对面沟通过程，将走流程的时间缩短到几小时内。

【案例启示】

德勤面向全国推出"数字化试用期管理平台"，通过该平台和自动化机器人协同，7×24 小时全天在线支持试用期考核流程，利用自动化手段为辅导者、审批人和新员工提供全新的数字化体验，包括：提醒试用期节点、线上收集考核结果，提供实时报表以及向通过试用期的员工发送祝贺信。加入德勤后，新员工可以通过"员工一站式服务平台"进行线上入职办理。

资料来源：杰出雇主调研机构. 中国杰出雇主 2021 白皮书[R]. 杰出雇主调研机构，2021.

2. 数字化破冰

组织的长远发展离不开源源不断的新员工的加入，然而员工的性格、价值观、认知等都不一而足，如何增进沟通，提升团队凝聚力，是管理者需要解决的问题。这便是职场破冰活动的意义所在，一系列破冰活动能够让员工间加强了解，消除隔阂，更好地融入组织。

随着越来越多的 95 后、00 后涌入职场，企业逐渐意识到相比传统的聚餐式破冰，糅合了技术元素的数字化破冰活动更受年轻人喜爱。阿斯利康在管培生项目中专门加入新员工线上破冰环节——入职派对。所有新员工会受邀参加线上派对进行自我介绍，利用线上互动趣问趣答、云 K 歌、云上游戏竞赛等方式认识彼此。通过这样的活动让新人了解公司价值观、业务知识，同时建立团队意识和协作精神。

【案例启示】

无论是基于数字化转型的企业环境，还是考虑到活在游戏里、长在互联网上的年轻人成长标签，数字化破冰的确在突破地域限制、更便捷、更沉浸式体验方面，给新员工带来了更好的入职体验。

除了最常见的微信群、企业微信、ZOOM 云会议以及企业内部的线上社交平台这些数字化沟通工具外，很多企业为了让新人更快速地了解公司、融入群体，打造了多元化的数字化破冰方式。

碧迪医疗非常注重沉浸式体验。入职当天，公司会安排新员工在现场或以线上虚拟现实的形式参观客户体验中心，沉浸式地了解公司的产品和应用领域，体会碧迪医疗的解决方案和创新技术对医护人员与病患的价值，激发公司新员工的自豪感和使命感。

同时，契合"95 后""00 后"利用碎片化时间掌上学习的习惯，碧迪医疗还为员工提供了丰富的线上学习资源和新员工培训平台，利用视觉化呈现的模式，让新员工沉浸式体验公司的企业文化和价值观。这样做既可以帮助新员工随时了解公司的政策流程，也可以让新员工随时学习产品知识、专业技巧，扩展行业知识领域，探讨热点议题。目前，公司也在不断升级这些线上程序与伙伴支持系统，希望让新员工在更轻松、灵活的形式中体验新员工之旅，尽快实现破冰。

资料来源：朱冬. 什么才是新世代心中"针不戳"的破冰？[EB/OL]. (2021-08-23). https://www.36kr.com/p/1366511898543497.

3. 入职培训

步入一个全新的工作环境，员工难免会产生紧张与焦虑的情绪。入职培训能够帮助员工进一步了解组织概况和企业文化，增强员工的组织认同感，强化职位所需技能；缓解新员工的角色压力，使其更快地适应身份角色，更好地融入团队、融入组织。

传统的培训模式已经无法满足新生代员工多样化的培训期望，在数字技术的加持下，各种灵活、新颖的培训方式大大提升了员工的参与度，培训效果可观。天津联通悉心安排了 2021 年新员工入职培训课程。此次培训采取线上与线下结合的方式进行，聚焦政企创新队伍建设，既有课堂教学，又有实地体验；既可以切身感受时尚 5G 应用的快乐，也可以穿越时空收获摩尔斯电码的惊喜。线上培训包括企业文化、5G 网络、IT、政企产品相关知识等。线下集中培训主要围绕公司概况、市场、网络等内容，聚焦政企市场、创新业务产品体系、行业营销现状，同时，搭配重点行业解决方案以及商务礼仪、谈判技巧等内容，使新员工更加全面地了解天津联通，助力新员工从"校园人"向"职场人"转型。

【案例启示】

按照国网河南省电力公司对新员工入职培养相关要求，国网郑州供电公司结合实际工作，以强化公司新员工培训培养工作质效为目标，践行新员工入职培训"3254"模式，即聚焦"融入、交流、提升"三大目标，通过"线上预热+线下精进"两种模式，统筹"线上学习+集中授课+现场观摩+团队建设+行动学习"五大培训手段，实现"身份、情感、融入、文化"四个融合，并尝试与国网河南省电力公司营销服务中心、国网河南省电力公司技能培训中心共同实现新入职员工培训，以此加强交流协作，助力新员工快速成长成才。

2021年9月2日，新员工培训从"云"端开启。第一阶段，公司按照新员工培训方案，设置了"党史学习、形势任务、综合素质、安全生产、企业认知"五大云端学习模块，优选网络大学10门课程，通过线上学习、自学研讨、领学分享等形式，完成了网络学习的基本内容。第二阶段，利用直播领学、专家课堂、钉钉平台、磨题帮App、心得体会分享等多种形式，通过学习和分享，不仅使新员工对党的历史有了更深入的了解，也提高了大家对电网安全的认知。在课后分享中，新员工们纷纷表示，未来属于青年，自己更应当发奋图强，做一个称职的国网人。

资料来源：唐翠莲，苏迪，康少华，等. 新员工入职培训"3254"模式的创新实践[J]. 中国电力教育，2022(4)：50-52.

4.4　数字赋能的招聘和甄选权威文献解读

4.4.1　文献信息

题目：*Market-oriented job skill valuation with cooperative composition neural network*
出处：*Nature Communications*
作者：Ying Sun, Fuzhen Zhuang, Hengshu zhu, Qi zhang, Qing He, Hui Xiong
发布日期：2021年3月

4.4.2　文献点评

在知识经济时代，技能型人才永远是宝贵的财富。现代工作要求人才对自己的工作技能进行大量和持续的投资，了解工作技能的价值不仅可以帮助个人主动评估自己的能力，决定什么是适合学习的技能，还可以帮助企业制定出适配工作岗位的薪酬体系，以吸引和留住合适的人才。然而，很少有定量方法可用于从工作技能对工资影响的角度评估工作技能价值，因此，该文特提出了一个数据驱动的解决方案，从市场导向的角度评估技能价值。

具体而言，该文将工作技能价值评估任务描述为一个薪资技能价值构成问题，其中每个工作岗位都被视为一组所需技能的构成。该文随后提出了一种具有合作结构的增强型神经网络，即工资技能构成网络（SSCN），用于根据大量工作岗位分离工作技能并测量其价值。SSCN将薪资预测视为技能评估的一项合作任务，并综合考虑技能价值和支配地位，对技能与工作薪资之间的关系进行整体建模。实验表明，SSCN不仅能为工作技能赋予有意义的价值，而且在工作工资预测方面优于基准模型。

4.5　数字赋能的招聘和甄选经典案例解读

4.5.1　案例信息

题目：《大数据＋人工智能：百度这样管理人才》

出处：《哈佛商业评论》

作者：刘铮筝

发布日期：2016 年 12 月 9 日

4.5.2　案例呈现

随着互联网行业在中国的快速发展，本土高科技公司在人力资源管理上面临诸多共同挑战。管理上，中层管理者普遍年轻化，以"70 后""80 后"居多，而且多出身技术岗位，导致管理经验等软技能欠缺，角色转化困难。业务上，科技企业创新性强，组织结构调整频繁，岗位轮替变化很大，对人才的选用育留构成挑战。员工方面，科技人才市值高、流动快、个性强，如何形成合理机制，让管理跟上企业飞速发展，同时让核心人才形成凝聚力，也成为企业亟待解决的难题。

作为中国互联网行业的领军企业，百度充分发挥其在人工智能和大数据方面的天然优势，为应对上述问题作出了很多具有前瞻性的探索。百度组建了面向智能化人才管理的专业复合型团队："百度人才智库"（Baidu Talent Intelligence Center，TIC）。在没有模板或先例的情况下，为了开发出能够切实解决科技公司人才管理痛点的实用工具，TIC 团队从业务场景入手，与人才管理专家以及不同背景的百度员工反复沟通，以超过 10 万内部员工数据（历史＋在职）与海量多源外部公开数据为基础，在近一年内创建并提供了国内首套智能化人才管理综合解决方案。

目前该套解决方案已经在公司内部投入使用，在智能选拔、匹配人才、舆情掌握和预测等方面卓有成效。凭借 TIC 科学的理论模型，百度能以更加量化、客观的衡量手段，从人才、组织和文化三方面来践行"让优秀人才脱颖而出"的人才管理理念。

智能管理人才、组织和文化

百度人才智库主要作用于人才、组织和文化三大方面，包含"智·管理""智·选才"和"智·人物"等六个功能模块。人才方面，TIC 能够极大地提升招聘效率，科学识别优秀管理者与人才潜力，预判员工离职倾向和离职后影响，并为有针对性的人才获取、培养与保留提供智能支持。组织方面，TIC 能通过分析部门活力、人才结构和部门圈子，科学评估组织稳定性，揭示组织间人才流动规律，为组织优化调整、高效人才激励与促进人才流动提供智能化支持。文化方面，TIC 能及时呈现组织内外部舆情热点，智能分析外部人才市场状况，为管理者提升公司口碑、提振员工士气，为公司预先进行人才储备提供智能支持。

智能招聘系统

TIC 带来最大的变化之一，就是实现"人才"与"岗位"的智能双向自动匹配。从候选人搜寻（sourcing）角度改变了以前依靠人力从海量简历中大海捞针的模式，通过人工智能实现从"百里挑一"到"十里挑一"的转变。以前部门管理者在向 HR 部门提出人才需求时，描述可能主观且模糊；HR 经理在各大招聘网站大海捞针寻找简历，须反复寻找、匹配，过程烦琐、耗时漫长，招聘结果也不尽如人意。而 TIC 可以在整个百度招聘系统里自动搜索排列某个岗位最具价值的人才资源。比如，HR 部门提出招聘 C 语言工程师的岗位需求，TIC 系统能通过分析百度系统中所有相关员工的简历信息和工作绩效数据，立刻把市面上最符合要求的前 10 位人选资源直接搜索出来，省去了很多不必要的招聘中间环节。

人员、人才和人物

过去的企业注重的是"人员"，比如早期的福特公司等制造业，强调人员的高效性和严格的组织纪律性。现在的高科技企业注重的是"人才"，强调一技之长和人才的团队组织协作能力。而未来企业一定注重的是"人物"，需要的是卓越的领导力及创新力。如何挖掘和寻找"人物"，是如今及未来 HR 部门面临的一个重大挑战。TIC 从企业中的核心地位、业务桥梁、开放交流、组织框架和广泛合作五个维度打造量化模型，以业务往来邮件、在公司平台上编写程序等客观真实的数据和文本为依据，对员工进行打分。这就给每位员工建立了成长"电子档案"，通过计算员工的业务核心度指数，判断其成为"人物"的可能性，并且能够发现员工在五个维度的优劣强度，进而因材因需给予其适合的任命或有针对性的培训辅导。特别需要指出的是，TIC 深切了解隐私保护对于大数据分析的重要性。任何由 TIC 使用的数据都受到严格审批、加密与管理，确保不被用于其他用途。

组织人才管理风险指数

除了前五个维度之外，领导力还须从组织层面来进行衡量。当面对新的形势和新的业务挑战，对于如何从平级管理者中提拔能够胜任高风险新岗位的人，TIC 也给出了相应的解决方案——人才管理风险指数。通过该指数，可以及时识别管理者在各个时期面临的管理复杂性和困难程度，并清晰比较不同管理者职业生涯中的风险变化。例如，某些管理者可能只胜任特定的领域，在转换跑道后曲线就会呈现出大幅波动。有能力的管理者，在相对较短时间内就可以让动荡的曲线趋于平缓。而如果转换到某个岗位的任何管理者都表现出长期的大幅波动或不适应，那么组织就要思考是不是该业务的组织结构本身设置就有问题。人才管理风险指数给提拔任命领导者提供了有说服力的客观依据——假如一位管理者曾经分别领导过三支极不稳定的团队，而他仅利用 3 个月的时间，让所有团队的风险曲线都平稳下来，就说明他足以胜任高复杂程度的新岗位。

人才圈子雷达

TIC 不仅能应用于公司内部的人才和组织管理预测，还能预测市场上人才招聘的热点，建立人才圈子。从感性上来说，人才圈子反映出的事实就是：找工作也须"门当户对"。比如 TIC 通过数据挖掘发现，美国在线（AOL）所招聘的编程人员和媒体人才，呈现出截然不同的层次特点。AOL 的程序员大都来自二线的 IT 公司，没有谷歌、Facebook 这种一线公司的员工。而其媒体人才相对来自更高端的圈子，比如《华尔街日报》《金融时报》等。通过构造这样的社交职业生涯网络，以及对数百万份人才档案和招聘广告进行智能建模，TIC 就可以预测出特定行业和市场圈层的招聘热点，让企业 HR 部门能针对大趋势做好准备和调整。

4.5.3 案例点评

以大数据驱动人工智能进行人才管理，不仅彰显了百度崇尚尖端技术的 DNA，也反映了该企业对未来跨学科合作趋势的准确判断。百度 TIC 的创立，给百度的年轻员工群体提供科学化、个性化的成长和发展指导，给百度的年轻管理群体提供大数据驱动的智能管理工具，从科学技术入手，真正做到以人为本的管理。人工智能技术不仅让年轻员工更加了解自己的需求和所处位置，也让管理者能更有针对性地帮助员工成长，从根本上消除年轻化团队和经验型管理之间的矛盾。

分析讨论：

1. 高科技公司在人力资源管理上都面临哪些挑战？

2. 百度人才智库主要作用于哪几个方面？

3. 结合案例谈谈，随着社会的发展，过去的企业注重"人员"，现在的企业注重"人才"，未来的企业注重"人物"，这三者的差别之处在哪里？

4. 百度是如何判断一位员工成为"人物"的可能性的？

5. 作为中国互联网行业的领军企业，百度的人才管理对行业内其他企业有什么启示？

自学自测　　扫描此码

第 5 章

数字赋能的培训

【知识图谱】

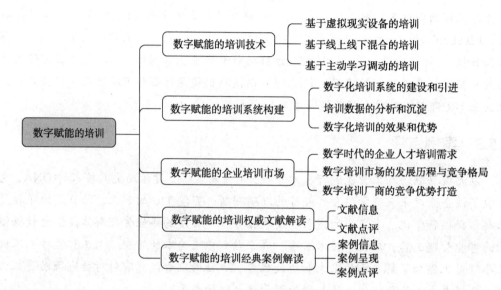

【思考题】

1. 基于虚拟现实设备的培训有哪些？

2. 线上与线下培训各有哪些优缺点？

3. 一个好的培训系统应该具备哪些功能？

4. 在培训的过程中涉及哪些数字技术？

5. 如何打造数字培训厂商的竞争优势？

【管理者语录】

数字化人才分为四个层次，首先是了解区块链、运营等知识的初始阶段；其次是具有更开放心态和视野的阶段；再次是企业通过数字化工具赋能，提升工作效率的阶段；最后是具备完备培训体系，拥有数字化培训平台的阶段。

——赵英（施耐德电气企业大学校长）

未来的职场需求具有更强的凝聚力、上司要具备换位思考能力、在组织中建立强大信任关系，以全新方法和技术构建企业人才发展体系，提升组织能力。

——杨晓燕（长江商学院助理院长）

【情境导入】

　　为了支撑新业务的开展,外部人才招聘固然是获取人才的一条捷径,但是这样一来,大量新员工的引进,打乱了公司总的人才管理年度计划安排。小李思索良久后决定,外部招聘与内部培训双管齐下,对公司内部员工进行培训,激活内部员工的人才潜力。如果你是小李,该如何选择市场上的数字赋能培训产品?

5.1　数字赋能的培训技术

　　培训是人力资源管理的重要职能之一,据美国培训与发展协会统计:注重企业人才发展的企业,其利润的提升比其他企业的平均值高 37%,人均产值比平均值高 57%,股票市值的提升比平均值高 20%。随着数字技术的日新月异,越来越多的企业开始采用虚拟现实设备等智能化技术和线上线下混合模式来赋能企业的人员培训,并关注技术对于学习主动性的调动,以更好地适应人力资源管理的数字化转型。

在维修和培训中使用
VR 虚拟现实技术.

5.1.1　基于虚拟现实设备的培训

　　虚拟现实设备在培训中的使用,不仅摆脱了传统培训时间和空间的限制,更改变了以往单一枯燥的培训形式,极大地增强了培训的趣味性,吸引员工参与其中。

　　1. 直播技术培训

　　直播与培训的结合,是企业进行人才培养和技能传播的一种新形式。微吼直播研究院发布的《2021 年企业直播培训策略白皮书》显示,一方面,企业直播用户量趋于稳定,2020 年 2 月同比增长高达 2 055%,同年 10 月份迎来第二轮增长;另一方面,在线学习常态化,2020 年用户平均观看时长 28.6 分钟,同比增长 59.4%。数字化学习的蔓延,使得直播培训和员工学习融合起来,推动培训体系和形式更加完备、高效。

　　直播技术培训能够实时互动,打破了传统培训的局限,更加自主、灵活。中信银行通过 API 将"营销思路""业务内训""企业文化""服务培训"等直播课程分门别类地直接嵌入微信公众号当中,员工可以针对自身的情况,选择不同的课程模块进行学习,简单来说就是通过一部智能手机就能够参与培训。学员通过微信服务号接收直播培训通知,并进入该行培训系统,搜索直播板块。这种设置的巧妙之处在于便捷性与安全性兼顾,微信作为大多数网民熟知的互联网入口,操作上不需要任何学习和切换成本,也不需要安装任何第三方插件,而该行学习系统又自带权限筛选功能,这就既维护了用户的使用习惯,又规避了无权观看者进入的风险。

【案例启示】

　　微吼创立于 2010 年,是企业级互动视频云平台,一站式互动视频解决方案服务商，覆盖 2.5 亿商务人群。微吼拥有七大直播核心技术：基于 WebRTC（网页实时通信）的新一代实时互动技术，流媒体核心系统大规模高性能流传输技术，高清晰度音视频编码技术，鹰眼智能运维平台，多云智能融合，调度与分发技术，大规模实时消息分发系统。微吼通过视频互动技术，以大数据+AI 技术为依托，为客户提供数字学习技术和数字营销云解决方案，为企业增长赋能，助力企业实现数字化转型和数字中台战略。微吼已经为 35 万+行业标杆及企业客户提供了接近 2 000 万次企业直播服务，应用场景包括企业内外训、教育培训、大型峰会现场、营销一体化、电商直播等，覆盖科技互联网、医疗、教育、金融、汽车等数十个垂直行业。世界500 强企业中有 16%是微吼服务的客户，福布斯全球品牌价值 100 强中有 35%是微吼服务的客户。

强生医疗中国以远程手术直播、模拟手术、人体模拟操作系统远程会议等为中国医护工作人员提供良好的专业培训机会，推动了中国医疗事业的进步。为了提高各地临床医生服务水平，强生医疗中国使用微吼直播定期开展培训，搭建空中课堂，将各地的临床医生在线上连接起来，分享各地的同一手术的临床技术，通过交流与探讨，提升当地的医疗水平和医生手术技能。

资料来源：微吼直播研究院. 微吼 2021 年企业直播培训策略白皮书[R]. 微吼直播研究院，2021.

2. 人工智能技术培训

近年来，人工智能技术不断取得突破性进展，也给企业的培训领域带来了新的发展机遇。基于 AI 技术培训，员工能够使用人机对话获得精确的培训学习，AI 通过行为数据分析，及时进行评分和反馈，有针对性地持续练习，极大地提升了培训效率和学习产能，同时也节约了培训师的人力成本，为员工的发展提供了强有力的技术支持。

AI 培训不仅是业务人才培养的需要，更是企业数字化转型的基础建设。基于多年的企业学习服务经验，在 2020 年的云课堂企业学习节上，云学堂在原有的软件服务基础上推出 AI 培训功能。据云学堂高级副总裁韩坤介绍，AI 培训功能包括新零售、金融、制药等行业的典型话术培训、店员培训，可以促进员工培训效率的提升。AI 培训不仅满足了培训部门手段、方式的创新需求，还能为业务赋能，在业务场景下通过智能化陪练促进业务提升。参加此次云学堂企业学习节的嘉宾对AI培训项目表达了浓厚的兴趣，未来，云学堂还将加大在教育科技领域的投入，以领先的 AI 技术为企业培训行业打造更坚固的基建底盘。

【伦理小课堂】

百度大学执行副校长、百度学习发展执行总监伍晖女士，在上海 ATD2017 中国峰会上，发布了最新的百度大学 AI×Learning 基础架构，引起了培训圈同人的浓厚兴趣。

正如伍晖女士现场公布的基础架构图，百度大学通过 AI 技术支撑层，赋能企业学习系统。通过系统能力层的完善，进一步优化平台服务场景，最终通过创新式地解决企业在线学习中的痛点、难点，让员工、培训部门和企业从中受益。

视频自动加字幕

企业培训者的痛点之一，就是往往需要为一些简单、重复性的工作付出大量时间和精力，比如给视频课程加字幕这件事。

百度大学利用 AI 技术开发的内部"灵听"平台，专门用于解决培训者这一痛点。将任意一段视频上传至"灵听"平台，系统就能根据语音自动识别出字幕，直接添加在视频上，培训者只需对个别识别不准之处稍加修改，即可获得一段添加好字幕的视频。一个人、几分钟，即可完成以前数人、数天的工作量。有时效性要求的视频也能够立刻加好字幕，及时上线。

22 万字的问卷答案 5 秒钟获得结论——自然语言语义分析

企业培训者常常需要进行学员调研以收集课程反馈，或辅助课程开发。传统的调研题目往往是以选择题为主，主要是便于统计。借助自然语言语义分析技术，这类调研完全可以打破题型的限制，将培训者的双手从整理问卷的工作中解放出来。

在百度大学一次学员调研中，针对某个开放性问题，总计收集到 22 万字的文本。一个人如果是以正常的速度阅读完这 22 万字可能至少需要 5 个小时，但借助相关技术，只需要 5 秒钟，就获得了统计结果，清晰地显示出了学员对某个问题正向和负向的评价。

"颜值"快成过去式，你的"音值"怎么样？——个性化语音合成

类似"颜值"之于演员、电视节目主持人，"音值"之于培训者也是非常重要的条件之一。尤其是现在，在一些不适合阅读文字的环境中，许多学员喜欢用"听"的方式学习碎片化的知识。培训者的声音美不美，语调、语气对不对，都很大程度上影响学员对一门课的评价和喜爱程度。

虽然现在的语音合成技术已经能够广泛支持将文档直接转化为语音，让设备直接将文字内容"读"给用户听，但许多培训者也期待能有机会让设备模仿自己的声音合成语音，并且优美、准确地传达课程内容。

百度从技术上已经能够满足这些个性化语音合成需求，百度大学的培训者可以自己训练声音模型，修饰和美化自己的声音。学员使用语音"听"某段文字课程内容时，也可以选择自己更喜欢的声音，有效延长在线学习时间。

资料来源：哈佛商业评论.这个 idea 靠谱！百度公开 AI×Learning 的全部基础框架[EB/OL]. (2017-11-01). https://www.163.com/dy/article/D257EVA20512D8L6.html.

启示： 你如何看待将 AI 引入企业学习？AI 技术能否帮助我们克服常见的企业学

习痛点，激活在线学习活力？

3. 虚拟现实技术培训

虚拟现实技术，需要通过头显设备才能体验身临其境的虚拟世界，并进行实时交互。增强现实技术，是通过计算机技术实现虚拟世界和现实世界的交互。比如戴上 AR 眼镜后，既能看到现实世界，也能看到虚拟的信息，并实时交互。混合现实技术，MR 是 VR 和 AR 的融合形态，相当于真实世界、虚拟世界和数字化信息三者的结合。而 XR（extended reality，扩展现实）是 AR、VR 和 MR 的统称。

【案例启示】

AR 技术的早期应用者，包括 DHL（敦豪航空货运公司）、美国海军和波音公司等，它们早已发现 AR 的强大功效，尤其是在"因材施教"的虚拟培训上。AR 设备可以根据受训员工不同的经验水平，或者为特定错误提供定制化的指示命令。例如，某个员工经常犯同一类型的错误，公司可以让员工使用 AR 辅助设备，直到工作质量得到提升。在一些企业中，AR 技术甚至让新员工培训时间缩短到几乎为零，同时也降低了招聘新员工的技术门槛。

波音公司在复杂的飞机制造流程中引入 AR 培训，极大地提升了生产效率。在该公司进行的一项研究中，AR 用来引导学员组装机翼部分的 30 个零部件，总共 50 道工序。在 AR 的帮助下，学员花费的时间比使用普通 2D（二维）图纸文件缩短了35%。经验较浅或零经验学员初次完成装配任务的正确率提升了 90%。

资料来源：波特，赫普曼. AR 到底有什么用？这都不懂你就 OUT 了[Z]. 2018.

XR 技术正在深刻影响员工的培训和学习发展，与传统的课堂或基于教师的培训相比，虚拟世界培训能够呈现出可视化概念演示，更具实践学习优势。年青一代的员工大多成长于游戏、3D 和社交媒体，XR 技术恰好迎合了年青员工偏好刺激和身临其境的天性，培训参与度更高。菲尼克斯过去的一线员工实操培训相对简单，形式上也较为枯燥，为了贴近 95 后、00 后年青一代员工的喜好，菲尼克斯致力打造实操训练数字化，探索 VR 技术应用，使用 VR 眼镜让员工有真实体验感，不仅能帮助员工更好地进行实操学习，同时也突破了关键技术工位培训效率瓶颈。外科技术公司 Medivis 运用微软的 HoloLens 技术，通过与 3D 解剖模型的交互来培训医学专业学生。制造巨头博世和福特汽车公司率先推出了一种 VR 培训工具，电动汽车维修技术人员使用 Oculus Quest 头戴式设备参加培训。总部位于英国的元宇宙技术公司 Metaverse Learning 与英国职业教育及技能培训机构 UK Skills Partnership 合作，为英国的前线护士创建了包含 9 个增强现实的系列培训模型，使用 3D 动画和 AR 可以测试受训者解决特定问题的技能，并强化对最佳护理方案的反复实践。

5.1.2　基于线上线下混合的培训

传统的线下培训与新兴的线上培训各有优劣，将线上线下互相融合，交织成混合式培训模式，集采两者之长，才能实现单位培训成本的效益最大化。

1. 线上平台培训

数字技术改变着人们的生活和工作方式，员工的学习时间越来越趋于碎片化，外部环境与业务技能更新快速，传统的正式化的培训课程难以实现较好的培训结果。线上培训的灵活性和丰富性缓解了这一痛点，员工能够随时随地进行学习，极大地满足了企业的培训需求。

正式培训难免给人以完成任务的刻板印象，而线上学习符合员工追求趣味化的天性，能在不知不觉中引导员工自主学习。西安杨森制药有限公司（以下简称"西安杨森"）是一家有 30 多年历史的制药公司，并且多年之前就已经搭建了一套完备的培训体系。随着移动互联网时代的到来，西安杨森开始在培训项目中植入移动学习，如开发 App，并以此为平台，整合各类学习资源，在其中进行教学、测评、测试等工作。此外，西安杨森将游戏化学习的概念引入在线学习，即用游戏的思维设计学习内容，吸引学员活跃在学习平台中。如在该平台中搭建互动社区，利用知识闯关、问答挑战、赚取积分等设计提升学习趣味性，引导员工即时巩固、复习所学知识。

【案例启示】

员工如何了解接下来要学习什么？组织和跟踪员工正在学习的内容可能是一项烦琐的任务。多年来，这项工作一直由一款名为"学习管理系统"的软件完成。这款软件由一些相对简单的工具组成，通常以演示文稿、视频和文本的形式存储学习材料。多数大型公司都有这款软件，但很少会有员工在上面花很多时间。

过去几年，新一波工具已经将 LMS 转变为"学习体验平台"（Learning Experience Platforms，LXP），其中包含了技能评估、下一阶学习内容的网飞式推荐以及内部社交网等功能。LXP"使学习落实到个人，而不仅作为管理培训项目"，该领域领先的供应商之一 Degreed 公司的战略高级副总裁托德·陶伯（Todd Tauber）表示。行业分析师乔希·波森（Josh Bersin）估计，LXP 现在的市场价值为 5 亿美元，远高于 2018 年的 2 亿美元。

客户报告说这一模型正在发挥作用。TEK Systems 是一家一直在使用 Degreed 的人力资源公司。该公司的首席学习官（chief learning officer）克里斯·哈利（Chris Harry）说："自从将员工发展的各种项目转移到 Degreed 上，员工的敬业度和满意度都达到了有史以来的最高水平。"

资料来源：数字时代的员工技能培训，这些新方法更有效[J]. 哈佛商业评论，2023.

2. 线下协作巩固

线下培训具有线上培训无法替代的优势，面对面培训能够让员工更好地融入岗位角色。实时讨论和小组协作让员工之间得以交流心得收获，切实体会到团队协作共同进步，从而达到更深一步的知识巩固。

在一次次讨论分享与实地实践中，员工的业务能力不断得到锻炼提升。为培训管理者的领导力，网易设计并实施了"Beyond 领导力加速训练营培养项目"，对中高层管理者进行六个阶段的培养。通过测评反馈、课堂培训、工作坊、外部参访、反向导师等方式，结合业务痛点，补足商业思维和组织梯队建设上的领导力短板，解决实际业务问题。在整个Beyond领导力加速训练营中，较具特色的便是其中加入大量的外部参访活动。训练营便会根据学员的不同职业背景，选择不同类型、不同企业，分组进行参观。为了让参访更有价值，在参访前一天，网易会将参访企业的相关信息给到学员，让学员事先设计问题，明确自己此次参访要去了解的问题，参访结束后开展工作坊，让学员互相进行分享与交流。

【案例启示】

中兴通讯线上线下结合展开新员工培训

中兴通讯启航计划 2.0，是将原来的流程链条拓展到毕业生签约后的时间点，加强从签约到入职这一时间段的联结与培养。前期，通过一系列黏性活动，加强与签约毕业生的情感联结。入职后，通过闯关任务，培养员工技能，调动员工积极性，助力新人全面发展。

移动学习：新员工入职后即在内部移动学习平台建立班级，导入必学课程，项目组通过系统监控其学习进度，通过在线考试检验其学习效果，作为闯关的必备要素。但一开始在线实时参与学习的同学人数少，这是由于分享预告未能抓住学生眼球和分享人本身的讲授技巧存在问题。为此，项目组对分享介绍重新设计，提前预告，设置互动参与，并加强对分享人沟通培训，提升课程质量，大大提高了实时在线学习的人数。

通用/专业技能面授培训：通用技能会共有两期面授培训，邀请公司级金牌讲师进行授课，内容包括职场积极心态、职业生涯管理、项目管理、PPT 使用技巧等；专业技能为进阶培训，同样开展两期培训，邀请财务各能力中心专家授课，内容包括如资金、核算、税务等进阶专业技能。

团队拓展：由项目组牵头，启航班各班委及组长统一实施，可以为登山、徒步或其他能体现团队协作的凝聚力拓展活动。

该项目不仅强调新员工自组织，整体培养以班委会形式运作，过程中规则由其自行设计，提升了新员工参与度，降低了人力成本，还通过新人为导师、师傅提供帮助的代际反哺形式激发在职员工的积极性、热情和激情。

资料来源：人力资源智享会 HREC.培训计划再升级！中兴如何培养他们的应届毕业生？[EB/OL]. (2020-02-28). https://www.sohu.com/a/376571196_183808.

5.1.3　基于主动学习调动的培训

恰当的培训方法的应用能够大大提升培训的质量，更好地激发人才活力。在培训时应注重技术对于个性化学习和自定义学习的打造，充分契合员工能力需求，并对培训结果进行跟踪与反馈，跟进实效性转化，以充分调动员工学习主动性。

1. 个性化学习

不同员工的能力基础和技能短板不同，在培训时不能一概而论、套用相同的培训内容。通过刻画员工画像，借助数字技术分析不同员工的培训需求，为员工量身定制能力发展规划，因材施教，制订个性化的培训方案，才能更好地激发出员工的价值潜力。

个性化学习让员工了解自身能力的短缺之处，有针对性地开展技能的学习和提升。作为世界领先的物联网公司，博世借由传感器、软件和服务以及自有的物联网云端平台，为中国市场提供物联网的一站式服务。而在向物联网企业转型的过程中，员工的终身学习被博世视作"反脆弱"的关键策略。为此，博世致力于为员工提供优质的个性化学习方案，透过创造授权学习文化，鼓励每一个员工实现个人发展，最后再提供学习项目加速转型过程，以确保博世持续卓越经营。博世自主研发的新一代移动学习平台"myTransform"，着力于开发一系列赋能数字化转型的学习课程，在各个层面全面推动企业数字化转型。截至 2020 年 9 月，移动学习平台 myTransform 的验证人数超过 24 000 人，成员活跃度达 10%～12%。同时，该平台也向博世日本延展，推进整个集团的数字化学习进程。

【案例启示】

作为一家员工平均年龄只有 27 岁、组织结构非常扁平的互联网公司的员工，小米人喜欢去探索、去发现，乐于接受新兴事物和新知识，在个人成长上求知欲也很强。2018 年，小米开始打造自己的云学习 ELN（数字化学习）平台，考虑到小米的企业和员工特点以及其他各方面因素，小米的 ELN 平台注重精品课程资源的打造、个性化的智能匹配和连贯的学习氛围。

根据不同的职能和岗位，每个员工的 ELN 界面的推荐课程是不一样的。同时，为了保证课程品质，平台每月只会更新 2～3 门公开课，如果大家想提前解锁下一个月的课程，必须先将规定课程学习完毕，获得相应积分，用积分去提前解锁课程。

如果员工看到某一门课程，感觉特别好，想收藏，用于后续反复学习，也需要花费相应积分。甚至某一门课程特别受欢迎，员工很想参加线下课程，也需要花费相应积分进行众筹。利用智能模式下的学习解锁方式，学习云端的资源稀缺性更能刺激并保障每一位小米员工的学习需求。此外，以定期的讲师答疑和分享，建立课程群组织相关活动，积分的相应奖励等方式确保学习氛围的活跃和持续。正式上线后，ELN 平台在公司内部员工覆盖率已达 90%以上，每次课程留言讨论数达上百条。并且每个人的学习状态都可控、可跟踪，培训成果清晰可见，真正做到让每一个人的需求都能得到"云"的回应。

　　资料来源：王小薇. 智能时代云组织人才发展实践[Z]. 2018.

2. 自定义学习

　　由于企业间的战略和业务差异，在一些职场通用能力之外，不同企业和员工难免有一些特定的培训需求。管理者要善于利用数字技术，开发或引进对应的培训课程，给员工提供定制化的培训方案，确保培训需求和课程供给动态匹配，以保障在当今变化迅速的时代，人才活力能够时刻满足企业的业务要求。

　　为赋能人才积极应对未来，持续学习，实现自我提升与发展，德勤推出"Cura 平台"，推出定制化、互动一站式和热点主题下的最优学习资源，助力提升人才应对未来的竞争力。通过 Cura 平台的 PC 端和手机移动端，员工可以随时随地利用碎片化时间，在线学习分类详尽的微课程，通过"点赞"喜欢的课程，"发帖"分享学习体验、课程心得。大家也能通过每日打卡签到累积积分，进行在线题海对决挑战，收获的积分可以兑换 D.Coin 及德勤定制小礼品，同时也推出系列主题活动，包括精选学习资源分享、决胜未来先锋和幸运抽奖等，激发员工学习热情。

【案例启示】

　　雀巢为全球员工提供了在线能力发展知识库，员工可以在此了解所有职能能力框架的具体信息，包括领导力和各职能岗位的能力需求。它也为员工提供了"70-20-10"的推荐职能发展计划，帮助员工建立个人发展计划。

　　在员工建立个人发展计划的过程中，他们会更加明确自己需要去努力提升的领域。员工自我学习、自我发展的热情高涨。为此，雀巢顺势推出了多个相互平行、彼此独立的学习平台，包括雀巢员工学习园地、电商学习园地、健康科学销售学习园地、财务学习园地、制造学习园地等。

　　其中，"雀巢员工学习园地"是最被广泛使用的一站式培训资源平台，110 门培训课程涵盖了与所有级别的员工和职能业务密切相关的六大主题——探索雀巢、拥护原则、关爱地球、协作共赢、加速适应和引领自我。为了在公司内部推广该学习平台，HR团队举办了庆祝活动，在各楼层播放推广视频，邀请管理层录制鼓励视频，并展开路演，进一步推广该学习平台。

资料来源：杰出雇主调研机构. 中国杰出雇主 2021 白皮书[R]. 杰出雇主调研机构，2021.

3. 跟踪与反馈

反馈是培训中必不可少的最后一个环节，在整合员工的培训需求并展开周密的培训流程之后，企业要对员工的培训效果进行有效性评估。利用大数据获取和分析培训信息，向员工进行培训结果反馈，跟踪后续培训内容的转化情况，为下一次培训积累经验。

拥有评价和反馈的培训，能够让员工更真切地感受到自身的进步和提升，增强学习动力。58 集团的"产品经理研修营项目"面向公司内的产品经理，为其提供以线上课程为主、线下工作坊为辅的培养方式。系统会及时向学员提供进度反馈，项目组在产品经理研修营中设置通关卡以及时鼓励员工的学习行为。每当学员学完一周的课程，便会收到系统发来的通关卡，通关卡会点亮进度条，学员不断完成课程直到点亮全部通关卡即可结业。项目组利用社群运营，打造积极的学习氛围，为学员提供积极完成学习的社交支持。项目组还会在学习社群中及时发布互联网行业的最新消息，鼓励学员坚持每天打卡、分享读书笔记等。当以游戏化的方式运营学习社群时，学员更容易获得学习的成就感和前进的动力。

【案例启示】

BMS定位为高端医疗公司，对员工的专业能力要求严格。BMS的员工分布于全国各地，大部分为异地办公，其通过 E-learning 并且设置相应接触点的方式，缓解了因社招员工入职时间相对分散并且办公地点分散而难以集中培训的问题，大幅度提升了培训学习的有效性。

为期 7 天的 E-Learning：技术加持，设置触点，提升效率

BMS 认为，知识部分的培训更适合通过线上平台——E-college 方式进行，所有学习资料都集成在线上平台。新员工根据自己的情况可以更主动地掌控学习节奏，在需要的时候慢下来并查找资料，这是线下课堂难以做到的。对于新员工而言，企业希望通过结构化方式，让新员工进行系统的学习。BMS 为 7 天的 E-learning 培训每小时都设计了相应的安排，同时通过很多 E-learning 的方式提升新员工的参与度，保证新员工在培训过程中一直在认真学习。

学习的后续跟进

BMS 认为，入职管理不是一次性的考核，其还设定了新员工入职后的 6 个月学习计划。在入职培训中建立的微信群组会保留至新员工入职满一年，新员工有疑惑可以随时在群组中提问，专门有老师在群组中进行解答帮助，确保新员工在工作实战中的所有疑惑都可以很容易地得到解答帮助。

赋能一线经理的后续跟进

在新员工入职后的半年内，一线经理在其中的跟进帮助至关重要。BMS通过系统化的培训为直线经理赋能，根据以往经验为新员工在每个阶段可能遇到的问题提供相应的工具和建议。所有的工具和建议，培训部门会与业务部门负责人一起沟通达成共识：在学习计划内容上如何循序渐进地安排，从产品知识，到如何演讲产品知识，再到拜访客户的技巧；在学习的跟进上哪些关键阶段为新员工做测试和指导，如何做伙伴计划，在周会、月会上与新员工沟通哪些内容等。

资料来源：业务文化双融入的入职培训怎么做？[EB/OL]. (2020-03-26). https://www.sohu.com/a/532899698_121124319.

5.2　数字赋能的培训系统构建

在线培训摆脱了以往实地培训的时间限制和空间限制，能够为不同的员工打造与自身相匹配的学习内容和模式，其越来越受企业青睐。在线上培训的前期准备过程中，拥有一个功能设计完备的在线培训平台是首要条件，其直接关系员工的培训体验和培训效果。

5.2.1　数字化培训系统的建设和引进

在企业数字化培训设施的建设上，企业可以内部自行进行系统开发，或是引入外部平台来助力企业构建人才蓄水池。

E-Learning 数字化培训系统介绍

1. 内部系统开发

珍妮弗·D. 朔巴（Jennifer D. Sciubba）在哈佛商业评论上指出，由于生育率下降，中国、加拿大、意大利等国现在每年新加入员工队伍的人数都在减少。人才的短缺使许多技术供应商不得不创建自己的数字培训和认证生态系统，以确保足够的人才供应。比如亚马逊在 AWS 培训和认证（AWS training and certification）项目上投入甚多，Salesforce.com 也大力推广其 Trailhead 学习平台。

企业培训的数字化，关键在于使用大数据等技术收集员工多维度的海量数据，并进行提取分析，以为员工提供有针对性的学习内容，同时也为企业进行培训计划的部署提供决策支持。"学习圈"是中国电信的移动学习平台，旨在为中国电信人才发展提供更好的培训辅助、知识服务和绩效支持。它的主要功能模块包括培训班小助手、线上培训班、知识中心、圈子、社区、考试等。目前全集团面授培训都在积极使用学习圈，有效运用信息技术手段，通过培训班小助手功能模块嵌入面授实施流程，让签到、评估等全程线上操作，提升培训集约化管理，做好培训辅助；同时，通过学习圈知识中心提供知识和信息支持，按需、及时、主动推送知识和案例，做好知识服务；另外，通过学习圈的圈子、社区等功能模块搭建沟通交流、分享平台，为提升员工绩效提供支持。

【案例启示】

贵州机场集团充分利用贵州省作为全国首个大数据综合试验区及省会贵阳作为"大数据之都"的优势，结合"智慧机场"发展战略，与省内某技术成熟的创新型IT公司合作，建设出一个集"教、学、考、研、管"为一体，功能完备、便捷实用的培训新阵地——机场在线培训平台。

在线培训平台的建立和运行，一方面方便员工充分利用碎片化时间，自主开展在线学习，不受地域和时间限制，自由享受标准化的培训内容，切实解决工学矛盾，契合新时代民航培训的现实需求；另一方面便利员工针对自身薄弱或遗漏的知识点进行查缺补漏，充分享受在线培训平台精准施教的系统服务，体现出"按需培训"的定制化培训优势。

资料来源：蒲路，叶平. 创新"平台—人才—课程—考核"四位一体的企业在线培训模式——以贵州省机场集团有限公司"三基"建设为例[J]. 中国培训，2021(1): 11-12.

2. 外部平台引进

除了自行进行培训系统开发，企业还可以直接引入外部平台，获得更为便捷的培训服务。市面上大多企业是互联网性质的公司，在技术和程序运作上有明显的短板，直接引进的外部平台技术成熟并且运作简单，避免了人力和财力的无谓消耗，使企业能够将重心专注在人才培养上。

行业内流行的培训系统工具，历经了市场和广大企业用户的检验，功能和系统稳定性优越。拜尔斯道夫一直重视领导者综合能力的提升，在进行管理者能力培训时，拜尔斯道夫依托的线上培训工具主要有两个——领英学习和打卡小程序。拜尔斯道夫借助领英平台，采用理论和案例相结合的学习模式。培训项目展开伊始，项目运营人员会通过领英的网页制作大课的课程包，由此，学员在进入系统的时候能清楚地了解自己的学习要求以及学习进度，从而规划和完成自己的学习任务。另外，拜尔斯道夫引入封闭的打卡小程序供学员使用。打卡小程序的引入一方面可以让学员感受到来自同辈的压力，另一方面可以让学员获得归属感并减轻学习的孤独感。与此类似，基于大数据思维和云服务模式，授课学堂可以为企业客户搭建专属的数字化培训管理平台。平台涵盖精准化测评、智能配课、AI陪练、企业知识图谱、学习地图等模块，可以帮助企业开展数字化培训，提升人才赋能效率。

【案例启示】

　　以"项目管理助力改变世界"作为企业愿景的"清晖项目管理"，依托著名高校、软件园区、行业协会等背景资源，联合国内外知名企业的高级项目管理专家，组建专业的讲师团队、咨询顾问和客户服务体系，面向各类企事业单位及个人提供专业化、高水平的项目管理教育培训与咨询服务；创立15年来，为上千家企业提供了专业的管理培训与咨询服务，累计服务学员超过24万人。

　　清晖项目管理上海清晖平台事业部总监刘霞表示：现如今，线上商业大环境逐渐成熟，SaaS的平台兴起，可以帮助我们低成本起步转战线上。另外，用户习惯逐渐认同在线学习模式，在线上完成交付，能够更好地扩大企业服务边界。

　　刘霞表示："将课程和服务从线下搬到线上，是庞大而复杂的事情。线上线下不仅仅是上课模式的变化，更是整个培训服务体系的变革。线上平台工具的选择很重要，要重视功能，更要看重长远的扩展性。"

　　清晖利用小鹅通承载丰富的线上学习资源：高中低阶专栏课程、上千题的在线题库、课前导读/考前冲刺等各类直播，搭配后台教务和用户管理工具，及圈子答疑交流，成功打造"教、学、测、练、评"的线上学习闭环。

　　"借力互联网平台，不仅提升了用户体验和整体效能，还解除了时间、空间在教学培训服务上的限制，实现随时随地、高效服务全国学员客户。"刘霞说道。

　　资料来源：打造专属私域运营解决方案，小鹅通赋能咨询培训行业快速增长[EB/OL]. (2022-07-07)[2022-07-18]. https://news.iresearch.cn/yx/2022/07/438707.shtml.

5.2.2　培训数据的分析和沉淀

　　培训的各个流程节点都涉及大量的数据，企业应合理利用这些真实有效的数据，进行培训需求分析和动态数据分析与资源共享，以支撑培训项目的顺利实施。

1. 培训需求分析

　　在培训开始之前，培训需求分析必不可少。借助细致完备的培训需求分析，为员工刻画人才画像，能够详尽地知悉不同员工的能力基础、工作经验和技能需求，有针对性地采用相应的培训模式和学习方案，确保培训和开发的高效实施。

　　通过调研培训需求才能匹配对应的课程资源，这与员工学习参与度和培训效果息息相关。早在2019年3月，大陆集团中国区便上线了移动学习平台——CoLearn（陆学堂）。其目的在于让员工可以随时随地学习，不受设备、地点、时间的限制。然而在平台上线一段时间后，问题也相应涌现：移动学习平台的黏性较低。其中，内容吸引力不足一直是移动学习平台黏性较低的重要原因。大陆集团意识到，要提升员工移动学习的参与度，一定要在前期收集员工的需求，而非企业单方面自上而下地提供线上培训内容。因此，大陆集团对于课程内容作出了较多的优化：以员工需求为重要导向调整线上课程框架。从意识到黏性不足问题开始，大陆集团便陆续收集员工的移动学习课程需求和对已有课程的反馈，将反馈结果不佳的课程下线，并且新增一批员工需求度较高的课程。通过一系列在内容和课程形式上的改善，大陆集团结合后台的数据报告发现，平台的黏性和参与度均有所提升。

2. 动态数据分析

数字化培训背景下，培训学习的各个流程阶段都会产生大量数据。对于培训部门而言，掌握的数据信息越充分，在进行培训设计时就越贴合员工需求。通过分析员工的真实数据，对员工的学习进度和能力提升才有更准确的认知，能够根据实时效果不断更新、优化培训内容。

作为全球知名的医药健康企业，截至 2022 年，诺华拥有来自超过 140 个国家的约 10.55 万名员工。随着信息技术的不断发展，数字化学习转型逐渐成为企业培训的重要方向。在 2020 年 12 月召开的《中欧商业评论》"寻找中国组织能力标杆企业 20 强"峰会上，诺华制药培训总监王星恒表示，诺华已经把 80% 的学习内容迁移到了线上，到目前为止，诺华的企业学习平台上每天有 20% 左右的人会自发去学习，学习的时长大约是半个小时，每年可以累计下来 30 万～50 万小时的学习数据。学员的行为学习、行为练习、行为改变的所有数据点都能在数字化平台上留痕，为企业培训积累大量可供分析的数据。为此，诺华组建了大数据团队，并成立了数字化学习方案解决小组，该团队不负责培训授课，主要负责收集、设计、分析各类有效数据，为培训项目和课程提供数据支撑与指引方向。

【案例启示】

伟创力全球化、多元化业务体系带来庞大的管理体系及组织结构，人力资源共享服务中心涉及多个区域间的服务，因此伟创力将其命名为人力资源全球业务服务中心（Global Business Services HR，GBS HR）。伟创力的 GBS HR 自成立以来一直追求卓越运营，注重用户（员工）体验，通过科学的统一管理和流程标准化，让 GBS HR 得以输出优质的服务。经过公司管理层和多方共同探索，GBS HR 现已进入平稳发展阶段，一直保持高效运营和优质服务输出，满足客户和业务伙伴的服务需求与期待。

同时，Flex Learn 一站式学习平台开发出适应 GBS HR 学习和技能的"一站式服务"，通过行为科学和数据科学来分析员工的优势和机会，根据员工目前技能水平，个性化定制课程，从而帮助员工学习和掌握未来所需的技能。此外，GBS HR 积极参与由 GBS 精益部门组织的 OAE（office automation excellence）办公室自动化提升项目，一方面，GBS HR 为该项目提供一名自动化专家对其他部门的同事进行相关培训；另一方面，也选拔了部门内同事参加不同方向的自动化技术培训，如宏编写、C#语言等，进一步推广 OA 文化，提升团队 OA 技术。

资料来源：人力资源智享会 HREC. 伟创力人力资源全球业务服务中心运营实践[EB/OL]. (2021-10-27). https://www.sohu.com/a/497665769_121124319.

3. 资源共享

进行资源的共建共享，有助于避免部门间重复开发培训课程，节约人力资源成本，更好地发挥组织的整体性优势。整合不同部门内的优质经验内容，架构开放、兼容、共享的企业培训学习平台，在追求培训效率的同时，最大限度地保障资源配置的公平性，推动企业内部培训均衡发展。

2019 年，无限极公司正式提出了数字化转型，也开始了各种线上学习的新尝试，进行了平台的迭代，平台功能越来越强大。从培训内容来说，以往的培训内容由无限极大学自己制作或外采，但现在更倾向于"接地气"的内容，也就是更多贴合业务实际需求的学习内容。这样的内容一般由团队共创，或者经验萃取之后做成微课上传至平台中。之前，为了将散落在组织各个角落的知识归集起来，无限极举办了微课大赛。在微课大赛中，无限极聘请专业的老师通过线上培训以及线上工作坊的方式将经验萃取方法和微课制作方法传授给学员。学员在制作微课的过程中，由专家外部辅导、企业大学内部辅导，之后会对所产出的微课进行审核，审核通过之后，对微课制作者给予激励。如此，无限极在平台中营造了良好的用户生成内容（UGC）生产氛围，调动了员工的积极性，也收获了一大批优质课程。

【案例启示】

玛氏公司是全球最大的食品生产商之一。它生产与销售种类丰富的商品，包括宠物护理产品、巧克力、口香糖及糖果、食品、饮料、系统生物科学产品。玛氏产品行销全球，年净销售额超过 350 亿美元。

2021 年 1 月 1 日，玛氏推出了中国本地的数字化学习平台，一切以学习者体验为中心，致力于让绩效改变真正发生的学习平台 China My Mars U 正式上线。该平台包含大量优质内外部学习资源。很多内容过往都是由玛氏大学全球各职能学院进行课程的开发，课程虽然专业，但对于员工快速变化的需求可能无法及时并有针对性地满足。玛氏中国在学习文化转型的过程中一直思考，如何发动从团队到个人的智慧和经验的萃取与分享，让平台内容的相关性和及时性得以提升，从而让平台更具黏性。

玛氏鼓励用户自主生产内容，如以部门为单位，打造属于自己的学习频道和品牌，其甚至也是进行部门宣传的好方式。例如有一个内部部门，它的工作内容实际上是帮助发掘不同的业务部门数字化转型的契机,扮演为其他部门提供辅助的角色,但部门名称听起来像是审查部门,于是他们想到如何利用学习平台设置部门专栏号,进行自我价值的宣传。同时,这一平台还会开设一些领域的专家同事的专栏号、组织和部门的专栏号等,把组织内优秀的经验萃取分享出来,让同事产出更多的 UGC 内容,让学习内容更加丰富、更有价值。

资料来源:人力资源智享会 HREC. 玛氏:数字化学习平台赋能学习文化转型[Z]. 人力资源智享会 HREC,2021.

5.2.3　数字化培训的效果和优势

先进的培训系统平台能让员工产生优质的学习体验,诸如个性化匹配对应的培训资源和自动化学习管理等,推动员工进行高效学习。

1. 智能匹配

员工之间的技能往往存在差异,在培训时不能沿用统一的培训课程和方式。通过为员工进行精准画像,掌握不同员工的个性特征、工作背景、工作经验和培训需求,能够为员工智能匹配相应的知识内容。随着员工技能的逐渐提升,培训内容也会更新,真正做到培训需求和课程供给的动态匹配。

华为培训部(原华为大学)自成立以来,不断为华为的商业成功和可持续发展注入力量。华为的数字化学习平台能够为不同的员工匹配不同的内容和课程,基于岗位、任职、兴趣等的内容推送,做到内容到人。学习者、赋能者和管理者,不同学习对象进入 App 的界面也不同。在将"要我学"和"我要学"结合的学习中心,辅助员工完成学习计划。庞大体量的学习内容,如何针对普通学员推送有意义的学习课程是值得思考的问题。华为人力资源部根据不同岗位的人才画像,分析员工自身技能和所需技能之间的差距,随后基于自身画像打造专属的学习内容规划,进行平台个性化课程推送。

【案例启示】

北京科东电力控制系统有限责任公司隶属于南瑞集团(国网电力科学研究院有限公司),长期从事电力系统自动化领域的技术研究、产品开发和工程咨询服务。公司研发的电力培训仿真系列产品广泛应用于国家电网有限公司和中国南方电网有限责任公司各级培训中心,同时公司致力于通过新技术、新产品的研发推动企业培训的持续发展。由于公司内部拥有丰富的技术资源,其在信息技术与企业培训结合这一问题上作出了诸多创新。技术与培训的结合,使得"智慧学习"这个前卫的概念更接地气,也让我们看到了"智慧学习"正在积蓄的巨大潜能以及其未来可能发挥出来的影响力。

通过自适应学习场景的搭建，自适应引擎技术能够进行智能课程推荐。基于统一、规范的学习行为采集，系统分析出每个学员的学习偏好，由于每个人学习偏好有一定差异，其登录进入学习系统中看到的界面也不相同。系统会自动根据其学习行为的记录推荐符合其"口味"的课程，并预测学员接下来的学习意愿，同时将其可能会感兴趣的课程推荐给他。此外，对于视频课程，公司参考视频网站的做法，利用自动知识点标注技术将课程中的重要知识点在进度条中标注出来。这使学员能够根据自己的需求随意跳转至某一知识点进行深入学习。

资料来源：人力资源智享会 HREC. 用智慧学习重构企业培训空间[Z]. 人力资源智享会 HREC，2018.

2. 自动化管理

在互联网时代，数字化技术的快速发展让培训学习自动化成为可能。先进的培训系统让培训的进行更便捷、高效，节约了管理者和员工的时间成本。人工智能能够预测员工的潜在学习需求，员工可以轻松构建、共享和跟踪学习课程，从中获得有价值的反馈和见解。

2022 全球十佳员工在线学习软件之一 iSpring Learn 是一个强大且用户友好的学习管理系统，无须安装复杂的 IT 程序。如果需要快速启动全公司范围的学习并使其全部自动化，它将提供一个"即用"的解决方案。用户可以设置自定义的注册流程，并自动向选定的学习者或整个团队发送注册消息，以学习根据他们的需求量身定制的课程。学习者可以在浏览器和 iSpring Learn 移动应用程序中访问该平台。LMS 可以在任何设备上跟踪所有结果并自动准备报告。LMS 管理员可以使用过滤器浏览报告并对员工学习进行全面评估。团队领导和部门经理可以在他们的主管仪表板上查看重要的学习统计数据。

5.3 数字赋能的企业培训市场

大数据、人工智能、XR 等技术的飞速发展，使得企业的数字化培训学习盛行。数字化培训以其高效、便捷、定制化的特点深受企业推崇，如混沌大学、橙子学院、得到、喜马拉雅等优质知识学习平台涌现，我国企业的数字化培训普及率不断提高。

浅析在线培训系统未来的发展趋势

5.3.1 数字时代的企业人才培训需求

培训对于企业高效运行、保障人才高竞争力有重要意义，员工或出于自身职业规划的需要进行主动培训学习，或是企业由于业务拓展的要求衍生出员工被动培训需求。

1. 主动培训学习

数字经济的崛起带来了新的就业形态和社会需求，对劳动者也有了新的能力要求，在此背景下，为了应对就业压力以及职业发展的长远考虑，迎合中高质量人才市场，劳动者需要不断提升自身技能，主动参与培训学习，增强职业专业化程度。

当前数字化就业正在成为社会就业的主流趋势，劳动者的职业技能也要随之更新，伴随产业数字化升级而升级。越来越多的 95 后进城务工人员愿意自费参加职业技能培训，对外经济贸易大学教育与开放经济研究中心联合工人日报、蚂蚁集团研究院、58 同城共同发布的《2021 新生代农民工职业技能调研报告》显示，69.1%的 95 后新生代进城务工人员渴望获得职业技能培训机会。报告调研数据显示，47.14%的受访者最想学习的职业技能是数字化技能，26.86%的人想学习计算机。75.04%的人想从事服务行业，尤其是和互联网相关、数字化程度高的服务业。

【案例启示】

　　三节课成立于 2014 年 9 月，是一家面向互联网产品人和运营人的在线大学。其中一项名为"3.3 计划"的学习计划被视为其"含金量最高的旗舰课程"。该计划发起于 2016 年 3 月 3 日，目标在于"用 3 年时间，每年为互联网行业培养 300 名最优秀的产品和运营人才"。三节课在学员提交申请时便提醒：3.3 计划是收费的、有门槛的特训项目，这要求学员投入较高的时间成本，且对学员的要求也很严苛。由于每期限额招募学员，所以提交申请的学员需要经过面试，只有学员的条件达到其标准才有可能被录取。

　　一个付费的项目，竟然可以做到像高校提供的学历教育一样，自己交钱还得通过面试才能入学。这些培训都没有借助任何外部行政力量来吸引学员，从"要我学"转变为"我要学"，这是值得企业培训管理者学习和借鉴的地方。

　　三节课的案例，让学员觉得这件事不仅很酷，还意味着可以和一群同样优秀或者有共同追求的小伙伴一起学习，这种归属感与身份标签也极大地激发了他们的参与动机。

　　资料来源：人力资源智享会 HREC. 付费锁票、通关打卡……面向"新生代"的培训新玩法[Z]. 人力资源智享会 HREC，2018.

2. 被动培训学习

伴随企业的进一步发展，出于外部环境的变化和内部战略的更迭，企业逐渐衍生出新的业务需求。人才是支撑企业发展目标实现的第一资源和首要要素，有了新的业务需求，员工的相应能力也要随之更新，新的人才培训需求应运而生。

为了抓住短视频的流量风口进行保险产品营销，阳光保险集团股份有限公司面向企业内部的业务销售人员，特开展短视频实战训练营。在项目实施过程中，项目组使用了内部在线学习平台，课程学习和直播均在内部平台上进行，一方面统一了学员的学习工具，实现了课程进度的可追踪及可视化；另一方面也保证了课程的私密性。同时，作业上传与评审也均可在学习平台上完成，学员自行在平台上提交作业，然后导师可进入平台对学员的作业进行评审并及时给予反馈。所有作业都在平台发布，方便大家互相学习，给学员更简便、更优化的学习体验。

【案例启示】

2020年12月，住房和城乡建设部、人力资源社会保障部等12部门联合印发了《关于加快培育新时代建筑产业工人队伍的指导意见》，为行业未来发展定下工作方向——提出以推进建筑业供给侧结构性改革为主线，以夯实建筑产业基础能力为根本，以构建社会化专业化分工协作的建筑工人队伍为目标，深化"放管服"改革，建立健全符合新时代建筑工人队伍建设要求的体制机制，为建筑业持续健康发展和推进新型城镇化提供更有力的人才支撑。

宏观政策释放出明确的市场信号，自上而下直面痛点、解决难题，成为行业高质量发展的必然要求。

新锐互联网+人力资源服务平台旺筑网络正式推出自主研发的一款以信用评级为核心机制，建立建筑行业标准化用工体系的双向就业管理软件——靠德住。旺筑网络依托大数据和人工智能技术，以建筑用工为切入点，首创用工标准化信用评级服务平台。

安全教育和技能培训直接影响着产业工人的安全意识、技能水平以及工程质量。受制于人员无序流动、线下培训实现困难等因素，从业人员参与培训的积极性不高，效果触达率低。旺筑靠德住力图从增收入、提价值、强技能、优环境四个方面入手，给出一套新颖的解决方案——线上灵活培训——"首创后台实时监控功能"，定时人工点击观看，解决有播无看难题，同时还能一键生成培训结果清单，用工方轻松掌握培训大数据。未来，旺筑靠德住还将继续优化培训体系，创建职业技能培训基地，完善工友补贴与激励体系，提高工友参加培训的积极性。

资料来源：实名制、在线履约、在线培训，旺筑网络首推靠德住数字信用建设引热议[EB/OL]. (2022-07-18)[2022-07-25]. https://news.iresearch.cn/yx/2022/07/439864.shtml.

5.3.2　数字培训市场的发展历程与竞争格局

信息技术基础设施的日渐成熟，让数字化学习逐渐成为企业培训的主流，市场上涌现出一大批数字培训厂商，数字培训市场发展得如火如荼。

1. 数字培训发展历程

2000 年前后，企业数字化学习 E-Learning 被引入中国，一些眼光长远且信息化基础设施较为完备的大型企业着手架构内部的企业学习管理平台，但囿于技术和应用环境，使用效果平平。

2005 年前后，培训 SaaS 开始出现，LMS 以其标准化与高性价比的产品交付形态得到了迅速的推广。当时的 LMS 更聚焦于管理者，注重平台功能的丰富性和实用性，用以提升管理者与实施者开展培训需求调研、培训计划制订、培训项目实施和培训效果评估等培训活动的效率，企业在线学习与培训的信息化基础设施逐渐成型。

2010 年前后，随着培训需求的日渐多样，大量的在线课程服务商出现在市场上。其不仅提供基础的通用管理类课程，还能够帮助企业开发出更贴合企业自身业务的专用业务类课程。企业外购课程与自制课程能够同步推进，也提高了平台的使用频率。

2015 年前后，为进一步调动企业员工的学习积极性，提升培训效果的评估效率与学习成果的转化效率，企业开始关注员工的学习场景与学习体验，面向企业学习者进行体系化的运营与服务变得越来越重要。未来，随着新一代信息技术的不断发展，组织驱动型运营正在走向技术驱动型运营，企业培训即将进入数字化与智能化的新时代。

2. 数字培训行业规模

据艾瑞咨询发布的《中国企业培训行业研究报告》，2020 年，企业在线学习与培训需求激增，培训系统厂商迎来大规模推广机会，市场规模近 28 亿元，同比增速提升至 26.1%。

从人力资源管理信息系统行业来看，相较于薪酬和招聘模块，培训模块属于企业的非刚性需求，产品议价能力较弱，市场渗透率不高，整体收入占比长期处于较低水平。未来，为了打破功能同质化的竞争困境，培训模块的独特性将得以充分显现，厂商会更加关注落地服务与优质内容的供给能力，以期通过提升学习者的学习体验来保障学习者的培训效果，基于此，增值内容与增值服务的收入占比或价值贡献（即带动基础账号销量的价值）将逐渐提升。在新技术的加持之下，绩效导向与全员培训将助力企业构建终身学习生态，数字化学习、混合式培训、项目制运营和轻量级咨询将成为驱动新一代企业培训产品及服务增长的新动能，行业步入"科技赋能，服务纵深"的发展阶段。

3. 数字培训市场竞争格局

目前，主流数字培训厂商的营收规模多在千万量级，集中度逐渐提升，市场开始出现分化。其中，营收规模排名靠前的厂商均已通过深度服务千人及以上规模的企业，实现了亿元级别的营收，积累了丰富的标杆客户服务经验。在企业客户中，1 000～3 000 人规模的企业仍然值得深度挖掘，这类客户更关注特定岗位的人才发展战略与组织绩效提升，所以对于培训系统厂商来说，打磨出一套成熟的一站式行业解决方案与岗位解决方案将成为其争夺这类客户的关键。此外，对于千人以下规模的企业而言，低价依旧是现阶段"破冰"的最佳方法,除标准化 SaaS 产品外,与更加高频且刚性的服务需求模块集成将更有利于打开局面,打通企业其他业务模块,成为高频、刚性需求模块的被集成方,并基于自身的技术服务能力与平台运营能力,提升企业培训过程中资源对接、业务推进和项目实施的效率。

5.3.3　数字培训厂商的竞争优势打造

在市场竞争中,数字培训厂商要想脱颖而出,需要有其他厂商不具备的竞争优势,如提供高度定制化的培训流程、一站式服务,以及覆盖客户全生命周期的培训服务。

1. 高度定制化的培训流程

一些大型企业甘愿在培训上投入大量资金,以取得高质量的培训效果。高度定制化是数字培训厂商可以切入的一个竞争点,从企业的实际需求出发,为企业提供定制化的培训系统建设,将培训模块嵌入各个场景,搭建企业专属的人才发展模型,打造量身定制的培训工具和功能应用,形成自有的竞争优势。

保利威作为企业直播服务商,通过强集成提供高度定制化培训直播解决方案,为企业搭建自主私域直播系统。保利威支持 SaaS、aPaaS(应用程序平台即服务)等不同服务模式,其中 aPaaS 模式可实现直播模块灵活配置,低代码甚至零代码快速搭建企业专属直播系统,周期更快、成本更低、定制程度更高。根据第十七届中国企业培训与发展年会对保利威的介绍,自 2013 年成立以来,截至 2021 年,保利威直播深耕企业培训领域,服务超过 18 万家客户,为企业大学搭建专属视频直播系统。保利威深度服务金融、教育、医疗、汽车以及房地产等行业企业,目前已落地 625 万多场直播,领跑培训直播市场第一梯队,在 2020 年被评为企业直播服务商排行榜第一名。

2. 一站式服务

对于在数字化学习项目落地方面经验丰富、一体化人才发展战略咨询能力成熟的数字培训厂商而言,可基于企业人力资源数据资产,提供培训流程中的一站式服务,优化人才供应全服务链条。在助力提高企业培训满意度、员工对企业认可度的同时,实现企业降本增效、长效发展。

平安知鸟结合中国平安集团多年高速发展的数字化转型经验,对外输出"咨询+平台+内容+运营"一站式数字化人才培养解决方案,通过规划咨询、智能化平台、课程体系建设与专业运营服务,助力企业人才培养、赋能业务发展,助推企业数字化转型升级。平安知鸟将人脸识别、云计算、大数据等核心技术深度应用于教育培训领域,并快速迭代,不断赋能企业员工、讲师、培训组织者、企业经营者等多重角色,实现培训手段的智能化、培训内容的实战化和员工学习的个性化。平安集团党委副书记兼集团首席数字运营执行官黄红英在 2023 年 7 月 6 日的 2023 全球数字经济大会数字金融论坛上表示，平安知鸟已累计服务国内外 2 000 余家企业客户，注册用户数高达 6 500 万，平台应用人次超 20 亿。

3. 覆盖客户全生命周期的培训服务

当今市场的竞争在一定程度上不仅在于产品，更在于服务，服务的质量与水准，直接关系到一家企业的发展前景。培训是贯穿于企业各个发展阶段的人力资源活动，数字培训厂商的服务也应覆盖客户的全生命周期，在培训伊始就产品和培训需求进行深入沟通，在培训过程中及时跟进流程进展，定期交流回访，陪伴客户发展与成长。

深圳小鹅网络技术有限公司是一家以知识产品与用户服务为核心的技术服务商，创始至今已服务逾百万家客户。小鹅通是知识产品与用户服务的数字化工具，在企业培训服务中，小鹅通兼顾组织管理与培训效果，助力企业打造学习型组织。除产品功能外，小鹅通的服务也独具优势，提供"一站式、全流程、全时段、全覆盖"的线上服务，结合客户具体情况，在其不同成长阶段共创针对性解决方案。小鹅通基于时代及客户需求，提供了覆盖客户全生命周期的精细化服务，更有专业运营团队与客户紧密协作，帮助企业快速开展培训，助力企业搭建起多岗位、系统化的人才培养系统，提升企业组织能力，建立属于企业自己的商学院。

5.4 数字赋能的培训权威文献解读

5.4.1 文献信息

题目：*MOOCs at work: what induces employer support for them?*
出处：*The International Journal of Human Resource Management*
作者：Hamori Monika
发布日期：2019 年 5 月

5.4.2 文献点评

大规模在线开放课程（MOOC）是近年来使用率最高的学习技术之一，预计将成为未来学习环境的重要组成部分，有可能改变企业的发展实践。MOOC 通常由精英高等教育机构提供在线课程（88% 的 MOOC 是由《美国新闻与世界报道》大学排名前 50 的学校提供的），MOOC 涉及主题广泛，费用很少或没有费用，由于 MOOC 对参与人数没有限制，它们的参与者人数比传统课程多得多，通常达到数万人。

然而，关于雇主如何将 MOOC 融入其培训和发展服务的经验证据有限。该文运用人力资本理论，对雇主支持 MOOC 的前因变量进行了假设。该文将雇主支持定义为雇主向参加 MOOC 的员工提供的任何类型的帮助，并分别研究了最常见的支持类型：学费报销（即 MOOC 学费的财务支持或成本报销）和休假参加 MOOC，并使用来自 MOOC 学习者的调查数据、相关课程数据以及学习者所在国家的宏观经济数据对假设进行检验。

研究结果证实，与规模较大的雇主相比，缺乏公司正式培训投资规模的小型雇主更有可能为 MOOC 提供支持。而且一些组织允许学习者从工作中抽出时间，休假参加 MOOC，MOOC 不仅包括核心内容，还包括非核心但仍与工作相关的内容。然而，总体而言，雇主未能利用低成本的 MOOC 来弥补正式培训的不足。相反，他们提供的 MOOC 支持只针对高管和全职员工，而不包括兼职员工。

5.5　数字赋能的培训经典案例解读

5.5.1　案例信息

题目：《蒂升电梯：如何走好数字化学习升级之路》

出处：人力资源智享会 HREC

作者：胡克克

发布日期：2022 年 7 月 10 日

5.5.2　案例呈现

蒂升电梯（中国）有限公司（以下简称"蒂升"）前身为蒂森克虏伯电梯，是一家具有 200 年历史的德国电梯制造商，目前在中国拥有 10 000 名员工、三大制造中心和一家研发中心，还有 47 家分公司与 98 家办事处。由于分公司较多，员工分布在全国各地，集中化线下培训时产生的高额差旅费和人工成本一直是学习发展实施过程中的一大挑战。随着数字化时代的到来，数字化学习的时空便捷性、个性化交互、资源丰富性等特点已成为共识并广为大众接受，企业也逐步倾向将数字化学习方式作为员工学习和发展的重要手段。蒂升多年前便开始推进数字化学习的应用，并且在实施和应用的过程中不断寻求升级和优化，有效地降低了学习运营成本，同时也更好地满足了员工的培训和发展需求。

数字化学习的挑战与升级

在实施数字化学习时通常面临两大挑战。

第一，"没意愿来学"。其主要体现在两方面：首先，单纯的线上学习教学方式单一，多为单向输出，学员难有良好的学习体验，容易学不完、学不进；其次，任何学习设计都需要考虑如何提高学员学习的意愿度和投入度，而数字化学习缺乏面对面的互动，提高学员投入度是一大挑战。

第二，"学了不会用"。其同样体现在两方面：首先，单纯的线上学习仅限于知识传递，学员缺乏技能训练，吸收了理论知识但仍然不会用，很难实现从"知"到"行"的转化；其次，如何保证学习内容和任务与业务深度连接，确保后续的应用和落地，是学习发展领域面临的共同挑战，在数字化学习场景下需要格外关注。

面对挑战，蒂升开始对数字化学习进行持续升级和优化，以满足企业学习发展的需求。2012 年，蒂升开始推出 E-learning 学习，作为线下学习的补充，为此既外采通用软件技能微课，又开发内部微课，双管齐下，以取得更好的学习效果。2015 年，蒂升的数字化学习机制再度升级，首次推出了混合式学习，基于人才发展项目逐步推行，线上进行微课学习导入，线下开展培训/工作坊。2020 年，蒂升开始推出线上学习营，除了线上微课外，还加强了课后作业和任务的考核与辅导，全程通过社群运营，由教练和 HR 助教对学员提交的作业进行点评反馈，同时还开设了线上虚拟工作坊，作为线上学习的辅助。2021 年，蒂升再度对混合式学习模式进行升级，导入线上学习营的同时，在线下推出翻转课堂，对现实任务进行实践跟踪，弥补线上学习的不足。

数字化学习之效能提升

为了提升数字化学习效能，蒂升格外注重学习体验设计，主要从学习服务、同伴学习和及时反馈三个维度着手。学习服务是指为学员打造学习的仪式感，提升学习体验，并适当准备惊喜作为激励手段。同伴学习是指以小组任务的形式激发学员的学习动力，让学员之间进行探讨和分享，提升大家的学习参与度。及时反馈是指导师或助教需对学员的作业进行及时的辅导与点评，并且将学习旅程可视化，让学员能更自主、更有计划地开展自己的学习。

数字化学习之效果转化

对于数字化学习的效果转化，蒂升注重输入和输出的平衡，并以行为改变为导向，将效果转化分为三个方面：第一，内容为王，即注重打造精品内容，并提供实用工具表单。第二，应用所学，即让学员每天反思总结，并完成现实任务作业。第三，辅导陪伴，即助教需及时对学员作业进行反馈，教练开展辅导并向学员提问，导师通过直播为学员解惑。

下面将以个人发展计划在线学习营项目为例，介绍蒂升在数字化学习效果转化方面的实践。

（1）难点及解决方案。很多公司都会开展个人发展计划（IDP）。一般而言，IDP 制订完之后，具体实施周期为一年，HR 不易跟进，所以容易流于形式，无法真正落地，具体实施效果也很难衡量。蒂升在打造 IDP 项目的过程中也关注到这些难点和痛点，并采取了一系列针对性的措施：首先，面向目标学员开展线下主题工作坊，帮助学员明确项目目的，了解工具如何使用；其次，开发了线上个人发展计划 14 天训练营，将线下训练内容全部转移至线上进行，更好地利用了时间间隔，将与主管的发展对话任务安排在训练营中，确保学员得到足够的支持。针对IDP实施的跟进，蒂升借助线上人工智能跟踪系统，通过工作任务场景来追踪员工能力提升进展。为了更好地衡量结果，一方面赋能直线经理，为直线经理提供包括发展面谈指南和表单在内的管理工具，并开展专题沟通会介绍发展工具的使用方法；另一方面召开项目启动会和复盘会，为HRBP赋能，邀请HRBP作为线上训练营助教参与管理。

（2）发展阶段及项目亮点。蒂升的IDP项目经历了三个发展阶段：1.0版本需线下填写表格、审批Excel表格记录跟踪。2.0版本实现了MyInfo（类似于一个OA系统）线上填写表格和审批，并在HRIS中记录跟踪。3.0版本阶段在2.0版本的基础上增加了易提升AI平台持续跟踪生成能力报告的功能，并将线下工作坊和线上训练营配套使用。该项目总体而言配套工具完善，并且具有全面完整的实施计划、指南和平台，应用人工智能系统进行可持续跟踪，过程透明、数字化，且结果可衡量。蒂升除了为HR团队赋能以外，还建立了同伴之间互相学习的平台和机制，并让直线经理更多地参与到人才发展的过程中，以此帮助人才和直线经理建立更多的连接机会。

（3）工具及开展形式。IDP在线学习营项目运营过程中会涉及五种工具：个人发展计划流程说明-经理版、个人发展计划指南、MyInfo系统个人发展计划操作手册、易提升操作手册和发展面谈指南及沟通会。这些工具、主管和HR的线下辅导以及在线系统组成了一整套支持体系，对学员线下开展发展对话、制订有针对性的个人发展计划以及后续自我跟进都起到了有效的支持作用。IDP在线学习营的主要形式包括音频导读、作业打卡与反馈和微信群分享互动。

蒂升的IDP在线学习营项目整体取得了不错的效果，学员学习完成率达89%，整体满意度高达4.8分（满分5分），整体有用性4.7分（满分5分），完成IDP信心指数更是高达98%。

5.5.3 案例点评

在数字化浪潮下，对于大多数企业而言，数字化学习的应用以及不断升级是不可避免的，数字化学习优势明显，是大势所趋。然而，要打造切实有效的数字化学习项目，首先要拥抱数字化学习新体验，在企业内部达成共识，否则很容易四处碰壁，反而浪费资源。基于内部共识，蒂升多年来一直推崇内容为王，结合社群化运营，以终为始持续对数字化学习进行有效管理，注重学员体验以提升效能，同时加强学习应用以完成效果转化。目前蒂升的数字化学习已经进入较为完善的阶段，但在数字化时代下，随时可能有新的挑战和变化出现，所以蒂升也会以变应变，在数字化学习升级的道路上继续前进。

分析讨论：

1. 数字化学习通常面临怎样的挑战？

2. 对于数字化学习，要如何应对挑战、进行升级？

3. 数字化学习的效能是企业关注的重点，那么数字化效能该如何提升？

4. 学习效果的转化是数字化学习的关键一步，那么具体可以怎么做？

5. 蒂升电梯的数字化培训学习之路对其他企业有什么启示？

第 6 章

数字赋能的绩效管理

【知识图谱】

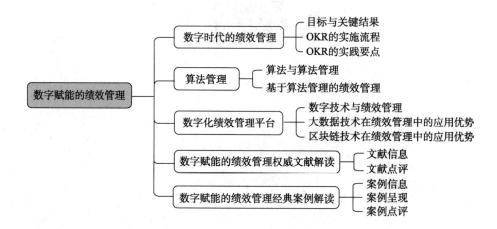

【思考题】

1. 小米曾实施"去 KPI"策略，你认为在数字时代，KPI 还能很好地达成企业的绩效管理目标吗？

2. 目标与关键结果的实施流程是怎样的？

3. 算法管理在绩效管理中的应用主要以哪些形式体现？

4. 大数据技术是如何改善企业的绩效考核体系的？

5. 区块链技术在绩效管理中的成功应用离不开它的哪些特性？

【管理者语录】

管理员工，我们不用 KPI，用 OKR。而 OKR 的基本原则是透明。如果你愿意，任何人，都可以看到任何人的 OKR，包括 CEO 的。

——雷一冰（字节跳动）

采用数字化绩效评估软件后，完成绩效评估所需的工作量减少 70%，而目标定义和协调速度则提高了三倍。公司的管理人员有权奖励高绩效者，并且可以获得更多团队发展的机会。

——Ricardo Silva（数字签名供应商 TrueSign）

【情境导入】

　　某上市公司的人力资源管理部门里，小李正坐在办公桌前愁眉苦脸，面对烦琐的日常性人力资源绩效管理工作，小李不得不花费大量时间去处理。此时，他看见了有关"数字化绩效管理"的简介，描述中提道：数字化绩效管理能够提高人力资源部门的工作效率，将其从事务性工作中解脱出来，并能充分挖掘员工的潜能，调动员工工作积极性……看完相关介绍，小李不由得心动了，"数字化绩效管理，真有这么神吗？数字赋能的绩效管理影响员工绩效的机理是什么呢？"

6.1　数字时代的绩效管理

　　从索尼的"绩效考核无用论"到小米的"去 KPI"策略，业界总认为考核已经不再重要了。殊不知，时代在进步，考核的方法可能过时，但是考核的理念绝不能丢失。目标与关键结果是一套明确跟踪目标及其完成情况的管理工具和方法，其主要目的是明确公司和团队的"目标"以及明确每个目标达成的可衡量的"关键结果"。2014 年，OKR 传入中国。2015 年，百度、华为、字节跳动等企业开始逐渐使用和推广 OKR。其成为数字时代重要的绩效管理手段之一。

6.1.1　目标与关键结果

　　随着谷歌等高科技企业股价日趋走高，研究者与商业界人士更加关注此类企业的组织文化、管理理念与思维、方法论与工具。OKR 就是近年来被热议的管理工具之一。

　　1. OKR 的概念

　　OKR 由目标（objective，O）和关键结果（key results，KRs）两部分组成。其中，O 是对驱动组织朝期望方向前进的定性追求的一种简洁描述，主要回答公司、团队或个人想做什么；KRs 用于衡量目标的达成情况。OKR 是一套定义和跟踪目标及其完成情况的管理工具与方法。它兼具考核工具和目标管理工具的功能：其主要目的不是考核某个部门团队或某个员工，而是时刻提醒团队或员工关注当前的目标和任务。

　　OKR 的思路源自彼得·德鲁克（Peter Drucker）的目标管理。1954 年，德鲁克提出了一个具有划时代意义的概念——目标管理，并已成为当代管理体系的重要组成部分。作为德鲁克的忠诚信徒，英特尔公司的总裁安迪·格拉夫（Andrew Grove），打着"HOM"（high output management，高产出管理）的大旗，发明并推行了 OKR。OKR 由 MBO 演变而来，在很多方面都有相似之处，但不同的是，MBO 目标是定量的，通常被表述为 KPI；OKR 则由定性目标组成，这些目标通过关键结果分解为定量关键结果。

在谷歌成立不到 1 年的时间里，谷歌的董事、投资者约翰·杜尔（John Doerr）把这套流程带给了谷歌，并一直沿用至今，谷歌在它所有投资的企业都要专门进行 OKR 系统的培训和实施。由于 OKR 具有鼓励创新的特点，非常适合互联网、高新技术等创新型公司，而谷歌作为一家以客户和产品为导向的科技公司，一直认为"人才是最珍贵的资产"，工程师数量占到公司员工规模的一半以上。出于和文化基因的契合，谷歌选择了 OKR，而运用得当的 OKR 最终也给谷歌带来了丰厚的生产力回报。在谷歌成功实施后，OKR 方法逐渐被微软、甲骨文、通用电气、领英等国际知名企业借鉴。

【案例启示】

谷歌公司的 OKR 绩效管理体系是由设定 OKR 目标、组织员工开展自我评估、同事之间 360 度评估、绩效结果校准会议、绩效反馈面谈五个重要环节构成。五个环节互相联系，互相牵引和制约，形成了一个完整的计划、执行、检查、处理（PDCA）闭环的绩效管理体系，并使组织必须关注过程的每一个环节。OKR 的目标设定是一个自上而下、自下而上的过程，组织、部门和员工个人都在过程中形成自己的 OKR，并达成共识。

绩效反馈面谈不一定是年度的，它可能是季度的，也可能是随时的；它不追求固定的形式，可能是上下级之间一对一的，也可能是团队内部、部门内部或跨部门的沟通。谷歌采用的 OKR 管理模式打破了工业时代部门之间的壁垒，更多地关注跨部门的沟通与协作。

资料来源：尼文，拉莫尔特.OKR：源于英特尔和谷歌的目标管理利器[M]. 况阳，译. 北京：机械工业出版社，2017：24-25.

OKR 的精髓在于引导员工既主动明确 WHAT（我要实现的、符合公司发展战略的目标是什么？—Object），又主动探索 HOW（我具体通过什么可以衡量的关键措施来实现这个目标？—Key Results）。KPCB 风险投资公司的合伙人兼谷歌公司的董事杜尔总结了 OKR 的"FACTS"——通过公司上下公开透明的目标传递、过程追踪、与考核脱钩等具体措施来将员工行为聚焦在重要的事情上（focus），实现个人目标与组织战略的一致性（alignment），增强员工对于目标的承诺（commitment），及时测量目标完成的进展（tracking），鼓励员工设置更有挑战性的目标（stretch）。例如，在谷歌博客负责人的 OKR 中，他的个人目标是"博客的浏览量提升 50%"，为了完成这个目标，他需要采取以下行动：①在 3 次大型的行业论坛上做专题演讲推广；②办好博客的 10 周年庆；③发展 20 个有影响力的人在博客注册账户并写博客；④在其他的 3 个以上有影响力的社交媒体上建立账户推广。上述"①②③④"就是关键结果，而"博客的浏览量提升 50%"是目标。这样设置工作指标既能明确目标，也能明确为实现目标所要采取的行动。

2. OKR 与 KPI 绩效管理模式的区别

"OKR 就像指南针，重在确定方向；KPI 就像秒表，重在计量。"[1]作为当下流行的两种绩效考核工具，KPI 和 OKR 的应用最终都是为了更好地促进组织的发展，但两者具有本质区别：OKR 不与绩效挂钩，是沟通和管理的工具；KPI 直接关系到员工的绩效得分，是绩效考核工具，因而可以将 OKR 看作 KPI 的迭代版本管理工具。不同于 KPI，OKR 的实质是一个"目标管理工具"，目的是依靠员工的创造性和自主性去完成任务，更能够适应大数据时代的企业组织。两者的主要区别如下。

首先，理念本质不同。OKR 源自德鲁克的 MBO 理念，关注的是目标管理以及自我控制，是一种管理工具，强调的是管理；而 KPI 源自弗雷德里克·泰勒（Frederick Talor）提出的科学管理原则，关注的是组织效率提升，强调的是考核。其次，管理思维不同。OKR 强调的是员工自我管理与效果导向，希望通过帮助员工思考，对业务进行解读从而达成共识，鼓励员工跳出自我舒适区，激发员工潜能；而 KPI 强调的是员工控制管理与任务导向，通过目标的层层分解、细化，让员工对自己的绩效考核指标有明确的目标感。最后，二者的应用场景不同。OKR 强调数据驱动，通过大数据的应用，追求敏捷的目标管理，动态调整、不断迭代，更多关注从 0 到 1 的创造性；而 KPI 强调标准驱动，通过战略分解，制定标准化的考核标准，相对固定、可以预知，更多关注从 1 到 N 的重复性。

3. OKR 的特点

OKR 具有以下三大显著特点。

第一，OKR 可以有效激励和成就员工。每个团队及个人的目标、关键结果以及最终得分在企业内部都是公开透明的，这既有助于统一公司、团队和员工的目标，促进团队合作，也有利于通过过程辅导、正向反馈等绩效反馈渠道，促进员工的自我激励和成长。谷歌的每个员工的 OKR 会放到自己的网页上，篇幅大约半页纸长，所有人都可以看到，是否制定、制定了怎样的 OKR，一目了然。到了季度结束时，每个人会给自己的目标完成情况打分，完成了得分是 1，部分完成的话，得分是 0 到 1 之间的一个数字，没完成的得分就是 0。

第二，OKR 鼓励员工制订有挑战性的目标，走出舒适区，突破自我。谷歌强调每个人制订的目标要有挑战性，所以如果员工完成目标的情况总是 1，不一定会得到表扬，因为这也可能说明目标设定的野心不够，需要在下个周期进行调整；低分也不一定会受到批评，此时员工更应通过工作分析，找到下一周期 OKR 的改进方法。大部分情况下，大家完成的目标都在 0.7～0.8。

---

① 叶丹艳. 绩效管理评价体系下 KPI 指标的构建[J]. 人才资源开发，2022，460(1)：95-96.

第三，OKR 将目标分解为直接执行的任务，即基于任务的关键结果，而不仅是对目标实现有帮助的业绩指标。同样以谷歌为例，其在目标设定时遵循 SMART（具体的、可衡量的、可实现的、相关的、有时限的）原则，如不能笼统地将目标定为"我想让我的网站更好"，而是要提出诸如"让网站速度加快 30%"或者"融入度提升 15%"的具体目标；不能说"使 Gmail 达到成功"，而是"在 9 月上线 Gmail 并在 11 月有 100 万用户"。

何斌等（2022）以字节跳动为例对企业从 KPI 到 OKR 的转型进行研究。在字节跳动早期的管理实践中，创始人张一鸣发现传统基于科层制的 KPI 绩效管理体系难以解决创新型企业员工绩效管理的难题，阻碍企业发展，适应不了互联网环境下市场和用户快速变化的发展需求。在意识到从传统绩效管理走向智能化、数字化绩效管理的重要性后，字节跳动围绕绩效管理模式展开变革，以 OKR 管理模式变革为主导，通过明确的目标激发员工自我实现，使企业快速灵活地获取和配置人力资源，以适应高度动荡的环境，实现了快速稳健的发展。

【案例启示】

微软在过去几十年的发展历程中，针对信息、数字化技术如何赋能管理决策和生产力提升积累了丰富的实践经验，进行了自适应 OKR 探索。

关于自适应 OKR 系统特性的确定，微软的组织管理原则中分别不同程度地体现了"规则简化性""自组织性""开放包容性"和"自我迭代性"。关于"规则简化性"，微软在数字化转型过程中，主要强调了组织文化以及使命的重塑，通过激发员工强烈的创新意愿、更加充分的决策权和灵活性，而非严苛、复杂的组织约束，来确保组织转型的方向一致性。关于"自组织性"，一方面，微软通过提倡同理心，保持和客户密切的关系，切身体会客户需求，在奉献社会价值的同时将它们转化为商业价值；另一方面，微软通过充分的内部沟通以及决策自由度的授予，调动高管和员工的积极性，让他们能够自发根据组织文化的引导完成工作、创造价值。关于"开放包容性"，一方面，微软鼓励组织成员之间的开放沟通、包容不同观点，让大家通过充分讨论和观点的碰撞，得到最优决策路径；另一方面，微软通过举办黑客马拉松等活动，发挥极客精神，让最优解决方案自然涌现。关于"自我迭代性"，微软通过充分鼓励学习型文化，提升了员工不断与外界保持信息交流、沟通的积极性；也通过采纳多种数字化技术和提供多元的培训机会，激发了员工自我精进的热情，因而能够持续在动荡环境中不断迭代、颠覆和自我进化。

资料来源：孙雪峰，相佩蓉，韦青. 自适应 OKR 系统：智能社会管理进化论[EB/OL].（2022-12-06）. https://www.hbrchina.org/#/article/detail?id=480330.

6.1.2　OKR 的实施流程

在对 OKR 有了基本认识后,企业若想将 OKR 应用于绩效考核体系中,应遵循怎样的操作流程? 具体而言,可分为设定目标、明确关键结果、推进执行和定期回顾四个步骤来进行。

1. 设定目标

1）部门目标的设定

由于 OKR 强调基层员工的创造力,所以目标确定首先是让基层员工讨论自己的目标、部门目标,再汇总为公司目标,这是一个自下而上的过程,公司目标确定后再进行自上而下的目标分解。公司目标的载体是战略地图与 BSC（平衡计分卡）,具体可采取群策群力的“目标分解研讨会”的形式来进行,这样做的意义在于充分保证上级（分管领导）和下级（部门经理）在分解部门与员工目标时获得充分沟通的环境。

部门目标除了由底层员工自下而上地汇总,再自上而下地分解以外,还可以进行横向协同分析来补充。作为一个部门,其战略利益相关者主要有两个：一是公司与上级；二是组织中的其他平级部门。从公司与上级的角度来看,部门运作的最终目的就是确保公司目标的实现,所以部门必须满足公司、上级的期望,实现内部纵向的战略协同,这可以通过分解公司指标体系来实现；而其他部门期望的满足（即横向协同）可以通过部门目标的横向协同需求分析开展。

部门目标的横向协同需求分析是根据其他部门对某部门的期望来设置目标,例如生产部门、研发部门、财务部门对营销部门的期望可能是：生产部门期望营销部门的销售预测更加准确；研发部门期望营销部门的有效信息反馈更加准确、及时；财务部门可能关注应收账款的周转速度,关注赊销账款的安全性,等等,当然这些期望必须是与公司战略目标相一致的。

【案例启示】

在字节跳动内部,制定 OKR 遵循“自上而下”“自下而上”两种方式。“自上而下”适用于宏观类型的 O。比如,公司 2017 年决定布局短视频领域（此为公司战略类 O）,今日头条孵化抖音火山版,或者抖音孵化剪映（此为团队业务发展类 O）。在“自上而下”途径下,公司和业务团队成员可以就总 O 进行逐级理解和承接,形成各自的小 O。

“自下而上”适用于微观类型的 O,假设抖音决定提高日活和用户时长（此为具体业务策略 O）。在“自下而上”途径下,业务团队一般成员可向上发起 O,之后由部门负责人统一对下属的 O 进行选择、认定和总结,形成自身的 O。

OKR 帮助字节跳动进行了很多改变，但在某种程度上，OKR 也帮助字节保留了很多独有的优秀特质。值得注意的是，字节遵循 OKR 基本规则，即"在自下而上途径里，上级 OKR 不能单纯为下属 OKR 的汇总，且上级应确保团队重要且最关注的事项出现在自己的 OKR 中"。这说明字节比较看重腰部管理层（属于中层管理者，大多是管理事业部或者某个部门）的能力培养。通常而言，腰部管理层的质量决定一家公司的长远发展。

资料来源: 陈思，刘宇豪. 目标与关键成果法帮助互联网公司提高办公效率[N]. 中国会计报，2021-09-10（7）.

2）员工目标的制订

在员工目标的制订上，一般建议员工与部门领导共同协商设置目标，将部门目标分解到各岗位，各岗位员工根据部门目标设定自己的个人目标。保罗·R. 尼温（Paul R. Niven）等在 *Objectives and Key Results* 一书中提道，在制订 OKR 的目标时需要注意一些基本事项：第一，目标设定要做到少而精。目标的数量需要控制，不能设置太多，目标过多容易导致无法进行有效的聚焦，建议目标不要超过五个；第二，每季度通过评价 KRs 来检验目标的完成情况。每季度末对关键结果 KRs 进行评价，完成60%～70%属于较好的程度，如果 100%完成，说明目标设定得过于简单。第三，遵循"自下而上再自上而下"的程序。首先要"群策群力"，充分听取底层员工对目标的意见，再滚动修订战略并确定年度目标、季度目标。第四，目标务必是具体的、可衡量的。例如不能笼统地说"教会销售使用这些销售工具"，而是要提出诸如"教授并使 80%的销售通过新产品考试"的具体目标；不能说"实现财政可持续性"而是"将普通基金的预算差异从 11%降低到 5%"。第五，目标要是有野心、有挑战性的。目标一定要可实现并具有挑战性，这样员工才会不断为其目标而奋斗，不会出现期限不到就完成目标的情况。第六，目标必须经过充分沟通达成共识。目标必须是在管理者与员工进行直接、充分的沟通后的一种共识，目标的设定以达成共识为终点。

2. 明确关键结果

KR 就是为了完成这个目标必须做什么，KR 必须是具备以下特点的行动：①是能直接实现目标的；②具有进取性、创新性；③是以产出或者结果为基础的、可衡量的，需要设定评分标准；④不能太多，一般每个目标的 KR 不超过 4 个；⑤是和时间相联系的。

下面以一个人力资源团队的 OKR 为例来说明其制定标准：①O1：全力招聘，推动企业人才系统的搭建；KR1：新增 5 家招聘渠道；KR2：9 月 30 日之前，50 人准时到岗，且试用期通过率为 80%；KR3：优化内推激励机制，新增 8 个优秀内推员工。②O2：优化企业培训体系和发展举措；KR1：每双月至少有 6 小时的自学和发展培训；

KR2：为新员工提供 1 个月的培训，使他们熟悉公司的政策和文化；KR3：两个月内为新任经理组织 5 次项目管理和领导力培训项目；KR4：设立员工学习基金，每年每人 3 000 元。

目标既要有年度 KRs，也有季度 KRs：年度 KRs 统领全年，但并非固定不变，而是可以及时调整的，但前提是得到批准；季度 KRs 则是一旦确定就不能改变的。需要注意的是，可以调整的是 KRs，而不是目标。目标不能调整，措施和方法可以不断完善。

3. 推进执行

当有了关键结果（期望的结果）后，就要围绕这个具体的目标来分解任务了。所以，每项关键结果就会派生一系列的任务，交给不同的员工负责。关键结果负责人就成了名副其实的项目经理，来组织协调大家。因此，关键结果的项目经理应当是团队非常重要的成员，他们需要具备能够调度和影响企业资源的能力，否则就不能把这个权力交给他们。

4. 定期回顾

为了确保公司全年目标的完成，对于设定的目标，每个季度都要做回顾，员工需要给自己的 KRs 的完成情况和完成质量打分——这个打分过程只需花费几分钟时间，分数的范围在 0 到 1 分之间，最理想的得分是在 0.6 到 0.7 分之间。回顾一般可以采用两种方式：一对一交流（one to one）和全公司会议（staff meeting）。

一对一交流，即员工个人和他的管理者沟通。尤其是在一季度结束、另一季度开始时，沟通过程中会回顾员工上一季度的绩效表现，并据此变更其业务职级和薪酬。此外，双方会协商好下一阶段的关键结果是什么，最好的情况是将个人希望达成的目标与管理者想要的结果结合。全公司会议以划分成各业务板块的形式进行，各板块的分管副总经理参加并介绍自己板块的目标，最终大家一起评估，在保证年度目标完成的前提下修订季度目标。

很多公司会对员工的绩效表现、取得的成绩进行共享和公开，比如此前 OKR 管理系统落地十分成功的谷歌，OKR 的实施环境就非常透明，所以尽管业务庞大多元，公司员工却还是可以清楚地了解企业当前的目标，任何一个谷歌内部员工都可以在谷歌内网上看到整个企业的 OKR 列表以及实时更新情况。这样做，一方面维护了公开、透明的原则，另一方面也给每位员工提供了学习和成长的样本，能够激励大家追求更高的工作质量，以更高的标准来要求自己。

【案例启示】

CareerBuilder 公司是美国最大的在线求职网站，每月有超过 2 400 万人访问，以寻求新工作和职业发展建议。CareerBuilder 制定 OKR 的过程是：由首席信息官带领敏捷开发部与技术部、产品负责人和业务领导举行为期三天的研讨会，其间与每个"团队"举行了多次时长为 3～4 小时的会议；团队确定使命和目标，每个目标包含多个 KR；与相关团队一起审视以保持组织内部的一致；召开小规模会议；提交业务线高级领导团队进行定稿。

CareerBuilder 采用了谷歌的评分模型，即 0～1 分制：

0.3——我们预期在本季度一定能实现的程度。

0.7——"很挑战"，即有些事情不在我们的掌控之下。

1.0——这需要每个人都全力以赴，不是完全不可能实现，只是实现的可能性比较小，也就是大家通常说的"超级挑战"。

CareerBuilder 没有把 OKR 直接与薪酬以及潜在奖金关联，而是将 OKR 当成了一个持续改进的工具，OKR 会影响，但不会决定员工的绩效等级。CareerBuilder 取得了较好的实施效果——能更专注于对公司而言最重要的事情上，能让各业务以及团队之间更好地保持一致，能让员工更具责任感，能产生源自业务的"正向"压力。

资料来源：尼文，拉莫尔特. OKR：源于英特尔和谷歌的目标管理利器[M]. 况阳，译. 北京：机械工业出版社，2017：85-86.

6.1.3　OKR 的实践要点

企业如果希望取得较好的 OKR 实施效果，需要重点关注以下几点：在目标设定上，进行逐级分解并适当聚焦，同时还注意目标是否具有足够的挑战性；在实施过程中，保证数据信息的全面、透明，促进员工与管理者之间即时、充分的沟通；在 OKR 实施后，则进行定期回顾，并采取动态监控和调整的举措。

1. 目标细化与重点聚焦

确定目标是绩效计划的关键，OKR 模式需要对企业战略进行逐级分解，据此设定目标，并明确各个目标的关键结果。在实践中，企业可以先让员工设立有挑战性的目标，通过与领导沟通协调确认目标是否符合企业战略，并争取将个人目标与组织目标相关联，发挥员工的主动性。例如，在谷歌的 OKR 体系中，目标通常分为企业、团队、部门和个人四个层级，其中，企业 OKR 是指企业核心发展战略目标及关键结果；团队 OKR 是指企业各服务、产品线目标及关键结果；部门 OKR 是指企业各部门目标及关键结果；个人 OKR 则是指企业员工目标及关键结果。这四个层级使公司全体员工的目标一致性得以实现，各层级的目标及关键结果需要定期进行回顾，尚在考核期的可根据实际情况进行调整。爱彼迎（Airbnb）的每一个产品组和其子团队都有年度

OKR，随后年度 OKR 又被分为季度目标。以 Airbnb 的住客服务团队（Guest Love Team）为例，其 OKR 是以一年内订出去多少个晚上来衡量；以房东和房屋团队（Hosts and Homes Team）为例的话，则是看达到 5 星好评的旅程占多少比例。

聚焦目标是 OKR 绩效管理的第一利器，其强调目标的重要程度而非数量。OKR 能够将组织的主要精力聚焦在最重要的核心工作上，同时帮助组织认清非核心的事项，并推动组织持续朝正确的方向发展，从而不断提高核心竞争力。此外，对于领导层、各部门、团队和个人而言，OKR 是一种高效精准的沟通工具，精准的沟通能够消除困惑，促使组织内部各层级实现上下一致，从而进一步明确工作目标，保证各层级的主要精力始终聚焦在实现成功的关键要素上，进而获得组织预期的工作成效。在 Facebook，OKR 制订员工个人的目标、团队的目标以及公司的目标时，会关注对团队和个人有重大影响的事项，在目标制订的时候是以结果为导向或者以影响力为导向。Facebook 的 OKR 会在每个季度开始之前让员工进行思考，有哪些事情从影响力的角度来说是值得做的，有哪些事情是其想做的，然后取两者的交集，再列举若干有一定概率（通常建议是 2/3）能达成目标的手段。

【案例启示】

Facebook 创立于 2004 年，是全球最著名的社交网络服务网站之一，世界领先的照片分享站点，主要创始人为美国人马克·扎克伯格（Mark Zuckerberg）。Facebook 员工的年龄中值为 28 岁，近万名员工中，他们占大多数。这些年轻人天马行空，不受约束，是"刺儿头"般的人群，这些年轻人常常对工作抱有一种幻想——工作应该是一件有趣的事。如何让年轻的员工感受到"工作是一件有趣的事"，这对于 Facebook 具有非常大的挑战性，而 OKR 目标工作法无疑是 Facebook 实现这一管理目标的利器。

Facebook 是如何利用 OKR 进行人才管理的？

1. 只关注对企业和团队有重大影响的事项

Facebook 的员工在制订目标时，需要思考哪些事情从影响（impact）的角度来说是值得做的，还有哪些事情是想要挑战的，然后再取交集。

2. 强调发现员工优势

对新一代年青员工采取"放纵"的策略，忽略他们的劣势，弱化上下层级概念，在定制工作目标和任务时赋予其不同寻常的自由，极大地激发了员工的积极性和创造力。

3. 鼓励"以下犯上"

在 Facebook，职称毫无用处，大家只看工作质量以及影响其他人的能力。企业管理的关注点在于确保所有员工在一个包容和具有挑战性的环境里工作。

通过 OKR 的成功实施，Facebook 一举超过了当时市值已超过 3 070 亿美元的亚马逊、2 970 亿美元的 GE、2 820 亿美元的强生集团以及 2 800 亿美元的富国银行。其 OKR 管理案例带给无数企业这样的启示：通过采用新的考核思想、工具，执行相对宽松的考核制度（不是为了考核而考核），再配合优秀的企业文化，在企业内部营造轻松、快乐、高效的工作氛围并不是不可能。

资料来源：五大绩效举措，撬动员工主动性[Z]. 2019.

2. 有挑战性的目标激励

心理学研究证实了员工的积极主动性对于公司发展的促进作用。例如，一项由杰弗里·托马斯（Jeffrey Thomas）等发表在《职业与组织心理学杂志》上的基于 103 个研究的元分析发现，员工主动性对于员工敬业度、绩效、人际关系以及创新都有正面影响。尤其是在环境不稳定时，员工主动性是组织抵御风险与发现机会的有利助力。

而 OKR 正是一个有效调动员工积极性的管理方式。*The Art of the OKR* 一文指出，OKR 强调目标要具有挑战性，鼓励员工走出舒适区，挖掘自身潜力，制定超出自己能力范围的 "KRs"，如经过努力最终可以实现 60%～70% 的目标被认为是具有较大激励作用的好目标。如果目标未完成，并不意味着工作失败，而是可以被看作促使员工发现问题、调整目标，进而始终保持正确工作方向的机会。此外，OKR 还增强了工作目标的牵引效果，通过公开、透明的管理使员工的思想和行动始终跟上组织与团队的目标。因此，OKR 较强的挑战性和牵引性对于调动员工的主观能动性，激发员工不断突破自我、提升创造力，自觉服从组织目标等均具有积极意义。

3. 数据信息的全面和透明

OKR 的顺利实施需要企业进行尽可能全面的数据收集，由于 OKR 在设置时要求是可以量化的，所以如果不收集 KRs 的实际数据，那么 OKR 的可衡量性便得不到保证。数据的有效收集有助于对 OKR 进行评分，而评分结果是在复盘的时候判断是否需要调整目标路径的重要依据。在移动互联模式下，每个移动终端都是一个绩效数据的采集点，可以在很大程度上降低数据收集的时间及成本，一些商务办公、后台监控软件能够实时捕捉员工工作的数据信息，使管理者能够充分了解员工的工作行为和状态，保证企业整体的目标一致性。在数字技术（如绩效仪表盘、基于"云计算"技术下的"共同体 GTT 企业云管理平台"等）的帮助下，各层级的目标及关键结果设定之后能够得到定期、及时的回顾。

数据信息是否公开透明是 OKR 的另一个关键要素。OKR 数据信息的不对称容易导致绩效反馈阶段员工缺乏主动性，进而出现员工被动地参与绩效反馈工作的现象。

数字技术在绩效管理中的应用能够很好地保证数据信息的公开，企业可以通过建立网络申诉平台提升绩效反馈工作的有效性，提升员工对绩效反馈工作的认同感和参与的积极性，也有助于提升员工在下一阶段的绩效表现。奇虎360倡导业绩导向、公平透明和简单直接的环境，因此在业绩管理上，采取 KPI 和 OKR 并重的策略。很多公司的绩效管理过于强调 KPI，陷入烦琐流程的误区，但奇虎360的各个业务单位首先衡量的是战略目标和关键结果，其次再参照 KPI，因为只有实现了战略目标，KPI 考核才有其意义。

4. 沟通的即时性

三分钟读懂 OKR

OKR 模式强调目标设定需要员工与管理者在充分沟通的基础上完成，而且在绩效计划确定后，关键结果的调整也需要员工与管理者进行及时沟通，如果关键结果不利于目标达成，则需要及时重新设定。为了适应瞬息万变的发展形势，字节跳动在公司内部会定期开展部门业务沟通会以及"CEO 面对面"的活动，使组织能够及时沟通目标，并进行动态调整。同时，内部透明的 OKR 管理平台让组织内的员工可以及时同步行业发展的信息，了解彼此目前的业务进度。这也是他们能够及时捕捉机会，在36小时内突袭"优爱腾"和快手阵营的原因之一。[①]

5. 动态监控与调整

OKR 利用周例会、月回顾和季度评估，不断评估外部环境的变化和 OKR 的适应性。如果外界环境发生较大变化，原有目标及其关键结果设定已不能适应，就需要马上根据战略要求设置新的目标及其关键结果。由于 OKR 是以数据为依据并驱动的，因此开展定期检查、目标评分及持续性评估可以对基于 OKR 的绩效管理进行动态调整。国内的 Tita 软件作为一个 OKR 十分全面的管理平台，其推出的 OKR-E 管理框架，不仅在目标追踪这一方面展现出了强大的功能，OKR 下面所有的执行计划，都能通过该系统随时反馈和监督，并对 OKR 的进展进行周期性的复盘，确保 OKR 管理追踪功能的落地。

【案例启示】

阳光保险集团股份有限公司（以下简称"阳光保险"）通过系统导入 OKR，助力企业战略转型、科技赋能和创新孵化，有效地激发了员工的工作主动性和积极性，

---

① 2020年年初，《囧妈》几经波折无缘院线，字节跳动在36小时之内迅速谈拢版权，打出"免费请全国人民看电影"的口号，紧接着《大赢家》也免费播出，抢占了"优爱腾"的市场份额。

增强了团队的协作能力，促进了各项目标管理工作的落实。

阳光保险并不是简单地照搬其他公司的 OKR 做法，而是注重学习和理解 OKR 工作法的思想内涵与管理精髓，紧密结合公司业务属性和特点及"红黄蓝"评价系统（阳光保险对组织目标实现难度采用的评价系统），借鉴 OKR 思维框架，形成具有自身特色的 OKR 工作法。比如在目标的设定与表述上，阳光保险就形成了自己的范式。

1. 明确目标是什么

阳光保险的 OKR 聚焦客户需求，制订目标过程中高度关注客户的价值与感受。目标制订时有统一范式，以"通过××，为××提供/解决了什么样的产品/服务"的句式，统一标准、聚焦客户、明确要求。比如，阳光寿险精准定价项目的目标表述为"通过精准定价，为优质客户提供高性价比的产品"。

2. 设定若干清晰的"关键结果"

"关键结果"要回答目标的预期结果及衡量标准是什么。其中，衡量标准要体现用户增长、用户活跃、收入增长、产品性能、质量改进等关键词。"关键结果"的表述尽可能量化，不能量化的也要质化，设置关键里程碑、时间点等。

3. 明确"关键工作项"和"工作项追踪"

结合公司自身管理需要，阳光保险丰富并发展了 OKR 工作法，增加了"关键工作项"和"工作项追踪"：明确为实现目标所选择、采用的一些关键性措施，并运用"红黄蓝"评价系统对关键工作项进行过程追踪，确保项目可执行、可跟踪、可检视。

资料来源：董迎秋，朱仁健. 阳光保险的 OKR 实践[J]. 企业管理，2019(10)：82-84.

6.2 算法管理

过去几年中，算法已经渗透到社会的各个方面，对人们的影响也不断深化。例如，一些互联网企业通过算法对用户"贴标签"，从而分析出其喜好、习惯等精准的私人信息，进而提供更细致的推送。无论是短视频的兴趣推荐，还是电商的"千人千面"，均是从算法推荐技术衍生而来。那么，什么是算法？其与企业管理，尤其是绩效管理又有何关联？

6.2.1 算法与算法管理

近些年，社会化媒体、移动终端、大数据、云计算、人工智能、物联网等一系列技术的发展，从不同方向推动了算法的应用。由此，"算法"这个本来有些深奥的专业名词频频出现在我们的生活中。算法不仅改变人们的生活，塑造人们的行为，也在引发更多的变革。

1. 算法时代的到来

算法我们耳熟能详，却总是很难给其一个准确的定义。尽管算法已经融入我们的生活中（例如，算法推送技术能够通过用户反馈的浏览、转发、评论、点赞等数据完成对"用户兴趣"的画像，并依据上述画像对用户进行精准的内容推送），但因为算法运作的后台化，我们对算法依旧知之甚少。

在算法的定义上，陈昌凤（2019）认为，"算法指的是为解决问题而进行的计算机操作规则的一系列步骤，是人类为特定的问题而设计的解决方案"。彭兰（2021）提出，"算法是一种有限、确定、有效并适合用计算机程序来实现的解决问题的方法，是计算机科学的基础"。在计算机专家看来，算法是"一种有限、确定、有效并适合用计算机程序来实现的解决问题的方法，是计算机科学的基础"。通俗地说，算法可以看作用计算机程序实现、基于数据分析、面向特定目标的一套指令或方案。算法即规则，它不仅确立了机器所试图实现的目标，同时也指出了实现目标的路径与方法。

作为推动力量，算法技术不仅带来了互联网行业和独角兽公司的快速崛起，而且塑造和改变各个行业。比如，在传播和市场营销领域，算法推送技术可以让传播者有针对性地为用户推荐新闻和信息产品，进而精准满足受众需求，提高用户黏性。今日头条、抖音等软件，均通过精准算法推送获得用户黏性。在工业制造领域，富士康早在 2016 年就引入 4 万台人工智能机器人，据说能够取代 6 万名工人。在组织运营和管理方面，计算机算法也被看作提升工作效率的重要手段。有报道称，亚马逊公司研发应用了一套人工智能系统，通过它，公司可以确定物流仓储部门每位员工的工作效率，进而统计出员工的"摸鱼"时间，然后自动生成解雇的指令。

算法技术也在改变人们的日常生活和对世界的理解认知。算法应用日渐普及，不仅能够影响用户的消费决策、民意大选，还能帮助警察逮捕犯罪嫌疑人。2021 年，英国伯明翰地方警局开始研发一套名为"国家数据分析方案"的系统，旨在通过对居民个人数据资料的分析，预测公民的"犯罪指数"，引导警方提前干预。算法甚至能指导我们吃什么食物、读什么书和选什么样的对象结婚。扎克伯格说，除了进一步提升全球互联性，脸书将致力于"理解世界"这一全新使命。在他看来，"理解"这个词意味着："每天，人们会将数十亿的内容上传到脸书的 Graph（脸书的算法搜索机制），通过这种方式，人们在构建一种关于这个世界所有需要知道的知识的最清晰的模型。"

算法不仅已经逐步成为企业解决具体问题的一种方法和开展业务运行的技术程序，而且已经渗透到社会结构和人们的生活中，社会、企业、消费者等与算法之间的关系日益紧密。政府层面应用算法进行税收、国防、货币发行、基础设施建设和教育资源布局等的规划与执行。企业应用算法开展投资、定价、获取客户以及执行操作等活动。比如，美团、今日头条等平台型企业以数字为主要生产要素，采用各种算法帮助企业运营，在运营过程中还通过不断更新的数据对算法进行优化。深圳市洪堡智慧餐饮科技有限公司是一家利用互联网从事小龙虾供应链管理与市场销售的企业，在做到 1 亿人民币销售规模的时候，员工有近 300 人，而做到 3 亿销售规模的时候，由于其开发的大量算法已经成熟并投入应用，员工只有 90 多人了。此外，众多消费者个人也开始使用算法开展投资理财、保险选择和消费安排等活动。

算法的应用成为数字经济高质量发展的一种必不可少的手段，经济发展也进入算法时代，算法获得了前所未有的地位。无论我们是否愿意接受算法的统治，我们已经进入一个随时可能被算法参与治理的社会，而算法在人力资源管理领域的应用也正在改变我们的生存与生活方式。

2. 企业算法管理的内涵

"小李，你本周的表现非常出色，你的销售额增长了 70%，帮助你的团队在绩效排行榜中取得了第一名的好成绩。但是你仍然有很多表现的机会，所以请继续努力哦！"接收绩效反馈有助于员工成长，它鼓励学习并对优秀的表现进行奖励。但是，如果提供反馈的是算法而不是人，该怎么办？这就是组织中算法管理（algorithmic management）的基础。

算法管理是指通过算法对员工进行战略跟踪、评估和管理。组织通过算法接管了过去由管理者执行的任务，这种管理创新在零工经济中尤为常见。例如，Uber、Deliveroo 和 Upwork 之类的平台使用算法来管理与密切监视其全球员工，算法给员工分配任务并评估其绩效，提供反馈和有关如何提高绩效的建议。近年来，越来越多的外卖业务链中，平台企业为了满足消费者对服务速度的要求，以及企业自身对收益最大化的追求，会在系统中运用大量的算法来控制外卖骑手接单后的行为，甚至特别关注骑手的上下楼时间，专门研究骑手去某一栋楼的低楼层和高楼层时的时间、速度。实践证明，外卖业务链中算法的运用为平台企业增加了每单的收入，节省了每单的成本。

现如今，使用算法来管理员工慢慢地不再局限于零工经济，越来越多的传统组织发现以数据为依据进行决策的好处。根据普华永道的研究报告，跨国公司中已有 40% 的人力资源部门使用基于 AI 的工具进行管理。大数据和自动化已成为大多数业务部门变革的首要方向，而人力资源部门也将其工作重点放在了数据驱动的决策上。在人力资源管理中使用算法可以提高管理效率，其作出的决策甚至胜过人工制定的决策。例如，算法的使用在员工选拔中变得非常普遍，其多被用于简历筛选，使求职者与职位相匹配，算法可以通过自然语言处理来分析视频面试中的面部表情或书面申请中所体现的动机。此外，算法还能向员工和经理提供关于绩效方面的反馈。

【伦理小课堂】

亚马逊此前深受算法监控和解雇员工的舆论风波。早在 2019 年 4 月，外媒 The Verge 报道就发现，亚马逊通过一套人工智能系统，可以追踪监控员工的工作效率，并自动生成解雇指令，以此提高生产力。

这套系统主要用于亚马逊的物流中心，每天有无数快递在这里打包、分类和运输。据曝光文件描述，通过这套系统，亚马逊管理人员可以监视员工的打包速度、统计员工离岗时间，如果员工扫描包裹的时间过长，系统会自动生成警告，进行记录，并最终导致其可能被解雇。文件显示，有将近 900 名员工因为被这套系统判定"工作效率低"而被解雇。

据悉，亚马逊为物流中心的员工定下了严苛的工作标准，包括从货架上取下商品之间的硬性时间间隔、工人的休息时间、去洗手间的时间等。为了能够在规定时间内完成工作，一些工人甚至不得不放弃上厕所。数据显示，有 55% 的员工表示在亚马逊工作后遭受抑郁症的困扰，超过八成员工表示不会再次在亚马逊求职。

"我们一直从工人听到的反馈是，他们实际上被像机器人一样地对待，因为他们受到这些自动化系统的监控。"批评人士说。

资料来源：卢卡，克莱因伯格，穆莱纳坦. 大数据"杀熟"？你的算法该管一管了[Z]. 2018.

启示：借助算法来监控员工，可能会导致哪些问题？根据算法结果来解雇员工的举措是否合理？

6.2.2　基于算法管理的绩效管理

2021 年，《财经》杂志中一篇有关算法管理与"打工人"的文章在朋友圈"刷屏"，文章提道：在某大型电力集团，记者借了一张员工卡刷门禁、乘坐电梯、工位打卡、食堂用餐、超市购物等，结果发现，这些活动的准确时间和消费金额，都被公司人力平台"记录在案"；在某民营建筑公司，"电梯的摄像头和 OA 系统关联，还有录音设备"，员工在电梯内都不敢开玩笑……

显然，算法带来的影响，已经悄然延伸至人力资源管理的各个领域，也包括绩效管理领域。绩效管理是指各级管理者和员工为了达到组织目标，共同参与的绩效计划制订、绩效辅导沟通、绩效考核评价、绩效结果应用、绩效目标提升的持续循环过程。调查显示，近年来很多企业都引入复杂的 OA 算法管理系统，完成对员工考勤和工作量的全面监控，直接与绩效挂钩。这套系统可谓无孔不入，画面识别员工工作状态、心率、呼吸、坐姿、疲劳度等，所有数据尽览无余，更有甚者，连员工去卫生间都被以秒计时并与绩效关联。OA 系统是算法应用于企业绩效管理的一个案例，具体而言，在算法管理主导的管理运作中，绩效管理主要以两种形式展现。

1. 制定考核体系

算法管理可以构建起以用户打分、顾客评价和员工诚信档案等为基础的数据声誉机制，制定相应的绩效考核体系。例如，"美团"和"饿了么"平台根据骑手的工作表现，如是否超时、完成的订单数量等给予"青铜""白银"等各个绩效等级或者星级评价。同时，各个等级也对应相应的奖惩办法，并会对员工的收入产生实质性影响。在骑手配送的过程中，平台系统 App 不仅协助骑手配送，还在隐秘地通过骑手身上的可移动设备收集各种数据，如手机蓝牙、Wi-Fi（无线网络通信技术）、GPS（全球定位系统）以及传感器数据。通过将这些数据与配送场景结合，外卖平台公司可以挖掘更多有价值的信息，如骑手的上下楼时间、到店时间、出餐时间等，同时还可以以数字还原骑手的送餐行为，如骑行、步行、停留、走楼梯、坐直梯等。而为了获取更精确和全面的数据，外卖平台公司也会在骑手身上部署更多的智能硬件，如智能耳机、头盔、餐箱等。

平台企业在制定考核体系时，会直接依据以算法平台收集并处理的各种工作数据，但这可能导致其所制定的考核标准过于严苛，加上员工时刻处于上级的监控中，无形中提升了他们完成工作任务的难度。Office365 在 2022 年 10 月推出了一项叫作生产力分数（productivity score）的功能，主要根据 Microsoft Graph 的资料分析而成，以 73 个指标去了解员工对 Microsoft365 系列产品（包括 SharePoint、Teams、Outlook、Word/Excel、Skype 等）的使用状况。普通员工和主管可以通过 MyAnalytics 及 Workspace Analytics 工具来了解自己和部门的使用分析。尽管微软强调生产力工具不是工作监控工具，而是用于"了解员工如何使用工具，以便改善工具或强化训练，推动数字化转型"，但卫报等媒体引用研究人员的分析指出，该工具可以成为老板监控员工的工具。并且，这并不是微软第一次在 Office 产品内建此类"监控"工具，研究人员指出，2015年 Office365 的 Delve 就已为雇主提供过类似的权力。

OA 系统绩效考核的使用固然能实现绩效考核的科学、可量化，如华天动力协同OA 系统可以自动统计后台数据，通过折线图、条形图、双轴图等各种报表展示考核数据，让管理者更直观地了解考核状态和考核结果，并支持用户根据绩效考核名称、考核周期、考核频率、状态进行查询。同时，通过华天动力协同 OA 系统强大的数据统计和关联功能，可以轻松实现绩效分数的纵向和横向的对比。

但这类系统的应用也可能会衍生一系列社会问题，在谈及对 OA 系统的评价时，互联网观察人士赵熠表示："这是泰勒制科学化管理的现代版诠释，把管理法则完全工程化。企业管理模式和机制的嬗变，成本多数要下沉到一线管理者及员工身上。"对企业来说，将管理流程通过算法实施，无疑更高效精准，也能够降低管理成本；但对于一线的普通员工而言，在这张密不透风的数据大网中，他们原本的工作方式和节奏也随之改变。

AI 算法监控存在已久，其在企业中的运用也存在不少争议。早在 2019 年，亚马逊就在内部构建了一套 AI 系统，可以追踪每一名物流仓储部门员工的工作效率，统计每一名员工的"摸鱼时间"。在这种情形下，出于对耽误时间的考虑，74%的亚马逊仓库员工不敢正常上厕所。之后，亚马逊还推出了应用程序"Mentor"，该程序会不断监控司机的驾驶、电话使用和位置，并为配送公司反馈得分，以作为评估司机表现的参考。"得益"于这套算法，不少工作多年经验丰富的亚马逊老司机遭到了"不合理"的解雇。

其实，将 AI 算法用于员工监控的例子不在少数。据统计，早在 2018 年，全球就有 22%的企业用 AI 监控员工的活动数据，17%的企业监控员工的电脑使用情况。[①]AI 对员工的监测或许能在一定程度上达到企业想要的效果，但在不断探索和测试出保护客户数据的新方法的同时，如何消除这些措施可能会给员工带来的压迫感，解决个人隐私泄露和系统误判等问题，也值得企业去做进一步的思考。

【案例启示】

　　骑手的工作表现会通过等级和"战绩"排行榜及时反馈。外卖平台公司照搬《王者荣耀》的玩家等级，赋予骑手青铜、白银、黄金、铂金、钻石、王者 6 个等级。每个等级下又分为 4 个小等级，如青铜 1～4 级。骑手的等级越高，平台系统随机派发订单的可能性越大。而且青铜等级以上的骑手，每完成一个订单，在提成的基础上还可以额外获得 0.1 元的奖励。而骑手的等级取决于骑手的跑单量、好评数以及出勤率。因此，跑单越多，好评越多，出勤时间越长，骑手的等级就越高。另一个反映骑手工作表现的是跑单量排行榜。骑手通过手机平台系统 App 可以实时查看自己当前在团队内部的排名，跑单量位居第一的便是"单王"。排行榜的出现，实际上加剧了骑手内部的暗自竞争，因为人人都想成为"单王"。

　　资料来源：陈龙，韩玥. 责任自治与数字泰勒主义：外卖平台资本的双重管理策略研究[J]. 清华社会学评论，2020(2)：63-92.

2. 执行考核规则

算法管理可以对员工在工作过程中的数据进行收集，并根据企业需求来进行数据的整理和使用，从而对员工绩效进行科学、有效的考核评价。以科技企业对于研发人员的绩效管理为例，近年来，科技企业竞争激烈、生存压力大，疫情带来的增长放缓使企业激发了降本增效的需求。针对行业痛点，国内的"方云智能"平台给出了自己的解决方案：将 AI 技术应用于研发绩效管理，通过包含 AI 绩效评价、AI 项目管理、AI 资源管理、数字化汇报四大模

算法管理规定今施行

---

① 亚马逊司机，也困在算法里[EB/OL]. (2021-08-03) http://news.sohu.com/a/481217878_324615.

块的综合解决方案，切实提升研发效率，并帮助上级认可研发团队价值。在 AI 绩效评价的模块中，"方云智能"采用明确目标、智能评价的方式，通过绩效看板实现绩效的可视化以及绩效排名，激发员工主观能动性。据"方云智能"总裁于振坤介绍，通过对绩效的智能监督评价，管理者可以合理评估员工的工作情况，员工也可以受到多劳多得的激励，真正提升工作效率。公司所服务的客户中，有一家根据绩效评价结果，将第一名和最后一名员工的年终奖差距拉到了 20 倍，用实打实的好处激励员工努力工作。在使用"方云智能"产品的团队中，也有多位技术副总裁反映员工已经开始主动承担新的工作任务。

但在将算法应用于绩效管理的过程中也遇到了一些问题。例如，在对外卖骑手进行绩效考核时，可以根据顾客点评、所耗时间、订单完成的数量等数据信息，按照在算法规则中预先制定好的阈值予以综合计算得出最终结果，并将其作为最终考核的具体数值来确定员工的收益标准。然而在执行过程中，员工只能看到最终的考核结果，并不知道具体考核的指标体系、程序、阈值等，这可能会使员工遭受不公平的考核结果，同时，他们也缺乏对此提出异议或者申诉的渠道，而只能被动接受自身权益受到影响的现实。

在现实中，许多组织应用算法技术的主要目的皆为"提升效率"，而并非关注人的全面发展。于是，算法越先进，人的自由、自主空间越狭隘。就像《外卖骑手，困在系统里》一文中描述的疯狂外卖小哥，人沦为算法时代组织效率和资本的工具。这是算法只为资本利润服务所产生的"算法剥削"。而且，人们只看到算法对效率的提升，但是数据分析系统的算法是否"公平"则很难自证。2015 年，美国芝加哥法院使用的犯罪风险评估算法就被证明对黑人造成了系统性歧视：黑人更有可能被这个系统错误地标记为具有高犯罪风险，从而被法官判处更长的刑期。另外，数百万人由于该算法无法获得保险、贷款和租房等服务，如同被算法"囚禁"。

此外，采用刚性规则的算法管理模式也面临着过于严厉、缺乏人文温暖的弊端。企业在获得考核结果之后可将之作为岗位调整、薪酬变动、奖金发放等奖惩决定的依据。在算法管理的模式中，算法规则充当奖惩决定的实施者。以外卖平台为例，平台企业可以依据算法规则对超过限定阈值的员工即骑手施加罚款，甚至出现骑手超时一单扣款高达 20 元之多的情形。相比其所能够获得的报酬，这一处罚的力度显然过于严苛。在奖励方面，则主要表现为现金和信誉两种。现金奖励就是直接向员工派发现金，使其直接获得经济利益；荣誉奖励主要是给予其较高的服务质量评级，从而获得优先派单的机会。与传统的奖惩决定不同的是，在算法管理模式中，员工依然处于传统的科学管理范畴中，所面对的是刚性规则，加上被实施的奖惩决定具有执行迅速、申诉不易等特点，即便面对算法不公正的处罚决定，员工也没有"讨价还价或者拒绝"的余地，只能被动接受。

【案例启示】

　　智能无人前台（M2S）是钉钉首款实现"多模态交互"的智能办公硬件。产品深度运用了达摩院 ASR（语音识别技术）、NLP（自然语言处理）等多个方向的前沿 AI 技术，结合钉钉实时在线的组织通讯录等软硬件能力，让 M2S 具备更多维的即时沟通能力和更接近人类的沟通反馈能力。基于这种多模态的交互能力，M2S 具备能听、能说、会认人，甚至会思考的能力，可以应对前台接待场景中各种复杂的情况，智能化满足访客接待、员工考勤、自动算薪等场景化需求。

　　作为一款与钉钉生态高度结合的物联网先进产品，M2 人脸识别考勤机可以将打卡变成一件轻松又快乐的事情。为了让员工不再时刻把打卡挂在心头，从而更专注、高效地投入工作，M2 极速识别面孔仅需 0.6 秒、最远识别距离达到 3 米。员工只需在上班途中看 M2 一眼，便能在无感知或弱感知的前提下完成考勤打卡，不仅高效、便捷，还能大幅减少行政人员的工作量。此外，M2 还能同时识别 3 米范围内的 5 名员工，依次叫出他们的名字，并提醒他们当天的工作日程。

资料来源：王吉斌，彭盾，白雪飞. 在线组织：钉钉赋能 28 个组织数字化转型的故事和方法[M]. 北京：机械工业出版社，2021.

6.3　数字化绩效管理平台

　　传统的绩效管理更像是一套控制系统：年初设定目标，同时分解到季度、月度，并按照相应的周期进行评估，评估结果与个人浮动薪酬挂钩；年中根据实际情况，有条件地进行目标修正；年末复盘回顾，并启动下一周期的循环。然而，在以云计算、人工智能、大数据、区块链等数字技术全面引领和推动产业经济发展的时代，传统绩效管理所能产生的效果越来越弱。在数字化时代，不同场景的需求、数据、用户价值无缝衔接，行业区隔被打破，上下游关系被重新定义，与之相伴的是全然不同的绩效管理模式。

6.3.1　数字技术与绩效管理

　　"数字技术"是一种可以将各种信息（信息的载体是图、文、声、像或者其他等）转化为计算机可以识别的语言进行加工、储存、分析以及传递的技术，其主要包含大数据、云计算、人工智能、物联网、区块链和 5G。近年来，许多企业都将数字技术的发展与应用设定为下一个企业级战略目标，争相在这片蓝海中率先打造出一个多维度网络有机生态圈，由此也推动了新一轮的组织变革，绩效管理也是其中的体现之一。

1. 大数据技术与绩效管理

随着人力资源管理活动的战略作用和地位不断增强，企业人力资源管理工作正越来越依赖于大数据。人力资源管理部门如果借助大数据，将人的信息和其他资源数据化，再用算法进行匹配，测试员工的胜任力、评估岗位、考核绩效等，将会为人力资源管理工作带来诸多新的可能。对于绩效管理来说，大数据从思维方式、技术创新、数据采集、评价手段等方面，影响绩效管理的开展与实施。比如，国际商业机器公司基于大数据技术对绩效管理工作方式进行有效优化，将人力资源绩效管理工作中的事务性工作占比有效降低，让人力资源管理工作者能够有更为充足的时间、精力去发展战略性工作。如何运用大数据为绩效管理服务，在海量数据中如何进行数据挖掘与分析，从而建立更加全面、具体、科学的绩效管理体系，成为企业在大数据时代下实施绩效管理所必须思考的问题。

【案例启示】

以云会计为基础的财务共享服务中心绩效管理者可借鉴 FSSC（财务共享服务中心）绩效管理经验，以规模经济效益的获得为最终目标，为企业使命与战略方法向可衡量目标的转化提供依据。在这个过程中，绩效优化元素包括客户、财务、成长、经营、学习等模块。

通过将绩效优化元素汇聚到统一的模型中，可以帮助企业剖析完成企业使命的关键成功因子，评价相关成功因子的指标，探明促进全部职工完成职能目标的渠道。比如，在学习与成长层面，可以发挥人力资源力量为重点，从员工执行力（团队关系良好、自主获得有助于完成工作任务的信息、主管充分授权等）、员工参与性（主管定期针对辅导、职业发展与职业规划、战略沟通与目标细化）、员工能力（修辞表达、软件技能、财务操作等）等维度分析非经理级别的职工表现，并根据评价结构将职工划分为"红灯""绿灯""黄灯"三个级别。"红灯"为负影响，亟待改进；"绿灯"为表现较好，但仍需改进；"黄灯"为表现极佳，需继续保持。再如，在财务层面，可以将整个以云会计为基础的财务共享服务中心看作一个成本中心，以年为单位，根据全体职工数量商讨成本中心费用的分配问题。紧跟预算，以维持日常业务流通资本最小化为目标，以净营运资本的高效率运用为焦点，调查人力资源部、市场部、销售部、采购部等与财务共享服务中心有直接合作关系的对象，了解服务现状，并定期组织技术专家、主管、内部客户参与"专家圆桌会议"，从及时有效、强烈响应等方面，汇聚与应收账款、应付账款、现金等日常业务处理有关的净营运资本优化因素。

资料来源：王靖雯. 大数据背景下基于云会计的财务共享中心绩效管理分析[J]. 当代会计，2021(20)：133-135.

2. 区块链技术与绩效管理

区块链，就是一个又一个区块组成的链条。每一个区块保存了一定的信息，它们按照各自产生的时间顺序连接成链条。这个链条被保存在所有的服务器中，只要整个系统中有一台服务器可以工作，整条区块链就是安全的。这些服务器在区块链系统中被称为节点，它们为整个区块链系统提供存储空间和算力支持。如果要修改区块链中的信息，必须征得半数以上节点的同意并修改所有节点中的信息，而这些节点通常掌握在不同的主体手中，因此篡改区块链中的信息是一件极其困难的事。相比传统的网络，区块链具有两大核心特点：一是数据难以篡改，二是去中心化。基于这两个特点，区块链所记录的信息更加真实可靠，可以帮助解决人们互不信任的问题。

近年来，随着相关技术的不断突破，区块链已经从一种流行于极客群体[①]中的"黑科技"迅速成长为一种实用的新技术。围绕着区块链的投资正在迅速增加，一个全新的区块链产业正在逐渐崛起。IDC 于 2021 年 3 月 24 日发布了《2021 年 V1 全球区块链支出指南》(*IDC Worldwide Blockchain Spending Guide*)，从技术、行业、应用场景等多个视角发掘未来 5 年全球区块链市场中的潜在机会，同时总结了过去一年的市场发展情况。IDC 预测，2024 年全球区块链市场将达到 189.5 亿美元，5 年预测期内（2020—2024 年）实现约 48.0% 的复合增长率。

长久以来，人力资源管理中存在应聘者信息造假、背调成本高、绩效界定不清、薪酬支付方式落后、劳动纠纷频发等问题，导致劳资双方缺乏信任，从而增加了员工道德风险和企业经营风险。在线求职网站 CareerBuilder 的调查显示，大约 58% 的雇主曾在应聘简历上发现了造假，这无疑是人力资源领域中的一大难题。而区块链凭借其去中心化、防篡改、开放透明、保护隐私、自动执行等特性，给传统人力资源管理提供了新的思路，其通过实现应聘简历真实免验证、工作权责清晰可监督、远程薪酬支付可信赖、劳动关系公正可存证等，不仅减少了烦琐的人力资源管理工作流程、降低了管理成本，更是从算法层面建立起企业和员工的互信机制，有效减少了员工道德风险和企业业务风险。例如，跨国人力资源公司任仕达（Randstad）通过区块链智能合约平台 Cypherium 与谷歌云（Google Cloud）合作，充分利用数字身份、数字签名等技术，将人才与企业需求匹配，大幅缩短验证资格的时间，数据只需验证和核实一次后就会加入区块链，当数据加入区块链后就不会再被篡改，这些数据经过核实、可信度高。任仕达希望通过利用 Cypherium 区块链，真实有效地记录个人职业档案的相关数据，而不是由应聘者单方在简历上描述他们的工作情况，从而保证简历信息的真实性，同时也维护了任仕达客户和员工的隐私。

具体到绩效管理领域，区块链则有助于企业打造科学的员工绩效考核体系。企业

---

① 形容对计算机和网络技术有狂热兴趣并投入大量时间钻研的人。

可以通过私有链的方式将生产、经营、人力资源管理等职能部门以区块链的形式连接起来，将员工的工作业绩、工作能力、工作表现、考勤记录、培训记录等考核指标上传到区块链上，形成真实可靠、不可篡改的员工考核记录。借助智能合约[①]技术，可以自动生成对员工的考核、评价和奖惩，还可以通过积分的方式对员工的贡献和能力进行奖励。区块链上的记录因为不可篡改，保证了员工考核指标的客观性和真实性，智能合约自动执行、不可篡改的特性又保证了员工绩效考核过程中去除人为干扰，从而使整个员工考核体系更具有科学性。譬如，结合了效果营销模式和区块链技术的分散伙伴平台 HOQU 便通过建立绩效考核链，将员工绩效及考核等信息上链，随时可追溯查验，保证工作权责清晰、考核公正透明，力求促进劳资双方互信，提高工作效率。

6.3.2 大数据技术在绩效管理中的应用优势

大数据技术在绩效管理的多个环节都能够发挥它的作用：在绩效计划的制订环节，大数据技术可以帮助拓宽多元化的数据来源、丰富数据形式，进而有助于确立更加合理的绩效指标；在绩效评价环节，大数据技术能够提高数据分析的科学性，增强绩效评价的客观性；在绩效反馈阶段，大数据技术则通过强化实时性与动态性来优化企业绩效管理体系。此外，大数据技术还能助力企业建立绩效指标数据库，提升其绩效交互数据的信息化水平。

1. 拓宽数据来源

数据来源是绩效指标设置过程中的重要基础，只有收集了充分的投入、产出和结果的相关数据，才能实施有效的绩效评价。传统绩效管理的数据主要来源于被评价对象自身所提供的数据，如项目管理资料、总结报告等，属于内部管理数据，其客观性、准确性和完整性往往难以得到有效保障。并且此类数据只能满足部分绩效指标的设立之用，当指标涉及与其他部门关联、以往及未来数据的时间序列关系等方面时，数据的可获得性就会受到影响，导致指标测度难以有效进行。

而在大数据时代，互联网、移动终端、物联网等随时随地且无时无刻地收集海量数据，数据采集技术的不断发展让来自各领域和各种结构的数据提取也成为可能，移动设备、远程感应、软件日志、射频识别（RFID）阅读器和无线传感器等硬件设备，也为绩效数据的收集提供了新方法。很多互联网企业都有自己的海量数据采集工具，如 Hadoop 的 ChuKwa、Facebook 的 Scribe 等，这些工具均采用分布式架构，多用于系统日志采集，能满足每秒数百兆的日志数据采集和传输需求。以 Scribe 为例，这一

---

① 一种旨在以信息化方式传播、验证或执行合同的计算机协议。智能合约允许在没有第三方的情况下进行可信交易，这些交易可追踪且不可逆转。

开源的日志收集系统能够从各种日志源上收集日志，存储到一个中央存储系统上，以便进行集中统计分析处理。同时，互联网的普及推进了网上信息公开，企业在进行绩效评价时既可以从评价对象内部的信息公开平台获得数据，也可以通过互联网、推送信息等开放平台获取相关绩效数据。

2. 丰富数据形式

在大数据时代，除了以非数字化形式存储的信息（如历史档案、视频影像、设计图纸等），呈现情绪、兴趣和观点的个性化互联网数据也成为绩效评价中结果数据的重要来源。而这些细颗粒度的行为数据也为绩效管理提供了可以二次利用和深度挖掘的数据资源。比如，大学生使用的一卡通和学号关联，能够将其在校园内的生活"一网打尽"，其收集了学生在食堂、宿舍、教室、图书馆、校医院、健身房等各个场所的学习、考试、上网、出入和消费等数据，这些数据可以用于学生学习成绩、心理健康状况等方面的预测和管理。

丰富多元的数据形式也可以有效降低绩效管理的施行成本。例如，过去为了衡量民众对公共服务质量的满意度，政府部门需要专门委托第三方机构进行抽样电话调查，而由此带来的成本也较高。在大数据时代，民众的各类投诉和反馈可以通过社交媒体、政务热线等各种渠道进行记录，这就大大降低了绩效数据的采集成本。

3. 提高数据分析的科学性

在传统的绩效指标设计中，统一化的标准更加容易制定，要想对每一个被评估对象进行针对性分析则具有较大难度。而在大数据分析技术的支持下，数据来源能够覆盖到每一个评价对象的具体信息，能够从杂乱的数据中提取出有用的部分，并进行整理、分类和分析，将其转化成有意义的信息。此外，一些数据挖掘和分析技术（如决策树算法、贝叶斯算法、人工神经网络、遗传算法等）的出现，使我们可以准确地识别各种数据所代表的绩效信息，分析评价对象的关键特征，进而设计出更加高效合理、针对性更强的绩效指标体系。MapReduce 是由谷歌公司研究提出的用于并行处理和生成大数据的模型，设计初衷主要是解决其搜索引擎中大规模网页数据的并行化处理，MapReduce 被发明之后首先用于重新改写搜索引擎中的 Web 文档索引处理系统，后来得到了公司内部的广泛应用，如今谷歌公司内有上万个各种不同的算法问题和程序都使用 MapReduce 进行处理。MapReduce 能够对产品、业务和员工数据展开趋势分析和预测分析，进而帮助优化绩效管理体系，带来更好的决策与更高的利润。此外，企业还可以使用 MapReduce 来收集有关彼此交互的数据以监控员工的行为，从而改善工作环境。

在数据分析的方法上，传统绩效管理主要采取简单、线性的计算方法，比如通过加权平均等统计方法进行指标合成，大量工作是通过手工操作完成，对算法、运算量及机器算力的要求不高。而在大数据时代，绩效形成机理的非线性、不确定性和复杂性可以得到刻画，绩效管理更加依赖复杂建模和高深算法，绩效数据分析模型也更贴近真实状况。比如，用户行为分析软件 GrowingIO 通过采用留存分析、事件流分析、用户分群等分析工具灵活组合，对海量非结构化的数据进行存储、运算、整理和分析，这种数据分析背后也需要更加复杂的算法支撑。这使得绩效管理对信息技术人员和数据分析人员的依赖性更强，并对绩效管理人员提出了不同的胜任素质要求。

【案例启示】

　　在绩效系统方面，新浪采用了一套自研的系统软件，包含数据指标库、360 度考核体系、可视化报表、指标健康度分析等功能。其大致与 PeopleSoft（协同合作企业软件全球领导供应商）中的绩效模块类似，但在绩效与奖金发放的系数设定上有着较大差异：新浪的自研系统相对灵活，系数可以随着外在因素灵活变化，绩效系统也随之升级迭代。此外，值得注意的是，绩效系统没有本地部署的第三方系统产品，这也令新浪不得不选择自主研发。

　　新浪在绩效管理中还会结合公司的实际业务发展情况逐一采取针对性的解决方案。如在实施绩效管理之前，对之前有过的绩效管理进行分析和研究：公司管理层是否有绩效管理指标；绩效管理过程中可能存在的风险；分析之前绩效管理没有取得显著成效的原因。此外，新浪采取了部门试点，对绩效评估中的不同绩效表现实行差异化激励机制，同时也确定了公司绩效评估的基本正态分布情况，即 5%的人远远超标，10%的人超标，70%的人达标，10%的人接近目标，5%的人远远不达标。

　　资料来源：中国人力资源开发研究会智能分会标准领导小组. 中国人力资源管理数智化发展白皮书[R]. 2021.

4. 增强绩效评价的客观性

　　在传统绩效评价实施过程中，评价结果及报告具有一定的主观色彩，除了根据数据分析结果，许多企业还会采用自评、部门评价或专家评价的方式，再由评价人员据此撰写评价报告，并提出相应的改进意见，这就难免存在人为干预的问题。随着大数据时代的来临和新兴技术的不断发展，企业可以考虑将使用人工智能的机器评价作为绩效管理的探索方向，使其能够对评价指标的各项结果进行系统性的机器分析，并对绩效结果报告设定统一的格式，最终生成格式统一、类别丰富、内容齐全的评价报告，以期避免因评价人员主观标准不同而带来的评价差异。

　　绩效评价和评价结果的分析、使用是绩效管理过程的最终阶段，也是十分重要的一个环节。大数据的预测技术和机器学习为绩效的自动分析提供了可能，客观真实的绩效评价结果也有助于企业在后一阶段设定出绩效数据驱动、智能辅助、动态跟踪的更为科学的绩效目标。专注大中型企业人力资源管理数字化的红海云，开发了针对人力资源各模块的数字化产品。其中,针对绩效的数字化产品包含灵活的智能考勤管理,可满足企业复杂的个性化考勤、加班、调休规则需求,实现部门、岗位及人员的考勤差异化管理,支持跨区域、多终端考勤数据实时统计,帮助企业轻松完成涵盖考勤、工时、排班、假期、调班、劳动力智能分析在内的全方位考勤管理。

5. 强化绩效管理的实时性与动态性

在传统的绩效管理模式下,各部门的评价指标体系建立往往较为依赖可量化的部分数据,各部门间的数据动态联系较少,绩效管理的效率也会降低。大数据的优势之一就是能够实现实时、动态调整,即可通过实时获取绩效表现进行动态调整,以实现实时追踪和监管,从而防止绩效管理的目标固化,减少绩效管理的"形式工程"。借助大数据技术,企业绩效管理下的所有员工工作记录均会被及时地保存在大数据平台矩阵集群之中,数据反馈系统也能在数据收集、分类、管理、运算的基础上有效地帮助个体和组织实时查找错误、串联关键节点数据,从而实现数据的渗透分析、提高工作效率。麦肯锡的 Simon Hindes、Mads Yde Jensen、Laleh Omalaki、王嘉骏和胡小溪在其公司网站的《数字化业绩管理|开篇:选对方法》中提道,某中国钢铁企业用了 3 年时间,全面推广精益转型,首先实施部署了传统的业绩管理体系,实现了显著业绩改进:产量提升 13%、成本下降 9%。在改进成效的激励下,该企业进一步在炼钢厂中的转炉与连铸车间试点落地数字化业绩管理流程。由于其良好的精益基础,系统试点从设计到落地仅用了 3 个月。通过实施数字化的业绩管理流程,该厂帮助超过 30 名一线管理人员与 70 名员工提升了知识与能力,且确保了所有班组都围绕相同的 KPI 进行班组小结。系统实施 3 个月后,转炉的冶炼周期缩短 7%,产量提升 5%,半年内便收回投资成本。

6.3.3　区块链技术在绩效管理中的应用优势

在数字化时代,越来越多的企业将绩效管理与区块链技术相结合,区块链技术的应用与探索也给绩效管理带来了全新的变革。在传统的绩效管理评价中,通常以项目或时间周期对员工绩效进行多种权重因素的评价,在企业形成奖优罚劣、公平公正的氛围。但即便是匿名评价,结果也往往让员工觉得透明度不高,降低了员工对企业的信任度。而区块链在绩效管理的应用中则解决了这一痛点,其主要起到以下两种作用。

1. 增强绩效管理的科学性与可信度

绩效管理是人力资源管理中的一个重要模块,在传统绩效考核中,企业常常会面临操作难度大、涉及数据多、影响范围广等难题,而这些问题在区块链技术面前能够迎刃而解:首先,区块链技术状态下,考核都是由计算机根据特定的程序自动进行,不会掺杂人为因素。其次,它不是以单纯的结果导向或过程导向来确定员工的绩效,而是通过一定的算法,对被考核者的所有行为要素进行分析。最后,企业会根据此数据，计算出员工应得到的绩效薪酬。国盛证券是国内首家在绩效考核方面创新性地使用区块链技术的券商，火链科技作为其技术提供方，基于区块链底层基础设施搭建了国盛证券区块链积分绩效管理平台，有效实现了绩效激励透明化、信息公开化、组织高效化和企业员工信任化。根据协议，火链科技将为国盛证券设计部署"国盛研究区块链系统""区块链积分绩效管理平台"以及"区块链积分发行管理系统"三大系统，将国盛证券研究所的绩效考核流程及数据置于链上，员工工作内容及时上链并不可篡改。开放的联盟链架构保证内部打分和外部客户评价接入，配合预置绩效考核公式的智能合约实现员工积分的自动计算与发放。

2. 有助于绩效信息的记录和利用

客观、准确的绩效信息是组织作出绩效管理相关决策的重要依据，而去中心化、匿名性、防伪可溯源、公开透明的特性正是绩效信息记录所需求的关键点。例如，区块链无须通过组织的中央存储器来进行信息的交互与传输，而是通过搭建区块链信息建设平台，做到信息的可公开与可获得。同时，区块链

3 分钟看懂数字绩效管理模式

能够将关于绩效管理的全部信息存储在各个终端设备中，使每一台终端设备都得到网络信息与数据的互通，最大化地实现获取、理解、反馈信息的公平性。国际人力资源平台 ChronoBank 已推出首个基于区块链技术的完整工作平台 LaborX，该平台具有利用不可篡改的信誉系统，以及智能合约和透明的数字货币市场，来为求职者和公司提供安全、有效进行即时交易的能力。这里的"交易"是指 LaborX 能够对员工的工作时间进行标记和记录，为后续的绩效考评提供参考。平台允许个人以最高的市场价格销售自己的时间，同时给予他们每周希望工作多少小时的决定权，这样能够帮助员工在工作和生活之间取得平衡。

大数据时代，掌握数据的利用价值具有重要意义。绩效信息的利用是针对区块链所存储的信息进行合理的分析提取，获取有用信息，从中获取经验并且再次应用于绩效考评的过程。绩效考评需要充分收集组织信息、部门信息和个人信息，而区块链技术可以提供有力的支持。企业可以收集员工在区块链平台中考勤打卡和日常录入的信息，结合量化指标和定性考评来综合评定员工的工作态度与工作能力，真正做到员工绩效考评的人性化与公平性。我国的人力资源区块链平台职业链（CTEchain）能有效收集求职者的技能记录、求职记录、简历记录、职场记录，以及招聘方的招聘记录、用人记录等。人力资源部门可以查看实时数据，并利用这种存储员工数据的技术来获取员工的出勤率，此外，人力资源部门还可以建立绩效考核链，将每个人的行为信息以"工作区块"的形式记录下来，形成员工工作区块链，机器会根据算法及程序，推算出每个员工的价值贡献，而且会根据综合评价，计算员工工资和产生的费用，给出薪酬调整建议。同时，区块链技术也有助于企业日后随时进行追溯核验。

6.4　数字赋能的绩效管理权威文献解读

6.4.1　文献信息

题目:《在线劳动平台算法管理：理论探索与研究展望》

出处:《管理世界》

作者:刘善仕，裴嘉良，葛淳棉，刘小浪，谌一璠

发布日期：2022 年 2 月

6.4.2　文献点评

近年来，伴随数字经济和信息技术的飞速发展，算法逐渐渗透到人们工作、生活中的各个领域。其中，在线劳动平台通过算法虚拟化地监管平台工作者的实践迅速成为管理学领域研究的热点之一，算法技术如何重塑组织管理的议题引起实践界与理论界的广泛讨论。

基于上述背景，该文在界定在线劳动平台算法管理概念的基础上，利用系统文献综述法对在线劳动平台算法管理的相关研究进行梳理。进而在述评文献主题的基础上提炼出在线劳动平台算法管理的研究内容框架，归纳并论述了在线劳动平台算法管理的三大研究主题：劳动过程视角下算法管理的运作机制，平台工作者视角下算法管理的影响以及平台企业视角下算法管理的影响。其中，在劳动过程视角下算法管理的运作机制分析中，该文将平台劳动过程划分为匹配、控制、激励和反馈四个阶段，并主要结合案例研究的定性方法，针对"算法管理的运作机制"的问题展开探讨。在平台工作者视角下算法管理的影响研究中，该文通过梳理文献发现，在个体心理层面上，现有研究重点关注算法管理对平台工作者的公平性、自主性认知以及他们的压力、情绪体验的影响；在个体行为层面上，学者们主要归纳出平台工作者适应、逃避和操纵算法的三种应对策略。在平台企业视角下算法管理的影响研究中，该文主要从交易成本、运营效率和经营绩效三个方面进行述评。

最后，该文提出对未来具有科学价值和实践意义的研究方向，包括：进一步完善算法管理的概念，采取新技术手段、多元方法推进算法管理的实证研究；拓展算法管理的基本理论以及与其他领域相关技术、理论的交叉应用研究；多视角、多层次地深入挖掘算法管理在各个层面的微观作用机制等。

6.5　数字赋能的绩效管理经典案例解读

6.5.1　案例信息

题目:《字节跳动，到底是怎么管理 11 万员工绩效的？》

出处：中国人民大学劳动人事学院人力资源与领导力开发中心

作者：刘润

发布日期：2022 年 3 月

6.5.2 案例呈现

对字节跳动（今日头条、抖音、飞书的母公司），我一直很敬佩和好奇。敬佩，是因为他们快速的发展。好奇，是很想知道这家快速发展的公司，到底是怎么管理超过 11 万员工的。所以，我忍不住和字节跳动的同学聊，你们是怎么做的？为什么？然后呢？还有吗？我受邀参加过不少次字节跳动的活动，也和内部不少高管认识。但是这次聊完之后，我还是张大了嘴。这家公司在管理上，确实有很多独到的思考和做法，很值得讲讲。今天，我就试着把这些让我张大了嘴，但又非常独到的思考和做法，分享给你。

不用 KPI，用 OKR

雷一冰告诉我，管理员工，我们不用 KPI，用 OKR。字节跳动，可能是中国比较出名的 OKR 使用者，至少是之一吧。我之前也写过一些文章，解释过 OKR。什么是 OKR？OKR，就是 Objectives & Key Results。一种英特尔率先使用、谷歌发扬光大的目标管理系统。OKR 和 KPI，到底有什么不同？主要有三点。

1. 透明

很多用 KPI 管理的公司，通常不希望把每个人的目标公开。为什么我的高，你的低？这样会引起争论，甚至可能会泄露公司的战略意图。而 OKR 的基本原则，或者说使用 OKR 公司的普遍文化，是透明。如果你愿意，任何人，都可以看到任何人的 OKR，包括 CEO 的。因为要相信透明的力量。给聪明人足够、透明的信息环境，优秀的团队，才会自然而然"生长"出来。所以尽量把一切都让大家知道，没什么可保密的。这样，就可以"对齐"。所有人订目标时，左看右看，上看下看，保持目标一致、力出一孔。然后，才可以"协同"。进行项目时，一起开会前，先看看对方的 OKR，知道怎样合作，能帮到共同目标的实现。

2. 部分自下而上

董事会给 CEO 定 KPI，CEO 给高管定 KPI，层层向下。这样的 KPI 体系，有分解和承接的功能，但并不能充分发挥全员共创的智慧。OKR 鼓励部分 O 和 KR 是由员工发起的。你发起的 OKR，也要支撑上级，或者其他人的 OKR。如果不支撑呢？上级觉得是个不错的方向，也会同意。这样，既有利于支撑结果，也给予了目标设定的灵活度，能很好地利用大家的智慧。

3. 不考核

绝大部分使用 KPI 的公司，都会用 KPI 来考核员工。因此，KPI 成为"考核指标"

的代名词。但是，你考核什么，员工就会给你什么。与考核无关的，能不做就不做。年初谈指标时，员工和老板斗智斗勇，就是希望把 KPI 谈低一点。但是 OKR 不考核。因为目标是目标，奖金是奖金。一旦用奖金来管理目标，员工和公司就会关于目标的大小进行拉扯和博弈。不考核，也是鼓励员工设定更有挑战性的目标。雷一冰说，现在，公司所有人的 OKR，都在飞书 OKR 里做了对齐。只要你单击别人的头像，就能看到他的 OKR。

工 作 总 结

我问雷一冰，但公司总归是要考核的啊，不然怎么决定晋升、怎么发奖金呢？不考核 OKR，怎么办？他说，我们在飞书绩效里，会用 360 度评估，让你周围的人给你打分。你的表现，大家都看在眼里。因此，360 度评估，是非常有价值的信息。然后，上级会根据这些信息，对下属进行考核。嗯，那具体怎么做呢？首先，想让别人给你打分反馈，你自己得先有总结吧。所以，每个人要先写一写，客观地回顾下自己的工作。我的 OKR，到底完成得怎么样了？或者说，在 OKR 的引领下，做出了哪些实质性成绩？

360 度邀请

360 度邀请，具体要邀请谁？邀请你的上级，你的下属，甚至是别的部门同事，总之是和你有密切协作的人。因为你的努力和成就，他们最清楚，让他们来给你打分。每次邀请，一般平均会有 10～20 人。有时甚至会有 40～50 人。但是，我忍不住问，你邀请了那么多人，其他人也邀请了那么多人，那评得过来吗？雷一冰说，不用担心。实在不行，你也可以拒绝啊，只要你写明原因。还记得我们前面聊 OKR 时说的吗？组织一定要公开透明。所以连拒绝也要公开透明。拒绝的原因，可能是合作比较少，可能是不了解对方岗位要求，可能是收到了过多邀请，也可能是确实不方便评估等。是什么原因，你就写什么原因。而我们往往也能在拒绝中，发现更多细节的信息量。因为 360 度评估，就是帮助管理者掌握、收集更多信息的。很多绩效评估时出现的问题，也经常是因为管理者掌握的信息不够多，不够有价值。所以，管理者不应该拒绝更多信息。哪怕是拒绝这一个动作，我们也要创造机会，让组织里的信息透明和流动起来。

6.5.3 案例点评

字节跳动公司有自己的管理方法，用 OKR 实现了目标的上下一致，用绩效评估激励和盘点人才，让贡献大的人得到应有的回报。更值得关注的是，这些方法背后的思考，关于信息的流动方式，关于协作的公开透明，关于对组织的深刻理解。从字节跳动的绩效管理体系中，我们能感受到一种文化和力量，而这种把公司当作产品一样来思考，花大量时间来看待每一个人，最终希望组织能变得更健康的态度，也值得那些不断探索的公司借鉴。

分析讨论：

1. 结合案例谈谈，为什么字节跳动要采用 OKR。

2. OKR 和 KPI 有什么不同？

3. 字节跳动的 360 度评估具体是如何实施的？

4. 字节跳动的绩效管理模式能给其他企业带来什么启示？

自学自测　　扫描此码

第 7 章

数字赋能的激励管理

【知识图谱】

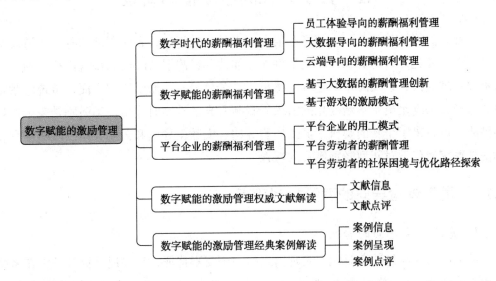

【思考题】

1. 数字时代孕育了哪些薪酬福利管理的创新模式？
2. 大数据技术是如何为企业薪酬管理体系赋能的？
3. 游戏化激励管理有哪些实施要点？
4. 相较于传统薪酬管理，平台企业的薪酬管理有哪些不同之处？
5. 平台劳动者在社会保障方面面临哪些问题？

【管理者语录】

在进行游戏化管理后，我们将大区拆分成一个个的部落，部落人少了，管理难度降低了，管理的工作量也小了，对销售业绩的改进也是卓有成效的。

——步科公司大区经理

方舟系统在配送环节，通过轨迹大数据运筹优化、机器学习、数据挖掘、地理计算等智能算法，为每一份订单预估送达时间、指派合适骑手并为骑手设计最优路径，并可依据所收集的数据进行业绩评估与动态奖励。

——何仁清（美团配送人工智能负责人）

【情境导入】

采用数字化人力资源系统后，小李对日常事务的处理效率和效果都有了显著提升，从前令人棘手的薪酬福利管理也变得轻松、快捷。算法、游戏化、云端共享等新兴概念让人力资源量化管理成为可能，员工也有了更好的激励体验。如果你是小李，你会如何构建数字技术赋能的激励管理的知识图谱？

7.1 数字时代的薪酬福利管理

随着大数据、移动化、云计算等信息技术的日益渗透，企业管理的各个领域发生了颠覆性的变化，人力资源领域也不例外，如共享经济下 Airbnb、滴滴出行的新型人力资源管理模式，以及海尔的创客小微员工新角色等。在激励管理方面，传统的激励模式已经无法满足员工不断变化的需求，日新月异的数字时代给员工激励带来了严峻的挑战，也带来了全新的契机，员工体验导向、大数据导向和云端导向的薪酬福利管理便是数字时代下对新型激励模式的探索。

7.1.1 员工体验导向的薪酬福利管理

1. 员工体验导向的含义

员工体验导向是数字时代下激励模式的一个要素特征，旨在通过提升员工在激励过程中的体验，提升激励成效。数字时代下员工体验导向的激励模式更加关注满足性、多样性和个性化，这种模式关注员工多样化和个性化的需求，为他们提供全方位覆盖生活各方面的弹性福利计划。同时，体验导向的激励模式更强调透明化、数据化、可视化，平台可依托互联网和大数据，借助新技术实现激励过程自动流程化。积分发放与消费，忠诚度的动态变化，福利产品的采购与交易等都以数据的形式记录并以报表的形式展示给管理者和员工，于员工而言提高了公平感和归属感，于管理者而言降低了运营成本并提升了激励效果。从体验型激励维度而言，体验导向的激励模式更聚焦于参与感、即时感和游戏感。McGonigal（2011）总结了游戏的四个决定性特征——目标、规则、反馈系统和自愿参与。企业可以用员工攒积分换福利的游戏思维提升激励的趣味性和成就感，同时，员工的参与也提升了对福利产品的满意度和对个性化需求的满足，从员工体验的角度提高了激励的水平。

2. 关注员工参与，提升激励体验

数字时代为人与人、人与组织之间的交流提供了便捷的平台，既实现了情感的连接、沟通和互动，也给员工提供了更多表达自己的机会，极大地激发了新生代员工的

情感需求和价值实现诉求。此外，数字时代下的组织边界模糊、传统科层制组织的扁平化、工作团队的自主经营等趋势使员工进入个性化自主时代。彭剑锋（2014）提出的数字时代下人力资源管理的十大新思维中强调，数字时代是一个人才主权时代，这是一个员工和组织可以"互炒"的时代，人才由原来的组织所有转向价值创造圈所有。因此，在这个时代下，不求人才所有，但求人才所用。而如何为企业所用，关键在于企业转变思维，由原本要求员工的"企业忠诚"转向"客户忠诚"，强调组织与员工的情感连接，员工参与激励过程，提升人才的价值体验，重塑个性化、自主化的体验式激励，真正激发员工的价值创造能力。

"微认可"平台便是体验式激励的生动实践。数字时代下，厚通咨询结合前沿管理理念，基于移动互联网、云平台与大数据，自主研发了微认可，形成"咨询服务+SaaS平台"的战略架构，将新技术、新思维引入企业管理，帮助企业全面提升人力资源管理的科学化水平。微认可以积分管理为载体，独创"五重积分体系"，将员工全方位的工作行为、工作结果以积分的方式量化，根据积分累计结果进行分层、分类汇总排名，把员工的各种需求、期望和积分串联在一起，将员工的弹性福利、年终调薪、评优评先与人才池建立等方面挂钩，形成新的长短效评价及分配机制，从而帮助企业即时表彰员工突出业绩、认可员工积极行为、支持企业文化落地、塑造无边界组织和发掘培养高潜员工，通过专业化、体系化、技术化的集成方案，让企业轻松、有效地激励员工。

【案例启示】

对于算法和数据在管理中的运用，一直争议不断：今有深信服做所谓的离职预测，前有亚马逊和俄罗斯的游戏支付公司 Xsolla 用算法大规模裁人。除了离职风险预测外，算法在企业招人、员工评估、调薪、学习发展、劳动力管理相关的智能排班方面，也有了诸多成熟的应用。

例如，IBM 将算法用于员工的调薪决策中。为减少管理者决策的偏见，IBM 印度的数据分析团队向企业管理团队推出了薪酬预测算法，用以分析计算调薪人选和调整幅度。预测模型综合考虑一些因素的权重，包括员工的技能掌握情况、学习能力、绩效、岗位影响力以及岗位流动率等，通过算法综合计算得出谁该调薪、调多少；不过仍保留管理者一定的决策权——针对算法提供的调薪名单，管理者依据自己的判断可以从中剔除算法推荐的人选，但不可以增加新人选。

谷歌也尝试通过算法帮助管理委员会决定谁该晋升，目前该算法主要运用于工程师的晋升决策中，以减少决策偏见和晋升委员会的工作量。

资料来源：刘书博. 算法时代，人的力量[J]. 清华管理评论, 2021(4): 95-101.

7.1.2　大数据导向的薪酬福利管理

1. 大数据导向的含义

大数据导向是实现数字化激励的一种途径和工具，旨在借助大数据技术提供更满足员工需求的激励物，优化激励的过程，进而提升员工的激励体验。在这一激励模式下，数据量化的呈现一方面能够根据员工选择福利产品的动态变化了解员工的真实需求，优化福利组合和激励政策；另一方面，这一过程的透明化也改善了管理者在激励方面的运营管控，在这一过程中员工感受到的公平感得以强化，两者均能提升员工的激励体验。

2. 大数据为人力资源价值量化管理提供新契机

数字时代是一个互联的时代，依托移动互联网技术，人与人之间实现了低成本、零距离、高频次的交流，这种前所未有的交流盛况产生了大量数据、信息和知识，进而开启了一个大数据时代。《大数据时代》一书指出，以往的信息技术变革重点在于"T"（技术）上，而不在于"I"（信息）上，大数据时代让我们开始关注信息本身，数据化的核心在于一切皆可"量化"。一方面，人力资源实践蕴含的大量信息能够以大数据的形式进行量化，例如员工对组织的价值创造以及对经营绩效的贡献等，能够通过客观的数据科学量化，提供人力资源价值的量化管理新途径；另一方面，员工与员工之间、员工与组织之间的互联和交流产生的大量数据背后，隐藏着员工的行为动机、需求期望、内心情感、价值诉求等，隐藏于行为背后的心理层面的信息如剥茧抽丝般显现出来，这也为员工激励提供了更有成效的量化管理契机。

3. 大数据对企业激励机制的影响

首先，在员工的需求激励上，传统的企业人力资源管理部门大多是相对静态地看问题，然而不同层次、不同工作性质和岗位的员工，其需求是不同的，把握员工的动态需求是进行有效激励的关键。在大数据环境下，企业能够利用数据挖掘技术对员工个人的生活和工作信息进行分析与预见，综合多项参数进行处理，分析员工的物质需求以及个人价值追求，从而进行有针对性的激励，特别是对于企业中高层管理人员。

其次，在员工的绩效考核激励上，绩效是员工激励的基本依据，数据化的人力资源绩效管理对于企业管理者来说并不陌生，如员工的人口统计数据、教育资历、绩效排名数据、人才流动数据、培训完成情况等，但这些结构化数据大都只进行单一的分析处理。而在大数据的技术支持下，企业可以将这些数据全面整合，分析出非结构化的企业员工特质与工作绩效之间的关系，提升其预测分析以及战略预判的能力，从而对症下药实行绩效提高计划，实现企业和员工的共赢。此外，应用大数据技术对员工的所有工作行为、态度和结果进行记录和分析，可以实现绩效考核的全面量化，从而公正、客观、准确、全面地评价员工为企业所做的贡献，让"功劳"和"苦劳"都反映到员工自我价值的实现和满足上。

最后，在员工的薪酬激励上，传统的激励机制中，企业一般是根据员工岗位、绩效、能力和市场来确定薪酬，其中岗位、绩效是固定、可计量的因素，而能力是非量化的考查因素。在大数据的分析思路下，企业可以对员工的显性能力和隐性能力，如员工完成具有挑战性的任务、开发工作的新思路，或是员工参加技能培训、进行学历提升等进行综合挖掘和分析，并通过大数据技术分析，形成可供企业进行薪酬管理的参考依据。在市场方面，企业一旦拥有自主的大数据处理机制和条件，就可以通过大数据技术进行更加灵活和有针对性的市场分析，而不必再依靠外界的咨询公司，实现企业薪酬制度的科学化、规范化管理。薪智是一家运用"AI 分析技术 + 大数据技术"为客户提供市场薪酬分析的 SaaS 平台，聚焦薪酬分析和管理。该平台可运用人工智能技术，高度自动化完成表单解析、职位匹配、薪酬录入等冗繁工作。HR 只需简单专注于薪酬体系的运营和调整，即能帮助企业管理者快速、直观地了解企业薪酬现状。薪智拥有近亿笔实时海量薪酬数据样本量做坚实基础，通过动态实时更新数据，并结合全球知名顾问公司分析方法论，能够一键生成企业薪酬报告，协助企业快速构建对外具竞争力、对内具公平性的最佳薪酬体系，从而达到吸引、激励、保留人才的目标，为企业提供薪酬领域"数据 + 工具 + 智能分析"的一体化解决方案。

此外，将大数据与互联网技术结合，可以帮助企业在更大的范围内了解市场薪酬动态，并利用"智慧算薪"的方式，参照企业的发展阶段来制定合理的薪酬体系，让企业的薪酬体系既能够符合实际运营水平，又在市场上具备一定的竞争性。企业如果想要在可接受的成本范围之内实现大数据的转变升级，可以利用信息处理的方式，对当前的薪酬环境和薪酬制度进行评估，从而有针对性地进行调整，既省时省力，又能够切中要害，用最低的成本实现最优管理。

【案例启示】

对于 HR 来说，每个月的"发薪周"都是一场劫难。且不谈打印工资表、手工剪裁、装订这些苦力活儿，就说"千人千面"的奖金、福利金等浮动薪资的造表发放，对于 HR 来说都意味着不小的工作量。以一家 1 000 名员工规模的公司为例，一次算薪需要核算超过 100 万次，大概需要 5 个 HR 人员连续加班 7 天、每天工作 14 个小时才能完成。

"发薪周"对 HR 的考验不仅仅局限在体力，更重要的是心理压力，一不小心算错了薪酬，就能引发一场风波。毕竟，工资、奖金牵动着每一位员工的利益。对于企业来说，细致、完善的激励体系让员工的付出能够快速得到回报，然而设置的激励条目越多，意味着 HR 算薪需要检查的项目就越多。

困扰 HR 已久的算薪困境即将被钉钉终结。2022 年 3 月 22 日，在阿里巴巴钉钉未来组织大会上，钉钉 CEO 正式宣布阿里钉钉用户数破 2 亿，1 000 万企业组织开启全球最大规模数字化转型。与此同时，钉钉两款算薪工具"智能工资条"和"智能薪酬"正式面世，其中的智能薪酬功能，就能让 HR 告别手工算薪岁月。

对此，钉钉 CEO 表示，"我们希望做出一款中小企业也用得起的薪酬产品"。据介绍，钉钉智能薪酬包含薪酬计算、个税计算、数据同步算薪、人力成本管理、人事报表、电子工资条六大板块，并嵌入贴合 2019 年个税改革的个人所得税专项扣除功能，覆盖算薪全场景。

简言之，以往 HR 手中浩大的算薪工程，在使用钉钉智能薪酬功能后，只需轻松按下计算键就能完成。使用钉钉智能算薪到底有多快?官方回复是一键算薪，3 秒完成!

可以预见，钉钉智能薪酬是可以让 HR 彻底告别 Excel 手工算薪时代，并且彻底打通人和事的智能协同的有效工具，其能够把 HR 从重复性、基础服务性工作中解脱出来，提升企业的人事精细化管理和高效协作，从而帮助企业的组织数字化升级更进一步。

资料来源：钉钉召开 2022 发布会：品牌全新升级，首次发布生态战略[EB/OL]. (2022-03-22). https://t.cj.sina.com.cn/articles/view/2268916473/873ceaf9027011te9.

4. 大数据技术在企业薪酬福利管理中的应用优势

1）实现员工激励的科学性与个性化

大数据是未来极为重要的技术手段，正所谓"得数据者得天下"。在大数据时代，企业可以充分利用互联网设备，随时随地收集企业员工的信息并进行充分而有效的运用。正如 Facebook 的工程总监杰伊·帕里克（Jay Parikh）所言："大数据的意义在于真正对你的生意有内在的洞见。如果你不能好好利用自己收集到的数据，那你只是空有一堆数据而已，不叫大数据。"大数据是数字时代的产物，也是这个时代最直接、最有效的工具，对于大数据的运用有助于更好地了解员工的需求，通过将激励理论与大数据结合利用，可以实现员工激励的科学性与个性化。

在科学性上，借助大数据技术，企业可以在完整记录员工的各方面特征后，通过所得数据分析员工的行为与情感，并建立全面的人力资源管理方面的数据系统，从而实现科学化的管理和激励理论的系统化应用。在个性化上，企业能够利用大数据构建全面的人才系统，形成员工价值体系。在数字时代，员工越来越重视个体行为，自我意识也越来越强烈，所以企业若想充分且有效地利用人才资源，就必须充分了解每一个员工的现状与发展潜力，为员工打造全面且合理的发展平台，让每一个员工都感受到自己被企业所重视，自我价值有机会实现，从而达到激励员工的效果。

2）借助数据平台强化精神激励

数字时代的一个明显特征就是透明化，对于企业员工而言，他们需要一个零距离的交流平台来表现价值诉求和精神需要。企业可以通过透明化的交流平台，例如微信、微博和其他 App，给员工提供和上级零距离交流的机会，在彼此了解的过程中增进企业与员工之间的信任，建立情感连接，使员工感到被企业重视。数字时代，人人都可以成为新时代的"网红"，人人都可以成为话题的中心。此时员工的自我意识已经成为一种风尚，所以在数字时代，管理者们要改变随意批判的态度，学会尊重、认可和鼓励员工，在员工需要的时刻给予员工一份温暖，这份关心便是时代的激励良药。

7.1.3　云端导向的薪酬福利管理

1. 云端导向的含义

云端导向是数字化激励的一种呈现形式，云端互联一体化打造了全新的激励过程——从激励物提供、发放到管理的网络集合，并以数据共享的形式，借助不同平台、针对不同的用户进行激励，达到多端体验的提升。以专注于为企业提供企业关怀和忠诚度管理的 SaaS 云平台服务的 i 福励（iBenefit）为例，其激励云、i 福励与数字商品开放平台三者的云端互联、数据共享使激励流程实现一体化，为营造高质量的员工激励体验氛围提供支撑。

黄埔区"三资云"平台实现薪酬云考核

2. 云端共享技术助力数字化激励流程变革

数字时代是一个云端共享的时代，随着云计算技术的日益成熟和广泛应用，依托云端的数据处理也为激励流程的变革提供了助力。云端共享以其超大规模、超快速度、超低成本的处理特点实现了海量数据的深入挖掘，员工的行为、情绪、绩效等各方各面的动态能够快速在数据上有所反映，并呈现给管理者，这使传统的周期激励转变为数字化、全面化、即时化的激励流程，并借助多端连接打造激励流程一体化，全面提升员工的激励效果。总部位于旧金山的 OpenComp 是一家云端薪酬工具供应商，其能基于云计算的平台，通过专有的数据集，帮助首次公开募股前的公司创建有竞争力的薪酬报价，同时准确地预算、了解它们未来的现金需求，确保薪酬的公平性和代表性。"很多科技初创公司都面临着人力资源方面的挑战，其中最大的挑战就围绕着薪酬。"联合创始人兼 CEO 冉恩·阮（Thanh Nguyen）说。

全球薪酬和人力资源领导者安德普翰（ADP）旗下的云端薪酬管理平台 OneHR 将

用户的薪酬管理流程简化为三个步骤：数据收集与薪资计算，薪资结果查看与审批，查看审批状态及提交过账。OneHR 在确保薪酬计算准时、合规的同时，后台数据的隐私性和安全性也能够得到充分的保障。针对用户实际操作中的难题，OneHR 也提供了相应的解决方案：例如针对个人所得税和社保政策变动，ADP 会根据政策变化实时更新薪酬计算规则，免于人工计算的庞大工作量；其支持桌面端和移动端访问的特性，也可以满足远程办公的需求，让企业薪酬管理者、HR 部门、管理层、员工等不同主体随时随地获取和上传所需的信息。

【案例启示】

1. 云端互联一体化

i 福励弹性福利模式的有效性依赖于对系统、流程以及福利产品供应商等全方位的管理，而云端互联一体化的技术为这一流程提供了技术支持。i 福励本质上是这种激励模式面向企业用户的一个切入点，其两端分别对接激励云平台和数字商品开放平台，从而形成一个价值网络。激励云实际上是面向企业的一个平台，企业可以通过该系统进行 KPI 的自定义设置、积分体系设计、日常福利管理、福利费用管理、激励发放流程自动化，甚至是实现福利产品采购等。数字商品开放平台则是在 i 福励系统上接入电商、线下消费品牌、本地 O2O（线上到线下）服务商、互联网金融、保险服务、健康服务等福利供应商。这三个平台以互联的方式实现了多端一体化，不仅提升了这项激励服务的体验感，信息的共享和透明化也有助于企业对这一过程进行量化管控。

2. 全程量化管控

传统的激励方法在实施过程中，难免会遇到流程烦琐、简单重复性操作费时费力、费用不透明、员工满意度低、激励效果差等问题，依托互联网的 i 福励通过大数据和云端互联技术实现了全程量化管控，不仅降低了运营成本，提高了运营效率，激励成效也显著提升。第一，总分式管控使费用更透明。i 福励实现了自动化、自主化的激励过程，商品和服务的采购、福利的发放、积分的消费等都在系统中形成记录，并生成图形化的分析报表，简化了流程，也提高了运营效率。第二，跨平台对接使激励更实时、更有效。第三，智能化的数据采集分析，有助于企业获取员工的需求偏好和忠诚度变化，了解员工实时动态以及制定更有效的激励政策。应用 i 福励企业的真实运营数据显示，其运营效率提升了 80%，激励处理成本降低了 45%，激励费用合规性达 100%，满意度达 100%，效果显著。"量化导向、云端互联"的激励管理模式依托流程的一体化互联，攒积分换福利的游戏思维以及自主选取福利的需求满足，大大升级了员工激励体验的参与感、即时感、游戏感。

资料来源：杨绚然. i 福励：用员工忠诚度成长体系将所有付出摆在明面上[J]. 创业邦，2016(8)：30-31.

7.2　数字赋能的薪酬福利管理

7.1 节介绍了大数据导向的薪酬福利管理，分析了大数据技术为人力资源量化管理提供的契机，及其在企业薪酬福利管理中的应用优势。本节首先介绍了基于大数据技术的薪酬管理创新形式，包括建立薪酬管理基础数据平台、构建公平完善的薪酬管理体系和规范人力资源薪酬管理机制，然后介绍了一种基于游戏的激励模式，并分析了游戏化激励的实施流程和游戏化激励管理的实施要点。

7.2.1　基于大数据的薪酬管理创新

大数据时代的到来，对企业优化人力资源管理模式有积极助益，薪酬管理是企业人力资源管理的重要组成部分，灵活应用大数据技术，能够为企业人力资源管理中的薪酬管理模式创新带来更多契机。

1. 建立薪酬管理基础数据平台

数据信息时代，企业在创新薪酬管理方式时需要基于海量、科学的数据信息。企业可以引进一些先进的信息技术，如云计算、AI 技术、区块链技术等，为企业提供来自内外部的数据信息，并利用先进的数据处理技术对信息进行筛选、分类、计算和储存，通过处理数据的方式得到适合薪酬管理的信息基础。管理者可以基于科学的数据信息平台，制定出更加精准、有针对性的薪酬管理制度，在兼顾公平和激励作用的基础之上，让整个薪酬管理过程更加高效、便捷。佑鱼薪福 SaaS 平台最大的特点是其云端智能化，尤其在繁杂的员工薪酬福利计算上，HR 无须使用复杂的 Excel 公式及数据透视表技能，只要在佑鱼平台录入员工基本信息并输入一个基数，所有员工的社保、福利、税费、公积金、奖金等全部自动生成，并自动对接微信考勤记录，精准核算每月工资，1 秒生成工资表。同时，考虑到不同地区的社保政策差异，佑鱼薪福 SaaS 平台不同地区的计算规则全部与当地政策匹配，真正做到一键计算。

2. 构建公平完善的薪酬管理体系

利用数据分析来构建公平、完善的薪酬结构需要坚持按劳分配的原则，因此企业在构建薪酬结构时，需要充分考虑劳动责任、劳动要素等评价标准，充分体现出工作岗位和工作技能等要素。利用大数据的应用方式，企业可以在内部搭建起员工使用的社交平台，通过平台所反馈出来的数据信息，更加个性化地了解员工的工作状态、日常喜好以及工作诉求等内容，为企业构建合理公平的薪酬结构提供有效的科学依据。

基于大数据，企业可以了解员工真实的诉求与需要，真正为员工提供需要的福利，让员工从中感受到企业的人性化管理，更积极主动地投入工作中，并创造出更大的价值。

3. 规范人力资源薪酬管理机制

在大数据的帮助之下，人工智能可以根据数据信息为管理人员提供多样的管理备选方案，让公司的管理者从宏观的角度去考量现阶段的薪酬管理是否适应公司长远的发展需求。管理者可以在此基础上选择最为合适的决策管理机制，借此来提高公司管理决策的有效性，让信息化为企业管理保驾护航。此外，企业也可以通过分析海量事实数据，归纳、评价和分析不同岗位的职责，避免在计算员工工作量时，因为工作人员的主观随意性而出现差错或者不公平的现象。人工智能和云计算等技术有助于企业以实时监控和智能预测的方式预测公司未来发展实力，并有效控制薪酬成本，既让员工在企业里有足够的发展空间和动力，又确保企业以稳定的状态持续发展。

红海 eHR 是许多大中型企业采用的人力资源管理系统，旗下的红海云薪酬管理系统很好地助力 HR 解决了薪酬管理难题：首先，针对不同薪资体系问题，HR 可以通过红海云中的薪酬管理模块建立属于不同地域、不同职位的员工薪资账套；其次，在对应的账套下进行每个员工的薪资项设置，同时通过在薪资项中绑定系统参数，能够实现在核算薪资时将员工的考勤数据、绩效数据等信息自动带出并纳入薪资核算中。这样不仅能帮助 HR 减少收集数据的工作量，也能实现其他关键信息的互通互联，从而提高 HR 算薪的准确率。

【案例启示】

传统的工资结算往往需要薪酬人员依靠 Excel 表手动操作，尤其在员工数量繁多、薪资结构类型多样的大中型企业，工作量巨大，而且容易出现疏漏。每到"发薪水周"，薪酬人员经常都需要加班到凌晨才能完成。即便艰苦完成了，但一核对，依然会有错算、漏算的情况存在。为此，薪酬人员痛苦不堪。要想解决算薪苦恼，少不了一款智能的工资管理软件。

针对薪酬管理痛点，全程云薪资管理软件给出了以下的解决方案。

（1）针对考勤排班数据混乱，全程云薪酬自带考勤排班功能，支持职工手机打卡，又能对接钉钉/企业微信或第三方考勤设备，HR 可以在系统上直接设置各类复杂班次，然后与薪资方案对接。

（2）全程云薪酬支持各连锁店搭建套账，核算成本，总部分支数据同步、跨城市考勤薪资数据同步，从数据源头上解决了排班混乱的问题。月度算薪的时候，可以直接调用数据，用以薪资计算。

（3）针对业务范围数据的获取，全程云薪酬实现 1 个平台汇总各类 HR 数据及业务范围数据，联动全程云薪酬的计件工资模块，可以快速按照奖金方案设置来计算奖金提成。

（4）针对薪资方案的复杂性，全程云薪酬有现成的薪资模板，内置不同的计税规则，HR 可以直接套用，也可以自定义不同区域薪资方案，自定义配置公式，自定义算薪逻辑，极大地降低了算薪难度，5 000 人薪资 3 分钟算完，并根据人员分布，进行各团队分批次工资发放。

资料来源：艾瑞咨询. 2021 年中国企业级 SaaS 行业研究报告[R]. 艾瑞咨询系列研究报告，2021：296-377.

7.2.2　基于游戏的激励模式

在人们的传统认识中，游戏是与工作相对立而存在的。然而，近年来，商业界兴起游戏化管理的新理念。游戏改变世界、游戏改变商业、游戏改变企业——这样的标题引起了人们的极大关注，一些企业也开始在自身的管理实践中进行探索。游戏化激励管理的基本目标在于促使员工"像游戏一样工作"，从而在工作中投入更多的努力和热情，并感受到成长与幸福感。

1. 游戏与游戏化

在人类的生活中，游戏包括的内容可能是十分宽泛的。例如，一些体育运动（如篮球、足球等）也可以被视为一种游戏的形式，另一些游戏主要针对人的智力开发。棋牌类游戏则时常具有游戏和赌博的双重属性，而近些年来流行甚广的桌面游戏、闯关游戏、密室逃脱等也都可以纳入游戏的范畴。相对来说，狭义的游戏则主要指的是数字游戏（digital games）。不同的游戏形式，往往会对人们的投入方式和程度有着截然不同的要求。例如，有的游戏需要大脑的高度参与，而有的游戏则是简单的休闲内容；有的游戏需要和他人协作，而有的游戏则只需要一个人完成；有的游戏需要的时间很长，而有的游戏则进展迅速。总之，游戏的类型丰富多样，同时在分类上又具有一定的模糊性。

不少知名企业开始探索游戏化管理的应用。例如，塔吉特（Target）超市把结账工作转化为刺激的积分竞赛，鼓励收银员提高结账速度和累积成功率。思科公司鼓励全球销售人员帮助一位虚拟女士解开其父亲遗物中的谜团，从游戏中熟悉公司的产品并建立合作关系。盛大公司根据游戏规则设计晋升体制，就像游戏闯关一样，员工在某一层级的分数积满就可以晋升，越往上晋升，积分挑战越难。由于社交网络和移动通信的便利性，走动式岗位也可以实施游戏化管理。美国餐饮连锁店 Not Your Average Joe's，采用软件追踪每位员工为顾客服务产生的营业额，最出色的员工可获得自主选择上班时段等奖励。企业还可以用游戏规则引导员工提高服务技巧，如果系统发现某个员工卖出很多开胃菜，但没售出任何甜点，就会给员工发送一个"任务"：在当晚向顾客推荐一定数量的餐后甜点，让顾客的就餐体验更完美。

随着人们对网络游戏的接受度越来越高，不少网络游戏术语成为最容易在员工中引起共鸣的沟通用语。这意味着企业把游戏机制移植到管理领域，让员工在游戏中工作，可以为员工创造良性工作压力，使其紧张并快乐地进入最佳竞技状态，在工作中表现出玩乐时的热情、敏锐、创造性和团队精神，释放出较大的生产力。如此看来，游戏似乎比组织中的工作更能够激发个体的投入，因而研究游戏中蕴含的激励机制并由此借鉴到人力资源的激励和管理中也就具备了可能性。

2. 游戏化激励的实施流程

1）工作任务设计

游戏之所以能够激发游戏玩家的极高参与热情，与游戏在内容和任务设计上的趣味性不无关系。在游戏设计中，设计者采用丰富的视觉、听觉体验和不同类型的游戏元素，为游戏玩家呈现出了非常多样化的游戏任务。由于这种丰富多样性，玩家在游戏过程中不易感到枯燥乏味。与此同时，设计良好的游戏中的任务难度往往是由易到难递增的，它可以使游戏玩家在开始时获得较高的满足感与成就感，并随着游戏的推进不断去挑战自己的能力。

认识到游戏的这种特性，企业在设计工作任务时，也可以有所借鉴，努力做到激励性与趣味性的平衡兼顾。一方面，工作任务的激励性意味着工作任务的难度应与员工的胜任能力合理地匹配。在为员工确立工作任务及目标的时候，管理者应当设定一个略高于员工当前胜任能力的目标，既使员工可以比较顺利地实现这一目标，从而感受到成就感与满足感；同时任务目标本身又有一定的难度和挑战性，需要员工付出一定的努力才能够实现。在员工发展的过程中，企业和管理者也应当创造条件，使他们可以逐步地接触到一些更加具有挑战性和价值性的工作，而不仅仅是简单重复已经完成的工作。微软通过游戏化举措激励员工发现系统漏洞就是一个典型的例子。在新的操作系统上线使用之前，寻找其中可能的漏洞是一个重要但又烦琐、单调的工作，往往需要若干次的反复试错。微软将这一工作任务设计为一款"找茬"游戏，并引入荣誉奖励和排行榜等游戏元素，从而使原本枯燥的工作任务得到了大量员工的主动参与，取得了良好的效果。

2）工作过程管理

游戏能够产生极强的激励作用，除了游戏任务本身的特征之外，游戏过程中也存在一系列能够吸引游戏玩家持续参与的机制，如游戏玩家排行榜、不断累积的得分点数、随时可见的升级进度条等。相应地，员工在企业中从事工作任务的过程，也需要管理者进行相应的设计，并提供一定的支持和发展机制。

组织和管理者应重视在员工工作过程中为他们提供必要的知识、资源和信息支持。

首先，员工在执行工作任务的过程中，应该可以通过一定的渠道，获得来自企业、领导和同事的支持。其次，组织和管理者应当重视与改善员工工作中的反馈给予，帮助员工直接地感受到工作目前的进展情况，并且让他们在接下来的工作中明确方向，或者调整特定的工作方式方法。最后，企业应当充分利用信息技术和自动化技术，优化工作流程，降低工作复杂性。通过对工作流程进行简化梳理，减少员工在一些非相关工作上的投入，而使他们更加聚焦在自身的核心工作任务上。

广东芬尼科技股份有限公司是一家传统制造业企业，公司在内部发行了一种虚拟货币，名字叫芬尼币，员工在达成公司期望的行为后，就可以拿到不同币值的芬尼币。例如给公司提供合理化的建议，好点子 50 个币，银点子 100 个币，金点子 400 个币；给公司推荐优秀的人才，优秀人才成功被录用，员工可以拿到 500 个币；月度考核成绩得 A 者，给培训部提供优质案例者，维护公司的重大声誉、在塑造公司形象方面有重大贡献者……以上种种，只要是公司希望员工做到的行为，他们都会给员工发放不同的币值。员工每隔两个月可以参加芬尼币的拍卖活动，芬尼币可以在公司内购买不同的特权。人力资源部把所有的虚拟币划分为两种激励方式：第一种是传统的物质激励，例如定期购买员工比较喜欢的日用品；第二种是特权奖励，例如和公司董事长合照、让老板请客等。特权奖励更为灵活地影响新生代员工的需求和心声。广东芬尼科技股份有限公司通过玩转虚拟币、交换特权卡让整个团队的管理更为省心、省力。

3）工作奖励提供

在企业情境中，工作奖励往往能够对员工产生直接的激励作用。在中国当前的经济社会背景下，物质性奖励对于员工的激励作用也不可忽视。与工作截然相反的是，电子游戏所能提供的奖励往往都是精神层面的或者是虚拟的，而很少有实在的物质奖励。即便如此，电子游戏的激励作用也依旧十分吸引玩家，这表明游戏设计者在奖励设计这一环节上也做了相应的考虑。

对企业来说，在提供工作奖励时，应当注意价值性和灵活性兼具。从奖励的价值性来看，企业提供给员工的工作奖励不仅应该具有普适的绝对价值，而且应当注重对于特定员工的个性化价值。现代企业中员工的需求日益个性化，仅仅提供一种奖励选择通常很难满足员工们的不同需求。因此，工作任务的奖励应多样化，从而考虑到员工群体中不同的需求，如奖金、带薪假期、旅游、培训、礼品等不同的奖励形式。从奖励的灵活性来看，企业可以采用多种与游戏奖励类似的手段，使员工获得的工作奖励更加灵活。例如，在员工完成工作任务的不同节点上，企业就可以提供一些阶段性的奖励，而不是等到所有任务全部完成之后再提供奖励。又如，奖励的获取也可以通过随机概率的形式出现，尤其是对于一些简单机械的重复性工作。这样使员工们在努力工作追求奖励的同时，又感受到一定的趣味性和偶然性，从而给员工提供一种新颖的奖励获取方式。另外，企业可以鼓励或者提倡员工相互交换某些奖励，从而实现内部的互通有无，进一步促进员工们对于不同类型奖励的差异化需求。

美国连锁超市塔吉特人力资源管理部门的工作人员，通过一款游戏有效地提高了收银员工的工作积极性。塔吉特超市员工的结账收银速度，是同类型店铺的 5～7 倍。其主要原因在于，收银台当中安装了一款游戏程序，员工们在每次收银结束之后，都可以看到自己收银速度的排名，排名的最终等级与当日的奖金相连。此种游戏管理方法，极大地激发了员工的工作潜力。

盛大集团的"游戏化管理"模式将游戏规则中的激励机制与企业的人力资源管理相结合，把游戏规则运用到企业管理中，不仅激励过程充满乐趣，还促进了员工的自我激励和自我管理，取得了良好的激励效果。在网络游戏中，玩家必须遵守游戏规则，遵守经验值管理、游戏晋级规定等规范。通过借鉴游戏规则中的经验值管理系统，盛大集团的"游戏化管理"模式将员工的激励诱因（如奖金、晋升、加薪等）设置为员工的奋斗目标，以此刺激员工需要和期望，强化员工的工作动机，还通过对经验值的量化将目标明晰。员工可以通过经验值的高低，判断目标是否能够实现，从而控制自我激励和自我成长。

【案例启示】

上海步科自动化股份有限公司（以下简称"步科"）不属于互联网行业，也不经营游戏业务，是一个不折不扣的属于传统行业的公司。然而，公司内部在管理体系上却正在进行一个颠覆创新的尝试，即推动和践行游戏化管理。在步科，销售办事处不叫办事处，叫部落；办事处经理也不叫经理，叫首领。每一个首领都由部落内部选举产生，部落之间可以相互兼并。除组织结构外，薪酬、绩效、奖金均实行游戏化管理，而这一管理模式的变革也为步科带来了创造性的颠覆。

1. 薪酬自主申报制

部落人员晋级调薪，员工可以随时自主申报，薪酬评审委员会对申报人员进行集体评议。选举实行一票否决制，并会在评议结束后将未通过原因直接告知员工。步科根据员工的销售业绩与技术水平对员工等级进行划分，新人、青铜长老、白银长老、黄金长老、白金长老代表销售业绩增加带来的职位晋升，术士、法师和大法师则表示技术能力的增强带来的技术等级的提升。销售等级达到什么级别就发放什么级别的薪点，技术等级达到什么级别就提供什么级别的津贴。

对于首领，每月会有固定的 1 000 元首领津贴，每多带一名下属则增加 500 元首领津贴。部落拆分后，首领享受额外津贴（为由他任命的新首领的津贴金额的一半），为期两年。如果不再继任首领，全部首领津贴取消。

2. 业绩奖金 K 币制

部落的奖金是用所得 K 币兑换的，K 币由公司发行，以不同方式赠予部落：

（1）每完成销售目标的 1%，得 K 币 1 枚；

（2）完成大客户销售目标，奖励 K 币若干；

（3）完成产品部下发的某一任务，得 K 币若干；

（4）部落间可以相互赠送 K 币，但必须送给曾经真正帮助过这一部落的人。

公司财务部门随时接受部落把手上的 K 币兑换成现金。不同种类 K 币的价格不同，不同销售目标获得的 K 币也不同。K 币分为铁币、铜币、银币、金币和白金币。

资料来源：赵有强，孙雨晴. 步科公司的游戏化管理实践探索[J]. 中国人力资源开发，2015(24)：51-59，67.

3. 游戏化激励管理的实施要点

游戏化激励管理要求企业将网络游戏中吸引玩家的元素融入员工的工作中，为员工提供引人入胜、个性化和互动性强的激励体验。

游戏化激励三要素

1）引入即时反馈机制

网络游戏软件能系统地统计玩家行为，具体、迅速、准确地向玩家反馈进展状况。企业将这种游戏功能移植到管理中，就可以增强绩效反馈对员工行为的强化效应，帮助员工把握修正行为的时机，激发员工内心的喜悦和成就感，提高员工完成任务的效能感。为此，企业需要把相对复杂的工作拆分成若干小任务，然后转化为大游戏里嵌套的若干小游戏。以呼叫中心为例，企业可以把员工的电话销售工作拆分为接通顾客电话、输入顾客资料、完成升级销售等阶段。员工每完成一个阶段，游戏系统都会给员工扮演的虚拟角色计分，如"力量＋1""智力＋1"等。通话完结时，游戏系统会向员工发送语音、语调、措辞的分析报告，让员工知道自己在与顾客电话沟通中的优缺点。员工可以随时在游戏界面中看到自己呼叫电话量的排名、通话时间、达成的销售额，以及这些指标对他所在团队整体绩效的贡献，还可以了解自己在过去一段时间是否取得了进步、团队中谁的表现领先、谁需要鼓励。

2）深化游戏声誉的内在激励

网络游戏声誉系统的特点是透明、客观。玩家取得的积分、等级、排名、勋章等成绩不受领导者喜恶的影响，而且会详细地录入个人档案，供其他玩家查阅，真正树立起玩家在社群成员中的声望。在多人游戏中，玩家可以通过声誉系统迅速了解其他玩家的能力和才干，组建有合作默契的团队，推选团队领导，共同实现更高的目标。因此，在这种声誉系统中获得的荣耀能给玩家带来强烈的心理享受和成就感。但是，企业在游戏化管理中必须谨慎处理游戏声誉系统与企业现实的奖励体系之间的关系。有些企业把员工在游戏中的声誉与高额奖金、职衔晋升直接对接。这种做法会激化组织内部竞争，而且高强度的外在奖励还会导致员工不再为喜好而是为金钱和物质采取行动，最终弱化激励效果。

为深化游戏声誉对员工的内在激励，企业可为员工扮演的虚拟角色制作个人资料页面，供企业成员分享。管理者可以给员工发送赞赏邮件、内部证书等奖励，以鼓励其继续参与游戏。如果企业同时推进多项游戏化管理项目，应采用统一的声誉系统。越多人熟悉游戏中勋章、等级和排名所代表的意义，声誉对员工的激励作用就越明显。此外，企业应把游戏中的声誉系统与挑战设置联系起来，让获得一定声誉的员工有资格选择更难但回报更高的任务。

网龙网络公司在其游戏化管理中设置了"星级结构"，具体包括两类：一类是基础星级，对应员工的职级、公司工龄和专利技术等相对稳定的项目；另一类是浮动星级，奖励符合公司"追求卓越、学习、创新、客户至上、公平、激情、争取"等核心价值观的行为和成果。比如参加员工社团、担任公司各类活动志愿者、担任公司内部讲师等都会按照既定的标准获得对应的星级。同时，公司在星级结构中还加入勋章元素，比如忠诚勋章、贡献勋章、孔夫子勋章等。忠诚勋章是根据员工在司服务年限，按 5年、10 年、15 年分别授予不同颜色的勋章。贡献勋章是根据员工在年度绩效所获级别和年度评优获奖次数分别授予铜、银、金等勋章。孔夫子勋章是奖励员工兼任内部讲师的不同级别分别给予不同档次的勋章。

网龙网络公司的星级和勋章每月都会更新一次，并体现在员工的工牌上，通过星星数量的多寡体现了员工不同的星级。因此，即使一个新入职的员工都会通过工牌上的星级和勋章来判断对方在网龙网络公司的"江湖地位"。星级除了这种精神激励以外，还与弹性福利相结合，不同的星级对应不同的福利方案，某些福利只对某些星级高的员工开放，所以，星级的不同也代表了员工"星级特权"的差异，这样的设计让员工在享有物质奖励之外，还会平添一种特别的荣誉感和自豪感。

【案例启示】

　　T-Mobile 是全球最大的移动电话运营商之一。近 10 年来，移动设备发生了迅速的功能变革与多样化。T-Mobile 每年都要面临数十款新设备的发售，以及数不胜数的产品功能更新。这给 T-Mobile 的一线客服和网点营业人员带来了新的挑战：要想迅速解答顾客关于各种设备、各种操作步骤与流程问题，并保证良好的顾客体验，变得异常困难。面对难题，T-mobile 早在 2011 年就建立了知识分享社区——T-Community。然而，该在线社区能否发挥作用取决于员工的参与程度。为了激励客服和网点营业人员更好地参与到这一在线社区，从而快速、高质量地解决顾客问题，T-Mobile 在 2013 年引进了一套由 3 万名员工参与其中的游戏化的解决方案。

　　在进行了游戏化设计的 T-Community 中，员工通过在知识库中发布问题、回答问题、搜索答案，来为自己赢得相应的点数（points）和特定的徽章（badges）；并且可以对他人提供的答案进行评价（likes）；员工还可以通过系统生成的排行板（leaderboard）比较自己与同事们的成长与进步。这些游戏元素（game elements）的设计可以帮助 T-Mobile 准确激励员工的行为，例如通过点数等奖励的设置，鼓励员工遇到难题时先行搜索已有的问题，而非发布重复问题。一场同事之间的社交游戏迅速展开。

随着自治模式的游戏化在线社区的发展，T-mobile 原有对一线员工客服工作的技术支持成本大幅下降了 40%，与此形成鲜明对比的是客服质量的显著提升，表现为每个月的顾客问题解决率以及顾客满意度都在稳步提高。相比 2013 年采用游戏化措施以前，员工在 T-community 上的参与度提高了 96%，贡献度提升了 583%；顾客满意度提升了 31%。在实现预期目标的同时，T-Mobile 还意外地发现这套游戏化系统提供了顾客需求与员工优势的大量数据。例如 T-Mobile 通过追踪该游戏化社区上的行为数据，发现特定设备的问题集中在何处，从而在顾客服务中更加主动，甚至向上游的设备生产开发商提供有价值的反馈；同时也通过那些获得高度好评的答案，发现了不少一线员工中颇具潜力的"未来之星"。

由于这套游戏化系统的出色表现，T-Mobile 已经计划在下一步推出将顾客也纳入其中的公开版游戏化线上社区，进一步开发用户价值和忠诚度。

资料来源：冯绚，胡君辰. 工作游戏化：工作设计与员工激励的新思路[J]. 中国人力资源开发，2016(1)：14-22.

7.3　平台企业的薪酬福利管理

近年来，以滴滴出行、小猪短租、美团外卖等为代表的共享经济平台出现，并逐渐在全球成为一种潮流。共享经济的全球市场规模在 2014 年已高达 150 亿美元，2025 年将扩张到 3 350 亿美元，年复合增长率高达 36%。尽管共享经济近年才出现爆发式的增长，但这种"共享"的理念实际上早已有之。自 Web 1.0 时代以来，互联网从最初的代码共享、信息共享，逐渐演化成 Web 2.0 时代的内容共享，如 Twitter、YouTube、微博等。如今，移动互联网技术的成熟发展和应用开启了共享经济时代，共享平台以不可抵挡之势渗透到了生活的每一个领域，人力资源薪酬福利管理领域也不例外。

7.3.1　平台企业的用工模式

网络平台劳动是一种适应信息流动社会的劳动方式，为平台工作者提供了替代性与过渡性选择，拓展了就业机会。平台企业作为消费者和工作者的中介组织，其运用的算法技术不断迭代演进，GPS 定位信息处理、数据库查询、传感与可视化技术使重塑工作过程成为可能。

1. 松散型人力资源

《中国分享经济发展报告 2016》认为："共享经济是指利用互联网等现代信息技术整合、分享海量的分散化闲置资源，满足多样化需求的经济活动总和。"共享经济改变了传统意义上的劳资关系，平台与资源提供者之间的非雇佣关系使其成为平台的一种至关重要的松散型人力资源。传统人力资源管理理论基本上是以企业的雇佣模式和人力资源的全职就业模式为前提发展起来的。而共享经济的出现使这些自主加入平台的资源提供者代替了传统企业的雇员提供资源和服务，并且几乎绝大多数的资源提供者都拥有自己的本职工作，共享资源所得只是一种额外的收入。对于平台企业本身而言，这些自主性极强的资源提供者保持了平台本身的灵活性，既拥有资源的提供者，又无须遵循传统雇员般的一系列烦琐程序。由于这类松散型人力资源与平台之间更多的是一种协作关系而非雇佣关系，因此在研究中有学者称之为平台的半契约型人力资源。

在对松散型人力资源进行管理的过程中，一个明显的特征就是传统人力资源职能的淡化。一方面，第一类传统人力资源无法承担第二类新兴人力资源这一巨大人群的管理职能，如每个城市配置 3 位管理者的 Uber 显然无法按照传统的管理模式对成千上万的司机加以管理。另一方面，传统的管理模式也已经不适用于松散型人力资源的管理，而是依托于半雇佣人员的自主管理。

2. 制定劳动过程规则

与传统企业雇佣模式不同，员工加入平台企业工作，无须经过面试、合同签订和培训等一系列复杂的工作流程，只需要下载平台的手机应用程序，在应用程序上在线完成注册和接单两个步骤即可。在正式接单后，手机客户端的应用软件会分解劳动过程，指导平台工作者完成分派的劳动任务并获得相应的劳动报酬。平台的工作时间和工作任务具备碎片化特征，工作时间灵活、进入与退出程序简单，并且大数据技术提高了分派任务与员工的匹配度和完成效率，因此，他们也乐于加入平台。平台将劳动过程建构为一系列游戏或一套有限的选择，提前给定劳动规则，使平台工作者不但同意平台的生产关系，也产生了对平台劳动规制给定、规则不可改的认可。例如，Uber平台上的司机具有高度的工作自主性，但是他们在接单过程中，也要短暂地接受平台的工作指令。

3. 全面监督工作过程

对于监督工作过程中的员工表现，平台资本已不再依赖于以往的直接控制、结构控制等工作过程控制形式，而是凭借算法技术创造出新的控制手段——应用管理。算法技术贯彻平台意志，将管理规则隐藏在算法之中，借助应用软件自动执行。内置于应用软件中的算法和程序实质上替代了规则管控的功能，意味着通过应用软件设计和支配工作规则，平台迫使员工有意识地自我监视与管理，建构最为有效的全景工作过程控制体系。平台员工逐渐成为被算法管理的雇佣者，而平台则成为算法化的无法协商的雇主。

4. 决定成果分配

为防止陌生人交易柠檬化①而导致的数字型平台崩塌，平台企业对员工的服务进行事后评价，依据订单完成情况记录与消费者评价数据决定工作成果报酬给付，依托算法技术设计了以用户评价/评分、员工诚信记录为基本内容的数字声誉评价机制。用户成为平台企业的代理人，用户评价策略成为数字声誉评价机制的主要依据。在此机制设计框架中，员工必须取悦的人是消费者而非管理者，意味着工作过程控制范围从身体扩展到了情感，情感劳动也是平台员工所提供服务的重要组成部分。平台以极低的成本换取了对员工从身体到心灵的全程劳动监督，平台企业成为看不见的雇主，数字技术遮蔽、稀释了工作过程中产生的管理控制的劳资矛盾，同时将资本与工作者之间的冲突悄无声息地转移到了消费者和工作者之间。

此外，平台结算体系的形成需要依托第三方结算的助力。国内以支付宝、微信支付为代表，国外以 PayPal 为代表的第三方支付工具的成熟化，为共享经济模式的开展和对此模式下人力资源的结算管理提供了极大的便捷性，也在某种程度上缓解了平台、资源提供者、资源消费者三方之间的信任问题。

5. 人力资源全球库

数字时代下的人力资源不再局限于某一特定的领域或区域，而是呈现人力资源全球库的态势。处于数字时代大背景下的共享经济也同样具备数字化人力资源的特征，人才由企业所有转变为价值创造圈所有，企业的人才平台也从封闭式转变为开放式，强调"不求人才所有，但求人才所用；不求绝对拥有，但求绝对所用"。海尔提出的"分布式管理"也反映了这一特征，强调"全球都是我的人力资源部"，全球的资源都可以为企业所用。平台企业强调的不仅是闲置资源，更是这种闲置资源的社会性，更加关注规模经济和网络外部性所带来的强大效益，人力资源全球库则充当共享经济的重要基石。

【案例启示】

随着零工经济的发展，三类平台应运而生：

（1）高级人才市场。这类平台包括 Toptal、Catalant，让企业可以轻松地找到各种高精尖专业人士——从大数据科学家到战略性项目管理者，乃至临时 CEO 和

---

① 陌生人交易柠檬化是指在信息不对称的情况下，往往好的商品遭受淘汰，而劣等品会逐渐占领市场，从而取代好的商品，导致市场中都是劣等品的情形。

CFO。例如 Toptal 宣称该平台选拔出了全球自由职业者中"顶尖的3%"。专业人士可辅助完成战略项目或被编入团队，相应的项目时长下至几个小时，上至超过一年。新冠疫情危机让越来越多的企业转向这类平台：2020年春天 Catalant 表示，对供应链专家的需求增加了250%。

（2）自由职业者市场。这类平台包括 Upwork、Freelancer 和 99designs 等，让具备技能的个人与需要完成零散任务（如设计一个标志、翻译一份法律文件）的企业匹配起来。例如，亚马逊要为新推出的电视节目制作社交媒体推广内容，尝试使用 Tongal，这个平台可以让企业找到具备媒体专业知识的人才。许多自由职业平台网罗了世界各地具备各种技能的人才，薪酬一般是按单个任务结算。疫情同样促使企业转向这类平台：全社会普遍转为远程工作，企业希望接触居家的消费者，于是 Upwork 上对数字营销专业人士的需求飙升。

（3）众包创新平台。这类平台包括 InnoCentive 和 Kaggle 等，让企业把问题发布在技术人才聚集的社区，如此一来可以接触到众多人才，仅靠企业自身能找到和招募的人才数量远远无法与之相比。问题涉及范围甚广，从简单的编程到复杂的工程困境。企业经常与平台合作开展竞赛，并为拿出最优解决方案的人提供奖励。例如，美国交通安全管理局在 Kaggle 上悬赏150万美元，请众人协助优化利用机场扫描设备图像预测威胁的算法。意大利国家电力公司（ENEL）利用多个众包平台集思广益，应对各种问题：如何改进招聘，乃至如何处置废弃的火电厂等。制药公司阿斯利康（AstraZeneca）借助 InnoCentive 上的"问题解决者"（solver）开发用于基因研究和检测的微粒。

资料来源：FULLER J, RAMAN M, BAILEY A, et al. 重思按需用工 [EB/OL]. (2020-12-08). https://www.hbrchina.org/#/article/detail?id=479431.

7.3.2 平台劳动者的薪酬管理

人工智能技术应用强化了平台对劳动过程的管控，通过数据信息的收集和处理、定价体系和奖惩制度、智能语音助手、大数据下的监控等方式，平台能够有效地强化劳动过程控制。与传统劳动过程控制不同的是，平台对劳动控制变得更加碎片化。下面以平台外卖骑手与网约车平台的薪酬管理体系为例来进行说明。

1. 平台外卖骑手的薪酬管理

1）定价体系

迈克尔·布洛维（Michael Burawoy）在《制造同意》中提到，工厂采用计件工资制激发工人们的工作热情，从而使得工人们认同资本生产的过程。尽管平台经济中生产组织方式和劳动者的工作过程已发生根本性变化，计件工资制仍能发挥控制劳动者的基础性作用。以北京市西南三环某站点为例，全职外卖骑手无固定底薪，工资全由送单量决定。每笔订单的单价不论距离远近固定为 9 元，每月送单数量越多，收入越高。全职外卖骑手每个月按规定上满 28 天，订单单价可由 9 元增加到 9.5 元。[①]外卖骑手没有与平台议价的集体性力量，对于平台所规定的工资体系只能被动接受。

据调查，这里的大部分骑手来自外地农村，面临巨大的生活压力，迫切需要提高劳动收入供养家庭。而在平台企业的工资体系下，他们只能通过增加送单数量来提高劳动收入。骑手增加送单数量的方式一般有两种：熟悉送餐区域的商家和送餐路线，提高单位时间内送餐效率；延长劳动时间，提高每天的送单量。通过熟悉送餐区域优化线路，进而提高效率的程度有限，外卖骑手只能通过延长工作时间的方式增加送单量。他们每天平均工作时间为 11.4 小时，其"高薪"的背后是超长的劳动时间。平台现行的工资体系将劳动者的注意力转移到如何提升自身能力，而不是订单配送的利润分配公平问题上。

2）奖励制度

平台外卖骑手的奖励制度发挥着物质和精神双重控制的作用，同时，在大数据处理的记录下，奖励制度对骑手施加持续性的影响。外卖骑手的奖励制度主要有现金奖励和信誉奖励两种机制。现金奖励与传统行业劳动者的控制类似，即通过发放现金的形式吸引劳动者工作，提高劳动者的积极性，主要有全勤奖、冲单奖、恶劣天气补贴等形式。全勤奖指外卖骑手每月工作达到一定天数后，给予一定的现金奖励或者提高外卖骑手单笔订单的单价的奖励。冲单奖指在冲单活动的当天或当周，外卖骑手送单达到一定数量，平台给予现金奖励。在平台奖励制度的激励下，他们大都会为了获得奖励而努力工作。恶劣天气补贴指在酷暑、下雨、大风等恶劣天气时，骑手可获得一定金额补贴。信誉奖励通过服务能力评级实现，一般包括超时率、投诉率、差评率、跑单量等指标，不同级别的骑手享有不同的冲单奖励机会，骑手达到某一等级后还必须完成平台月度单量的要求来"保级"，因此等级评分会影响派单的数量和质量并直接影响骑手的收入。外卖骑手等级、蜂值与奖励见表 7-1。在平台奖励制度的激励下，骑

表 7-1　外卖骑手等级、蜂值与奖励

骑手等级	所需蜂值	等级奖
青铜蜂鸟	0	无
白银蜂鸟	500	0.1/单
黄金蜂鸟	1 500	0.2/单
铂金蜂鸟	3 000	0.3/单
钻石蜂鸟	5 000	0.4/单
王者蜂鸟	10 000	0.5/单

资料来源：美团点评研究院. 新时代 新青年：2018 年外卖骑手群体研究报告[R]. 2018.

---

① 邓智平. "接单游戏"与平台经济中的劳动实践——以外卖骑手为例[J]. 求索，2021(3)：108-117.

手大都会为了获得奖励而努力工作。有研究发现，84%的受访骑手每天工作 10 小时以上；89%的受访骑手每个月工作 28 天及以上。[①]

3）惩罚制度

平台可以对外卖骑手进行惩罚，惩罚方式主要是扣款，如果行为过于严重，则采取"封号"的处理方式。惩罚原因主要有不符合平台规范、超时送达、提前点送达、顾客差评或投诉等。平台规范主要包括服装、车辆、礼仪、安全等外在形式规范。为了不超时被罚款，外卖骑手超速、逆行、走机动车道成为普遍现象。因此，严格的惩罚制度不仅规训着外卖骑手的行为，使外卖骑手行为更符合平台价值导向，也有可能导致外卖骑手的越轨行为，并给社会带来交通风险。在外卖骑手与外卖平台和第三方配送公司的博弈中，外卖骑手处于绝对劣势地位，只能接受平台和第三方配送公司的管理规定，无论规定是否合理。

严苛的惩罚制度不仅强化了外卖骑手的弱势地位，也加重了外卖骑手的情感劳动。当情感作为劳动力的组成部分被出卖给雇主后，外卖骑手面临平台和顾客的双重情感控制。顾客表达不满的时候，外卖骑手只能"逆来顺受"，压抑被斥责的愤怒，并表现出真诚道歉的情感。这是因为平台会根据顾客的投诉对外卖骑手进行罚款或者剥夺奖励资格。"只要是投诉差评，不管是什么原因，都是按骑手的原因，申诉没用。所以送餐的时候一定得态度好点，出了问题赶紧联系顾客道歉，尽量别被投诉。"一位骑手说。

【案例启示】

虽然没有每天接多少单的限额，但平台会根据市场情况和骑手的整体表现，推出令人眼花缭乱的奖励和补贴计划，尽力激发和培育骑手"多接三五单"。

平台一般会有各种各样的补贴，如高温补贴、恶劣天气补贴、节假日补贴、冲单奖励等。晚上宵夜工资会更高。（C28 骑手访谈记录，2020 年 5 月 16 日。）

此外，平台每日、每周、每月都会更新"单王榜"，骑手的手机 App 随时都能看到"日单量榜""日里程榜""月单量榜""月里程榜"等，排在前几名的会把头像和姓名都显示出来，同时有个人奖、团队奖，用物质、精神激励骑手延长工作时间。

平台有每周排名，也有每天排名，单王最牛。看到别人做得那么好，自己就有压力。我以前也排过第一名，不过很快就不行了。做外卖太累，赚得多的都是时间堆出来的，没有什么技巧，就是要比别人勤快一点。（C17 骑手访谈记录，2019 年 12 月 18 日。）

---

① 郭威. 从"赶工游戏"到"社交游戏"——社交平台中的游戏化劳动控制[J]. 新媒体研究，2022，8(24)：78-82.

不仅有正面的"单王榜",即红榜,有的平台还有负面的黑榜。如某平台每周都会张贴"配送黑榜",根据客户投诉、差评、履约等情况,把倒数第一名至第五名的骑手名单张榜公布。

资料来源:邓智平."接单游戏"与平台经济中的劳动实践——以外卖骑手为例[J]. 求索,2021(3):108-117.

2. 网约车平台的薪酬管理

1)奖励规则

网约车平台设置了与接单量挂钩的若干奖励规则,激励司机增加工作时长。以某平台北京地区某时段的奖励规则为例,奖励项目主要有以下几种:①普通翻倍奖,即除高峰时段外所有行程均将得到基础车费(含溢价)的 50% 作为奖励,每单最多奖励70 元。②高峰小时保底奖,即在规定时段基础车费和奖励未达到保底金额的情况下,平台按照保底费补齐费用。这条奖励的前提是在规定高峰时间段内,每小时至少上线45 分钟,至少完成一单业务。③优秀司机额外翻倍奖,即司机当周成单率 60% 以上、当周评分 4.8 分以上,且当周完成 80 单以上,平台额外奖励当周基础车费的 80%,上限为 2 000 元。④金牌服务奖,即当周评分在 4.8 分以上,成单率 60% 以上,每周完成订单数最多的前 100 名司机,可再获得 400 元金牌服务奖。⑤新司机首周奖,即司机账号激活后 7 天内完成 5 单、10 单、15 单,分别奖励 200 元、500 元和 800 元。

2)围绕司机行为的奖惩机制

平台会用"考核标准"来管理工作过程,这集中体现在平台建立的围绕司机行为的奖惩机制,即"服务分"的设计和应用上。一般而言,在司机完成订单后,平台会根据服务时长和服务里程计算司机收入,如果遇到乘客投诉或司乘纠纷,则按照具体规定实施惩罚。除此之外,司机在平台上的接单、投诉连同司机行为会共同作为评价司机服务分的依据。服务分根据司机每天的行为记录动态调整,因此可被看作司机在平台历史工作行为的凝结。平台还设计了服务分应用规则,具体表现在服务分评价系统建立了"正反馈"和"负反馈"两套闭环体系。遵守平台服务规则的司机可以获得高服务分,进而得到优先接单、接"好单"的机会,间接地促进了收入提升,这是一个"正向激励"的过程;而不遵守平台服务的司机则获得较低的服务分,进而影响到接单机会、接单资格,间接地影响到收入获得,这是"负向激励"的过程。

7.3.3 平台劳动者的社保困境与优化路径探索

互联网平台灵活就业群体既不同于标准劳动关系下的全日制用工,又不同于非标准劳动关系下的劳务派遣和非全日制用工,与平台企业之间呈现出平等主体间的合作关系。这使得建立在正式稳定就业、劳动关系基础上的社会保障无法适应数字经济下迅速发展的新业态灵活就业情形。

1. 平台劳动者缺乏安全与社会保障

相关调研报告结果显示，外卖配送员对自身的职业安全保障满意或比较满意的仅占 15%。工作的灵活化带来的不仅是从业人员的自由，还有不确定的工作地点、不确定的工作环境以及不确定的风险。外卖配送员所需要的劳动保障设备如头盔等都需要自备，平台不提供任何保障；而遇到雨雪等有危险的天气平台也不会延长送单时间保障他们的安全；遇到交通拥堵为了避免因为超时而被罚款可能会冒违章的风险。2019年上半年，上海市公布的数据显示，与外卖、快递等行业相关的交通事故共致 3 名外卖员或快递员死亡，154 人受伤。[①]可见，外卖、快递、网约车等行业的从业人员面临较高职业风险。

平台经济灵活就业人员除了没有劳动安全防范以外，也没有相应的劳动灾害补偿。除了浙江、广东建立了工伤保险试点外，大部分地区根据法律相关规定不支持此类人员参与工伤保险，无法给予其因工致残或因工死亡的待遇。也有苏州太仓、苏州吴江等城市建立了职业伤害保障保险，但只能享受到一次性补贴。即使可以参保工伤保险，也存在工作时间难以确定的问题，工作时间难以确定的主要原因有多平台接单导致的工作时间重合、待工时间性质未明确以及工作起止时间计算节点不明确等。

2. 社会保险不适应平台灵活就业的发展

现代社会保障是工业化的产物，为的是应对工业社会产业工人因疾病、失业、残疾、年老而中断收入的社会风险。经过 20 余年的探索，《中华人民共和国社会保险法》颁布施行，职工基本养老保险和医疗保险的保障对象进一步扩大到非全职的从业人员以及其他灵活就业人员。至此，以城镇就业人员为主的职工社会保障体系与以非城镇从业人员为主的居民社会保障体系已经形成。然而，职工保险一般依赖劳动关系的确立与劳动合同的签订，除被派遣劳动者作为派遣单位的职工必须依法纳入职工社会保险体系外，非全职从业人员仅享有用人单位的工伤保险缴费，其他风险均未纳入保障范围。其他灵活就业人员可以自愿选择参加职工基本养老保险和职工医疗保险，但必须自行承担相当于职工个人和单位应缴的部分。因此，对于收入不高的灵活就业群体，他们往往会选择缴费水平更低且有政府补贴的城乡居民社会保险制度，尽管后者的保障水平也相应较低。

从法律关系的角度看，由于互联网平台灵活就业群体既不同于标准劳动关系下的正规就业者，又不同于非标准劳动关系下的劳务派遣与非全职用工等传统灵活就业者

---

① 北京义联社会工作事务所线上访谈志愿小组.新业态从业人员劳动权益保护 2020 年度调研报告（一）[EB/OL]. (2021-01-19)[2021.06.09]. https://jmxy.sdmu.edu.cn/info/1161/3407.htm.

（用人单位也需要为这类员工缴纳社保），这使得建立在传统正式稳定就业、劳动关系基础上的职业关联型社会保险无法适应数字经济下迅速发展的互联网平台灵活就业的情形。对于不受劳动关系约束的互联网平台灵活就业群体，他们既可以自愿选择以个人身份参加城镇职工保险体系，也可以选择参加户籍所在地的居民社会保险。目前在城乡居民社保体系没有强制参保规定的情况下，部分灵活就业群体仍存在年老与疾病风险保障的缺失；即使对于那些能够选择以个人身份参加职工保险的灵活就业群体，平台也没有为他们缴纳工伤和失业保险，虽然部分平台已购买意外伤害保险，但保障水平普遍偏低。

3. 从业者缴费需求与缴费能力的不匹配

我国目前的社会保险制度是传统的缴费激励型保险。由缴费主体按照一定的缴费基数与缴费比例确定缴费数额，并且在一定时间内的累积缴费数额达到一定水平，才能在满足社会保险的给付条件时享受社会保险的待遇。以养老保险为例，我国的养老保险缴费基数为社会平均工资的 60%～300%，缴费比例为 20%，由企业与劳动者共同承担，并且缴费年限至少需要 15 年，才能保证劳动者在退休时享受养老保险待遇。而非正规就业的从业者，则由个人承担所有的缴费责任。即使按照最低的标准缴费，也需要以社会平均工资 12% 的数额连续缴纳保费，这对于工资收入相对较低、工资来源不稳定的灵活就业人员而言，也是一笔不小的开支。

从制度性压力[1]来看，制度的设计对企业和劳动者的缴费激励作用并不强，也难以保障灵活就业人员的社保权利。高缴费比例、高缴费基数的"双高"加重了企业和个人的负担。企业的负担过重，则会更加倾向于以灵活用工的方式获取人力资源，以此来规避缴费责任，降低企业运营成本。

从能力性压力[2]角度来看，缴费能力低是灵活就业人员难以在经济方面融入社会保险的原因，参保的积极性也因此而降低。一方面，灵活就业人员由于所从事的工作具有临时性、灵活性等特点，因此其并没有持续稳定的收入，难以满足参保所需要的持续性缴费的条件。另一方面，灵活就业人员的收入水平不高，参保所需缴纳的费用对他们而言也是一笔不小的负担。而且，大多数选择灵活就业的人员，是为了在城市立足而寻找一个落脚的职业，相较于延迟享受收入带来的收益，解决眼前的各类生活需求是更加迫切的问题。因此，迫于自身的原因和现实的难题，灵活就业人员的社会保险缴费负担能力不足，无法支撑起他们参保的意愿。

4. 平台企业对丰富保障体系的探索

当然，用工平台也在不断反思用工模式，努力为平台从业者营造更好的就业环境，

---

① 制度性压力是指制度设计不完善导致制度缴费需求不适应当前缴费群体的缴费能力。

② 能力性压力是指制度设计合理但个人客观原因导致缴费能力无法满足制度缴费需求。

美团骑手的工资计算

让他们享有更完善的保障。例如，美团就根据自身情况，探索了更加丰富的灵活用工从业人员的社会保障权益制度。2019 年，美团推出了国内首个外卖骑手子女公益帮扶计划——"袋鼠宝贝公益计划"，为外卖骑手及家人提供大病/住院/身故关怀金，并推出外卖骑手体检福利，建立"贫困骑手重疾医疗保障基金"，向所有符合条件的建档立卡贫困外卖骑手提供重大疾病医疗保障。同时，美团为了增强员工归属感和幸福感，经常组织各式各样的活动，自 2021 年至 2023 年 8 月，在各级工会推动下，美团集团先后落实 260 余场不同地区、不同规模、不同主题的骑手恳谈会。2021 年春节期间，美团、京东等平台还为就地过年的员工送出关怀。一位外卖骑手说："虽然今年春节不能回家了，但单位发了一些过年补贴，站里还组织了丰富的活动，带来了家的温暖。"此外，美团外卖还推出了"同舟计划"，为春节期间坚守一线的外卖骑手提供补贴和福利，总额超过 5 亿元。

现在许多平台企业都已经认识到用工方面存在的过度劳动、权益保障缺失等问题，一些平台已经通过一些技术手段限制劳动者的工作时间，如设置了"劳动者工作时间超过 8 个小时就停止接单"的功能，让劳动者的工作和生活更加平衡。同时，很多平台也根据从业人员的实际工作情况，不断优化系统，解决矛盾，让他们工作得更舒心。例如，美团根据外卖骑手建议，不断优化骑手侧 App，优化配送机制，打造了集"工作有保障、体验有改善、职业有发展、生活有关怀"于一体的骑手权益保障机制，从劳动安全、职业发展、健康体检等方面切实维护骑手利益，促进骑手职业发展。

针对外卖骑手的安全问题，美团平台不断升级他们的头盔等工作硬件。升级后的智能头盔，具备戴盔检测、自感应尾灯、蓝牙耳机、麦克风、快捷按键等多个功能，能够有效提升骑手配送体验和安全性。可以看出，互联网企业正在充分利用自己的科技优势，为劳动者营造更安全、更幸福的就业环境，不断践行自己的社会责任。

【伦理小课堂】

"饿了么"外卖骑手的工作及社会保障现状如下。

1. 基本信息

受访者为男性，37 岁，高中学历，迫于生计从老家来到大城市，由于自身缺少生存技能和优势，并没有找到适合的工作；偶然的一次机会，经朋友介绍加入饿了么外卖平台，成为一名外卖骑手。

2. 工作现状描述

受访者的工作高峰期在每天的饭点，每天送着不同的美食，去往不同的地方，但基本上每天都不会按时吃饭。一个月仅仅只有三天假期，一般三天假就是最好的休息。关于工资报酬，受访者说道："每个月有底薪，按单量算提成，200 单每单两元，400 单每单 3 元，单量越高倍数也就越高，如果精力比较充沛，每个月基本上可以赚到七八千元。但是平台会根据顾客的评价来给你分配订单，如若遭遇差评则会影响之后的配单与薪酬。"

受访者在工作中遇到的困难很多，比如在配送的过程中被偷、不能按时送达、超时扣钱、在送餐途中被撞等，存在很大的风险。受访者在之前的送餐途中因为赶时间被撞，但是所幸无大碍，只是伤了脚踝。在谈及工作中出现这么多危险，平台是否会承担一定的过失责任或者当出现类似的情况，自身的维权路径是什么时，受访者坦言，一般出现这些危险时，平台并不会担负相应的责任，包括送餐过程中自己受伤或者电瓶车被撞坏，这些费用都是自己来承担。他坦诚自己是从农村来的，也不知道什么叫社会保障，遇到不是特别严重的小擦小伤自己就抗过去了，也没有想过要给自己买保险来保障个人的基本权益，坦言每个月有一笔实实在在的钱放进自己的口袋就是一件很美好的事情。

3. 社会保障现状

"饿了么"平台与入驻其平台的劳动者之间存在经济从属性、组织从属性，但并不存在严格意义上的人格从属性。平台对外卖骑手并没有人身的管理，只是和外卖骑手约定了工作内容、工作准则等细节上的东西，但是平台与劳动者并不存在真正意义上的劳动关系，而在协议的设置上，平台也以优先实现自身的利益为准则规避了关于劳动者的基本社会保障权益的约定，比如在工作中出现的安全事故的权责不够明晰、是否对劳动者有一定的保护举措不明确等。在这些灰色的地带容易产生纠纷，如外卖骑手在送餐时遇到糟糕的天气或者不可抗力的外部因素的影响，没有合理地安排好自己的时间和路线而导致送货出错；另一层面就是外卖骑手将要送的物件放在了指定的位置，但是被其他人弄混或者故意拿错，当这种情况发生时，收货人如果在平台上对外卖骑手进行投诉，还是会由外卖骑手进行赔偿。如果平台没有相应的保护体系，那么对于非正规就业的人员而言就会存在很大的工作风险。

资料来源：徐倩倩. 零工经济背景下外卖骑手权益维护思考[J]. 合作经济与科技，2022(12)：186-187.

启示：运用数字技术的激励管理模式让外卖骑手遇到了哪些问题与风险？这种评价激励机制是否足够合理？

7.4　数字赋能的激励管理权威文献解读

7.4.1　文献信息

题目：《游戏化能够激发员工的主动行为吗？》

出处:《外国经济与管理》

作者:陈园园,高良谋

发布日期:2021 年 9 月

7.4.2　文献点评

电子游戏具有较强的激励作用和享乐体验效果,在吸引个体参与方面具有明显的优势,受其启发,游戏化应用近年来在实践中得到了较大的发展。文章关注的企业内部游戏化应用是其中一个较新的领域,主要涉及游戏元素在工作任务设计、绩效考核、职业生涯管理等员工激励管理中的应用。

首先,文章以情境观思想为理论基础,认为在企业激励体系中植入积分、排行榜、虚拟角色、内容解锁、组队竞赛等游戏元素有助于员工在工作过程中发现工作的意义和乐趣、增强与他人的互联感,并因此获得一种超越性的积极心理体验,即获得"精神性"的提升,进而通过工作场所精神性的中介作用增加工作中的主动行为。

其次,文章通过实证检验发现,反映游戏的玩乐属性,蕴含情绪感化、价值召唤及情感关怀等情感逻辑的沉浸类和社交类元素都可以激励员工实施更多的主动行为。但是,研究结果还表明,并非所有类型的游戏元素都能产生激励效应。与假设完全相悖的是,反映游戏的竞争属性,蕴含因果关系、确定性控制及经济核算等计算逻辑的成就类元素不但不能促进员工的主动行为,反而会起到抑制作用。

最后,该文提出对未来具有科学价值和实践意义的研究启示,包括:企业需要将员工激励重点转向创造员工的意义性体验,企业在设计和应用游戏元素互动符号时应增强玩乐性,适当弱化竞争性,企业实施游戏化应用时须充分考虑游戏元素与员工游戏行为模式的匹配性等。

7.5　数字赋能的激励管理经典案例解读

7.5.1　案例信息

题目:《外卖小哥升级记:送单分秒必争,像打"王者荣耀"》

出处:第一财经

作者:王海

发布日期:2019 年 10 月

7.5.2　案例呈现

饿了么蜂鸟配送发布的《2018 外卖骑手群体洞察报告》显示,蜂鸟配送注册骑手超过 300 万人，其中 77%来自农村，平均年龄约为 29 岁，95 后占比已超过 20%，骑手平均每天配送 48 单，奔波近 150 公里。

最长 3.5 公里

记者了解到，饿了么、美团、达达等几乎所有的即时配送领域都是采用代理模式。以饿了么为例，饿了么在上海有几十个代理商，每个代理商有多个站点，站点的维护是由饿了么派出的渠道经理与代理商派出的片区经理来共同进行管理。而何胜胜的站点隶属于江西蜂鸟供应链管理有限公司。

最早接手站长职务的时候，何胜胜大部分的时间要被手动派单占据，比如同一个骑手给他安排相同方向的几个单子。"那个时候还是手动的，还没有像现在这样的智能派单。"

何胜胜所说的智能派单是饿了么智能调度系统"方舟"，它是外卖即时配送领域中最核心的环节，该系统替代了站长大部分的工作，降低了人力介入的程度，实现了自动化、智能化派单。

第一财经记者在饿了么站点的电脑后台看到，方舟系统能够显示智能调度订单链路：用户下单、商家接单、智能调度（骑手接单/机器人接单）、送达用户等环节，通过大数据与机器学习，使用户订单在最优决策下被匹配最优路径，保证配送效率。

此外，该系统还能实时显示骑手所在位置，以及其手中的订单的数量和尚待完成的订单数量。"位置主要是根据骑手手机里面装载的骑手专属的 App 来定位，一般完成送单任务的骑手会回到其所在的商圈，这样便于系统来派单，从取餐点到客户的直线距离最长是 3.5 公里。"何胜胜负责的商圈是普陀区百年中环购物广场、118 广场。3.5 公里有多远？如果用 1 元硬币（直径 25 毫米）铺成一条直线，需要 14 万枚。

从"青铜"到"王者"

这是一个分秒必争的行业，骑手需要考虑两方面因素：餐厅出餐的快慢，客户在不在一个地点。他需要一个路径规划。方舟系统通过学习骑手的送餐数据，划定骑手等级，并阶梯化各级骑手目标单量，从而为每个骑手做出一张能力画像，将运单分配给最合适的骑手。

饿了么平台将蜂鸟专送的骑手按王者荣耀这款游戏的段位划分方式，分为 6 个等级，依次是青铜、白银、黄金、铂金、钻石、王者。"骑手送的单越多、越好，等级就会越高。"

"不同代理商在不同城市给骑手的薪水可能都不一样。我们站点骑手的薪水由三部分构成：一、业绩提成，标准是 600 单以下，按照 7 元/单；大于 600 单，按照 8 元/单来计算。二、按照每单的重量、距离、天气、骑手等级等进行补贴。三、每个月有好评奖励、冲单奖励。"何胜胜表示，自己所在站点全职骑手月均收入在 7 000~9 000 元，而对于骑手的 KPI 考核大同小异，基本每个月变动一次，目前考核的主要是骑手的配送取消、T12 超时。

T12 超时指的是超时 12 分钟，比如说骑手订单 T 的考核时间在 10:30，如果骑手是在 10:42 以后送达的，就已经超过骑手订单考核的时间值。

不只是饿了么，其竞争对手美团、达达也早已将 AI 与大数据融合进自身的业务发展。

7.5.3 案例点评

随着生活节奏的加快，人们愈加在意时间的价值，即时配送也就应运而生，如今，即时物流配送平台从同城、小件、外卖领域切入，逐步拓展到生鲜、商超配送领域，甚至延伸到更为广泛的快递末端领域。饿了么外卖平台借助大数据技术，根据骑手的服务能力对其进行评级，并进行动态化奖励。对于平台而言，技术的迭代提升了激励管理的效率与效果，但对于骑手而言，实践技术的进步可能意味着与系统分配时间的对抗，和交警较劲，和红灯做朋友……系统仍在运转，而骑手们对自己在这场无限游戏中的身份几乎一无所知，如何平衡好平台与劳动者之间的权益关系，是一个值得平台企业深思的问题。

分析讨论：

1. 结合案例谈谈，为什么饿了么要采用"方舟"系统。
2. 饿了么是如何借助数字技术进行薪酬福利管理的？
3. 饿了么的激励管理模式能为其他平台企业带来什么启示？

自学自测　　扫描此码

第 **8** 章

数字赋能的工作设计

【知识图谱】

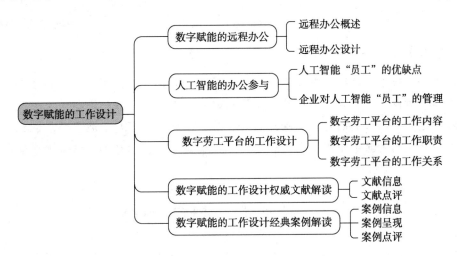

【思考题】

1. 远程办公的优、缺点有哪些?

2. 远程办公的影响因素有哪些?

3. 如何进行远程办公的合理设计?

4. 人工智能"员工"的优缺点有哪些?

5. 企业如何对人工智能"员工"进行有效管理?

【管理者语录】

在 AI 替代人类的巨大担忧面前,我们很多人忽视了在这个也许可能的替代发生之前还有一段很长的"与 AI 共事"的时期,而这对于当下的每个个体才是最重要的事。那些了解人工智能而且能够用好人工智能的人将像 40 年前改革开放之初会英语的人一样,成为时代弄潮儿。

——王晓冰(腾讯)

远程办公所带来的好处是显而易见的。站在企业的角度,如果有大批员工居家办公,那就不需要租用那么大的办公场地,每年可以省下一大笔租金以及电费等支出。而在员工那里,如果不必每天前往单位,至少可以节省上下班交通过程中付出的费用,每天可以自由支配的时间也将大大增加。而对整个社会来说，远程办公可以降低出行人数，部分缓解堵车、污染等都市顽疾。当然，远程办公也存在着一些明显的缺陷。首先就是由于员工不再集中，对于一些需要共同深入探讨的项目，仅仅依靠语音或者视频聊天，有时会让沟通效果打上一定的折扣。另外，由于员工并没有出现在视线范围内，企业难免会担心他们是否会趁机偷懒，导致其工作质量对不起领到的工资。正因为存在着上述顾虑，所以尽管"远程办公"很早就被视为未来的发展方向，全世界已有24%的公司尤其是科技公司采用这种办公方式，但在中国，真正对此进行尝试的企业却并不多。

——梁建章（携程）

【情境导入】

作为公司财务总监的小李因病在家休养了1个月，但这并不妨碍他指导整个财务部的工作，对他而言，只是办公地点从公司搬到了家而已。相信近些年已经有越来越多的人有这种远程办公的经历，除此之外，公司中还出现了越来越多的智能机器人，劳动者与雇主的关系也出现了新的议题。如果你是小李，你会如何绘制数字赋能的工作场景？

8.1　数字赋能的远程办公

远程办公是顺应时代的产物。互联网时代，越来越多的工作、沟通需要在计算机上完成。随着工作范围的扩大和工作交流的增加，以往的固定工作场所办公和面对面交流已经不能满足人们的需求，远程办公由此产生。

8.1.1　远程办公概述

4G（第四代移动通信技术）的成熟与5G的兴起，标志着人类社会在移动互联领域的传播能力、传播速度和通信方式等方面取得了巨大进步。云计算技术的发展，支撑起互联网信息系统后台服务的计算、检索、资源储存、分析等功能，延展了人类的虚拟空间。这些数字技术的进步构筑了稳定的公用网络，建立了快速、安全的连接通道，为远程办公提供了全方位支持，进一步助力了远程办公的发展。

1. 远程办公的概念

对于"远程工作"的概念，不同国家、地区表述不一。《远程工作欧洲框架协议》指出，远程办公是远离雇主经营场所，使用信息技术，在劳动合同或劳动关系背景下，常规性地在雇主场所之外从事工作的一种组织或履行工作的形式。美国的《远程工作促进法》指出，远程工作是雇员在其他被许可的地点履行工作职责或执行指派任务的一种弹性工作安排。《法国劳动法典》第 L1222-9 条规定，远程工作是雇员在自愿基础上借助信息和通信技术完成本应在雇主场所完成的工作的任何工作组织形式。上述定义虽有所不同，但都叙述了远程工作的基本特征，如依托信息通信技术，在企业工作场所之外办公。

【案例启示】

远程办公成为当下一种流行的工作模式，越来越多的企业开始思考，远程办公是否适合自己的企业。就在大多数企业处于观望状态之际，2022 年 2 月 14 日，携程集团率先宣布，推出"3+2"混合办公模式新政策。从 2022 年 3 月 1 日起，携程各事业部、职能部门将根据实际管理需求，实行或逐步推行 1～2 天的混合办公，即每周有 1～2 天，符合条件的员工可自行选择办公地点，既可以是家里，也可以是咖啡厅或者度假酒店等。

携程的"3+2"混合办公模式的推广是在 2021 年开始的混合办公实验调研结果的基础上进行的。2021 年 8 月，携程共计 1 612 名员工参与了混合工作制实验调研，经过近半年的实验，调研数据显示，71.9%的员工认为混合办公不会对绩效产生影响，这一比例较实验前提高了 3.8 个百分点。员工参与意愿上升至近六成，在绩效无明显影响的情况下，离职率下降了约 1/3。

员工们对于公司实行的远程办公模式是既兴奋又担忧，兴奋于不用天天通勤上班，有更多时间可以自由支配；担忧于生活和工作缺乏边界，最终落得生活、工作一团糟。来自携程机票事业群的设计师婷婷说，她在去年 9 月的周会上得知自己进入混合办公实验名单。在经历了 5 个月的实验后，她对混合办公的态度从中立变成支持。作为设计师，婷婷发现在远程工作时，对方通常会先跟她预约沟通的时间，这让她更能合理安排时间，也更专注。在生活方面，混合办公不仅节省了通勤时间，也让她有了更多的休息时间，"就连化妆品也省了。"携程集团机票事业群负责人谭煜东说："在半年的实验期间，我们没有发现远程办公对个人表现或者事业部整体目标达成会产生很大影响，而且我们发现这项措施让员工对公司的满意度有所提升，能够更好地留住优秀员工。"

资料来源：王玮. 携程开启混合办公模式　业界关注连发"三问"[N]. 中国旅游报，2022-02-24(7).

2. 远程办公的优缺点

1）优点

从员工层面看，远程办公使员工可以通过"云对话"快速接发信息、处理业务，促进了远距离合作，缩短与降低了通勤时间和交通成本，加大了工作自主权和控制权。从企业层面看，远程办公可以节约办公场地，减少办公用品的购置，资产的折旧、损耗、修理费用等支出也会减少，降低了企业的运营成本。从社会层面看，远程办公有利于缓解交通压力，促进绿色就业，有利于应对突发公共卫生事件，也有利于残疾人就业。例如，淘宝云客服项目，从 2010 年开始到 2020 年，阿里巴巴云客服累计免费培训了 35 万人，给上万残疾人提供了云客服的工作岗位，促进了弱势群体的就业。

【案例启示】

　　远程办公在美国的普及度是全世界最高的，有很多远程协作办公的成功案例，其中就有一家小而酷的公司——37signals。37signals 是一家位于美国芝加哥的网络应用公司，来自各个国家的不到 40 名员工，服务了全球上百万用户，是全世界效率最高的软件公司之一，超一半员工分布在两大洲的八个城市。不同于传统的公司管理模式，这家公司的任何一点，都能让你看到全新的世界：没有中层，所有员工都是实干者；没有办公室，所有员工自由选择办公地点；没有朝九晚五，员工自行分配每周工作时间；拒绝壮大，不断保持精简与高效；信任员工，不知道多少人每周上 4 天，多少人每周上 5 天……许多让人不可思议的事情，看似不合理的管理规定，这家公司却都实实在在地在实施，而这些仍然给公司带来每年几百万美元的收入。公司 CEO 杰森·弗瑞德（Jason Fried）在 *REMOTE* 一书中说了自己选择远程办公的原因：提高工作效率；人才招聘不受地域限制；省掉不必要的通勤时间；降低意外风险。弗瑞德曾说，工作的目的，不是将一群人聚集在一个房间，在同一个时间段拼命压榨他们，而是让他们自由选择一个良好的环境，保持愉快的心情，好的结果也便顺理成章。

　　资料来源："远程办公"不可复制的传奇，不到 40 名员工每年赚取几百万美元[EB/OL]. (2020-02-12). https://www.ctocio.com/application/enterprise20/31143.html.

2）缺点

　　远程办公虽然对个人、企业和社会各方面都有一定程度上的帮助，但它所带来的并不全是好处，随之而来的还有很多不足。首先，由于公司监管的欠缺和相关立法的滞后，员工的工时、工伤判定困难，部分员工工作效率低下，企业也会面临重要信息泄漏等问题。同时，远程办公也会造成员工社交障碍等问题。2019 年 12 月至 2020 年 6 月期间，一项对约 6.1 万名微软美国员工开展的个案研究发现，在全公司远程办公的情况下，员工协作网络更分散孤立，与其他业务团队同事的联系会减少，实时沟通也会减少，而每周平均工作时间则会延长。

【案例启示】

　　Zoom 由于频频出现的个人信息安全问题被推上风口浪尖。据了解，Zoom 会在使用中收集用户的姓名、住址、职务、雇主等信息，即使用户以游客身份登录 Zoom，所使用的设备信息以及 IP 地址（网际协议地址）也会被收集，若用户使用其他社交账号（如 Facebook）登录 Zoom，它还会收集此账号的所有个人资料。2020 年 3 月 31 日，《华盛顿邮报》报道成千上万的私人 Zoom 录像被视频会议的发起者上传至 YouTube、Google 等视频网站或视频云端的公开网页，任何人均可在线观看。这些私人录像不仅包括小型公司会议视频和可以清晰识别面部及声音特征的小学生网课，还有一对一的治疗方案、不雅音视频信息等。据外媒报道，NSA（美国国家安全局）前研究员帕特里克·杰克逊（Patrick Jackson）发现，在默认命名规则下，他仅通过免费的搜索引擎就在开放的云存储空间中一次性搜索到 15 000 多个来自 Zoom 平台的视频。信息泄露数量之多、传播范围之广令人震惊。基于这些隐私安全问题，美国的多家院校以及 NASA（美国航空航天局）、Space X（美国太空探索技术公司）等知名机构都已停止使用 Zoom。

资料来源：王一楠，甄妮，张奕. 从 ZOOM 个人信息安全事件浅谈视频会议软件的数据保护[EB/OL]. (2020-05-08). https://www.secrss.com/articles/19300.

3．远程办公的影响因素

正因为远程办公存在这些优缺点，所以并不是所有工作都可以远程进行，也不是所有员工、企业都适合远程办公。远程办公的实施效果受到诸多因素的影响，综合来看，有以下几点。

远程办公：一个职场新人如何居家实习

1）个人层面

个体的性别、能力、家庭等因素都会影响到远程办公的实施效果。早期研究发现，相对于男性而言，女性更倾向于选择远程办公。除此之外，员工的受教育程度、互联网使用经历以及其他特质（比如，适应能力、理解能力，以及自我约束能力等）也会影响远程办公的实施效果。这些能力越强，员工在远程办公中就越得心应手。与此同时，员工的家庭状况、居住地环境也会影响远程办公的最终效果。居家办公并不适合所有人，如果空间狭小、家人吵闹，则员工难以专注工作。

2）管理层面

管理层、员工对远程办公的看法会极大地影响远程办公的实施效果。如果管理层认为远程办公为组织带来的收益大于所消耗的成本，并且员工不会认为自身的工作业绩因为远程办公而受到不公正的评价，那么远程办公这种工作方式的采用概率将会提高。除却成本效益和心理因素，组织中有关远程办公的管理实践也会对远程办公效果有所影响。如果人力资源管理实践可以增强员工的自主性、责任感，以及远程工作的技能和能力，那么员工会更愿意进行远程办公，所产生的工作效果也会更好。

3）技术层面

现在远程办公的基础设施与工具技术愈加成熟，实践这种工作方式的行业、企业和工作种类也越来越多。各种远程办公产品分类明确、产品丰富，共同促进了远程办公的有效实施。例如，企业微信、阿里钉钉、飞书、腾讯会议、WeLink、Slack、Zoom等在即时通信领域的发展；石墨文档、一起写、WPS Office、幕布、腾讯文档、Google Docs、印象笔记、有道云笔记、语雀笔记、为知笔记、巴别鸟、Confluence 等在在线协作方面的发展；以及百度网盘、Google Drive、文叔叔、奶牛快传等在信息传输方面的发展等，都为远程工作的发展提供了技术支撑。

【案例启示】

人们更愿意远程办公了，甚至可以说，仅仅是因为喜欢远程工作而选择这种工作方式的人越来越多。

皮尤研究中心（Pew Research Center）的调查报告显示，主动选择不去办公室的人占 61%，因办公室关闭或无法使用而远程办公的人占 38%。这与疫情暴发初期正好相反，当时 64% 的人回答说因为办公室被关闭而进行远程办公，36% 的人回答说因为想进行远程办公而选择了远程办公。皮尤研究中心的这次调查是在 2022 年 1 月 24 日至 30 日期间，以 10 237 名美国成年人为对象进行的。其中主要是基于对从事单一工作的 5 889 人的调查结果，皮尤研究中心对上述选择远程工作的原因进行了分析。当被问及"主要原因"时，76% 的人仅仅是因为"喜欢这种工作方式"。在 2020 年 10 月的调查中，作出同样回答的人占 60%。另外，2022 年 1 月的调查显示，在有 18 岁以下子女的人当中，有 32% 说他们的"主要原因"是"照顾孩子"，比 2020 年 10 月调查的 45% 有所下降，但仍表明有一定数量的人是出于这个原因在远程工作。皮尤研究中心研究副主任朱莉安娜·霍洛维茨（Juliana Horowitz）说："据透露，很多人都在远程工作。从远程办公的转变在 2020 年的时候就已经出现了这种趋势，很多人认为在家里准备好工作所需的物品、遵守截止日期、持续提高工作效率是很简单的事情。"霍洛维茨还补充说："现在这种趋势还在持续，很多人认为远程工作有助于平衡工作和家庭，在疫情大流行之后也想继续下去。"远程工作可能是兼顾育儿和工作的父母的理想选择，或者对于那些希望节省通勤时间的人来说也是最佳选项。

资料来源：面包看世界. 最新调查表明，人们继续远程工作的理由不再是新冠疫情[EB/OL]. (2022-02-27). https://baijiahao.baidu.com/s?id=1725881393942683094&wfr=spider&for=pc.

8.1.2　远程办公设计

虽然远程办公存在一些缺陷，但其还是被视为未来的发展方向。东兴证券研报指出，全世界已有 24% 的公司，尤其是科技公司采用这种办公方式。在中国，远程办公的市场虽处于启蒙阶段，但比重却在不断上升。在应对这一趋势时，企业需要科学规划，有效进行远程办公设计，有序进行远程办公的推进。

1. 加强制度建设

推行远程办公过程中，企业要制定一系列的管理规定和评价机制，其中，有两个重要的原则：其一是远程工作的数量和质量一定要清晰明确。企业应该给出明确的任务量、任务节点以及任务具体要求，以提升员工的工作投入度。例如较早实行远程办公的微软公司，在远程工作中就是以结果为导向，目标细化到各个维度，对工作的完成情况进行清晰的实时显示，让员工能够明确工作内容和进程。其二是人事制度要适应远程办公模式。劳动时间、安全卫生、人事考评等方面都要充分考虑远程劳动的特点，制定专门的标准，解除远程办公人员的后顾之忧。比如，企业可以采用"云打卡"、远程办公每日一报等；建立及时、定期的沟通机制，为员工远程工作提供组织支持；推行任务派发模式，及时考核、验收员工的工作结果，但在此过程中要注意监督效率和隐私保护，合理保护员工的工作权益。

2. 保障充足的软硬件条件

企业应充分保障员工远程办公的软硬件条件，如 IT 设备、网络环境和协同办公软件保障，以及相应的福利保障，如远程办公产生的上网费、取暖费、照明费等。很早就引入在家办公制度的日本 GMO Internet 集团针对内部员工开展的一项调查显示，有一些员工提出"希望公司补贴一下电费和取暖费"，还有员工抱怨因远程办公被迫购买 45 万日元的打印机等意料之外的支出。远程办公保障上的不足，会让一些员工对这种工作方式产生排斥。

【案例启示】

2020 年 2 月 1 日，西安银行与腾讯云合作，将企业微信作为官方在线办公平台，支撑全行 3 000 多名员工的在线协作与沟通。西安银行是西北地区首家 A 股上市银行，下属总行营业部、9 家分行、10 家区域支行和 12 家直属支行在内共 178 个网点，日常沟通协作和会议需求量都非常大。借助企业微信的远程办公，西安银行实行"1＋3 模式"，其中，1 个核心功能是群聊，3 个基础工具分别是会议、微文档和微盘。西安银行将日常沟通搬到线上，并通过工作群组实现快速的信息传递。同时，西安银行还将原来部署在微信企业号上的上百款应用，复制到了企业微信平台，提升了沟通协作的效率。这些新工具使得西安银行开工后的跨部门沟通、协同都非常方便。

资料来源：全行员工转战线上！腾讯云助力西安银行远程办公防疫情[EB/OL]. (2020-02-04). https://baijiahao.baidu.com/s?id=1657575388525489626&wfr=spider&for=pc.

3. 提供多样的办公环境

组织采用远程办公业务平台和系统后，可以考虑为员工提供多样化的工作空间，如多人协作工作桌、小型协作空间、私人工作站、安静区域分区、舒适公共区域等不同的办公环境。这些协同工作空间和开放工位可以让远程办公员工无论何时到达办公室都有更多的办公配置和环境可以选择。办公室工作场所设计也需要相应改变，比如考虑办公室中家具类型的混合。鉴于办公室员工有不同喜好、习惯和工作风格，办公家具可以合理搭配：从传统的桌椅到可变高度的办公桌、沙发、豆袋椅、隔音空间，甚至办公舱，这些变化可以让员工在办公室找到合适的空间来匹配他们的工作风格。

【案例启示】

远程办公模式下，大多数员工选择了居家办公，但家庭环境对于许多员工来说并不是一个合适的工作场所。这样的环境下，联合办公空间是一个可能的趋势：员工既不在家里、咖啡馆也不在办公室，而是在一种新型的联合办公空间工作。正如新加坡分散化的中央商务区一样，这种空间营造出更安全、更私密、更少社交的工作环境。

与此同时，由于人们对传统通勤方式的不满，那些位于较小城市中心或大城市郊区、距离居住地更近的办公场所迎来了新机遇。除了固定办公空间之外，企业已经开始租用合作空间，以降低固定空间的比率，从而控制企业的租金支出。例如，企业可以把固定办公室迁移到距离市中心较远的地方，用于非面向客户的工作，同时利用黄金地段的联合办公空间召开客户会议。

资料来源：ARUP. 后疫情时代的办公空间[R]. 2022.

4. 关注员工体验

远程办公实施期间，组织要关注员工的工作体验，主动对员工的数字化能力进行培训，重视对远程工作者的在线沟通与指导，关注员工情感需要，与员工保持沟通并及时开展员工援助计划，解决员工长时间远程办公过程中可能出现的情绪低落、压力较大等问题。此外，组织要给予员工足够的信任和充分的授权。远程办公情境下，领导者应注重赋予员工更多的决策自主权，激发其潜能，并积极对员工进行个性化关怀，为其营造开放和包容的环境，降低心理上的不安全感，以使员工更好地适应远程办公环境。

【案例启示】

富士通发布的《企业如何赋予员工成长所需的体验》电子书中指出，员工是企业最重要的资产。企业不能再简单地沿用以往的做法，员工体验将成为考虑重点。如果企业无法提供良好的员工体验，就将落于人后。为应对这一趋势，并通过自身实践为客户提供有价值的参考，富士通面向社内员工推出了新的工作方式变革举措——"Work Life Shift"，通过数字化创新，为员工提供更强大、更高效、更有创造力的工作体验，转变原有的"生活"和"工作"观念，实现生活与工作的平衡，提升员工整体的幸福感。富士通 Work Life Shift 将从以下三个层面重塑积极的员工体验。

智能工作（smart working）：将远程办公与传统办公相结合，根据工作内容、业务角色和生活方式，允许员工灵活设置工作时间和工作方式，从而充分激发员工潜力，增强企业的适应性和敏捷性，使团队成员能够随时随地借助他们选择的设备安全地完成工作。

无界限办公（borderless office）：针对现有的办公场所进行改造，摆脱传统办公空间的限制，将不同部门与处于不同地点的员工整合在一起，让团队保持数字化协作，帮助员工最大限度地发挥创造力，从而跟上客户需求不断变化的脚步。

文化变革（culture change）：通过新的工作方式让员工拥有更大的自主权，努力实现以员工自主和信任为基础的新型管理模式，最大限度地提高团队绩效和生产力，增强企业的敏捷性及应对变化的适应能力。同时，关注员工福祉，不断倾听员工的反馈与心声，并为员工的安全和健康提供保障。

富士通始终致力于为员工打造一个以人为本的工作环境，并利用数字化手段重塑员工体验。在《财富》杂志公布的"全球最受赞赏公司"（World's Most Admired Companies）榜单中，富士通更是凭借自身的创新能力及全球竞争力连续多年入围。在中国，富士通（中国）信息系统有限公司已开始面向全体员工实施 Work Life Shift，不断加速自身工作方式的变革，并基于自身的转型实践，为客户提供相关的数字化转型（DX）解决方案与服务，为客户和社会带来新的价值。如今，富士通正在为全球客户和数以百万计的员工提供数字化支持，以丰富的实践经验和久经验证的强大技术为后盾，重塑员工体验，努力将员工愿景变为现实。

资料来源：富士通（中国）信息系统有限公司. 富士通 Work Life Shift：以数字化重塑员工体验[R]. 2021.

8.2 人工智能的办公参与

目前，学术界广泛接受的是将人工智能的发展阶段划分为"弱人工智能阶段"和"强人工智能阶段"。井上智洋在其编写的《就业大崩溃：后人工智能时代的职场经济学》一书中认为，2030 年将是"强弱人工智能阶段"的分界点。在"弱人工智能阶段"，智能化设备只能处理特定领域、重复性、逻辑性的任务，包括语音识别、人脸识别、指纹识别等。但到了"强人工智能阶段"，人类的大部分工作均可由人工智能来完成，人工智能将成为真正的通用型技术，在各领域的能力都能够与人类相当，甚至超过人类。人工智能在这一转变过程中，会不断地将就业人员从过去烦琐、乏味、沉重的工作任务中解放出来，推动人们从事与原先岗位相关的相对轻松的工作。在更新人类工作内容的过程中，人工智能会产生对企业工作结构的调整，其理想状态是达到"人机协同"的工作模式，而这一趋势正在逐渐形成。例如，在医疗领域，IBM 的沃森人工智能已经在帮助临床医生解读核磁共振成像。在交通运输领域，通用电气公司将人工智能引入其飞机维修过程，使其对需要维修的发动机进行实时预测，并确定专家进行必要维修工作的最合适时间。因为人工智能的帮助，人类可以专注完成更有创意的任务，人类和人工智能分别利用双方的优势，协作完成工作，提高工作质量。可见，人工智能"员工"参与办公会对传统的工作内容、形式等产生诸多影响。

8.2.1　人工智能"员工"的优缺点

一方面，人工智能"员工"作为一种新兴劳动力进入市场，并不需要过多培训就可以快速开展工作，在工作效率和效果上可以对普通员工起到很好的辅助作用。但另一方面，由于人工智能仍属于新兴产业，技术的稀缺性和市场的不完备性导致其实际工作效果与工作成本仍需要管理者严格把控。只有全面了解人工智能的优势和劣势，才能真正做到物尽其用、人尽其才，让科学技术真正助力企业发展。

1. 人工智能"员工"的优点

随着人工智能的兴起，机器人在企业中的使用越来越普遍。

从员工角度看，人工智能"员工"的加入，提升了普通员工的工作体验，从招聘、入职到人力资源服务交付和职业发展，人工智能可以有效地嵌入整个员工生命周期中，提供定制的员工体验。同时，人工智能"员工"承担了更多的事务性工作，减轻了员工的工作压力，员工可以将精力更多地集中在价值创造和自我成长上。

从企业角度看，人工智能"员工"通过机器学习、人机交互和信息推荐等方式帮助组织提高管理效率、实现智慧决策。同时，人工智能"员工"的参与还消除了人力资源管理中许多常见的人为偏见和矛盾，有利于实现管理公平。此外，人工智能具有渗透性、替代性、协调性和创造性等特点，因此人工智能"员工"参与办公可以提高工作效率并推动创新。

2. 人工智能"员工"的缺点

AI 道德伦理的标准和底线是什么？

人工智能"员工"参与办公也有很多值得改进的地方：首先就是会产生权责不清的问题，当一个有人工智能参与的决策出现失误时，员工们很可能会将责任推诿给机器，而我们"实诚"的人工智能"员工"无法辩解。同时，我们不得不担忧人工智能"员工"的工作能力，其实际工作效果还有待考察。霍尔福德（Holford）在 2018 年就提出，人工智能更多是以统计算法将所有人类行为和活动通过分割进行模拟、预测进而决策，依赖的主要还是编码知识，在认识论层面还属于还原论，而人类的认知具有整体论和系统论特性。因此，人工智能无法完全认识人类与生俱来的复杂性、创造性及关联的默会知识，不能理解其行为的目的和用途，并不能像人类一样去思考，也无法完全替代人。由此可见，人工智能算法决策存在潜在的负面影响，这也是大多数企业只将人工智能决策作为参考意见的原因。

【伦理小课堂】

　　总部位于法国的 Nabla 公司开发出一款聊天机器人，它利用云托管的 GPT-3 实例来分析人类的查询，并产生合适的输出。这款机器人是专门为帮助医生自动处理他们的一些日常工作而设计的。但在模拟实验过程中，它却会出现一些不稳定的反应，这使得它不适合与实际患者联系。

　　总部位于旧金山的人工智能组织 Open AI 于 2020 年 6 月发布了巨型语言生成模型 GPT-3，该模型在从公式创建到哲学论文生成的任务中显示出了它的多功能性。但华盛顿大学和艾伦人工智能研究所的一篇研究论文指出，GPT-3 模型倾向于产生有害的语言，从而妨碍其安全部署。这些情况不得不让我们产生对人工智能伙伴能力的担忧。

　　资料来源：智通互联. 人工智能变人工智障, 盘点 5 大人工智能出错案例[EB/OL]. (2021-03-09). https://www.xianjichina.com/special/detail_475933.html.

　　启示：你是怎么看待人工智能"员工"的工作结果的？企业应该让大量人工智能"员工"参与办公吗？数字时代，如何保证人工智能"员工"的伦理性？

8.2.2　企业对人工智能"员工"的管理

　　根据国际机器人联合会的统计，2020 年全球工厂中运行的工业机器人达到 300 万台。2015 年，习近平主席在致世界机器人大会贺信中强调："随着信息化、工业化不断融合，以机器人科技为代表的智能产业蓬勃兴起，成为现时代科技创新的一个重要标志。"党的十九大报告也提出："加快发展先进制造业，推动互联网、大数据、人工智能和实体经济深度融合"。目前，机器人的使用推动了中国从"制造大国"向"制造强国"转变。此外，智能机器可以充当人类的助理、顾问以及执行官，随着人工智能"员工"逐渐深入企业生产经营体系，其"人性化"趋势越来越明显，与人类员工的联系也越发紧密。例如，在医疗保健领域，IBM 的沃森人工智能已经在帮助临床医生读取核磁共振成像。而单纯依靠人工智能发现癌细胞的错误率为 7.5%。对于人类专家来说，这个概率只有 3.5%。通过合并两份专家报告，错误率降低到 0.5%，减少了 85%的错误。面对这样的新兴技术，企业要采取主动策略，灵活机动地对人工智能"员工"进行管理。

　　1. 积极引入人工智能"员工"

　　随着大数据的高速发展以及硬件和算法的进步，人工智能迎来了发展的新高潮。

2017 年，支撑人工智能的算法、芯片等加速进步，无人驾驶、语音识别、图像识别和机器人等多个领域的应用全面爆发，被《华尔街日报》《福布斯》等称为"人工智能商业化应用元年"。百度、阿里巴巴等国内互联网巨头在无人驾驶、人脸识别、智能家居、智能客服等领域纷纷布局，并快速实现人工智能在多个场景下的商业化应用。面对这样的技术潮流，任何企业想要实现持续发展，都应将人工智能"员工"纳入企业战略布局。

【案例启示】

"为外卖造飞机，值得"，这是美团无人机业务负责人毛一年在极客公园创新大会 2022 上最后说的话。

面对涌入的需求，美团这类 B2C（指电子商务中企业对消费者的交易方式）平台，只能通过不断增加运力，保证自己的服务质量。具体来说就是，无论订单有多少，美团都得雇更多的骑手去实现 30 分钟必达的承诺，不然满大街都是"您的订单已超时"这一"紧箍咒"。运力充足的代价是，骑手成本哐哐上涨。根据财报，2021 年美团外卖骑手成本 682 亿元，占餐饮外卖营收的比例是 71%，较 2020 年增长 38.3%。但人力资源迟早会被消耗完，30 分钟的配送时间也一定会越卷越少，于是和"送东西"搭边的平台纷纷布局了地空一体的配送体系。

目前，美团无人机已在深圳 4 个商圈落地，航线覆盖 10 余个社区和写字楼，可为近两万户居民服务，完成面向真实用户的订单超 7.5 万单，同时在上海、杭州皆有布局。除了美团，京东和顺丰同样表达了对低空强烈的"占有欲"。时任京东总裁刘强东表示，京东将在全国建设上万个无人机机场，所有的商品都能在 24 小时之内送达消费者。自 2016 年 6 月 8 日京东在中国宿迁正式开展无人机试运营完成首单配送以来，京东无人机已获得四地的飞行许可，已勘测确定超过 10 条航线，目前已完成超过 1 万分钟的飞行总时长、近万公里的飞行里程、超过 1 000 架次的飞行次数。顺丰也正形成"大型有人运输机＋大型支线无人机+末端投送无人机"共同构建的三段式航空运输网络，从而实现快件最短时间通达全国。据顺丰同城透露，目前已在深圳上线无人机应急服务，使用"同城急送上门取件＋丰翼 ARK40 无人机运输+同城急送直取直派"的运输方式。

资料来源：孙越. 无人配送界，地面熄火，天上起飞[R]. 偲睿洞察，2022.

2. 加强技术控制

由于机器人应用风险有许多与信息技术关联度较大，部分风险控制措施可以通过技术方式来实现。基于技术的风险控制主要在机器人的设计开发与升级维护阶段进行。在设计开发阶段，企业可通过内部风险管理部门或聘请专业咨询机构对未来机器人应用过程中可能出现的各种风险进行预先识别，提出应用风险管理的技术和功能性需求，将其与 RPA（机器人流程自动化）开发厂商充分沟通，在基础功能上加入满足风险控制需求的功能，或在选型阶段就选择有资质的成熟厂商和具有防控功能的产品。在升级维护阶段，对机器人的运行稳定性和安全性进行定期的测试，针对机器人运行过程中的潜在风险点进行持续性监控。可以通过技术手段将机器人执行动作完整记录下来，并在流程执行的关键节点加入阶段性的校验和审核机制，对发现的问题和缺陷要及时向企业相关部门或开发厂商反馈。同时，在由于外部系统升级或法律法规改变等因素导致的业务流程改变的情况下，及时对机器人的相关配置进行调整升级。

人工智能时代背景下，虽然人工智能"员工"比人类员工具有相对简单的需求结构和相对低级的需求层次，但这并不代表管理者管理人工智能"员工"比管理人类员工难度低。管理者不仅要懂管理理论和管理艺术，还要掌握一定的智能技术，比如在制定决策的时候，借助人工智能对未来可能发生的事及其结果进行预测。因此，我们不难想象，在人工智能时代，将出现一批优秀的技术管理者，这些技术管理者不是指管理技术的人，而是掌握智能技术的管理者。也就是说，掌握人工智能技术的工程师将成为新型管理者，而传统管理者面对人工智能"员工"不断进步的现实，也更应重视对管理技术性的研究，成为智能技术的管理者。

【案例启示】

随着人工智能的发展，机器人正逐步走入职场，和机器人做同事是一种什么样的体验？中国移动的员工们很有发言权。巡查监控机房仪表、设备运行情况；接待营业厅宾客、逗趣陪聊；协同服务支撑人员开展安全检查；帮助 10086 客服人员进行语音质检……它们是"巡检工程师""营业厅经理""安全管理员""质检分析师"，逐渐成为移动人工作中亲密无间的伙伴。

在中国移动上海国际数据中心，"巡检工程师"配合移动人在机房进行日常设备巡视、红外线测温、仪表数值核对等运维工作，通过智能识别功能，利用图像处理算法和计算机视觉技术，实现对机柜、设备的检测与识别，实时读取设备运行数据并判断其运行状态，及时对故障发出异常告警，运维人员第一时间跟进处理。运维工程师说："有了巡检机器人这么靠谱的伙伴，我们的工作效率更高了，点赞！"

在河南、湖北、广东等地的移动营业厅里，贴心服务的机器人"营业厅经理"被围观了。它不仅能迎宾接待，还能带领客户参观营业厅里的智能化产品，为客户提供精准的个性化业务推荐和产品介绍，让客户体验到更贴心、更智能的服务。营业厅里的店员们说："智能机器人帮我们陪伴客户，业务咨询样样精通，真是我们的好帮手！"

资料来源：机器人做同事是一种什么样的体验？[EB/OL]. (2021-03-30). https://www.sensorexpert.com.cn/article/20348.html.

3. 加强管理控制

作为一种全新的虚拟劳动力，人工智能将以"员工"的身份进入企业内部运营，与人类协同工作。因此，除了信息安全、软件运行等由技术问题导致的可用技术方法管控的风险类型以外，机器人在应用过程中还可能造成许多非技术风险。为此，企业需要提升自身的管理能力、调整管理制度、创新管理方式，针对不同类型的非技术风险采取基于管理的风险控制措施。企业要有针对性地安排员工去适应人工智能参与办公这样越发常态化的工作环境，创建专门的机构去提供与认知和社交技能相关的培训项目。对员工和机器各自的技能进行分析，以便找到它们之间的最佳关联，优化企业对人工智能的使用。此外，关注员工对于人工智能参与办公的情绪反应，对于抵触的员工要加以心理疏导和岗位培训，让其快速适应工作的改变。

8.3　数字劳工平台的工作设计

数字技术的发展使得基于互联网和数字技术的各类用工平台接连涌现，已成为数字化时代的重要工作形式。数字劳工平台的发展是技术赋能的结果，打破了时间与空间的限制，实现了更好的资源配置，为劳动者提供在任何地点、任何时间从事任何适合他们的工作的机会。数字劳工平台的工作设计主要包括工作内容、工作职责、工作关系三方面。

8.3.1　数字劳工平台的工作内容

数字劳工平台的繁荣形成了更加广阔的劳动力市场，也使企业劳动用工信息发布以及劳动者工作信息获取更加便利。国际劳工组织提出，数字劳工平台主要分为两种：基于网络的平台（online web-based platforms）和基于位置的平台（location-based platforms）。对于基于网络的平台，劳动者在线进行工作分配，远程限时完成工作，如翻译、设计、软件开发等。众包是该类平台主要的工作方式。企业等拥有待完成工作的发包方以平台为中介发布任务，劳动者等接包方根据自身技能寻找合适的工作并完成，实现了资源的优化配置。对于基于位置的平台，劳动者通过平台线上接单，在线下指定的地理位置完成工作，包括配送快递、网约车服务等，多为体力劳动。

【案例启示】

　　猪八戒网是中国最大的众包服务平台，成立于 2006 年，主要业务包括标识设计、网站建设、知识产权管理、财税咨询等。它也是中国最大的在线众包劳动力市场。到2023 年，该平台的注册用户超过 3 300 万，入驻服务商超过 740 万，服务种类达 650 余种。

猪八戒网为服务提供者设定了三种服务模式,即竞争模式、计件模式和匹配模式。

在发展初期,竞争模式是主要服务模式,该模式可以概括为,客户以竞争的方式向问题解决者支付报酬,并对最佳解决方案的提供者予以奖励。客户和问题解决者是一位对多人的关系,他们之间没有严格的协议约束,猪八戒网则收取20%的交易费用作为平台服务费。

计件模式在工作量小、任务简单、酬金数额小的情况下使用,服务提供者可以在短时间内提供大量的任务解决方案。在这种模式下,猪八戒网可以从客户支付的酬金中提取5%~20%的服务费。

匹配模式是通过算法直接对需求与服务供给提供匹配,这样可以有效保护客户的隐私。这种模式的优点是省却了烦琐、重复的遴选步骤,适用于网站建设、建筑设计、装饰设计、软件开发等项目。在这种模式下,猪八戒网可以获得相当于酬金15%~30%的服务费。

资料来源:周畅. 中国数字劳工平台和工人权益保障[R]. 国际劳工组织工作报告,2020.

数字劳工平台上的工作包括软件编程、网页设计等需要高技能的宏观工作,员工可以建立个人档案,显示其专业技能以及费率,与客户商议决定价格,也包括转录、图像识别等小型、快速的微观工作,这些工作的价格通常由平台或客户设定,员工只能接受。数字劳工平台将任务分散为高度细化、类似计件工作的特殊形式,不再是由一个劳动者承担一个岗位的全部工作,而是由具备不同技能的劳动者完成一个岗位中的不同工作任务。这些工作大多是简单、重复的,对劳动者技能没有过高要求。对于同一任务而言,工作的广度、深度不够,但平台工作种类繁多,工作时长较短,就业门槛低,劳动者可以选择从事不同种类的工作拓宽广度,提升趣味性。但是,在这些工作中,劳动者只承担整个工作中的一个小环节,工作完整性不足,很难对岗位产生整体认识。同时,虽然劳动者拥有自主选择工作种类、工作时间的权利,但在算法的监管下,劳动者不具备很高的自主权,被平台控制,很难感受到工作的意义,缺少工作交流与反馈,无益于员工工作责任感的提高。平台相对于劳动者,在算法方面更具有主导权,算法的不透明使得数字劳工对其背后的运作流程缺乏了解,劳动者常面临原因不明确的工作被拒绝问题。这些拒绝可能是合理的,如由于劳动者没有按照指示要求完成任务,也可能存在不公平的剥削问题。这样的工作反馈会影响劳动者在平台上的评价,进而影响其获得工作的机会。此外,平台上的信息流是单向的,也提高了劳动者找到工作被拒绝的原因的难度。因沟通不足,劳动者和雇主之间的信息不对称,雇主对劳动者的能力了解不足,劳动者对雇主工作内容的理解不够,也影响了工作完成的效率和质量。

数字劳工平台在完善其工作内容方面进行了一些努力。美团积极推动配送调度系统的公开化和透明化。2021 年 9 月，美团外卖公开了配送"预估送达时间"算法，同时设置骑手在恶劣天气等情况下可获得的弹性补时及补贴，降低骑手的配送难度。同年 11 月，美团外卖又公开了"订单分配"算法规则，其在全面分析骑手、订单、商家信息的基础上进行匹配决策，实现合理派单。算法的透明化使劳动者厘清了工作原理、提高了工作效率。

8.3.2 数字劳工平台的工作职责

王延川和吴海燕在《数字劳务平台就业者权益保障体系构建》中指出，数字劳工平台承担着重要责任。在制度方面，平台应制定规范的用工制度和透明的工作标准，通过适当的协议签订明确各方责任与权力，保障劳动者、雇主和平台的合法合规权益。算法技术作为数字劳工平台的重要工具，在工作匹配、员工监督等方面发挥重要作用，平台具有优化升级算法的责任，使算法逻辑透明，对劳动者所遇情况给出合理解释，同时注重一定的伦理道德，避免对劳动者施加过大的劳动强度和质量效率要求。作为雇主与劳动者之间的媒介，平台还应注意双方的审核和监管，确保企业的运营状况以及信誉等，为劳动者提供保障，也要对劳动者的技能、经历、身份等进行审核，确保其工作质量，降低风险，及时止损。数字劳工平台还应承担保障底线的责任。平台应承担最低工资保障等劳动者的最低生存保障，在劳动关系不明确或雇主无法正常对劳动者负责、劳动者的合理权利受到侵害时，积极承担责任。

数字劳工平台的劳动者有义务按照雇主要求，按时并保证质量地完成所接受的任务，但平台对劳动者的工作有很高的限制。表面看来，劳动者具有自由选择自己工作时间、工作内容、工作地点等的权力，但在实际的操作中，平台对于劳动者整个劳动过程都有很高的参与度，对其进行严格控制。劳动者通过向平台让渡自己的劳动力获得报酬，平台通过支配劳动者的劳动力来获取利润，扩大市场，进而在劳动者面前拥有更大的权力。对于微工作平台，劳动者缺乏议价能力，只能接受平台所设定的薪酬、规定。多数平台的沟通渠道是单向的，在工作内容及要求方面，劳动者不具备协商能力，在任务被拒绝后，劳动者既不会收到报酬，也不会得到关于拒绝原因的解释说明。关于取得报酬、工作评估等相关规定多是由平台单方面制定，劳动者无权参与，只能被动接受。数字劳工平台的劳动者也无法在平台上进行充分的个性化展示，如在 Amazon Mechanical Turk 平台上，请求者与工作者几乎是匿名的，请求者通过访问工作者的历史工作指标了解并选择工作者。劳动者所承担的劳动强度大、被给予的权力小，劳动者地位低，责任和权力不匹配，导致了劳动不公平问题。

为解决数字劳工平台不公平问题，平台企业应该积极承担社会责任，真正履行应负责任，保障平台劳动者的权益。2020 年 1 月，14 家平台在中国互联网协会的组织下签订了《平台企业关爱劳动者倡议书》，在对从业者设定合理的报酬标准、为从业者提供社会保障等方面做出努力。《2019年世界发展报告：工作性质的变革》指出，广大平台从业者应该聚集起来，成立工会为自己发声，维护自身合法权益。政府应该重视数字劳工平台的不公平问题，完善法律法规，弥补数字经济下新就业形态带来的空缺，明确劳动关系，提供劳动保障。同时，数字劳工平台的国际治理体系应该被完善，以解决跨境平台带来的劳动争议。

【案例启示】

根据北京市互联网行业工会联合会有关共享经济平台劳动者就业状况和劳动权益状况的调查，平台就业缺乏安全保障与社会保障的问题十分突出。该调查显示，"未发现任何一家平台与劳动者直接签订劳动合同"，"目前没有平台运营企业为平台从业者缴纳社会保险"。与此同时，以外卖骑手为代表的互联网平台灵活就业者面临着极大的意外伤害风险。从宏观数据来看，数字化时代的新型职业群体参加职工保险的比率很低。根据阿里研究院"活水计划"项目的调研，城市服务业灵活就业人员不仅社会保险参与率低，而且对社会保险各险种、各类别的知晓率极低，相对于参加社会保险，他们更愿意获得当期现金收入。这与服务平台下灵活就业人员普遍年轻、受教育水平偏低的特征有关。另外，互联网平台灵活就业者流动性大、工作平台更换频繁也是导致其权益保障问题的一个原因。

资料来源：赵青. 互联网平台灵活就业群体的社会保障困境与制度优化路径[J]. 中州学刊，2021(7): 96-102.

8.3.3 数字劳工平台的工作关系

数字劳工平台是联系零工工人与雇主的纽带，其协调企业和零工之间的交流，改变了传统的工作关系。

1. 零工关系

数字劳工平台的工作主要为零工形式，而零工工作被认为是一种"低社会化"的工作类型，模糊了地域边界。零工工人根据自身技能在平台上选择合适的任务，进行线上远程工作，不需要在固定的工作场所办公。这种办公方式让劳动者在工作中有了一定的自由选择，实现了工作与生活的平衡。但零工工人长期于"竖井"中工作，易产生孤立感与遗忘感，不利于零工工人之间的感情培养与建立，也会对员工指导造成困难。同时，数字劳工平台上组织工作的方式使得零工和雇主都是匿名的，并将人类活动隐藏在算法背后，创造了一群"隐形工人"。这些工人所承担的工作细粒度高，独自完成细分工作，员工间的交流需求少。

2. 监督关系

在传统的工作关系中，往往由雇主或经理承担监督管理工作，但在数字劳工平台的工作关系中，监督工作主要依赖于算法管理技术。算法管理系统基于数据进行任务分配、劳动监督、绩效评估等，实现劳动力与需求的最优配置，有助于提高工作效率、降低成本、督促劳动者工作，但也可能出现侵犯劳动者合法权益的现象。算法管理系统对劳动者的劳动过程进行全面的数字化管控，如外卖骑手，派单、接单、送单均由平台的算法控制，对其路线、时间、流程等进行监督。但算法对劳动者高效率、高强度的工作要求使得劳动者的劳动强度加大，自主控制权被压缩，随时被智能算法所构建的监督体系控制。

【案例启示】

以美团外卖平台为例，算法系统对即时配送的各个环节进行全景规划和控制，时间预测、路线规划、人员调度以及费用计算等都由算法彻底解析，而算法系统内含利益分配机制和价值剥削机制，牢牢掌控平台、平台参与者、平台消费者和外卖骑手四方的价值交换与利益分配过程。利益驱动下的算法系统不是中立的，而是带有价值偏见的技术工具，人的自由、自主均在平台价值偏见下被限制甚至剥夺。外卖平台系统要解决的核心问题在于外卖订单与配送服务的匹配问题，在早期，美团外卖平台以骑手抢单或人工派单为主来解决订单和服务的匹配问题。抢单系统开发难度小，在该系统下，外卖骑手可根据自身位置作出局部最优选择，骑手的自由度较高，但用户体验差，可能会出现订单无人配送的问题，不利于平台业务规模扩张；人工派单需要调度员根据骑手位置、路程、路况等因素作出筛选，订单分发较为缓慢，无法保证配送效率，人工成本也比较高。而美团现阶段采用的算法系统派单模式，无疑可以提升配送效率和用户体验，但这却是在牺牲外卖骑手个体需求和选择自由的基础上实现的。算法系统以"单位时间内运力需求满足的订单量最多"为目标，这几乎成了一个概括式、通用的方法，此时的算法调度系统纯粹是为了实现效率提升、成本降低以及用户体验最佳，而不需要对每个个体或每种场景单独处理。在这种集约式、概括式的系统解析和调度之下，平台收益趋于最大化，但对具体场景中的骑手个体来说，他们正在被抽象为"数字刻画的零工雇佣"，其劳动技能和价值在平台中被数字化为算法系统中的运力值，每一笔订单完成都会再次通过数字化进一步被匹配和分发。这除了会降低他们的绩效收益之外，最令人诟病的是，平台算法系统严格控制配送时间，困在系统中的外卖骑手自由选择受限，只能按照系统"效率至上、成本为先"的价值指令完成配送任务。当外卖平台排除了人工干预，任由算法影响和决定人的行为方式、动机，甚至描绘和定义人在系统中的价值时，那么作为劳动者的外卖骑手自由选择余地被系统排除，自主性和独立性被系统忽略，最终可能导致人的主体性缺失。

　　资料来源：陈全真.论数字时代的平台权力：生成逻辑及规制进路[EB/OL]. (2023-02-09). https://www.jfdaily.com/sgh/detail?id=958305.

3. 零工工人与雇主之间的工作关系

　　数字劳工平台的用工关系呈现碎片化形态：劳动者不被纳入企业对其劳动进行统一组织，平台劳动者与雇主不再是传统的听从指挥、遵守规章等劳动关系。数字劳工平台的用工属于国际劳工组织所定义的"非标准就业"。"非标准就业"是指与全日制、无固定期限、构成双方从属雇佣关系的标准就业相对的一种就业形式，其中包括临时性就业、非全日制工作、临时介绍所工作和其他多方雇佣关系、隐蔽性雇佣关系和依赖性自雇就业。相较于传统的标准就业，数字平台的出现改变了雇主和雇员之间的传统雇佣关系，数字平台劳动者的地位变得模糊，处于雇员与个体经营者或独立承包人之间的灰色地带，雇员与雇主之间的工作关系不易界定，易导致信息不对称等问题。同时，因劳动关系认定困难，这些非正式工人面临社会保障不足、劳动法不完善等问题。《2019 年世界发展报告：工作性质的变革》指出，非正式工人在发展中国家劳动力中的比例超过 2/3，传统的基于收入，以稳定的领薪就业、雇主与雇员的明确定义和固定的退休年龄为前提条件的社会保险缴费模式不再能满足数字化时代新工作形式的需要。在法律方面，现有的劳动法规往往只适用于劳动受到国家监管的正式工人，而占据全球一半以上劳动力的非正式工人不具备很好的法律保障。

8.4　数字赋能的工作设计权威文献解读

8.4.1　文献信息

　　题目：*Work design in a digitized gig economy*

　　出处：*Human Resource Management Review*

　　作者：Amber N. Schroeder，Traci M. Bricka，Julia H. Whitaker

　　发布日期：2021 年

8.4.2　文献点评

　　该研究在 Morgeson 和 Campion（2003）提出的综合工作设计框架基础之上，通过考虑数字化非标准工作环境的细微差别，提出了零工工作设计模型。该模型由前因、工作特征、情境特征的中介因子和最终的工作设计结果构成，通过这一系列的逻辑关系，作者阐述了工作设计的前因后果。前因会影响工作特征，从而影响中介机制，进而可以预测出工作设计结果。

在给出"零工经济"概念以及类型的前提下，作者对零工与其他非标准工作形式进行了区别，体现了零工经济规模的广阔性、工作种类的多样性以及更加灵活、经济等特性。基于这些特性，作者认为零工工作者可以自主控制、选择自己的工作任务和工作环境，因此相较于传统的工作设计理论，对零工工作者的工作进行设计时，要额外引入一个工作效果前因——个人影响。作者强调了个人影响中的三个方面，即个人成长、亲社会性以及工作重要性。关于个人成长，作者强调了十个因素：主动性人格、学习目标取向、成就需要、自我效能、心理资本以及大五人格模型中包含的五大因素。依据这十个因素，管理者可以在工作设计中融入影响员工个人成长的因素，在实现组织目标的过程中同时促进员工的个人发展。作者同时也强调了想为社会做贡献的亲社会性以及认为工作很必要、很重要的心理对零工工作者工作的重要影响，在工作设计中也应予以考虑。除了新影响因子的引入，原先的社交和结构这两个环境因子也有新的变化。在社交因子中，零工工作者会有新的社交线索来源，即通过数字平台上特定的论坛来获取工作信息以及社交需求。同时，这类论坛也会提供关于职业道德的线索，供企业斟酌使用。结构因子中包含的技术和物理环境因素仍旧会影响零工工作者对工作的感受及决定，例如，技术未达标会限制任务的多样性。

这些前因对应的工作特征会影响零工工作者对工作的选择和反应。作者将工作特征分为三大类，即动机特征、社会特征以及背景特征。由于数字化的零工与传统的工人相比会更加灵活，因此作者提出，有必要对工作特性应用于工作设计的新方法进行研究。例如，在工作设计中可以传达个人工作对工作目的或对其他人的影响，从而让零工工作者了解自己工作的重要性。此外，作者也强调了团队信任、组织支持等重要工作特征对零工工作者的重要影响作用。在零工工作设计模型中，作者提出六种关键的中介因子，即心理状态（意义感、责任感和对结果的了解）、心理授权、心流以及知识水平。依照不同的影响前因，不同的工作特征会影响上述中介因子，从而导致最终的工作设计结果——行为、态度、角色认知、幸福程度。

除此之外，对于零工的工作设计，作者也提出，由于零工种类繁多，因此不同的工作设计特征可能会产生不同的效果，那么基于不同类型的零工工作的不同特点，考虑不同的零工角色，进而进行个性化工作设计是有必要的。该研究有助于读者系统了解零工经济时代的工作设计，为组织进行工作设计提供有价值的参考。

8.5 数字赋能的工作设计经典案例解读

8.5.1 案例信息

题目：《外卖骑手，困在系统里》

出处：《人物》

作者：赖祐萱

发布日期：2020 年 9 月 8 日

8.5.2　案例呈现

迟　　到

又有两分钟从系统里消失了。

饿了么骑手朱大鹤清晰地记得，那是 2019 年 10 月的某一天，当他看到一则订单的系统送达时间时，握着车把的手出汗了，2 公里，30 分钟内送达——他在北京跑外卖两年，此前，相同距离最短的配送时间是 32 分钟，但从那一天起，那两分钟不见了。这并不是第一次有时间从系统中消失。据相关数据显示，2019 年，中国全行业外卖订单单均配送时长比 3 年前减少了 10 分钟。

系统有能力接连不断地吞掉时间，对于缔造者来说，这是值得称颂的进步，是人工智能算法深度学习能力的体现——在美团，这个实时智能配送系统被称为超脑，饿了么则为它取名为方舟。而对于实践技术进步的外卖员而言，这却是疯狂且要命的。在系统的设置中，配送时间是最重要的指标，而超时是不被允许的，一旦发生，便意味着差评、收入降低，甚至被淘汰。外卖骑手聚集的百度贴吧中，有骑手写道，送外卖就是与死神赛跑、和交警较劲、和红灯做朋友。

游　　戏

在系统中，还藏着另一个秘密——一个关于等级的游戏。无论是美团还是饿了么，系统都为骑手设置了积分等级体系——跑的单越多，准时率越高，顾客评价越好，骑手获得的积分便会越高，积分越高，等级就越高，奖励收入也会更多——系统还将这种评价体系包装成升级打怪的游戏，不同等级的骑手，拥有不同的称号。以美团为例，这些称号从低到高分别为普通、青铜、白银、黄金、钻石、王者。一位东南某城市的美团众包骑手讲述了具体的等级设置：1 周之内，完成有效订单 140 单，准时率达到 97%，将成为白银骑手，每周可获得 140 元的额外奖励，若完成有效订单 200 单，准时率达到 97%，则会成为黄金骑手，每周额外奖金 220 元。在饿了么，单量则直接与配送费挂钩，每月完成订单数在 500 单以内，每单 5 元；500～800 单，每单 5.5 元；800～1 000 单，每单 6 元……依此类推。而在游戏规则中，积分将以周或月为单位清零。

导　　航

为了完成课题研究，中国社科院研究员孙萍在近 4 年的时间里接触了近百名外卖骑手，其中很多人都曾抱怨系统给出的送餐路线。

为了让骑手更专注地送餐，这个智能系统会最大限度地取代人脑——帮骑手规划多个订单的取送餐顺序，并为每一单提供送餐路线导航，骑手们不需要自己动脑，只需要根据系统的提示去完成，也同时承担被带入歧途的风险。

有时，导航会显示一条直线。一位骑手曾愤怒地对孙萍说：它（算法）基于直线距离预测时间长短。但我们送餐不是这样，需要绕路，还要等红绿灯……昨天，我送了一个单子，系统显示 5 公里，结果，我开了 7 公里。系统当我们是直升机，但我们不是。

有时，导航还会包含逆行的路段。

2019 年 10 月，贵州骑手小刀在知乎发帖称，美团有引导骑手逆行的情况。在和《人物》杂志的交流中，他说，自己刚刚做了半年骑手，已经遇到过好几次指引他逆行的导航。其中一次是送餐去一家医院，正常行驶需要掉头，而美团导航上的路线则是横穿马路后逆行，根据他提供的截图，逆行路线接近 2 公里。

还有更厉害的，小刀说，有些地方不方便逆行，如果有过街天桥，系统导航会让你从天桥过去，包括那种不允许电动车上去的天桥。还有围墙，它会让你直接穿墙过去。

在北京，短视频博主曹导也遇到了同样的状况。为了职业体验，她做了不到 1 周的美团骑手，令她惊诧的是，当她接单后，系统导航出现的居然是步行模式——步行没有正行、逆行之分，而系统给出的配送时间则根据最短的路线计算，其中包含大量的逆行路段。

在小刀看来，无论是直线还是逆行，系统的目的都达到了——系统会依据导航计算出的送餐距离和时间支付配送费，路程短了，时间少了，既为外卖平台黏住了更多用户，还压缩了配送成本。

2017 年底，美团技术团队在一篇介绍智能配送系统优化升级的文章中，也提到了成本。该篇文章指出，优化算法让平台降低了 19% 的运力损耗，过去 5 个骑手能送的餐，现在 4 个骑手就能送了。最后，成本作为文章的结语出现，效率、体验和成本，将成为平台追求的核心指标。

事实上，美团也因此获得了极大的收益。

美团公布的数据显示，2019 年第三季度，美团外卖的订单量达到 25 亿单，每单收入比 2018 年同时期增加了 0.04 元，而与此同时，每单成本则同比节省了 0.12 元——这也帮助美团在 2019 年第三季度多赚了整整 4 亿元。

只是，在平台巨额盈利的背后，是骑手个人收入的减少。小刀说，每当系统导航出现逆行路段时，他都会面临一种无从选择的困境，要么放弃逆行、跑更远的路面临超时的风险，要么跟着导航承担安全风险，只是，无论哪种选择，钱都实实在在地少了。

每一个骑手要自己在安全和收入之间衡量。作为一个临时参与的局外人，曹导点出了骑手们的困境，所有外送平台都在追逐利益最大化，最后，它们都把风险转嫁到了最没有议价能力的骑手身上。

8.5.3　案例点评

基于算法的系统正在越来越多地运用到人们的日常生活中，但人们在享受数字技术带来的便利性的同时，却漠视了其背后的潜在危机。欠缺的法制、不完善的平台规则、漠然的人工智能……系统仍在运转，游戏还在继续，只是，骑手们对自己在这场无限游戏中的身份几乎一无所知。他们仍在飞奔，为了一个更好生活的可能。

外卖平台"多等 5 分钟"有用吗？

分析讨论：

1. 读完案例，你有什么感想？

2. 人工智能如何变得更加人性化？

3. 外卖平台设置的游戏化工作模式会给配送员带来什么影响？

4. 数字技术给我们的生活带来了什么？

自学自测　扫描此码

第 9 章

数字人力资源管理的多重视角

【知识图谱】

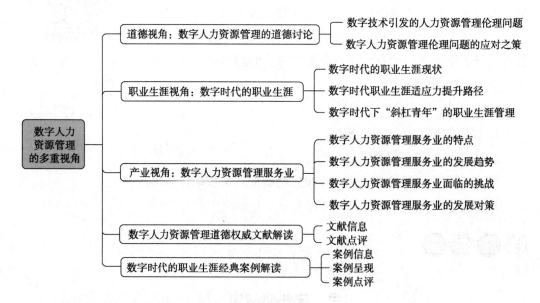

数字人力资源管理的多重视角

- 道德视角：数字人力资源管理的道德讨论
  - 数字技术引发的人力资源管理伦理问题
  - 数字人力资源管理伦理问题的应对之策
- 职业生涯视角：数字时代的职业生涯
  - 数字时代的职业生涯现状
  - 数字时代职业生涯适应力提升路径
  - 数字时代下"斜杠青年"的职业生涯管理
- 产业视角：数字人力资源管理服务业
  - 数字人力资源管理服务业的特点
  - 数字人力资源管理服务业的发展趋势
  - 数字人力资源管理服务业面临的挑战
  - 数字人力资源管理服务业的发展对策
- 数字人力资源管理道德权威文献解读
  - 文献信息
  - 文献点评
- 数字时代的职业生涯经典案例解读
  - 案例信息
  - 案例呈现
  - 案例点评

【思考题】

1. 数字人力资源管理会引发哪些道德讨论？

2. 可以采取哪些措施来规范人力资源数字化过程中产生的道德伦理问题？

3. 有人认为，从员工进入企业的那一刻起，员工所有的工作场所行为都是属于企业的，也都是可以被监管的；另一些人则认为，企业对员工的精准监测，如收集员工上网行为数据等，侵犯了员工的隐私权。你怎么看？

4. 数字人力资源管理服务业的发展趋势如何？

5. 简述当下数字人力资源管理服务业面临的挑战。

【管理者语录】

数字技术带给我们太多的福利，也带来许多新挑战。我们要适应这个时代，适应数字时代的治理理念，要明确底线，第一要以人为本，第二不能损害人类共同的价值观；第三要使数字时代被甩出去的人跟上来。

——江小涓（清华大学公共管理学院院长）

AI 公司应该遵循 AI 方面的伦理，即四个原则：第一，也是最高原则，安全可控；第二，促进人类更加平等地获得技术能力；第三，让 AI 教人学习，让人成长，而非取代或超越人；第四，也是终极理想，为人类带来更多的自由和可能。

——李彦宏（百度）

【情境导入】

随着公司内部人力资源管理数字化转型的深入开展，小李对数字化人力资源有了更多的了解，但他不免有些担忧，毕竟科学技术从来都是一把"双刃剑"。从道德视角来看，数字人力资源管理会引发道德讨论吗？从个体视角来看，数字时代的个体应如何做好职业生涯规划？从产业视角来看，数字人力资源管理服务业的长远发展如何？如果你是小李，你会如何思考这些问题？

9.1　道德视角：数字人力资源管理的道德讨论

在科学技术的应用过程中，伦理观念是至关重要的考虑因素。2022 年 3 月，中共中央办公厅和国务院办公厅印发了《关于加强科技伦理治理的意见》，体现了科技伦理的重要性。同时，《中华人民共和国数据安全法》要求数据处理活动和研究开发数据新技术　"符合社会公德和伦理"。在人力资源管理的数字化实践中，也需要遵循和倡导一定的价值理念、道德规范和伦理要求。

9.1.1　数字技术引发的人力资源管理伦理问题

数字技术的应用使得人力资源管理持续优化升级，但与此同时也带来了一系列的伦理问题，如引发非伦理行为、侵犯员工隐私、数据不当应用、加剧数字鸿沟等风险。

1. 引发非伦理行为

学者托马斯·M. 琼斯（Thomas M. Jones）于 1991 年首次提出非伦理行为的概念，指出非伦理行为是不符合社会普遍价值观和道德规范、会对他人的权益造成损害的一系列行为，如恶意怠工、商业受贿、提供不实绩效、财务造假等。企业中产生的非伦理行为对于企业有很大的危害性，不仅让企业产生经济损失、降低组织运营效率，也会给社会带来恶劣的负面影响。

员工层面的非伦理行为是员工出于自身效益最大化的考虑，会在一定程度上侵害到企业的利益，不利于企业的长远发展的行为。道德资源中心（Ethics Resource Center）在 2014 年对 4 600 名员工的道德调查显示：约 41% 的企业员工在工作场所出现不道德行为。

企业层面的非伦理行为影响面会更加扩大，甚至对社会经济造成冲击。工作的信息化、资源的数字化使企业将非伦理意愿变诸现实的门槛极大地降低，社会监管层无法完全核查海量信息的准确度，数据篡改、资源外泄、谎报绩效、不实报账、操纵会计财务等非伦理行为常有发生。某药业股份有限公司以新兴产业智慧药房作为核心，大规模构建"大健康+大平台+大数据+大服务"的体系，成为整个中药产业链服务型"智慧＋"大健康产业上市企业。然而该药业股份有限公司为了优化运营指标，配合炒高股价买卖本公司股票和融资。自 2016 年起，该药业股份有限公司累计虚增营业收入近 300 亿元，通过多种造假方式掩盖货币资金缺口，造成账实不符，涉及 360 多亿元，给投资市场带来严重动荡，不利于社会经济的平稳发展。

2. 侵犯员工隐私

国美处罚上班"摸鱼"员工，公布具体细节，侵犯员工个人隐私吗？

随着新兴技术的日新月异，大数据、人工智能、人脸识别、指纹识别以及声控识别技术等工具日益繁盛。企业内外部资源的整合和信息化的统一管理需要海量数据的叠加，大数据的高速处理能力极大地提高了管理效率，培训需求的确定与绩效的考核奖惩可以通过数据分析瞬时解决，依托数字技术能够快速作出科学决策，不过与此同时，员工的隐私也面临重大伦理挑战。

数字技术在企业中大规模应用的过程中，可能会导致员工个人信息泄露、侵犯员工隐私等问题出现，员工的私人信息与个人空间的安全性有待保障。员工希望能够有效控制个人信息，并获知他们提供给组织的信息用途。然而，企业期望得到有关员工的广泛信息，以及获得员工在工作场所工作时的影像记录。例如，杭州某科技创业公司给劳动者发放"高科技坐垫"以监测劳动者心率、呼吸、坐姿、疲劳度等健康数据或生物特征数据并通过算法技术分析劳动者是否存在"上班摸鱼"现象，但劳动者往往对此并不知晓。

监管和技术的应用趋势加剧了员工与企业之间的矛盾，使工作场所的隐私问题成为焦点。企业使用社交媒体来选择员工，安装电子监控来评估员工的表现，利用工作场所中的大数据、物联网和人工智能对员工个人进行深层次的剖析，设备互联产生的大量数据，记录了员工的行为、时间利用和工作领域的生产力信息。比如亚马逊劳动者的整个工作日都受到 AI 系统监控，包括在职场领域中的"非工作时间"。若这些时间超过经算法技术"机器学习功能"计算出的时间，AI 系统将识别该劳动者的生产效率低下并自动地作出警告或解雇决定。在过去几年里，亚马逊面临多起怀孕劳动者的不当解雇诉讼。

【案例启示】

早在 1999 年，美国管理协会就在《华盛顿邮报》进行了一项调查，约有 900 家公司称，它们正在监控员工的互联网使用情况，另外有 12%的公司表示，它们打算开始监控。不少公司发现，一些员工无法完成工作，因为他们花了太多时间浏览网络。据调查，11%的公司态度强硬，直接解雇滥用互联网的员工。

2008 年，微软曾提交一个名为"监控系统 500"的专利申请。该系统可记录并实时分析电脑使用者用过的词汇、数字和浏览过的网站，进而分析员工的能力、绩效；同时，还能监控使用者的心率、呼吸、体温、面部表情和血压，识别使用者的欺骗和违法行为。该研发计划一经曝光，便遭到反对。英国相关专家对此表示："我们研究发现，雇员处于过度监控或监视之下时，更倾向于对雇主采取消极态度。雇主在引进这一系统时，应三思而后行。"

2018 年，Gartner 对 239 家大公司的一项调查结果显示，有一半的公司在使用非传统监控技术对员工进行监测——包括跟踪员工在办公室周围的活动及其生物特征数据，这个数字在 2015 年仅为 30%。

被监控的不只是信息，还有流量。2021 年 11 月 17 日，网上流传出一份国美集团的《关于违反员工行为规范的处罚通报》，这份通报文件批评了 11 位员工，占用公司公共网络资源从事与工作无关事宜，通报还罗列了每名员工的 App 流量使用信息，涉及腾讯视频、抖音、淘宝、爱奇艺、网易云音乐、QQ 音乐等诸多 App。

监测员工上网行为十分普遍，并且很容易实现。在网上任意搜索关键词，便能看到诸多相关软件的推广。甲子光年联系了多家企业监控软件开发商，他们介绍，当监控者电脑和被监控者电脑处在同一网络覆盖下时，可轻松借助缓存文件、Cookie、历史记录等访问痕迹，实现聊天软件监控、上网行为监控、文件泄密管控、敏感行为或敏感词报警等。软件还能实现在相关数据基础上，经由 AI 算法模型，推导出员工工作状态。

资料来源：大厂监控与员工隐私：消失的边界[EB/OL]. (2023-01-17). https://www.sumedu.com/faq/286378.html.

3. 数据不当应用

在组织中，越来越多地使用大数据来管理人员，基于大数据和算法管理的分析方法可以让决策者作出基于证据、无偏见和客观的决策，开启了一个数据管理的时代。企业利用计算技术收集来自多个组织领域的数字数据来反映成员行为的不同方面，使用算法技术分析这些数据的模式，并向决策者提供组织资源、流程、人员和员工工作能力的更细致的视图，从而帮助决策者扩大对业务运作的可见性，作出更明智和客观的决策，增加员工个人和职业发展的机会。但是大量数据的聚集，有可能导致一些不当行为的滋生。比如亚马逊为挑选顶尖的软件开发人员和其他技术人员设计的算法技术所训练的数据，源于近 10 年候选人提交的简历（主要为男性候选人），导致算法技术学会了"偏爱"男性求职者，从而对女性求职者形成了就业歧视。

各种新兴电子工具的应用固然提升了企业的人力资源管理效率，但其同时也可能加剧工作场所中的不当行为。我国互联网综合实力排名前 10 企业所披露的信息显示，健全、年轻男性是这些企业员工的基础画像。在性别构成方面，男性员工的总体数量是女性员工的 1.3 倍至 3.4 倍。不仅如此，女性占比与岗位层级之间呈现明显的负相关关系。企业管理层中男多女少的情况更为突出。在年龄构成方面，相关企业普遍钟情于年轻员工，40 岁以下中青年员工占比最高达 97.9%。员工平均年龄大多在 30 岁左右。残障员工在相关企业中更属凤毛麟角，几乎难觅踪影。冰冷的数字工具是无差别、客观的，但是操作数据应用的人员却未必公平、公正。如果企业在使用算法技术选拔员工时设置属性偏好指令，以想要的健全、年轻男性为人才画像，结果将只能是数字技术的应用反而助长了性别和年龄歧视。

4. 加剧数字鸿沟

1999 年，美国国家远程通信和信息管理局（NTIA）在名为《在网络中落伍：定义数字鸿沟》的报告中定义：数字鸿沟指的是一个在那些拥有信息时代的工具的人以及那些未曾拥有者之间存在的鸿沟。数字鸿沟体现了当代信息技术领域中存在的差距现象。2021 年 1 月，HRTechChina 发布中国人力资源科技发展十大趋势，其一便是数字鸿沟带来的挑战，强调科技发展带来的数字鸿沟不仅在生活中影响加剧，工作中亦是如此。

在工作场所中，引起数字鸿沟的主要原因是高新技术工具和软件具有较强的专业性，不同员工的学历背景和知识技能有很大的差异，员工的数字化素养不一，对于数字化技术的接受理解和掌握能力参差不齐。欧盟委员会发布的《2022 年数字经济与社会指数》显示，年龄在 16～74 岁的欧洲人中，具备基本数字技能的人仅有 54%。由此造成了在企业人力资源管理数字化转型后期，员工之间信息的不对等性增大，知识和计算机素养的差异加深，受过针对性教育或者专业数字技能学习的员工知识增长相对更快，工作能力差距越发明显。

更有甚者，高新技术驱动诞生了数字化员工，传统而繁杂的工作流程逐步由数字化员工执行，在优化流程的同时，有的岗位应运而生，有的岗位可能就此消失。2022 年 3 月，万达集团 HR 官方账号发布文章，介绍了公司的两位数字化员工——RPA 和小万。据介绍，RPA 的全名是"机器人流程自动化"，是人力共享中心新上线的重要功能模块。针对规则清晰、工作量大、重复性高的工作，通过定制代码程序，实现快速自动化处理；小万是万达人力共享中心的智能 AI 客服，熟知上千条集团和各产业集团的人力行政制度。

【伦理小课堂】

数字化员工夺得万科优秀新人奖刷屏了。

2021 年 12 月 30 日，记者获悉，一张万科集团董事会主席郁亮的微信朋友圈图片在社交平台引发热议。图片内容显示，郁亮祝贺万科员工"崔筱盼"获得了 2021 年万科总部优秀新人奖。

该消息引发网友热议的原因在于，郁亮特意发圈称赞的美女员工，并不是真人，而是万科的首位数字化员工，是一个虚拟人。

据悉，"崔筱盼"于 2021 年 2 月 1 日正式"入职"万科。在系统算法的加持下，"她很快学会了人在流程和数据中发现问题的方法，以远高于人类千百倍的效率在各种应收/逾期提醒及工作异常侦测中大显身手。而在其经过深度神经网络技术渲染的虚拟人物形象辅助下，她催办的预付应收逾期单据核销率达到 91.44%。"

记者向万科的工作人员求证相关情况，得到回应称，数字化员工"崔筱盼"出自万科旗下专门从事地产科技研发的全资子公司万翼科技。

星库空间（Thinkool）创始人兼 CEO 白羽在受访时告诉记者，崔筱盼是个挺有意思的名字。"崔筱盼"，"催办"也，她背后代表的业务实际是企业流程管理和效率提升的一部分数字化应用。

资料来源：元宇宙火了！万科首位数字化员工获新人奖[EB/OL]. (2022-01-02) [2022-04-08]. https://mp.weixin.qq.com/s/ T56TXTCLB4F2brGuvcn2Ag.

启示：你是怎么看待企业使用数字化员工的？企业使用数字化员工固然能大大提升工作效率，但除此之外，是否会引发一些伦理问题？

9.1.2　数字人力资源管理伦理问题的应对之策

面对数字化转型所引发的人力资源管理道德讨论，亟须政府和企业采取措施，进一步规范员工行为，在企业内部培育信任的组织文化氛围，正确运用在工作中所涉及的数据资源，持续加强员工技能培训，切实保护员工的合法权益。

1. 规范员工行为

非伦理行为不仅会给企业带来潜在的经济损失，严重者更是对社会正常生产经营的极大损害。规范员工的举止行为、增强员工的道德修养是减少非伦理行为的重中之重。

在员工的招聘之初就要关注到应聘者的道德水平，对应聘者的道德底线和人格特质进行严格考核，筛选出那些道德感强、符合企业价值观的人员进入组织内。闻味官是阿里巴巴的创新设计，用来考察求职者的价值观并选择出与阿里巴巴价值观相匹配的新员工。闻味官通常由在阿里巴巴工作超过 5 年并且深知、深信阿里巴巴价值观的资深员工担任，由他们负责通过仔细观察应聘者的言行来判断应聘者的价值观，并且根据他们的经验来选出那些价值观与阿里巴巴最相符的应聘者。

管理者要以身作则，为员工做出良好表率，引领员工按规章制度和既定流程完成任务，当发现员工有非伦理行为的倾向时，应及时制止，加以训诫，避免助长非伦理行为之风。2018年4月到7月，百度公司搜索运维部的一名员工在工作期间，利用其负责维护搜索服务器的工作便利，以技术手段通过占用公司计算机信息系统硬件及网络资源获取门罗币等虚拟货币，并将部分虚拟货币出售，获利人民币10万元。而百度曾明确规定，禁止从事此类挖矿活动，该类软件会占用服务器的运算资源，从而导致系统运行速度变慢。掌握了确切证据之后，百度职业道德建设部的负责人报警。2018年7月18日，该员工被公安机关抓获归案，退缴人民币11.1万元，罚款11 000元，并被判处3年有期徒刑。

2. 健全法律法规

人工智能和自动化的发展势不可挡，如何兼顾新兴技术的使用与员工的隐私体验至关重要，而很多时候，企业的经营效益与员工的个人隐私是两相对立的，在保护员工的个人隐私上，规则和法律是其中最为重要的一环，政府部门有责任通过规则来引导经济社会发展，政府部门出台的法律法规作为强有力的约束，是员工最坚实的后盾。

2014年，联合国人权事务高级专员办事处在《数字时代的隐私权》报告中就强调合法性、比例性、必要性和非歧视原则，呼吁所有国家尊重和保护数字通信中的隐私权，呼吁会员国审查本国的立法、做法和程序，并强调会员国应当确保其根据国际人权法所承担的所有义务进行全面和有效的执行。欧洲根据一般性资料保护规则进行隐私保护。对于社交媒体，美国早在2012年就已立法，规定公司不可要求求职者提供个人网络账号的密码作为聘用条件，20多个州实施了这样的法律来限制企业。

在时代发展的洪流下，我国也同样开始重视起员工的个人隐私权益。例如，在个人信息保护方面，国家互联网信息办公室、工业和信息化部、公安部、国家市场监督管理总局联合开展移动应用程序违法违规收集使用个人信息专项治理，针对部分头部App进行评测，督促部分违规企业及时整改。中国网信网文章《2022年全国网络执法工作持续发力增效》指出，2022年，全国网信系统持续加大网络执法力度、规范网络执法行为，全年累计依法约谈网站平台8 608家、警告6 767家、罚款处罚512家、暂停功能或更新621家，下架移动应用程序420款，会同电信主管部门取消违法网站许可或备案、关闭违法网站25 233家，移送相关案件线索11 229件。推进员工的隐私保护必须厉行法治，加强法律监管，不断完善经济社会的运营体系，才能保证数字人力资源管理的长远发展。

3. 正确运用数据资源

数据和信息的安全性在理论和制度层面上都是处于被保护地位的。《中华人民共和国民法典》第四编第六章就个人信息保护作出了规定。通过架构大数据工具平台，企业可以依托充足的数据资源进行科学决策，打造企业数据竞争优势。例如，北森的招聘软件系统可以帮助企业统计招聘规模、简历收取量、有效简历量、面试量、录用量等数据，并通过大数据的支持，对招聘完成情况是否符合预期及招聘过程中是否存在潜在问题进行全面分析，借助数据分析，合并冗余的招聘环节，提高招聘的效率。

如果能够正确运用数据资源，企业还可以优化工作流程，提升人力资源管理效率，助力传统人力资源管理向数字化人力资源管理转变。站立办公在一定程度上能够保障员工的身体健康，还可提高工作效率。站立式办公桌和站立办公理念已为谷歌、Facebook 等公司所接受，并已实现全员标配。*IIE Transactions* 上的一则调查研究了一个呼叫中心的 167 名工作人员（其中 74 名员工使用站立式办公桌）的 6 个月的工作情况，结果显示，使用站立式办公桌的员工工作效率比使用坐式办公桌的员工高 46%。电动升降办公桌不但可以有效保证员工身体健康，更通过把办公桌打造成数字化工位，使其契合大数据分析时代下的办公空间的转型和变革。员工在工位上的行为数据很有价值，数据被收集、分析并最终反馈给管理系统和每个员工，这就需要工位拥有强大的感知能力，可通过工位上的传感器来精准采集员工的使用情况，包括站/坐时间、使用时间、使用频次、健康行为等。

4. 加强员工技能培训

企业在引进先进科学技术、更新基础设施的同时，也要注意到数字化技术的普及推广会导致加剧员工工作能力差距的数字鸿沟问题。数字经济快速发展的背景下，企业在发展创新过程中所需的知识技能是不断更新的。伴随组织内外部环境的变化，员工也要相应地掌握应对数字化潮流和新兴技术的能力，更注重数字素养的价值和提升。SaaS 平台公司的 Salesforce 研究发现，有 71% 的员工希望他们的公司为他们提供技术培训，以增强数字化工作的能力。

为了协调各个层面的利益相关者，欧盟设定了 2030 技能提升战略目标，包括高技术技能劳动力缺口的基本消除、数字技术技能缺口缩小一半等。此举也将进一步完善目前的职业规划、培训体系，并鼓励终身学习。除了政府层面的政策引导，企业也需要完善培训机制，加强员工培训，确立人性化的培训制度，提升员工的数字人力资源管理意识，综合考量员工的短板、不足，从业务和思想层面齐头并进对员工加以培训。

总部位于伦敦的金融服务公司英国劳埃德银行集团（Lloyds Banking Group），采取交互式方式规划技能需求。其人力资源部门负责在利益相关方网络中推动合作，利益相关方包括商业领袖、每个业务部门的合作伙伴以及人力资源专家。这种合作不仅能够帮助他们迅速发现技能空白，还能同时发现当地和整个企业为填补空白所采取的行动。利益相关方会定期会面，评估技能清单，这些清单包含雇员的现有技能信息，以及计划用于满足业务技能需求的人才干预信息。他们会检查既定干预计划的进程，并重点通报可能影响整个企业技能策略的变化。通过这一方式，劳埃德银行集团可以基于数据作出决策，满足了当地和全银行的技能需求。

【案例启示】

益普生是法国一家市值 11.67 亿美元的全球制药公司，其首席信息与数字官玛丽卡·米尔（Malika Mir）表示，在数字化人才短缺的时代，对于想在数字化转型方面有所作为的公司而言，采用不同寻常的人力资源策略十分必要。

米尔认为，年轻的毕业生们在初入职场时往往希望在谷歌等互联网巨头或快速成长的初创企业中工作，这就需要雇主为这些年轻人提供可以发挥所长并能够激发工作兴趣的优质项目。

在制药行业，只有数字化技术远远不够，新的手机软件或线上服务在推出前，必须通过医药专家和合规专员等业内人士与法务部门和伦理道德组织等机构的重重检验。因此，米尔的团队中既有数字化领域的"多面手"，也有 3 名在其他制药公司拥有至少 5 年数字化转型工作经验的新数字化经理。

"有医药工作经验的数字化员工可以更好、更有效地把握病人的处理方式，在就疾病和产品进行沟通时也更了解流程、法规与局限。了解市场，也了解病人——这绝对至关重要。"她说。

资料来源：三个案例告诉你如何跨越数字化鸿沟[EB/OL]. (2017-10-20) [2022-04-08]. https://www.sohu.com/a/199140005_611425.

9.2　职业生涯视角：数字时代的职业生涯

9.2.1　数字时代的职业生涯现状

在数字经济的大浪潮中，众多新生业态不断涌现，各种新型职业层出不穷，数字技术为劳动者构造了新的职业空间，个人的职业生涯也有了新的规划和导向。

1. 新业态持续涌现

数字化变革的东风席卷了社会生活的方方面面，众多新型经济模式和就业形态随之诞生，诸如共享经济、平台经济、零工经济等。《中国共产党第十八届中央委员会第五次全体会议公报》首次公开提出"新就业形态"一词，指出"加强对灵活就业、新就业形态的支持"。中国就业促进会将新就业形态定义为"新就业形态是指与建立在工业化和现代工厂制度基础上的传统就业方式相区别的就业形态，主要包括伴随着互联网技术进步与大众消费升级而出现的去雇主化就业模式及借助信息技术升级的灵活就业模式"。

新型就业形态下的就业模式灵活、宽泛，接纳了不同领域的劳动者成功就业。国家信息中心发布的《中国共享经济发展报告（2021）》指出，2020 年以共享经济为代表的新业态新模式表现出巨大的韧性和发展潜力，2020 年共享经济参与者人数约为 8.3 亿人，其中服务提供者约为 8 400 万人，同比增长约 7.7%；平台企业员工数约 631 万人，同比增长约 1.3%。《中国共享经济发展报告（2022）》进一步显示，2021 全年共享经济市场交易规模约 36 881 亿元，同比增长约 9.2%；直接融资规模约 2 137 亿元，同比增长约 80.3%。

【案例启示】

新职业的出现，带来的不只是某一个职业，更在无形中改变了整个生态圈。新职业的"新"，不仅在于新的职业内涵，也体现在新的就业形式、雇佣关系等方面。数字化管理帮助企业构建数字化组织，优化人才配置，让生产制造流程更加现代化、员工工作方式更加灵活多样。

2020 年，线上智能化设计订单量飞速增长，这对于洛客设计平台而言正是发展机遇。

佩戴自己设计的敦煌丝巾，穿着带有独特印记的 T 恤，定制符合自己收听喜好的音箱……借助数字化管理思路，洛客设计推出"群体创造"理念。通过在线协作、多角色协同，用户可以与设计师一起参与产品创作的全过程，并贡献创意。

李佳莹是一名来自吉林长春的设计师。2019 年底，李佳莹进入洛客设计平台，成了一名线上设计师。在这里，她可以从线上接手设计项目，通过与平台分成的方式赚取酬劳。李佳莹最大的感受是，工作方式更灵活了，不用守在"格子间"。此外，互联网平台带给她的项目类别更宽泛，客户也遍布全国各地。

"洛客设计自身的发展经历，就是一个数字化转型的过程。"洛客设计平台联合创始人、水母智能首席运营官周志鹏在接受记者采访时表示，洛客设计刚启动时仅有几十位设计师，通过线上数字化平台发展，目前已有 47 000 余名专业设计师，涵盖各类艺术设计领域。设计师在云端就能响应企业和机构多场景下的设计需求，从包装、品牌到物料设计，都能通过轻量化方式实现。

周志鹏介绍，平台按照个人从业年限、获奖经历等，将设计师分为 7 个级别，并定期组织设计师培训。1 级基本是刚毕业的设计师，两年后升为 2 级就可以接单价更高的项目，一年收入能达到 10 万元。

数字化不仅为就业者提供新思路，也改变了区域性就业格局。随着数字经济的发展，只要具备基础网络设施的地方，就可以开展电子商务、大数据等业务，这让新职业对地域、交通等因素的依赖性明显降低，大量就业机会逐渐向中西部地区迁移、向中小城市下沉。

资料来源：新职业魅力有多大——数字化管理师从业人员状况调查[EB/OL]. (2021-03-22) [2022-05-05]. http://www.ce.cn/xwzx/gnsz/ gdxw/202103/22/t20210322_36397945.shtml.

2. 新职业不断催生

信息技术带动经济社会发展，助力产业结构不断升级，数字化转型在企业中全方位渗透，社会消费需求越发细分，在时代变迁的大背景下，各种新兴职业不断涌现。

新职业来袭

2020 年，人力资源和社会保障部与国家市场监管总局、国家统计局联合发布了智能制造工程技术人员、工业互联网工程技术人员、虚拟现实工程技术人员、连锁经营管理师、供应链管理师、网约配送员、人工智能训练师、电气电子产品环保检测员、全媒体运营师、健康照护师、呼吸治疗师、出生缺陷防控咨询师、康复辅助技术咨询师、无人机装调检修工、铁路综合维修工、装配式建筑施工员、区块链工程技术人员、城市管理网格员、互联网营销师、信息安全测试员、区块链应用操作员、在线学习服务师、社群健康助理员、老年人能力评估师和增材制造设备操作员 25 个新职业信息。

2021 年，人力资源和社会保障部会同国家市场监督管理总局、国家统计局向社会正式发布了集成电路工程技术人员、企业合规师、公司金融顾问、易货师、二手车经纪人、汽车救援员、调饮师、食品安全管理师、服务机器人应用技术员、电子数据取证分析师、职业培训师、密码技术应用员、建筑幕墙设计师、碳排放管理员、管廊运维员、酒体设计师、智能硬件装调员和工业视觉系统运维员 18 个新职业信息。

我们可以看到，这些新增职业多数和数字技术相关。

【案例启示】

新职业看起来就像是为年轻人"量身定做"的，那么新职业的就业质量高不高？就业岗位多不多？能否解决大学生就业难题？

黄祖胜，第一批新职业中数字化管理师的从业者。2014 年以来，黄祖胜的年薪从过去的几万元涨到目前的 35 万元，而且经常有公司对他诚心聘请，根本不愁找不到工作。

这是因为数字化管理师严重供不应求。黄祖胜告诉记者，义乌中小企业数量多，很多企业还是作坊式管理，全靠老板一人带，企业普遍有数字化管理的需求。"我的工作，就是借助'钉钉'这一数字化管理工具，帮助企业搭建组织架构、人事结构和管理体系，通过数字化行政管理帮助企业降本增效。"黄祖胜说。

由于需求旺盛，黄祖胜选择成为一名自由职业者，接受企业数字化改造项目订单。"我手头的项目有两个，一个是帮助一家企业将产能提高 3%，另一个是帮助另一家企业摆脱高薪却招不到人的困境。"黄祖胜说。

黄祖胜的经历，让我们看到了新职业的魅力。人力资源和社会保障部发布的《新职业——数字化管理师就业景气现状分析报告》显示，87% 的数字化管理师薪资是当地平均工资的 1～3 倍，按照 10∶1 的比例配备数字化管理师人才的企业，比没有配备数字化管理师的企业工作效率高出 35%～50%。自 2019 年被纳入新职业以来，我国数字化管理师从业人员已超过 200 万人。

　　黄祖胜的经历绝非个例。某网站的一名科技博主"影视飓风"一开始也是将做视频当业余爱好，但如今，他已组建起一个约 50 人的制作团队，过去一年营收超 2 000 万元。截至 2020 年，该网站月均活跃博主已达 190 万人。

　　从需求规模来看，新职业具有广阔的前景。人力资源和社会保障部中国就业培训技术指导中心联合阿里巴巴钉钉发布的《新职业在线学习平台发展报告》显示，未来 5 年新职业人才需求规模庞大，预计云计算工程技术人员近 150 万、物联网安装调试员近 500 万、无人机驾驶员近 100 万、农业经理人近 150 万、人工智能人才近 500 万、建筑信息模型技术员近 130 万、工业机器人系统操作员和运维员均达 125 万。

　　资料来源：新职业，择业新舞台（民生视线）[EB/OL]. (2021-07-23) [2022-05-05]. http://www.mohrss.gov.cn/SYrlzyhshbzb/rdzt/zyjntsxd/zyjntsxd_zxbd/202107/t20210723_419139.html.

3. 个人价值拓展

　　层出不穷的新职业让劳动者的就业选择更为广泛，个人职业生涯有了更加多样的可能性，促进个人价值实现。新兴职业是迎合当下的社会需求而诞生的，有广阔的发展前景和就业平台。在社会变革大背景下，兴趣爱好、生活技能、专业知识都可以发展成新职业。美团研究院发布的《2020 年生活服务业新业态和新职业从业者报告》显示，该平台生态体系中有些新职业已经发展成一定规模，如青年人喜爱的密室行业已经孵化出密室剧本、密室音效、密室中控运营等一批岗位。还有私影行业的观影顾问、版权购买师，轰趴馆的轰趴管家，VR 行业的 VR 指导师，餐饮行业的轻食套餐设计师、宠物烘焙师等。

　　相比传统职业，新职业更加蕴含创新性和灵活性，个人职业生涯更为多彩，故而广受喜爱。B 站（哔哩哔哩）联合数据媒体 DT 财经发布的报告《新 360 行：2021 年青年新职业指南》显示，12% 的年轻人正兼职尝试新职业，5.5% 已经全职投入，58.5% 希望尝试。新职业吸引年轻人的原因有"符合兴趣爱好""自由不受限制""价值认同""符合个人职业发展"等。

　　美团研究院发布的《2020 年生活服务业新业态和新职业从业者报告》指出，与其他传统行业、传统职业相比，2020 年的生活服务业新职业从业者在从业路径上更加清晰，可持续性增强。从事新职业后，从业者逐渐发现自己在新业态领域的专业能力提升快、能力发挥空间大，收入水平也相对较高，此外还可以认识志同道合的人，有利于在职业生涯发展路径上形成专业能力、爱好和收入的良性循环。

9.2.2　数字时代职业生涯适应力提升路径

　　快速更新的职业模式对劳动者的专业能力提出了新的挑战，社会和政府层面要与时俱进，深化学校教育改革，为劳动者提供各种职业技能培训。劳动者也要注重自我提升，树立终身学习理念，紧跟时代步伐，不断增强自身的职业生涯适应能力。

1. 培养终身学习能力

信息技术日新月异，岗位需求始终处在发展变化中，现今的所谓"新职业"可能几年后便被社会淘汰，成为"旧职业"，被更加新兴的职业取代。只有树立终身学习理念，不断提升自身技能，才能在数字时代中保障自身职业生涯可持续发展。

人力资源和社会保障部中国就业培训技术指导中心联合阿里巴巴钉钉发布的《新职业在线学习平台发展报告》指出，自 2020 年 6 月 8 日新职业在线学习平台 2.0 版正式上线以来，新职业从业者在线学习热情高涨。报告中的数据显示，96%以上的职场人士希望参加新职业培训。其中，扩大职业发展空间、掌握新技能、为未来做准备成为职场人士学习新职业的主要原因；90%以上的企业组织希望通过新职业培训，扩大员工成长空间，给企业注入新动力。

除了正式的职业培训，非正式学习也能极大裨益劳动者的终身学习能力。2021 年 6 月，经济合作与发展组织（OECD）发布了报告《2021 年度技能展望：终身学习》（ *Skills Outlook 2021: Learning for Life* ），提出终身培养通用技能对于构建贯穿整个职业生涯的终身学习体系的重要性；强调在终身学习的背景下，非正式学习是获得通用技能的关键过程。诸如中国大学 MOOC、网易公开课、喜马拉雅、得到、知乎等在线学习平台令劳动者们直面一流的知识和技术。哔哩哔哩发布的《2021 B 站创作者生态报告》数据显示，2021 年，有 1.83 亿用户在 B 站学习，是中国在校大学生数量的近 4.5 倍。在 B 站，知识内容已经占专业用户制作的视频（PUGV）总播放量的 49%。截至 2021 年 6 月，科普类内容同比增长达到 1 994%。

2. 深化学校教育改革

"现有的技能形成机制中，学校教育和职业培训是青年从业者技能提升的主要来源。但由于新职业普遍属于技术和商业模式的前沿，学校教育和职业培训等机构的专业调整速度跟不上，因此大学生缺乏能胜任新职业的技能。"诚如中国新就业形态研究中心主任张成刚所言，新时代下，学校教育也应与时俱进，作出相应革新调整。

在通识教育上，要摒弃功利心与教育短视，注重培养学生的终身学习能力与数字化能力。教育部教师工作司司长任友群曾经围绕中小学教师和大学学者如何为下一代计算思维的培养贡献才智组织过深入探讨。在教师队伍建设方面，他表示，要加强基础教育信息技术教师计算思维的培养培训；另外，还要推动更多大学的一流学者参与基础教育，并鼓励师范院校在相关专业中前置编程类课程。

在职业教育上，更要着力于技能导向。如天津市不断深化职业教育改革，对接服务人工智能、信息技术等产业，打造了 3 个兼具产品研发与制造、工艺开发与改进、技术升级与推广和大国工匠培育四大功能的职业教育技术创新服务平台，引导高职院校联合华为、360、飞腾、麒麟等行业龙头企业共建一批高水平产业学院。创建"通用技能+专业技能"实训基地集群，提升服务高端装备制造、航空航天等产业人才培养和员工培训能力。大力推进职业教育集团实体化运行，打造 6 个高水平示范性职教集团（联盟），加快提升职业教育为企业提供务实管用技术解决方案的能力，让职业教育的专业特点、产业特征、技术属性更加鲜明，加快形成产教深度融合、校企协同育人的良好格局。

3. 完善职业技能培训

能否胜任新型职业是劳动者职业生涯面临的首要挑战，根据人力资源和社会保障部相关调研，80 后、90 后是新职业的主力军，但对大学生而言，新职业就业的总量规模依旧较小。究其原因，主要在于大学生的技能与新职业需求不匹配。因此，增强劳动者的职业技能培训，是提升其职业生涯适应力的关键途径。

数字时代的职业技能培训更加全方位、碎片化、定制化，政府部门一直在持续探索。新职业在线学习平台于 2020 年 3 月开通，专注于新职业数字资源培训，立足培育新型数字技能人才，促进相关行业完成数字化转型；截至 2021 年 7 月，注册人数已达 809 万，学习人次已达 2 757 万。为加强新职业培训、提升全民数字技能，2021 年 7 月 13 日，中国就业培训技术指导中心推出"新职业在线学习平台 3.0 版"。据悉，与 2.0 版相比，3.0 版增加了支持培训机构在线开班功能，实现了在线培训全程数据监管，提升了平台的服务能力。培训机构入驻平台后添加新职业应用即可在线开班，劳动者在平台搜索"新职业"即可在线学习。中国就业培训技术指导中心负责人认为，新版平台的推出，将积极助推"互联网＋职业技能培训"新模式，助力提升全民数字技能。

企业也在不断努力，诸如淘宝大学 2021 年对农民开放 1 000 门线上课程；支付宝为数千名农村女性免费提供数据标注、在线客服等就业培训；蔡崇信公益基金会为全国 2 万多名职校学生提供了电商和影视后期制作等实训课程。支付宝大学最重要的办学目标就是帮助服务业数字化，旨在对实体小店进行数字化的职业培训，稳住就业底盘。从 2020 年 1 月到 9 月，美团大学共研发了超过 2 000 门针对数字化运营师的培训课程，培训人次达 1 200 万，课程浏览次数达 1.47 亿。

9.2.3 数字时代下"斜杠青年"的职业生涯管理

数字时代造就了众多的新兴业态和新兴就业模式，平台经济与零工经济盛行，使得工作不再拘泥于空间和时间的限制，为劳动者从事多重职业提供了可能，"斜杠青年"随之兴起。

1. "斜杠青年"的含义与特征

什么是"斜杠青年"

"斜杠青年"也称"两栖青年",这一概念起源于《纽约时报》专栏作家麦瑞克·阿尔伯（Marci Alboher）于 2007 年所著的《双重职业》一书,指的是拒绝单一的职业生活方式,拥有多重职业和身份的多元生活的人群。"斜杠"词源英文"slash",本意指代间隔符号"/",在社交媒体中表示并列关系,一些青年在自我介绍时,常用职业一/职业二/职业三/……的形式表示多重职业身份,譬如"李华,画家/设计师/赛车手",这便是"斜杠青年"的最初体现。后随其群体的逐渐扩大,"斜杠青年"的概念更为拓展,泛指一切具备多种职业技能、从事多重职业劳动的职业劳动者。人民网人民数据研究院联合环球青藤发布的《2021 青年就业与职业规划报告》显示:27.6%的青年拥有 2 份及以上的工作,"斜杠青年"占比超过 1/4。

进一步分析数字时代"斜杠青年"们的现实职业状态,可以总结出其基本特征:一是具备多项职业能力。拥有多项职业能力是成为"斜杠青年"的前提条件,"斜杠青年"们在职业发展过程中,通过不断学习来提升自身的知识和技能,逐渐成长为能胜任多种职业的劳动者。二是同时从事多重职业。同时具有多个职业身份是"斜杠青年"的最本质特征,斜杠青年们或专耕主业、空闲时间投身副业,或作为自由职业者,采用零工的工作形式兼顾各项职业。《2020 饿了么蓝骑士调研报告》显示,56%的骑手为"斜杠青年",其中,26%为小微创业者,21%为技术工人,4%为自媒体博主,1%为环卫工人。三是探索多元职业生涯。常规劳动者聚焦于单一职业生活,而"斜杠青年"们与之截然不同,"斜杠青年"很大程度上更注重自我实现需要,通过从事多重职业,追求多元的职业生涯体验,追求个人价值的拓展。南京大学新闻传播学院教授、紫金传媒研究院副院长赵曙光表示,"两栖青年"代表了当代青年群体热爱与拼搏的精神,他们向往多职业生涯所带来的自我满足和价值感。"两栖"生活对他们来说是一种自我实现的重要途径,因此愿意付出更多的时间、精力甚至投入资金去追求想要的状态。

【案例启示】

如今,"全职＋打零工"的工作方式正在年轻群体中迅速"崛起"。越来越多的年轻人愿意在"旱涝保收"的主业外体验打零工带来的更多可能性。

小黎平时是个"宅"人,她十分希望能借兼职为自己找到"出门价值"。但有时,找兼职的过程也不都那么顺利。比如,招聘公众号上的岗位更新慢,她心仪的岗位更少;总是和"活少钱多"的热门岗位擦肩而过。每当这时,她就会把最后的希望寄托于小程序,因为这里的活种类更多、日结薪资,下班一打卡,工资就能秒到账。

北京青年报记者发现，互联网时代下，依靠数字化零工平台的发展以及线上零工模式的普及和推广，这些零工人迎来了更多的工作机会。现在，有不少"斜杠青年"和小黎一样，将寻找零工的渠道转战到了小程序上。

这类小程序的页面设计简单，菜单栏通常都标有每个岗位的工作时间、地点、岗位年龄和性别要求，薪资以及结算周期、距离等。求职者经过实名认证和个人信息填写后，单击"报名"或"抢单"，就能完成简历的一键投递。

"我一般在小程序上会找快餐店兼职，这个岗位比较多，而且都是日结。"小黎说。

"瞄准"岗位，单击"立即抢单"，个人资料即刻就被发送到了商家端，取代了线下烦琐的面试环节，这对只有周末才有空的小黎来说十分友好。

数字生态为零工市场注入新的活力，自由、弹性、舒适是吸引年轻人扎入"零工经济业态"的重要考量。年轻人也在这个过程中收获更大的可能性：可观的报酬、合拍的"零友"以及丰富的人生体验和阅历。

资料来源：王婧懿. 聚焦"斜杠青年"：他们靠打零工实现生活费自由[N]. 北京青年报，2023-06-05.

2."斜杠青年"的优劣势分析

"斜杠青年"具有显而易见的优势。在物质层面，"斜杠青年"通过从事多种职业能够有效提高自身的收入水平。现今社会物质生活高度丰富，面对种种消费需求，"斜杠青年"们在完成主业工作之余，拓展一些副业能够增加收入来源，提升消费质量，掌握更多财产。在非物质层面，多元职业发展使"斜杠青年"追求自我价值，实现社会认同。不同维度的职业实践给"斜杠青年"带来了更加多元的职业体验，使他们在挑战中激发自身潜能，逐渐明晰未来职业生涯的具体规划，获得多维度的社会认同与满足感。度小满金融（原百度金融）联合南京大学共同发布的《2020 年两栖青年金融需求调查报告》显示，82.9%的"两栖青年"表示，多种职业为收入提供了保障，尤其在突发事件面前更显重要，以后会继续增加副业投入。在许多被调查者看来，除经济回报外，副业不仅能扩大自己的影响力，还能拓展人脉资源，实现自我价值的提升。

"斜杠青年"的劣势也不容忽视，冲突与平衡问题普遍困扰着"斜杠青年"们。

一是职业间的平衡。劳动者的时间与能力有限，同时进行多项职业劳动必然会消耗劳动者原本的精力，可能会影响主要工作的完成，《中华人民共和国劳动合同法》第三十九条对劳动者的兼职作出了相关规定："劳动者同时与其他用人单位建立劳动关系，对完成本单位的工作任务造成严重影响，或者经用人单位提出，拒不改正的"，用人单位可以解除劳动合同。如果未能正确认知自身能力状态，有失主、副业的工作平衡致使被辞退，反而得不偿失。

二是工作与生活的平衡。相比单一职业者，"斜杠青年"同时从事多个职业，工作任务更为繁重，工作压力也更大，对于时间管理能力和自我约束能力要求较高。清研智库联合南京大学紫金传媒研究院、度小满金融共同发布的《2019 年两栖青年金融需求调查研究》报告数据显示，"两栖青年"规模高达 8 000 万人，近八成"两栖青年"表示"主业＋副业"12 小时以上是常态，除了主业朝九晚五，副业往往也需要全天候待命。为了副业能够更好地发展，"两栖青年"们需要不断学习丰富自己。超五成受访者表示为副业准备、学习需要投入较多的时间。

3."斜杠青年"的职业生涯管理

"斜杠青年"有多重职业，在进行职业生涯管理时要更为谨慎，确立明晰的职业生涯目标，做好职业生涯规划。

在自我认知上，"斜杠青年"要正确认识自我。要从自身职业生涯目标出发，切实考虑到时间和能力的权衡问题，决定要不要当"斜杠青年"，当什么样的"斜杠青年"。人民网人民数据研究院联合环球青藤发布的《2021 青年就业与职业规划报告》显示，"斜杠青年"占比超过 1/4。其中，9.8%的青年从事 2 份工作，17.8%的青年从事的工作数量在 3 份及以上。自媒体成青年开展副业的热门选择。此外，淘宝运营、家教、摄影师等职业也受到青年群体的关注。在新兴职业方面，22.2%的青年对人工智能训练师感兴趣，其次是全媒体运营师，热度占比 21.5%。同时，青年还偏好大数据、云计算、物联网、区块链等领域的新职业。

在自我投资上，"斜杠青年"要持续学习，立足于职业生涯规划，不断提升自身职业技能，在新知识的学习中完成个人能力和职业生涯质量的提升。《腾讯 2022 新职业教育洞察白皮书》指出，我国整体新职业教育行业现有学员体量约为 3 亿，35 岁以下年轻人是主力人群。主力人群的年龄构成，决定了新职教学员报课的核心内在驱动因素是强化自身竞争力和求职应聘。在当前新职业教育市场中，求职青年人群占比为 19%，其学习的核心动力是求职和习得当下热门技能。职场中坚人群占比为 16%，其中一线及以上城市的女性人群占比更高，学习的核心动力是提升职场竞争力。副业兼职人群占比为 12%，其中三线以下城市的中青年男性占比更高，学习的核心动力是兼职赚钱，开辟更多就业途径。

9.3　产业视角：数字人力资源管理服务业

自改革开放以来，人力资源管理服务在中国开始出现，而今人力资源服务业已有40 余年的发展历程。人力资源和社会保障部与国家发展和改革委员会、财政部于 2014年联合下发的《人力资源和社会保障部、国家发展改革委、财政部关于加快发展人力资源服务业的意见》中对人力资源服务业的概念进行了明确界定：人力资源服务业是为劳动者就业和职业发展，为用人单位管理和开发人力资源提供相关服务的专门行业，主要包括人力资源招聘、职业指导、人力资源和社会保障事务代理、人力资源培训、人才测评、劳务派遣、高级人才寻访、人力资源外包、人力资源管理咨询、人力资源信息软件服务等多种业务形态。人力资源和社会保障部的数据显示，截至 2020 年，全国共有各类人力资源服务机构 4.58 万家，年营业收入首次突破 2 万亿元，全年为 2.9 亿人次劳动者、4 983 万家次用人单位提供了人力资源服务支持。[①]

9.3.1　数字人力资源管理服务业的特点

数字人力资源管理服务业具有独特的行业特性，以客户为导向，使用数字工具对人力资源进行资源的整合，促进了人力资源供需对接，满足了企业和员工的双方诉求，对经济社会的可持续发展具有重要推动作用。

1. 资源整合

数字人力资源管理服务业依托大数据、人工智能、区块链等新兴信息技术，推动市场进行人力资源信息的收集和分析，将分散性的人才供给与企业需求相匹配，实现人力资源的合理配置。数字人力资源管理服务业促进了市场资源的有效利用，引导人员的有序流动，提升人才的自主择业能力，减少资源的闲置浪费，缓解结构性失业的问题，提升了人员的市场价值创造率。《2022 年度人力资源和社会保障事业发展统计公报》显示，截至 2022 年，全国共有各类人力资源服务机构 6.3 万家、从业人员 104.2 万人，当年全行业为 3.1 亿人次劳动者提供了各类就业服务，为 5 268 万家次用人单位提供了专业支持。

【案例启示】

北京环球度假区的大批岗位为北京城市副中心劳动力就业提供了良好机遇。通州搭建"职小萌"精准就业培训平台，对接匹配企业用人要求，为当地求职者提供实用职业技能培训和就业指导。

近日，在张家湾镇政府报告厅，一场对标北京环球度假区运营保障类岗位的精准就业培训正在进行中。专业的师资团队及环球招聘顾问，为参训学员带来了提升职业素养和就业能力的实用课程，最终通过简历制作以及模拟面试等"实战"演练，使学员快速掌握求职面试的核心技巧。

---

① 中华人民共和国人力资源和社会保障部. 2021 年服贸会人力资源服务主题活动在首钢园区隆重举行 [EB/OL]. (2021-09-08) [2023-07-06]. http://www.mohrss.gov.cn/SYrlzyhshbzb/dongtaixinwen/buneiyaowen/hyhd/202109/t20210908_422640.html.

"职小萌"精准就业培训平台，对接匹配企业用人要求，是通州区为求职者提供实用职业技能培训和就业指导，打造企业招工和人才就业的直通车。本地居民可通过"职小萌"小程序进行培训报名和岗位选择确认。截至目前，"职小萌"已针对裁缝、餐厅服务员，代客泊车运营员等30个通用运营保障类岗位进行了培训。全区已举办14场培训，共计1 199人参加，并陆续有学员成功入职。

FESCO（北京外企人力资源服务有限公司）业务十八部客户经理孙森称："因为未来通州区会有很多的国企入驻，也会开放很多岗位，所以我们的培训是长期的。职小萌的这个小程序还会不断地延伸、拓展，现在已经开始设计线上的培训课程。"

资料来源："职小萌"精准就业培训　助力通州居民入职环球度假区[EB/OL]. (2021-03-16) [2023-07-27]. http://www.bjtzh.gov.cn/bjtz/xxfb/202103/1340436.shtml.

2. 产品为人力资源

不同于传统服务业，数字人力资源管理服务业的交易产品是人力资源。人力资源的体现载体是人才本身，有较强的流动性和资源特性，能够在一定区域范围内进行人员流动，给用人单位带来价值的创造与传播。同时，作为生产制造中的最基本要素，人力资源在区域间的流动方向容易被经济要素所影响，也只有聚集了人力资源和经济要素，人力资源才能驱动经济要素进行生产经营。在垂直互联网领域中最为持久的战场上，前程无忧、智联招聘一直是线上招聘的龙头。前程无忧、智联招聘解决的是求职者和企业招聘方信息撮合的问题。BOSS 直聘将互联网即时聊天功能引入招聘场景，去中介，以"直聊＋直聘"的方式，突破了招聘求职双方的时空限制，只用5年的时间，便追赶上已经营业20年的前程无忧和25年的智联招聘。

3. 以客户为导向

数字人力资源管理服务业是在企业和劳动者之间牵线搭桥，向双方提供优质高效人力资源服务的产业。数字人力资源管理服务业以客户需求为导向，推动人力资源服务管理创新、技术创新、服务创新、产品创新，提供满足客户需求的产品和服务，推动招聘、培训、人力资源服务外包、劳务派遣等业态提质增效。广州红海人力资源集团开发的"红海云课堂"是聚焦职业技能培训的互联网服务平台，以员工技能提升为核心目标，上线近千门课程，覆盖"教、学、练、考、管"全流程。截至2023年初，该平台已为超过1 200家企业提供智能教学、线上学习、线上练题、线上考核、平台管理等全套培训服务，服务学员近25万人。

【案例启示】

2 号培训是点米科技旗下专业的培训与人才发展服务机构，专注于企业学习与人才培养领域的研究与实践，致力于为企业提供培训课程、学习项目、人才发展咨询等项目的整体解决方案，全力打通企业培训的各个场景。

目前，2 号培训提供以下服务：一是进行企业定制化内训。可根据企业需求、行业特点和发展状况量身定制专门培训，授课老师、课程内容、教学方式均依据企业的培训需求灵活设置。二是 2 号培训商城。结合 2 号人事部软件，为企业提供专业落地、安全可靠、灵活便捷、高性价比的线上课程学习平台。三是协助申报适岗培训补贴、以工代训项目等事宜。截至目前，已累计获得企业用户超过 5 600 家，累计使用员工 31.7 万人，累计线上学习时长 338 万小时，累计直播 1.1 万场。

资料来源: 中国人力资源十大技能提升优秀案例[J]. 中国人力资源社会保障, 2021(4): 32-33.

9.3.2　数字人力资源管理服务业的发展趋势

近年来，数字人力资源服务业发展迅猛，行业规模迅速扩大，服务体系日趋完善，技术创新快速加强，平台化水平不断提高，服务业态持续优化，步入跨越式发展的新阶段。

1. 行业体系逐步完善

数字人力资源服务可以分为市场经营性服务和公共就业服务。公共就业服务主要是指如社会人员档案管理、公共就业、人力资源和社会保障等社会性人力资源服务。当前，我国各地按照"统一领导、统一制度、统一管理、统一服务标准、统一信息系统"的要求，利用数据平台将人才市场与劳动力市场有效整合在一起，有效促进了人力资源的交流与配置。2017 年，江苏省南京市推出了全国第一个基于区块链技术的电子证照平台，其中人社板块涵盖社保、就业、劳动关系、人事人才四大类业务、31 个大项、200 项服务内容。2020 年 1 月，广西南宁市推出了"区块链 + 人社"应用平台，目前已经实现了区块链在电子劳动合同、社保卡挂失、人社信用授权 3 个应用场景开发。6 月，山东省上线了人社区块链综合应用平台，实现了 7 类人社证照跨部门、跨区域共享共用。

市场经营性服务主要包含人力资源外包、劳务派遣、猎头招聘、人力资源管理战略咨询等业务产品和服务内容，涌现出中智、上海外服、北京外企等一批规模化发展的国有企业，此外还有前程无忧、中华英才、智联招聘、万宝盛华等一大批实力日渐壮大的民营和中外合资企业，多元化的人力资源市场服务体系初步形成。伴随国家产业体系的调整，鼓励发展人力资源管理咨询、人才测评等高人力资本、高技术、高附加值业态，数字人力资源管理服务业的产业链逐渐完善。

值得关注的是，自 2020 年起，重庆、宁波等地已明确提出要打通经营性人力资源服务机构和政府人力资源公共服务平台之间的通道。经营性人力资源服务机构和政府人力资源公共服务平台的结合，实现了多元机构之间的资源整合、能力汇聚，将大力推动数字人力资源管理服务业的发展。

2. 平台化发展

随着科学技术的发展，平台经济正在引领新的业务模式，赋能经济高质量发展。我国人力资源服务业也在时代的潮流下自我革新，数字人力资源管理服务业的平台化是大势所趋。2019 年，国家发展改革委公布《产业结构调整指导目录（2019 年本）》，对现有产业结构调整提出指导意见，明确将"人力资源服务与人力资本服务产业园和平台建设"列为鼓励发展的产业，人力资源服务业被赋予平台化转型发展新使命。政府鼓励各级人力资源服务产业园搭建交流对接、合作发展平台，一些人力资源服务企业也已经采用平台化运营流程，聚集数据资源，提高管理效率，加速形成企业核心竞争力。

数字人力资源管理服务业平台化发展的关键落脚点是，架构立足于平台经济的产业新生态势模式，精准匹配用人单位和劳动者双方的需求，利用数据平台供给人力资源服务，创新业务水平。天津市通过搭建人力资源统一信息化平台，建立健全人力资源信息公共服务网络体系，着实提高人力资源社会化信息服务水平。河北省开发使用"河北省人力资源市场管理信息系统"，将人力资源服务机构年审制度改为年度报告公示制度，使服务机构少跑腿、办快事。数字人力资源管理服务业与平台经济的结合，创新了人力资源管理的服务方式，增强了数字人力资源管理服务业的效能提升。

3. 服务业态优化

随着外部市场需求的不断变化和竞争环境的改变，以往的人力资源服务不再适用，行业运营的模式和产品持续变革，创新之后的数字人力资源管理服务新模式和新业态诞生。比如招聘模式的革新，使社交短视频成为传统招聘模式的补充。随着抖聘、上啥班等 App 逐渐火热，短视频招聘功能也进入钉钉、赶集等传统招聘平台。5G 时代的虚拟现实技术面试即将到来，2019 年就已经有许多视频面试相关的应用出现，如大街网推出大街快招、理才网推出 daydao 视频面试等。雇佣模式也在不断变化，经济形态的改变使得市场推陈出新，用工方式不再局限于既定模式，形式更加多元多样。零工经济和共享经济等经济业态不断涌现，远程办公、共享单车和网约车等创新服务层出不穷，预计到 2025 年，国内灵活用工市场规模将超过 1 600 亿元。

9.3.3　数字人力资源管理服务业面临的挑战

数字人力资源管理服务业是现代服务业新的增长极，是社会经济技术高速进步的结果，给人力资源管理行业带来了全新的机遇，发展空间广阔。但与此同时，数字人力资源管理服务业也面临不可避免的挑战。

1. 政策法规滞后

人力资源服务业的发展情况与政府的政策指向性息息相关。王征和唐镰（2019）

的文献显示,在巴西,新的国家政策法规对人力资源服务业起到了强有力的支持作用,使人力资源服务业的营收显著增长,从 2016 年的 19 亿欧元跃升至 2017 年的 60 亿欧元,位列世界第十。[①]

传统的政策法规多是依托于过往大量的实践经验而形成,适用于已知的类似情形,对新发生的产业变化难以引领。政策措施的编制出台需要一定的时间和试点检验,要按照制定流程逐次进行。而数字人力资源管理服务业发展迅猛,市场需求有明显的时效性,相比行业创新的需要,一些政策法律法规的出台略显滞后。为加快推进行业和产业园建设,江苏、河南、浙江、山东、吉林、江西等省相继出台了加快人力资源服务业发展的文件,上海、重庆、苏州、杭州、南昌等地还出台了加快人力资源服务业发展的实施细则,细化了人力资源服务产业园的扶持政策和保障措施,设立了人力资源服务业发展的扶持资金及产业园专项发展资金和管理办法。

2. 市场需求结构变化

外界社会环境和经济增长格局的变化,使得企业经营状况波动较大,部分企业破产倒闭,部分企业大规模裁减员工,对于数字人力资源管理的需求形式有较大的变化。新的经济形态发展带来雇佣模式的变化,用工方式呈现多元化发展态势,具体表现为平台经济、零工经济和共享经济等。在美国,优步(Uber)推出 Uber Work,就是"临时工们的 Uber"——一个共享劳动力的平台。雇主在平台上发布任务,其他用户则来接单。根据麦肯锡发布的 2022 年美国自由职业、副业和零工趋势分析报告,零工、自由职业、副业占美国劳动力的 36%。

同时,信息技术的发展与在线经济的繁荣,致使对一些网络从业人员的人力资源需求增加,比如数字技术和电子商务等行业。中国信息通信研究院发布的《中国数字经济发展与就业白皮书(2019 年)》显示,2018 年中国数字经济领域就业岗位已达 1.91 亿个,占总就业人数近 1/4,新业态就业前景巨大。而高校毕业生的数量在逐年增多,如何合理地匹配企业人员需求,纾解市场就业压力则任重而道远。

市场不是一成不变的,市场需求结构在不断发展变化,数字人力资源管理服务业不能只着眼于已有的人力资源,要密切关注市场动向,聚焦时代的变革和创新发展,及时推陈出新,缩减已经被市场抛弃的职业职位,对稀缺且有很大经济价值的人才大力培育,相应地调整数字人力资源管理服务的内容,不断更新业务结构。

【案例启示】

　　近年来,随着传统产业的升级重构,获取新型技能人才成为各行各业的迫切需

[①] 王征,唐镳. 新经济时代人力资源服务业发展研究——国际经验与中国实践[J]. 中国劳动,2019,432(12): 5-18.

求。在面对多样化、多变化的用工环境时，传统的人力资源服务模式越来越捉襟见肘。如何高效、优质地培养和输送新型技能人才？人力资源供应链管理服务机构新科讯探索了"双轮驱动"模式。

2019年9月，新科讯自主研发的新业态用工平台"优加任务"正式上线。2020年8月，新科讯正式发布双轮驱动战略，"优加任务"的"教育培训"功能正式上线，同时联动科讯职校，形成"教育培训 + 新业态用工"双向服务闭环，打造集选、用、育、留于一体的人力资源整合式服务。

通过建立"教育培训 + 新业态用工"双向服务闭环，新科讯形成针对垂直行业的专属性、综合性解决方案，一站式、即时性解决新兴业态和传统产业升级的人才难题，引领人力资源服务向垂直化、定制化、精细化方向进化。

除填补企业人才缺口之外，科讯职校也针对不断涌现的新经济、新业态作出了教学调整：增加大数据工程技术人员、人工智能训练师、互联网营销师等新职业的技能培训，满足企业对新型技能人才的需求。

资料来源：李世轩. 聚焦用工生态 持续升级进化——新科迅"双轮驱动"打造人力资源整合式服务[J]. 中国人力资源社会保障，2021(1)：43.

3. 行业数字化水平不足

人力资源管理服务业的数字化建设已经取得了一定的成效，但就整体行业发展而言，行业之中的区域发展并不平衡。据人力资源和社会保障部统计，人力资源服务业发展从东部、中部到西部、东北，呈现依次下降的阶梯式状态。

在市场的一些就业网络平台中，信息系统建设不够完善，信息化程度还有较大的进步空间。政府或是龙头企业占有主体地位，中小企业的资源共享率略低，信息利用程度不高。部分企业仍旧拘泥于传统工作手段，或是企业信息网络建设不完备，技术更新缓慢。行业的总体人力资源数据库建设不足，欠缺各大数字人力资源管理服务企业及时、高效的信息交流和资源沟通。2016年，中国人事科学研究院对全国人力资源服务机构进行抽样调查，内容包括互联网产品和服务模式的创新及互联网实施计划和投入情况等。结果显示，人力资源服务机构互联网和人力资源服务融合的状况基本停留在计划或者没有计划阶段。

数字化转型的潮流使得数字人力资源管理服务业日渐繁盛，相关从业人员也不断增加，但是其专业素质却参差不齐，业务水平普遍有待提高。究其原因，数字人力资源管理服务业是具有生产性质的，产出的是知识和人力资源，相较金融服务、战略咨询等行业，人力资源行业的门槛略低，不可替代性不是特别突出，专业化程度不高和学历层次较低的人员也能够正常处理一般性业务，这就导致数字人力资源管理服务业从业人员的整体素质平平，不利于行业的高质量、可持续发展。

【案例启示】

　　福建省人力资源和社会保障厅发布的信息显示，总体来看，一方面，福建省规模较大的人力资源服务机构数量少，行业机构从业人员也较少、整体素质普遍较低、知识结构不尽合理、专业能力有待提升，2018 年全省人力资源服务机构平均从业人数 16.2 人，低于全国机构平均 18 人的水平，从业人员中本科及以上学历占比仅为 32.3%，大专及以下学历的从业人员仍占较大比重。另一方面，省内人力资源服务专业化程度普遍不高，行业还处于粗放式发展阶段，服务能力和技术含量较低，多数企业以派遣、招聘、档案管理服务等传统业态为主，业务比较单一，高级人才寻访、人才测评、人才背景调查等"专、精、深"的中高端产品供给不足，满足不了客户对人力资源个性化、定制化、精细化的服务需求；提供传统低端服务业务领域的行业企业由于产品大量同质化，为获取客户订单，往往采取降价竞争策略，导致行业整体利润空间缩减，盈利能力差，发展后劲不足。

　　资料来源：廖世铢. 福建省人力资源服务业发展的实践与思考[J]. 发展研究，2021(1): 79-83.

9.3.4　数字人力资源管理服务业的发展对策

　　人力资源是推动社会经济发展的重要因素，数字人力资源管理服务业是现代服务业的重要组成部分，要持续强化政策引导，不断完善市场体系，加快数字人力资源管理服务行业的数字化转型，以推动数字人力资源管理服务业更好地融入新发展格局，实现高质量发展。

1. 强化政策引导

　　政府发布的政策法规对数字人力资源服务业的发展方向起着鲜明的指引作用，影响着数字人力资源服务的长期供给。随着时代的发展，市场环境和趋势也在不断发生变化，平台经济、零工经济的全面渗透使得经济社会的运行规律大不同于以往，政府部门高度重视政策的引导性，积极管控政策工具的使用，指引数字人力资源管理服务业向着正确的方向稳健前进。天津市从工商登记、土地用房、金融扶持、税收优惠、财政支持等方面政策入手，形成较完善的人力资源服务业发展政策体系。浙江省配套人力资源产业园建设、培育人力资源服务机构及人才引进等方面专项资金，成立全国首个混合所有制人力资源产业基金。为推动人力资源服务业实现高质量发展，广东省东莞市特颁布《东莞市人民政府办公室关于加快推动东莞市人力资源服务业实现高质量发展的实施意见》（东府办〔2021〕28 号）等文件，对东莞市人力资源服务业的机构进行入驻奖励、租金补贴、产业园认定奖励和创新奖励等资金支出。2020 年初，人力资源和社会保障部表示，根据行业加速发展的良好势头，针对存在的问题、不足，今后一个时期，将进一步健全完善行业发展的政策体系，制定推动新时代人力资源服务业高质量发展意见及《人力资源市场暂行条例》的配套规章制度，为行业发展提供更优、更实的政策支持。

【案例启示】

为筑牢人力资源服务产业园发展的专业"跑道"，在前期出台了《关于促进全市人力资源服务业发展的意见》的基础上，2021 年 4 月 16 日，山东省日照市又印发了《关于支持人力资源服务业高质量发展的意见》，围绕支持行业诚信创新发展、支持开发新业态工作岗位、培育行业龙头企业、支持行业交流合作等 10 个方面，拿出真金白银，明确奖补激励措施。

不止如此，产业园从最初创建，就以国家级人力资源服务产业园为标准，围绕"人的服务"做足全流程文章。在园区，既有办事大厅、会议中心等标准化硬件环境，也有餐饮、物业等规范化服务，还有招商引资、企业落户、手续办理等全过程配套服务。

特别是 2021 年以来，日照人力资源服务产业园以"科技赋能产业发展"为工作重点，充分利用云计算、大数据、移动互联网等创新技术，从园区运营、企业服务、用户体验等维度，实现园区招商入驻、运营服务、政策解读等模块的全线上化、数字化管理，构建"政府主导、市场运营"的数字化、智能化动态呈现的智慧园区。

2021 年，产业园开发的"智慧日照"、"易聘"AI 线上招聘、人力资源线上交易等科技化平台不断更新升级，进一步提高了人岗匹配精准度，实现园区运营由"五星服务"向"无形服务"蝶变，提供线上线下一体的专业化、精细化、人性化运营管理服务，助力企业高质量发展。

智慧园区的"互联网＋人力资源"模式不仅打破了地域间的限制，也让人力资源服务更加公开、公平、透明，回归服务的本质。在支持中小企业多渠道灵活就业方面，免去了原有的人力资源招聘市场中的繁复程序，通过移动客户端，足不出户就可实现就业创业、缴纳税收等全过程的操作。

资料来源：史树梅. 打造人才大本营 激活高质量发展新动能[EB/OL]. (2022-02-18) [2023-07-03]. http://epaper.rznews.cn/shtml/rzrb/20220218/549396.shtml.

2. 完善市场体系

政府可以立足于市场需求，及时引导修正数字人力资源管理服务的市场供需信息更新，充分考虑供求双方的诉求，合理化数字人力资源管理服务业的产业分布，注重提供多元化的产品服务和保障劳动者的就业权益，促进重点人群实现就业。根据中国劳动和社会保障科学研究院与社会科学文献出版社联合发布的《人力资源蓝皮书：中国人力资源服务产业园发展报告（2022）》，截至 2021 年，全国各类人力资源服务机构全年共为 3.04 亿人次劳动者提供就业、择业和流动服务，为 5 099 万家次用人单位提供专业支持。

政府可以鼓励架构数字人力资源管理公共服务平台和产业技术赋能平台，发挥各类平台的优势，打造行业协会、产业园、企业和数字人力资源之间的有效联结，依托公共服务平台，完成业务的互通互联，实现数据资源的全面整合。根据中华人民共和国人力资源和社会保障部发布的《人力资源社会保障部关于实施人力资源服务业创新发展行动计划（2023—2025 年）的通知》，预计到"十四五"末建成 30 家左右国家级人力资源服务产业园和一批有特色、有活力、有效益的地方人力资源服务产业园，以提高人力资源服务产业园服务产业集群发展能力，促进专业人才向产业集群高度集聚。行业相关部门应大力支持培育规模化、有创新发展能力的数字人力资源管理服务龙头企业，树立行业发展标杆，集成各个机构的优势服务能力，统揽产业核心技术资源，不断扩充壮大市场队伍，持续创新数字人力资源服务业态，提供高质量的服务内容，全面完善市场体系，优化数字人力资源管理服务。

3. 加快数字人力资源管理服务行业的数字化转型

根据《2022 年度人力资源和社会保障事业发展统计公报》，2022 年末人力资源服务机构为劳动者提供的就业、择业和流动服务同比增长 3.2%，服务用人单位同比增长 3.3%。《人力资源社会保障部关于实施人力资源服务业创新发展行动计划（2023—2025 年）的通知》中指出，人力资源服务业应全面提升数字化水平，鼓励数字技术与人力资源管理服务深度融合，利用规模优势、场景优势、数据优势，培育人岗智能匹配、人力资源素质智能测评、人力资源智能规划等新增长点。依托数字经济的发展态势，数字人力资源管理服务行业要牢牢把握住时代的机遇，顺着经济社会的更新脉络，谋划长远发展路径，不断开拓新的服务模式，加快数字人力资源管理服务行业的数字化转型升级。重塑行业运营机制，构建一站式服务平台，致力于提供更加高效、优质的服务内容。发挥信息技术的特有优势，夯实行业发展的技术支持，推动数字人力资源管理服务业数据化平台构建，实现数据信息的相互连通，以需求驱动创新，以机制护航发展。

数字人力资源管理服务行业的数字化转型离不开海量数字信息的累积和共享，其将数字技术与数字人力资源管理服务业联结在了一起。一批基于新技术的创新产品如猎聘机器人、萝卜派、兼职猫、斗米兼职等推动人力资源服务与"互联网+"在探索中深度融合。使用数字工具开展数据资源的分析整合，探索安全、有效的数据协同处理模式，保障数字人力资源管理服务业长效、优质发展。

【案例启示】

随着新经济时代互联网技术的蓬勃发展，劳动力市场发生了深刻的变革，原有的就业模式产生变化，新型的就业模式开始出现，共享经济下灵活用工模式越来普及，"互联网＋"和人力资源服务行业开始出现结合发展的趋势。伴随共享经济、互联网平台的涌现，服务的科技化、信息化建设，有利于提高人力资源服务业的灵活性，降低沟通管理成本，极大地提升服务效率。

越来越多的人力资源服务业内的龙头企业已经建立了相对完善的人力资源服务管理系统，如日本的 Recruit、瑞典的德科集团等。以任仕达为例，近年来任仕达开始向数字化转型，大力推进科技创新，运用科学技术驱动人才管理与发展。首先，公司通过收购 online 人力资源服务企业和招聘技术型专家实现数字化转型。其次，公司自 2014 年起设立任仕达创新基金，用于部署公司早期的人力资源技术投资组合，投资技术型企业或能够革新人才和劳动力管理的企业，特别是能够促进人力资源服务行业转型的科技公司。最后，公司对自身的组织架构也进行了调整，以适应数字化转型的战略。2016 年，任仕达新建了"数字工厂"（digital factory），旨在为公司提供技术创新和最快、最优的解决方案，为公司新的品牌战略"human forward"中的"tech and touch"中的科技力量提供创新和技术支撑。

资料来源：王征，唐鑛. 新经济时代人力资源服务业发展研究——国际经验与中国实践[J]. 中国劳动，2019(12)：5-18.

9.4　数字人力资源管理道德权威文献解读

9.4.1　文献信息

题目：*The Challenges of Algorithm-Based HR Decision-Making for Personal Integrity*
出处：*Journal of Business Ethics*
作者：Ulrich Leicht-Deobald, Thorsten Busch, Christoph Schank, Antoinette Weibel, Simon Schafheitle, Isabelle Wildhaber, Gabriel Kasper.
发布日期：2019 年 6 月

9.4.2　文献点评

现代工作场所越来越多地被算法量化和监控，基于算法的人力资源决策有助于更有效地监控员工，但同时也可能导致伦理问题。该文分析了基于算法的人力资源决策（即旨在支持和管理人力资源决策的算法）如何影响员工的个人诚信（即一个人的信念、言论和行动之间的一致性）。

文章描述了基于算法的人力资源决策工具可能表现出控制错觉的潜在偏见和文化背景，提出基于算法的人力资源决策既不像通常描述的那样客观，也不像通常描述的那样道德中立。科技公司推出的基于算法的人力资源决策支持量化指标和合规机制的实施，但是同时可能会损害员工的个人诚信，因为算法缺乏道德想象力的能力（即意识到情境道德困境并创造新的解决方案的能力），它会引发员工对流程和规则的盲目信任，最终可能会将人类的理性决策边缘化为算法决策过程的一部分。

为了应对与基于算法的人力资源决策相关的挑战，该文提出了四种机制，即关键数据素养、道德意识、使用参与式设计方法，以及民间社会内部的私人监管制度，以减少基于算法的决策的负面后果。

9.5　数字时代的职业生涯经典案例解读

9.5.1　案例信息

题目：*How much money can you make on Amazon Mechanical Turk?*

出处：https://thehustle.co/making-money-on-amazon-mechanical-turk/

作者：知乎-文章编译自 Zachary Crockett

发布日期：2019 年 7 月 13 日

9.5.2　案例呈现

大名鼎鼎的 Amazon Mechanical Turk 是副业好选择吗?

Mechanical Turk 由亚马逊运营，研究人员在网站上发布琐碎任务，比如给图像加标签、进行调查、抄录收据等，完成后能赚取少量现金。据报道，Mechanical Turk 上已经有 50 万名工人，每月完成数百万个任务。

Mechanical Turk 到底是什么

18 世纪，一架超级国际象棋机器（The Turk）在欧洲巡回比赛，还曾打败过本·富兰克林（Ben Franklin）和拿破仑·波拿巴（Napoléon Bonaparte）。这台机器曾被誉为人工智能的伟大壮举，但是后来人们发现它根本不是机器，而是一个机械木偶，被藏在棋盘下方的人类象棋高手控制着。如今，亚马逊运营着 Turk 的升级版——机械特克（Mechanical Turk，MTurk），用来指称辅助人工智能的人力。

在这个 2005 年就启动了的平台，科研人员[即请求者（requester）]可以发布工作[即人类智能任务（human intelligence tasks）]，工人完成这些任务可以获得很少的现金。这些任务通常是计算机和算法尚无法处理的，从心理调查到不适宜工作场合（NSFW）图像识别，应有尽有。发布这些任务的请求者中，很大一部分是预算有限的学术研究人员，以及想要训练人工智能算法的科技公司。

工人登录 MTurk 后会看到仪表板上的可用任务列表，包括谁提供这些任务、截止日期和薪水，可以选择抄录收据（0.01 美元）、总结一段文字（0.35 美元）或进行行为经济学调查（1 美元）。一些任务需要花 10 分钟挣 1 美元（每小时 6 美元的工资）；也有需要花 5 分钟获得 0.10 美元（每小时 1.2 美元的工资）。亚马逊会从每笔交易中扣除 20%～45% 手续费。听起来报酬不高，但每月都有成千上万的注册工人涌向 MTurk。

在 Mturk 上工作的体验

杰夫·贝索斯（Jeff Bezos）将 Mturk 上的工人戏称为"人工人工智能"。但工人们更喜欢"特克族"（Turkers）一词。工人中年轻人居多（77% 的人介于 18 和 37 岁之间），大多受过教育（70% 的人学位为学士或以上），女性偏多（51%）。每 3 名特克族有 1 名目前失业，特克族的平均家庭收入每年约 4.7 万美元（比美国全国平均水平低 1.2 万美元）。在 2016 年 Pew（皮尤）的一项调查中，有 25% 的特克族表示他们使用 MTurk 是因为缺乏其他挣钱的途径。

但是最近的数据显示，平台的工作并没有给大多数特克族太大的经济帮助。2018 年的一项学术研究分析了 MTurk 上 2 676 名工人完成的 380 万个任务，发现通过该平台获得的平均收入为每小时 2 美元。在所有工人中，只有 4% 的人收入超过联邦最低工资标准——每小时 7.25 美元。除非有明确的策略，否则 MTurk 的工作完全是浪费时间。

由于特克族是独立承包商，因此他们不受美国大多数劳工保护措施（包括最低工资法）的保护。在 MTurk 上获得收入几乎完全取决于能力：①尽可能多地完成"高薪"任务；②在请求者要求的时间内尽快完成任务并获得通过。请求者满意，特克族才能拿到钱。

这个游戏不简单。低报酬的任务充斥平台，当高收入的任务出现时，马上会被平台上在线的工人一抢而光。（"真的是不到五秒就消失了，"一位特克族说）。该网站上大约 80% 的任务仅由 20% 的特克族完成，他们使用一套工具和浏览器扩展程序来优化每一步。对于这些特克族来说，MTurk 可以算是相当不错的副业收入来源。

最牛的那些特克族

当麦克·纳博（Mike Naab）第一次了解 MTurk 时，他想，这也太棒了吧，能通过完成任务（这里挣 0.05 美元，那里赚 0.2 美元）得到一些收入。在平台上的头几周，纳博的收入不足 2 美元/小时。直到他发现了一个热闹的在线铁杆社区 Turkers，还有另外一些特克族的社区如 MTurk Crowd 和 Turkernation。论坛里有人制作了能自动发出警报声提醒高薪任务的软件；有人制作了浏览器扩展程序，能帮助记录小时费率并优化工作流程。"当我了解了运作方式，"纳博说，"事情就有了转机。"自 2013 年以来，纳博已完成 95 000 个任务，并在 MTurk 兼职赚了 4.5 万美元。正常的话，30 天时间里，他能完成大约 4 000 个任务（其中许多任务仅需几秒钟），赚取 1 000 美元。可以肯定的是，这并不是一笔大钱，不用说他还要交税。但这对纳博来说已经很有意义了。

做特克族相对被动。纳博利用每天短暂的空闲时间：30 分钟的午餐休息就能做几个 1.25 美元的斯坦福大学调查。两次会议之间有 10 分钟的休息，可以做一项 2 美元的巧克力消费心理调查，30 秒钟的伸展运动时间他可以做一个关于蜡烛气味有效性的问题调查，净赚 0.08 美元。他说："其中大部分任务只是在白天填充空白（时间），否则我可能会浪费很多时间。""反正你闲着也是闲着，就当是奖金吧。"这样赚钱的缺点是，为了保持过得去的工资必须不间断地工作。纳博必须时刻保持警惕，响起"叮"的提示音就采取行动，完成 0.5 美元的任务。

另一个缺点是工作量不均衡。有时候，纳博在几个小时内能赚到 50 美元；其他日子，却只能赚几美元。他说："我从时薪的角度来选择任务，而不是从总收入角度来选。如果一次任务花费 15 分钟赚 3 美元，就是 12 美元的时薪，那还不错。"纳博必须不断进行时间评估：每分钟赚 0.25 美元（15 美元/小时）的任务比赚 1 美元并花费 10 分钟（6 美元/小时）的任务要好。每小时赚少于 6 美元的任何任务都"糟透了"。

纳博在他的书《在家就能做副业：如何通过 Amazon Mechanical Turk 在线赚钱》中列举了他使用的许多工具和资源：Turkopticon，一个供特克族评估"请求者"的网站，按照交流、慷慨、公正和及时程度从 1 到 5 打分，可用于过滤或避免不良行为者刷屏。Turkmaster，一种浏览器扩展程序，可根据包括工资在内的条件查找任务并推送，节省了寻找任务的时间，并增加了工作量。Mmmturkeybacon，一个浏览器扩展程序，可列出当天的预期收入。MTurk Crowd、HITs Worth Looking For、MturkForum，特克族用这几个论坛来分享完成任务的技巧，归总高质量的任务并讨论不良请求者。

纳博说："大多数人的第一个错误是他们接受一上来就看到的任何任务。""他们会做只赚 0.01 美元却要抄写一整张收据的任务。投资回报率太糟糕了。"纳博偏爱问卷调查，因为问卷调查通常能赚 1 美元以上，并且不需要付出太多时间。其他任务需要"资格"（从年龄/地理位置到完成过一定数量的任务，或是经历过心理创伤等）。

现在平台已越来越流行，尤其是在印度的工人中，因为那里的薪资水平更低。MTurk 论坛现在吸引来自世界各地的数千名坛友。纳博说："如果没有它，我半天就会无聊地坐在那里。""赚钱总比什么都不做要好。"

9.5.3　案例点评

Mturk 是非常典型的按需工作平台。按需工作的限制条件很低，所以吸引了大量劳动者参与；但是按需劳工的相应保障还没有完善建立，因而出现了被动工作、工作量不稳定、报酬不稳定和不公平竞争等情况。因此，Mturk 等按需工作平台在一定程度上弥补了就业市场的空缺，但是也亟待相关劳动保障法律法规的完善。

分析讨论:

1. 你还知道哪些按需工作平台?它们和 Mturk 的异同点有哪些?

2. 在按需工作平台工作的劳工的特点有哪些?如何维护按需劳工的权益?

3. 数字时代,可以兼职的工作渠道多种多样,如何做好职业的选择?

自学自测　　扫描此码

参 考 文 献

[1] BOSS 直聘研究院. 2020 上半年直播带货人才报告[R]. 北京：BOSS 直聘研究院，2020.

[2] 世界 500 强面试你的 HR 是一个 AI[EB/OL]. (2019-11-11) [2022-06-30]. http://www.techweb.com.cn/ucweb/news/id/2763202.

[3] 艾媒咨询. 2021 年中国招聘数字化现状专题研究报告[R]. 广州：艾媒研究院，2021.

[4] 艾瑞咨询. 2022 年中国网络招聘行业市场发展研究报告[R]. 北京：艾瑞咨询研究院，2022.

[5] 艾瑞咨询. 中国企业培训行业研究报告[R]. 北京：艾瑞咨询研究院，2021.

[6] 艾瑞咨询. 2021 年在线新经济背景下的新职业与新就业发展白皮书[R]. 北京：艾瑞咨询研究院，2021.

[7] 白瑞. 基于互联网时代 ELM 主导型雇佣关系的社交招聘创新模式研究——以 LinkedIn 为例[J]. 中国人力资源开发，2016(18): 14-19.

[8] 北森人才管理研究院. 2022 中国企业校园招聘白皮书[R]. 2022.

[9] 北森人才管理研究院. 2022 中国人力资源管理年度观察[R]. 2022.

[10] 本刊编辑部. 中国人力资源服务机构十大创新案例[J]. 中国人力资源社会保障，2021(4): 30-31.

[11] 蔡静雯，赵曙明，赵宜萱. 全球投资、新技术与创新人力资源管理实践——第十届（2020 年）企业跨国经营国际研讨会综述[J]. 改革，2021(4): 146-154.

[12] 陈德金. OKR，追求卓越的管理工具[J]. 清华管理评论，2015(12): 78-83.

[13] 陈剑，黄朔，刘运辉. 从赋能到使能——数字化环境下的企业运营管理[J]. 管理世界，2020, 36(2): 117-128, 222.

[14] 陈龙，韩玥. 责任自治与数字泰勒主义：外卖平台资本的双重管理策略研究[J]. 清华社会学评论，2020(2): 63-92.

[15] 陈永伟. 崛起的区块链产业和商业模式变革[J]. 清华管理评论，2021(Z1): 102-109.

[16] 陈煜波，马晔风. 数字人才——中国经济数字化转型的核心驱动力[J]. 清华管理评论，2018(Z1): 30-40.

[17] 陈园园，高良谋. 游戏化能够激发员工的主动行为吗？[J]. 外国经济与管理，2021, 43(9): 133-152.

[18] 程熙鎔，李朋波，梁晗. 共享经济与新兴人力资源管理模式——以 Airbnb 为例[J]. 中国人力资源开发，2016(6): 20-25.

[19] 丁守海，夏璋煦. 数字经济下灵活就业的规制问题研究[J]. 理论探索，2022(1): 114-119.

[20] 董良坤. 人力资源服务业诚信共治：框架逻辑与实现路径[J]. 中国行政管理，2021(4): 46-51.

[21] 对外经济贸易大学教育与开放经济研究中心. 2021 新生代农民工职业技能调研报告[R]. 2021.

[22] 范忠宝，王小燕，阮坚. 区块链技术的发展趋势和战略应用——基于文献视角与实践层面的研究[J]. 管理世界，2018(12): 177-178.

[23] 方长春. 新经济形态下的"两栖青年""斜杠青年"——兼论新就业形态[J]. 人民论坛，2021(24): 88-91.

[24] 冯绚，胡君辰. 工作游戏化：工作设计与员工激励的新思路[J]. 中国人力资源开发，2016(1): 14-22.

[25] 傅颖，徐琪，林嵩. 在位企业流程数字化对创新绩效的影响——组织惰性的调节作用[J]. 研究与发展管理，2021, 33(1): 78-89.

[26] 郭润萍，韩梦圆，邵婷婷，等. 生态视角下数字化转型企业的机会开发机理——基于海尔和苏宁的双案例研究[J]. 外国经济与管理，2021, 43(9): 43-67.

[27] 国家信息中心. 中国共享经济发展报告（2022）[R]. 2022.

[28] 哈佛商业评论. 这个 idea 靠谱！百度公开 AI×Learning 的全部基础框架[EB/OL]. (2017-11-01). https://www.163.com/dy/article/D257EVA20512D8L6.html.

[29] 哈佛商业评论. 智联招聘：自我革命成功转型人才生态领导者[Z]. 2018.

[30] 何勤, 邹雄, 李晓宇. 共享经济平台型灵活就业人员的人力资源服务创新研究——基于某劳务平台型网站的调查分析[J]. 中国人力资源开发, 2017(12): 148-155.

[31] 洪贝尔, 毛江华. 员工非伦理行为如何影响上级评价？道德特征感知与信任的作用[J]. 中国人力资源开发, 2021, 38(5): 58-70.

[32] 胡拥军, 关乐宁. 数字经济的就业创造效应与就业替代效应探究[J]. 改革, 2022(4): 42-54.

[33] 霍伟伟, 龚靖雅, 李鲜苗, 等. 主动及被动模式下在线远程办公影响效果研究述评与展望[J]. 中国人力资源开发, 2020, 37(8): 6-21.

[34] 甲子光年. 大厂监控与员工隐私：消失的边界[EB/OL]. (2022-03-07). https://baijiahao.baidu.com/s?id=1726620381366378293&wfr=spider&for=pc.

[35] 蒋正军. 企业培训管理体系, 巧搭新平台[J]. 人力资源, 2022(2): 52-53.

[36] 杰出雇主调研机构. 中国杰出雇主 2021 白皮书[R]. 2021.

[37] 赖祐萱. 外卖骑手, 困在系统里[J]. 人物, 2020(8): 70-91.

[38] 李凤, 欧阳杰. IBM 三十年人力资源管理转型史[J]. 经营与管理, 2022(6): 94-100.

[39] 李磊, 王小霞, 包群. 机器人的就业效应：机制与中国经验[J]. 管理世界, 2021, 37(9): 104-119.

[40] 李贤芳. 探究培训中的互动、参与和趣味[J]. 人力资源, 2022(6): 36-37.

[41] 李燕萍, 李乐, 胡翔. 数字化人力资源管理：整合框架与研究展望[J]. 科技进步与对策, 2021, 38(23): 151-160.

[42] 刘杰. 数据时代的企业算法治理思维[J]. 清华管理评论, 2021(4): 74-84.

[43] 刘善仕, 裴嘉良, 钟楚燕. 平台工作自主吗？在线劳动平台算法管理对工作自主性的影响[J]. 外国经济与管理, 2021, 43(2): 51-67.

[44] 刘书博. 算法时代, 人的力量[J]. 清华管理评论, 2021(4): 95-101.

[45] 刘铮筝. 大数据 + 人工智能：百度这样管理人才[J]. 企业家信息, 2017(4): 73-75.

[46] 刘儒, 马铭钊. 数字经济对地区就业的影响研究:基于总量与结构的视角[J]. 经济纵横, 2023(9): 94-102.

[47] 龙立荣, 梁佳佳, 董婧霓. 平台零工工作者的人力资源管理：挑战与对策[J]. 中国人力资源开发, 2021, 38(10): 6-19.

[48] 罗文豪, 霍伟伟, 赵宜萱, 等. 人工智能驱动的组织与人力资源管理变革：实践洞察与研究方向[J]. 中国人力资源开发, 2022, 39(1): 4-16.

[49] 珀迪. 元宇宙里的未来工作, 哪些是你最向往的？[Z]. 哈佛商业评论, 2022- 04-12.

[50] 马清, 陈潇妍, 宛兵, 等. 以“人”为先 打造企业数字化转型基石：工业制造企业数字化人才战略指南[R/OL]. (2018-12-21). https://assets.new.siemens.com/siemens/assets/api/uuid:b43820ca-45bb-40eb-8417-fadcfa12b13e/adv1109.pdf.

[51] 波特, 赫普曼. AR 到底有什么用？这都不懂你就 OUT 了[Z]. 哈佛商业评论, 2017-12-20.

[52] 美团研究院. 2020 年上半年骑手就业报告[R]. 2021.

[53] 蒙俊. 互联网时代的员工激励研究：一种依托文化维系的内在激励模式——以阿里巴巴集团为例[J]. 中国人力资源开发, 2016(16): 16-21.

[54] 尼文, 拉莫尔特. OKR：源于英特尔和谷歌的目标管理利器[M]. 况阳, 译. 北京：机械工业出版社, 2017: 24-25.

[55] 哈佛商业评论. 民生银行：人力资源数字化转型实践[Z]. 2018-11-12.

[56] 哈佛商业评论. 数智化如何驱动企业的商业创新？[EB/OL]. (2020-12-21). https://36kr.com/p/1020122349683973.

[57] 哈佛商业评论. 数字化转型风潮中, 你需要一颗“数字大脑”[EB/OL]. (2019-11- 21). https://bschool.hexun.

com/2019-11-21/199359278.html.

[58] 牛文静. 海尔：平台化 HR 助力企业变革[Z]. 哈佛商业评论, 2018-11-01.

[59] 裴嘉良, 刘善仕, 崔勋, 等. 算法控制能激发零工工作者提供主动服务吗？——基于工作动机视角[EB/OL]. (2022-09-16) [2023-01-16].http://kns.cnki.net/kcms/detail/12.1288.f.20220914.1317.009.html.

[60] 裴嘉良, 刘善仕, 钟楚燕, 等. AI 算法决策能提高员工的程序公平感知吗？[J]. 外国经济与管理, 2021, 43(11): 41-55.

[61] 清华大学社会科学学院经济学研究所, 北京字节跳动公共政策研究院. 互联网时代零工经济的发展现状、社会影响及其政策建议[R]. 2020.

[62] 中华人民共和国国民经济和社会发展第十三个五年规划纲要[EB/OL]. (2016-03-17). http://www.gov.cn/xinwen/2016-03/17/content_5054992.htm.

[63] 人力资源智享会. 蒂升电梯：如何走好数字化学习升级之路[Z]. 2022-07-10.

[64] 人力资源智享会. 网易：如何加速中层管理者商业领导力提升？[Z]. 2022-07-16.

[65] 人力资源智享会. 伟创力人力资源全球业务服务中心运营实践[Z]. 2022-05-01.

[66] 人力资源智享会. 业务文化双融入的入职培训怎么做？[Z]. 2022-03-26.

[67] 史天伊. 浅谈人工智能与职业教育的融合发展[J]. 中国培训, 2022(3): 102-104.

[68] 谭晶纯. 创新培训模式, 增强成果转化[J]. 人力资源, 2022(9): 94-95.

[69] 汤晓莹. 算法技术带来的劳动者隐私风险及制度因应[J]. 中国人力资源开发, 2021, 38(8): 65-81.

[70] 腾讯营销洞察. 腾讯 2022 新职业教育洞察白皮书[R]. 2022.

[71] 天津市教委职教处. 天津职业教育 改革创新 交出优异答卷[J]. 求贤, 2022(3): 14-15.

[72] 田永坡. 人力资源服务业四十年：创新与发展[J]. 中国人力资源开发, 2019, 36(1): 106-115.

[73] 王波, 甄峰, 谢金燕, 等. 智慧社会下的远程通勤：基于全天和非全天在家办公选择及影响因素的分析[J]. 地理科学, 2021, 41(5): 788-796.

[74] 王丰. 中国平安是怎样一步步炼成"人才金矿"的？[Z]. 哈佛商业评论, 2022-04-01.

[75] 王海花, 杜梅. 数字技术、员工参与与企业创新绩效[J]. 研究与发展管理, 2021, 33(1): 138-148.

[76] 王军, 朱杰, 罗茜. 中国数字经济发展水平及演变测度[J]. 数量经济技术经济研究, 2021, 38(7): 26-42.

[77] 王琦, 吴清军, 杨伟国. 平台企业劳动用工性质研究：基于 P 网约车平台的案例[J]. 中国人力资源开发, 2018, 35(8): 96-104.

[78] 王书柏. 后疫情时代我国人力资源服务业发展趋势研究[J]. 内蒙古社会科学, 2021,42(2): 114-120.

[79] 王涛. 基于大数据的人力资源管理探析[J]. 中国管理信息化, 2019, 22(14): 85-87.

[80] 王小薇. 智能时代云组织人才发展实践[Z]. 哈佛商业评论, 2018-10-10.

[81] 王佑镁, 杨晓兰, 胡玮, 等. 从数字素养到数字能力：概念流变、构成要素与整合模型[J]. 远程教育杂志, 2013, 31(3): 24-29.

[82] 王跃生, 张羽飞. 数字经济的双重就业效应与更高质量就业发展[J]. 新视野, 2022(3): 43-50.

[83] 微吼直播研究院. 2021 企业直播培训策略白皮书[R]. 2021.

[84] 吴江, 陈婷, 龚艺巍, 等. 企业数字化转型理论框架和研究展望[J]. 管理学报, 2021, 18(12): 1871-1880.

[85] 吴清军, 李贞. 分享经济下的劳动控制与工作自主性——关于网约车司机工作的混合研究[J]. 社会学研究, 2018, 33(4): 137-162, 244-245.

[86] 吴清军, 杨伟国. 共享经济与平台人力资本管理体系——对劳动力资源与平台工作的再认识[J]. 中国人力资源开发, 2018, 35(6): 101-108.

[87] 夏鲁惠, 何冬昕. 我国数字经济产业从业人员分类研究——基于 T-I 框架的分析[J]. 河北经贸大学学报, 2020, 41(6): 101-108.

[88] 肖土盛,孙瑞琦,袁淳,等. 企业数字化转型、人力资本结构调整与劳动收入份额[J]. 管理世界,2022, 38(12): 220-237.

[89] 谢克海. 谁上谁下：清晰区分企业人才的"361 体系"——基于实践层面的人力资源战略管理决策[J]. 管理世界，2019, 35(4): 160-170, 188.

[90] 谢小云,左玉涵,胡琼晶. 数字化时代的人力资源管理:基于人与技术交互的视角[J]. 管理世界,2021, 37(1): 13, 200-216.

[91] 谢增毅. 远程工作的立法理念与制度建构[J]. 中国法学，2021(1): 248-268.

[92] 徐鹏，徐向艺. 人工智能时代企业管理变革的逻辑与分析框架[J]. 管理世界，2020, 36(1): 122-129, 238.

[93] 杨旭华，刘姗，张健，等. 新就业形态下平台企业薪酬体系建构与设计[J]. 商业经济研究,2022(5): 126-129.

[94] 于晓东，刘荣，陈浩. 共享经济背景下的人力资源管理模式探索:以滴滴出行为例[J]. 中国人力资源开发，2016(6): 6-11, 54.

[95] 余浪英. 构筑"人工智能＋"职教生态 探索专业群建设新路径[J]. 中国培训，2022(4): 99-101.

[96] 富勒，西格尔曼. 人才管理，该学学供应链思维了[Z]. 哈佛商业评论，2022- 01-25.

[97] 曾德麟，蔡家玮，欧阳桃花. 数字化转型研究：整合框架与未来展望[J]. 外国经济与管理，2021, 43(5): 63-76.

[98] 张建民，顾春节，杨红英. 人工智能技术与人力资源管理实践：影响逻辑与模式演变[J]. 中国人力资源开发，2022, 39(1): 17-34.

[99] 张军伟,龙立荣,王桃林. 高绩效工作系统对员工工作绩效的影响：自我概念的视角[J]. 管理评论,2017(3): 136-146.

[100] 中国人民大学. 中国灵活用工发展报告（2022）[R]. 2022.

[101] 中国信息通信研究院. 全球数字经济白皮书[R]. 2021.

[102] 中国信息通信研究院. 中国数字经济发展白皮书[R]. 2021.

[103] 中华人民共和国国人力资源和社会保障部. 人力资源社会保障部、市场监管总局、国家统计局联合发布区块链工程技术人员等 9 个新职业[EB/OL]. (2021-07-06) [2022-04-08]. https://www.gov.cn/xinwen/2020-07/06/content_5524601.htm.

[104] 周畅. 中国数字劳工平台和工人权益保障：国际劳工组织工作报告 11[R]. 2020.

[105] 周强. BD（中国）：让人才成长得到全方位赋能[Z]. 哈佛商业评论，2021-02-08.

[106] 周小刚，陈水琳，李丽清. 大数据能力、技术创新与人力资源服务企业竞争力关系研究[J]. 管理评论，2021, 33(7): 81-91.

[107] ANDERSON N, POTOCNIK K, ZHOU J. Innovation and creativity in organizations: a state-of-the-science review, prospective commentary, and guiding framework[J]. Journal of management, 2014, 40(5): 1297-1333.

[108] BASU S, MAJUMDAR B, MUKHERJEE K, et al. Artificial intelligence—HRM interactions and outcomes: a systematic review and causal configurational explanation[J]. Human resource management review, 2023, 33(1): 1-16.

[109] BAYGI R M , INTRONA L D , HULTIN L. Everything flows: studying continuous socio-technological transformation in a fluid and dynamic digital world[J]. MIS quarterly, 2021,45(1): 423-456.

[110] BHAVE D P, TEO L H, DALAL R S. Privacy at work: a review and a research agenda for a contested terrain[J]. Journal of management, 2020, 46(1): 127-164.

[111] BUCHER E, FIESELER C, LUTZ C. Mattering in digital labor[J]. Journal of managerial psychology, 2019, 34(4): 307-324.

[112] BUDHWAR P, MALIK A, DE SILVA M T T, et al. Artificial intelligence-challenges and opportunities for

international HRM: a review and research agenda[J]. The international journal of human resource management, 2022, 33(6): 1065-1097.

[113] BUSH J T, BALVEN R M. Catering to the crowd: an HRM perspective on crowd worker engagement[J]. Human resource management review, 2021, 31(1): 1-15.

[114] Capgemini Digital Transformation Institute. The digital talent gap: are companies doing enough?[R]. 2017.

[115] CARRETERO S, VUORIKARI R, PUNIE Y. DigComp 2.1: the digital competence framework for citizens[R]. 2017.

[116] CETINDAMAR KOZANOGLU D, ABEDIN B. Understanding the role of employees in digital transformation: conceptualization of digital literacy of employees as a multi-dimensional organizational affordance[J]. Journal of enterprise information management, 2021, 34(6): 1649-1672.

[117] CHENG M M, HACKETT R D. A critical review of algorithms in HRM: definition, theory, and practice[J]. Human resource management review, 2019, 31(1): 1-14.

[118] CHOWDHURY S, DEY P, JOEL-EDGAR S, et al.Unlocking the value of artificial intelligence in human resource management through AI capability framework[J]. Human resource management review, 2022, 33(1): 1-21.

[119] DASTIN J. Amazon scraps secret AI recruiting tool that showed bias against women[M]//MARTIN K.Ethics of data and analytics: concepts and cases.New York: Auerbach Publications, 2022: 296-299.

[120] DICLAUDIO M. People analytics and the rise of HR: how data, analytics and emerging technology can transform human resources (HR) into a profit center[J]. Strategic HR review, 2019, 18(2): 42-46.

[121] DONNELLY R, JOHNS J. Recontextualising remote working and its HRM in the digital economy: an integrated framework for theory and practice[J]. The international journal of human resource management, 2021, 32(1): 84-105.

[122] DUGGAN J, SHERMAN U, CARBERY R, et al. Algorithmic management and app-work in the gig economy: a research agenda for employment relations and HRM[J]. Human resource management journal, 2020, 30(1): 114-132.

[123] European Commission. The digital education action plan (2021-2027)[R]. 2020.

[124] European Commission. The digital skills gap in Europe[R]. Brussels: EC, 2017.

[125] FLEMING P. Robots and organization studies: why robots might not want to steal your job[J]. Organization studies, 2019, 40(1): 23-38.

[126] GAL U, JENSEN T B, STEIN M K. Breaking the vicious cycle of algorithmic management: a virtue ethics approach to people analytics[J]. Information and organization, 2020, 30(2): 100301.

[127] HAMORI M. MOOCs at work: what induces employer support for them?[J]. The international journal of human resource management, 2021, 32(20): 4190-4214.

[128] HAN J H, LIAO H, TAYLOR M S, et al. Effects of high-performance work systems on transformational leadership and team performance: investigating the moderating roles of organizational orientations[J]. Human resource management, 2018,57(5): 1065-1082.

[129] HOWSON K, USTEK-SPILDA F, BERTOLINI A, et al. Stripping back the mask: working conditions on digital labour platforms during the COVID-19 pandemic[J]. International labour review, 2022, 161(3): 413-440.

[130] JONES T M. Ethical decision making by individuals in organizations: an issue-contingent model[J]. The Academy of Management review, 1991, 16(2): 366-395.

[131] JUNG J H, SCHNEIDER C, VALACICH J. Enhancing the motivational affordance of information systems: the

effects of real-time performance feedback and goal setting in group collaboration environments[J]. Management science, 2010, 56(4): 724-742.

[132] KIM S, WANG Y, BOON C. Sixty years of research on technology and human resource management: looking back and looking forward[J]. Human resource management, 2021, 60(1): 229-247.

[133] KOUVELIS P, WU X L, XIAO Y X. Cash hedging in a supply chain[J]. Management science, 2019, 65(8): 3928-3947.

[134] KUCHEROV D, ZAMULIN A. Employer branding practices for young talents in IT companies (Russian experience)[J]. Human resource development international, 2016, 19(2): 178-188.

[135] LANGLEY P, LEYSHON A. Platform capitalism: the intermediation and capitalization of digital economic circulation[J]. Finance and society, 2017, 3(1): 11-31.

[136] LEICHT-DEOBALD U, BUSCH T, SCHANK C, et al. The challenges of algorithm-based HR decision-making for personal integrity[J]. Journal of business ethics, 2019, 160(2): 377-392.

[137] LUND S, MANYIKA J, ROBINSON K. Managing talent in a digital age[N]. The McKinsey Quarterly, 2016-03-01.

[138] MALIK A, BUDHWAR P, PATEL C, et al. May the bots be with you! Delivering HR cost-effectiveness and individualised employee experiences in an MNE[J]. The international journal of human resource management, 2022, 33(6): 1148-1178.

[139] MEIJERINK J, KEEGAN A, BONDAROUK T. Having their cake and eating it too? Online labor platforms and human resource management as a case of institutional complexity[J]. The international journal of human resource management, 2021, 32(19): 4016-4052.

[140] MINTER K. Negotiating labour standards in the gig economy: Airtasker and Unions New South Wales[J]. The economic and labour relations review, 2017, 28(3): 438-454.

[141] MOUSA M, CHAOUALI W, MAHMOOD M. The inclusion of gig employees and their career satisfaction: do individual and collaborative job crafting play a role?[J]. Public organization review, 2023, 23(3): 1055-1068.

[142] MURRAY A, RHYMER J, SIRMON D G. Humans and technology: forms of conjoined agency in organizations[J]. Academy of management review, 2021, 46(3): 552-571.

[143] NANKERVIS A R, CAMERON R. Capabilities and competencies for digitised human resource management: perspectives from Australian HR professionals[J]. Asia Pacific journal of human resources, 2023, 61(1): 232-251.

[144] PARENT-ROCHELEAU X, PARKER S K. Algorithms as work designers: how algorithmic management influences the design of Jobs[J]. Human resource management review, 2022, 32(3): 100838.

[145] PARKER S K, GROTE G. Automation, algorithms, and beyond: why work design matters more than ever in a digital world[J]. Applied psychology, 2022, 71(4): 1171-1204.

[146] PÉREZ-ESCODA A, FERNÁNDEZ-VILLAVICENCIO N G. Digital competence in use: from DigComp 1 to DigComp 2[C]//Proceedings of the Fourth International Conference on Technological Ecosystems for Enhancing Multiculturality, 2016: 619-624.

[147] RAISCH S, KRAKOWSKI S. Artificial intelligence and management: the automation-augmentation paradox[J]. Academy of management review, 2021, 46(1): 192-210.

[148] SCHROEDER A N, BRICKA T M, WHITAKER J H.Work design in a digitized gig economy[J]. Human resource management review, 2021, 31(1): 100692.

[149] STRACK R, KOVÁCS-ONDREJKOVIC O, BAIER L, et al. Decoding the digital talent challenge[R]. Boston, MA: Boston Consulting Group, 2021.

[150] STROHMEIER S. Smart HRM—a Delphi study on the application and consequences of the internet of things in human resource management[J]. The international journal of human resource management, 2020, 31(18): 2289-2318.

[151] SU Z, TOGAY G, CÔTÉ A M. Artificial intelligence: a destructive and yet creative force in the skilled labour market[J]. Human resource development international, 2021, 24(3): 341-352.

[152] SUN Y, ZHUANG F, ZHU H, et al. Market-oriented job skill valuation with cooperative composition neural network[J]. Nature communications, 2021, 12(1): 1-12.

[153] BURBANO V C. Social responsibility messages and worker wage requirements: field experimental evidence from online labor marketplaces[J]. Organization science, 2016, 27(4): 801-1064.

[154] VRONTIS D, CHRISTOFI M, PEREIRA V, et al. Artificial intelligence, robotics, advanced technologies and human resource management: a systematic review[J]. The international journal of human resource management, 2022, 33(6): 1237-1266.

[155] VUORIKARI R, PUNIE Y, GOMEZ S C, et al. DigComp 2.0: the digital competence framework for citizens. Update phase 1: the conceptual reference model[R]. Joint Research Centre (Seville site), 2016.

[156] WALDKIRCH M, BUCHER E, SCHOU P K, et al. Controlled by the algorithm, coached by the crowd—how HRM activities take shape on digital work platforms in the gig economy[J]. The international journal of human resource management, 2021, 32(12): 2643-2682.

[157] WANG G, LIU X, LIU Y. Role overload, knowledge acquisition and job satisfaction: an ambidexterity perspective on boundary-spanning activities of IT employees[J]. The international journal of human resource management, 2019, 30(4): 728-757.

[158] WIBLEN S, MARLER J H. Digitalised talent management and automated talent decisions: the implications for HR professionals[J]. The international journal of human resource management, 2021, 32(12): 2592-2621.

[159] WONG S I, KOST D, FIESELER C. From crafting what you do to building resilience for career commitment in the gig economy[J]. Human resource management journal, 2021, 31(4): 918-935.

[160] WONG S, BUNJAK A, ČERNE M, et al. Fostering creative performance of platform crowdworkers: the digital feedback dilemma[J]. International journal of electronic commerce, 2021, 25(3): 263-286.

[161] ZHOU Y, LIU G, CHANG X, et al. The impact of HRM digitalization on firm performance: investigating three-way interactions[J]. Asia Pacific journal of human resources, 2021, 59(1): 20-43.

教师服务

感谢您选用清华大学出版社的教材！为了更好地服务教学，我们为授课教师提供本书的教学辅助资源，以及本学科重点教材信息。请您扫码获取。

≫ 教辅获取

本书教辅资源，授课教师扫码获取

≫ 样书赠送

人力资源类重点教材，教师扫码获取样书

 清华大学出版社

E-mail: tupfuwu@163.com   网址: http://www.tup.com.cn/
电话: 010-83470332 / 83470142   传真: 8610-83470107
地址: 北京市海淀区双清路学研大厦 B 座 509   邮编: 100084